一部赣州地名文化发展史，
尽显赣州风土人情魅力！

（第一辑）
赣州地名文化大观

孔刃非　刘润发　主编

中国文联出版社

图书在版编目（CIP）数据

赣州地名文化大观. 第一辑 / 孔刃非，刘润发主编
.-- 北京：中国文联出版社，2022.6
ISBN 978-7-5190-4867-9

Ⅰ.①赣… Ⅱ.①孔…②刘… Ⅲ.①地名－文化－
赣州 Ⅳ.① K925.63

中国版本图书馆 CIP 数据核字 (2022) 第 087610 号

主　　编　孔刃非　刘润发
责任编辑　刘　旭
责任校对　王　炜
装帧设计　人文在线

出版发行　中国文联出版社有限公司
社　　址　北京市朝阳区农展馆南里 10 号　　邮编　100125
电　　话　010-85923025（发行部）　010-85923091（总编室）
经　　销　全国新华书店等
印　　刷　三河市龙大印装有限公司

开　　本　710 毫米 ×1000 毫米　　1/16
印　　张　32
字　　数　476 千字
版　　次　2022 年 6 月第 1 版第 1 次印刷
定　　价　98.00 元

《赣州地名文化大观》编辑委员会

执 笔：

【章贡卷】 龚文瑞

【南康卷】 龚文瑞

【赣县卷】 龚文瑞　叶　林　孙发明

【信丰卷】 叶　敏　温盛旻　王历瑞　李逸安　赖　竞

【大余卷】 钟际才　廖金花

【上犹卷】 朱立煌

【崇义卷】 蔡兆平

【安远卷】 赖世焕　朱恭栋　钟惠林　刘东林　钟东祥　钟兆炉

【龙南卷】 凌利华

【全南卷】 钟火柱　谭卓华　谭献球　袁晓平　李恢明　月永通
　　　　　谭知真　刘全周　王立之　李春森　钟小珍　李子科
　　　　　古芳璐　詹陆才　李日琰　张全莲　钟祥淦　陈日树
　　　　　曹启兴　谌　媚

【定南卷】 李育新　廖平森　任建群

【兴国卷】 刘开莲　黄健民　张开泉　丁志操

【宁都卷】 傅红华　邱新民　罗怡文　万东生　邱常松　邓水蘅
　　　　　龚远生　李辉荣　罗　荣　谢直云　郭　斌

【于都卷】 曹景正　丁桥荣　丁克芬　邓庆来　段德山　黄玉坤
　　　　　管让礽　李建基　刘光沛　刘志明　刘伟标　刘小丽
　　　　　刘宏胜　廖善指　蒙　亮　毛陈长　谭汉浦　谭剑宗
　　　　　汤正月　王　享　王金长　吴志强　王春芝　熊思传
　　　　　谢玉美　谢志美　谢兰芬　谢起清　肖水荷　小　小
　　　　　杨北京　杨会玉　姚玉凤　曾长生　钟志荣　子　羽

【瑞金卷】 刘晓宏　毛海睦　刘　鹏　毛铭

【会昌卷】　曾田春　宋瑞森　曾　敏　曾柏生　宋方谱　张泽兴
　　　　　　文会春　唐　辉
【寻乌卷】　王佳京　刘栋梃　陈治忠
【石城卷】　温涌泉　曾　珺

策　划：赣州市政协文史和学习委员会
　　　　赣州市民政局
　　　　赣南日报社

在地名中留存历史印痕

——赣州地名文化大观丛书总序

内涵丰富、底蕴深厚的地名文化，有着鲜明的属地特征，寄寓了强烈的情感认同，是我国优秀传统文化的重要组成部分。习近平总书记曾指出，历史文化是城市的灵魂，要像爱惜自己的生命一样保护好城市历史文化遗产，要本着对历史负责、对人民负责的精神，传承历史文脉。挖掘、整理并传播地名所涵盖的丰富文化内涵，不仅有利于凝聚一定区域内人们的文化向心力，增强文化认同感，更是提升文化自信的题中之义。

赣州历史悠久，文化积淀深厚。遥想春秋战国，当这方百越之地还是一片蛮荒之时，"赣巨人"与"秦木客"在山中相遇了，那些千百年来不断迁徙、融合的故事就此开启。一条名叫溢浆溪的小河，为赣州圈下了最初的城址，后来成为日泊千舟的港湾。一条章江、一条贡水，蜿蜒数百公里，容纳数千支流，最终汇入赣江，养育了一方水土，擘画出了赣州的轮廓。及至宋代，赣州一跃成为全国36座名城之一。有穿越林木高阜的崇山峻岭，被打磨得包浆光亮的古驿道；有驶过暗礁丛生的激流险滩，满载木材、纸砚、瓷器及花与茶的木帆船；有宛如铁铸，慷慨赴死不降的城池；有以文化人为骄傲的、贫贱不能移的书院；有见证一代圣人陨落的扁舟；有留下千古绝唱的亭阁；有镌刻风流文豪妙笔生花的山壁；有标记民族、地域文化融合的码头；有记录城市嬗变的铭文砖。赵抃、周敦颐、王守仁、洪迈、刘彝、苏东坡、辛弃疾、文天祥……无数文人骚客驻足留痕，书写千古流芳的篇章，践行感人肺腑的壮举。

"参天之木，必有其根；环山之水，必有其源。"当时光进入近现代，一场伟大的探索与实践开始在这片土地演绎。犹如千百年前赣州接纳来自遥远北方南迁的移民，抗战硝烟中，赣州再一次庇护着来自祖国四面八方的人们：有逃难而来的潮汕民众，有以笔为刀的文艺人士，有朗朗读书的莘莘学子，有颠沛流离的妇孺幼童。赣州，经风历雨，烽火连城。会昌的花永远记得自己烂漫时的风景独好，瑞金的井永远记得鱼水交融的甘甜与清冽，于都的河永远记得无数孩子踏上伟大征程的背影，信丰的树永远记得战士誓死不屈的坚持，章贡的路永远记得城市解放那一天的热闹非凡……

这些经历百年、千年，祖祖辈辈口口相传的地名，就像一道道深深的辙印，记录着历史文化行走的轨迹，成为赣州人情感和乡愁所系。为了更好地传承和保护赣州地名文化，梳理并挖掘赣州众多地名所承载的历史文化内涵，特编辑出版《赣州地名文化大观》系列丛书。该丛书以时间为经，以空间为纬，全方位展现赣州地名历史文化底蕴，并进行保护性记录归档。丛书通过对地名文化的系统整理，进一步构建赣州市民的文化认同和身份认同，接续千百年的情感传承，对提升赣州的文化品位同样具有重要意义。

本套丛书选取赣州市行政区划18个县（市、区）各地若干有内涵、有文化底蕴、有历史、有故事的地名及地名背后的历史人文进行介绍，内容包括地名的历史沿革、文化标的、市井百态、地域风土人情和传统民俗，以及具有代表性的人物和事件等。丛书笔法近似文学作品，但不失历史考据之严谨，摒弃"戏说"，力求知识性、趣味性、可读性的统一，努力做一套经得起读者推敲和时间检验的丛书。

一个个地名，就是一个个我们生于斯、长于斯的家园。传承地名文化，留住文化根脉，让赣州真正成为一座"望得见山、看得见水、记得住乡愁"的城市。

目录
CONTENTS

第一章 赣县

第一节 赣县概述

赣县区位于江西省南部，赣江上游。东临于都、安远，南连信丰，西邻赣州市南康、章贡，北接万安、兴国。

在赣州市赣县区这片多情的土地上，人文璀璨，源远流长——赣文化从这里发源，远古的赣巨人、赣虞人、赣水衍生出了赣县、赣州、赣江文明；滩文化在这里形成，禅宗文化在这里发祥，耕读文化在这里传扬。此外，这里的湖江、江口还是继七里镇之后的瓷器产地；茅店、江口是苏区时期的红色海关，大埠是赣南三名开国上将之一的赖传珠的故乡；白鹭村是东河戏的发源地，官村是古代十八滩开通之前的内河航道……这些丰饶的历史文化奠定了赣州市赣县区这片家园厚土成为"千里赣江第一县"的坚实的文化基础。

第二节 梅林镇

梅林镇位于赣州市赣县区中部，贡水下游北岸。东邻茅店镇，南与赣州市章贡区沙河镇隔江而望，西界赣州市章贡区水东镇，北靠储潭镇。

梅林镇虽是个新镇，但文化却与赣县一样源远流长。梅林地名颇有些来历，据清同治十二年（1873年）版《赣州府志》载，北宋周敦颐任赣州通判时，曾植梅数百株于贡水河畔凤凰山，后来梅树繁衍成林，遂有"梅林"之名。

一、客家名人公园

客家名人公园，位于赣州市赣县区城南，贡水北岸，与樱花锦绣公园（十里樱花带）合二为一，是一座依贡水逶迤而走的融文化、生态于一体的园林式公园。公园包括"五园两堂一阁"，还有历史名人、明代著名东林党人物刘思诲旧址（原址上复原）……步入园中，远可眺巍峨杨仙岭，近可观滔滔贡江水，身可触从历史深处走来的历代名人，魂可系与中原大地一脉相承的客家文化。

二、客家民俗园

赣南客家民俗园，位于赣州市赣县区樱花公园的贡江上游一段。公园由西向东规划设计了 5 个园（孺子园、功德园、齐家园、乡熏园、耕读园）。

三、客家文化城

客家文化城位于贡江岸畔、梅林大桥下方、杨仙大道西北侧，系国家 4A 级景区，江西客家博物院所在地。

客家文化城占设有客家宗祠、客家博物馆、杨公祠、太极广场、艺术长廊、九曲桥、南迁柱、济和塔等主题建筑。

四、客家风情园

客家风情园位于贡江河畔，与客家文化城大门牌坊一道（杨仙大道）之隔，是文化城的外围风景区。整个建筑融生态休闲和防洪功能为一体，面积约 1760 平方米，长 440 米。

五、狮子岩与燕子岩

赣州市赣县区这块家园厚土，好山好水养育了两岸人家，日月精华孕育出

客家名人公园

赣南客家民俗园

客家文化城

奇观异景。燕子岩、狮子岩，隅居在贡水之东，隐身于幽谷深林，却以燕栖、狮卧之形胜，得天地之灵气，凝山川之精华，尽揽自然风光，成为"深闺"中的一颗明珠，大自然深怀里的一片风景地。

六、梅林湿地公园

梅林湿地公园位于赣州市赣县区城北梅林镇上庙村，南临赣南大道东延，北临内环快速路，是赣州市赣县区"城市绿肺"生态系统的重要组成部分。

七、章贡村

章贡村位于赣州市赣县区梅林镇西南域，贡水北岸。全村占地 2800 亩，总人口 1319 人，辖华屋、洪村、庙前、河边、大塘、山塘 6 个村民小组。

八、梅林村

梅林村在 20 世纪 50 年代以前，一直沿袭以姓氏屋场为传统的群落民居，久而久之形成了郑屋、井前、菜市、庙前、花园、坝上 6 个自然村。

九、左寺丞第

在梅林镇赣南客家名人（樱花锦绣）公园里，有一座"左寺丞第"的门楼，粉红石柱门框，门楣阳刻"左寺丞第"四个大字，古朴典雅，门前一对石狮子威武灵动。

十、新饭店

对于赣州城及其周边地区的居民或者长期生活、工作在这一带的人说，新饭店是一个很响亮的名字，因为自 1969 年赣县从赣州城区迁入梅林镇开始，"新饭店"一直是赣县县城在民间的别称。2010 年，位于城南樱花公园西段的

梅林湿地公园 1

梅林湿地公园 2

新饭店

梅林镇文昌阁

政府接待宾馆、四星级酒店"新饭店"闪亮登场，"新饭店"又多了一份沉甸甸的含金量。新饭店的来历说来话长，意味悠长。

十一、文昌阁

赣县城区文昌阁位于贡江北岸、梅林镇南部、赣南客家名人公园西段与赣州市章贡区七里镇交界处，占地1032平方米，建筑面积2696.62平方米。文昌阁外观三层，一层设副阶周匝，二层出檐设四出抱厦，三层为重檐十字脊，最高处为宝顶顶部，阁身高39米，台基高7.36米，总高46.36米。该阁为平面正方形设计，阁内共五层，其一至二层设有暗层。

第三节　王母渡镇

王母渡镇位于赣州市赣县区南部，桃江中游。东北邻大埠，东南接韩坊，南界信丰县，西连阳埠，西北靠赣州市南康区，北依赣州市章贡区沙石。

王母渡镇与韩坊、小坪、大埠、阳埠诸乡镇一并称为"赣县南山片"。南山片山岭逶迤，河溪纵横，自然景观与人文内容如散珠碎玉，俯拾皆是。

一、桃江险滩

古代王母渡是一片原始森林，人迹罕至。客家先民为避战乱、求生存，在辗转迁徙的过程中，所行之路主要是水路。他们溯赣江而来，尔后或溯章江，或溯贡水、桃江，一路南行。最先一拨先民，首先在王母渡沿河一带开阔地定居下来。更多的人则继续溯江而上，在信丰、龙南等地域安居了下来。

二、石林山

石林山，是赣州市赣县区四大名山之一，与龚公山、麂山、菩提山齐名。

石林山古寺声名远扬，是王母渡镇的一大景观。古寺与旁边的鸡公石水库首尾呼应，彼此照映。这里风景秀丽，溪水潺潺，树木茂密，诸多游客慕名而来。自明朝万历年间建成古寺以来，已有四百多年的历史。

三、浓口村

浓口村，位于王母渡圩东南 5 千米的田畴中，古时信丰至横溪一段河流叫浓口溪，村外溪口，故名。刘大亭、刘大亨、刘大高三兄弟于清初从横溪龙江迁此建村。与横溪中学一墙之隔。

浓口村，昔名龙口，一座郁郁葱葱的后龙山，一条青翠如蓝的龙溪水，将这个小村落点缀得如诗如画。

四、横溪中学

王母渡境内有横溪，从山涧流出，汇纳并入桃江。横溪，是一条横对着桃江的小山溪。它的源头在百里远的深山里，也可谓源远流长。

横溪东侧有一所学校，现名赣县横溪中学，其前身为赣县共产主义劳动大学，再之前为民国时期的王母渡中学分部。

五、枫树村

枫树村，位于赣州市赣县区王母渡镇北部，著名风景区峰山西南麓，邻近省道砂园线（S219），距离王母渡圩镇 5 千米，距离赣州市中心城区 30 千米，唐宋时期开始即为赣州连接安远、信丰，乃至沟通广东、福建的交通要道和邮递驿铺。史料可查，延续至今的家族村坊——坳高李氏，最早开基于明朝永乐年间（1403—1424 年），至今 600 多年。

六、老虎岙

"岙"（音"亨"，本地人念平声）字，赣南地名常用字之一。一般人们把大山谷称作"坑"（音"悭"），坑两边的小山窝称为"仚"。

带虎字，与虎有关的地名，在赣南地区有很多。老虎仚的雅号，源于一次刻骨铭心的老虎吃人事件，而以前这个地方是什么地名，或有无地名，早已无法考证了。

七、李屋坳

坳高自然村原名李屋坳，位于枫树村南，在东边高崇落下来的一个大坳弯里，整体坐北朝南，祖祠世显公祠为正北朝南走向。旧时后山为一座圆形秃岭，一条腰带水从天井坞向南蜿蜒而下，至后龙山背转向西南绕回坳高南面。

八、十八座

十八座是一个地名，位于枫树村北 5 千米之处。峰山西麓的新建、新兴和枫树等村，山势险峻，水流湍急，高山流水随着山崖台地忽急忽缓、忽瀑忽溪，层层跌落，十八级山台正好形成十八座溪潭水陂，到"十八座"这个位置，正好是第十八级。

九、寨崂高

寨崂高，海拔 500 多米，是枫树村最高处，也是自古以来枫树人认定的神山、圣山。

传说旧时寨崂高为神仙居所，至今仍留有石桌、石椅、床台、石磨等，桌上还有碗筷。神仙将寨边四方奇石垒成鸡圈，蓄养两只金鸡，公鸡报晓，母鸡下蛋。

十、荫掌山

荫掌山，位于赣州市赣县区南部山区，桃江流域，兼为山名和林场场名，一名双指，含义略有不同。林场名涵盖国营赣县区荫掌山林场及其所属全部山地，山名则不包括桃江西岸大龙分场部分。荫掌山场部设在赣县王母渡镇、桃江岸边之横溪岗，距赣州市赣县区梅林镇 50 千米。

第四节　沙地镇

沙地镇位于赣州市赣县区西北部，东临赣江，与湖江镇隔江相望，南靠五云镇，西邻赣州市南康区，北界吉安市万安县。

沙地临赣江，且通南昌古道，交通便利，为此形成了两个极其重要的集镇。沙地圩是赣州市赣县区境西北部的集市，市场繁荣，物产丰富，以致赣州市南康区和吉安市遂川县、石安县等相邻区县百姓也喜欢至此赴圩。攸镇圩居沙地镇东北面的赣江西岸，为古代著名驿站，建圩已有 1200 多年的历史了，舟楫便利，是万安县进入赣县的一个停靠点。

一、攸镇

攸镇圩居赣江西岸，为古代著名驿站，历史上赣州府通判署一度移在攸镇。赣州城区至攸镇这段水路地处赣江有十八险滩，礁多水急，行舟艰险。攸镇最早为项姓人家开基。唐朝时这里的陶瓷业十分发达，釉色光泽，得名釉镇。后以赣江流水悠悠，"釉"与"悠"近音，改名攸镇。

二、攸镇文昌阁

攸镇文昌阁，也称万寿宫，初建于南宋末年，至今已有 700 多年的历史了。

传说，南宋末年忽必烈灭宋建立元朝。南宋宫廷部分贵妃随同曾氏家族等一批文官，从杭州逃到江西庐陵吉水。

攸镇建圩以后，曾迪又联合赣江两岸信民，建起了水口庙，它就是文昌阁的前身。

第五节　江口镇

江口镇位于赣州市赣县区东部，东连于都县，南界大田，西邻茅店，北靠吉埠、石芫，驻地江口圩背，距梅林镇 20 千米。

江口镇四通八达，是赣县交通最便捷的乡镇之一，距县城 18 千米，323 国道、江兴公路、京九铁路、赣龙铁路、昌赣高铁、厦蓉高速和南韶高速贯穿境内，是赣州东河片县市进出赣州市区的必经之地。

一、清水塘

清水塘，位于江口圩偏西的丘陵地区，含旱塘坑、茶亭下、大塘坪三个自然村。据《江西省赣县地名志》载："境内一口大塘，塘水长年清澈。此塘古属宋姓，曾名宋屋塘，后改今名。"

二、长兴桥与长兴寺

长兴桥位于江口镇，在赣兴公路旁，距赣州中心城区 25 千米，距赣县县城 14 千米。长兴桥头有长兴寺，该寺历史悠久，释道合一。

原寺内设有真君殿、观音阁、关爷庙，后来又建有长兴庵。明万历二年（1574 年），一场大火将长兴庵化为灰烬。后本地信众筹资重建，并扩建观音阁、关爷庙，并在桥面起柱盖瓦，搭起戏台，供平时过往行人驻足休息，且庙周围，林荫覆盖，桥下流水潺潺，好一处休闲胜景。

三、螺蛳寨与仙娘庙

江口螺蛳寨仙娘庙古称天华宫，坐落于江口镇贡江北岸，是一座闻名遐迩的千年古庙。

古庙所在的山恰似一巨螺汲水贡江，故称螺蛳寨；从东远眺，该山又像一巨蛙，昂头向北，蹲在贡江河畔，故又称蛤蟆岭。螺蛳寨孤峰耸立，四周悬崖峭壁，极其险峻。寨南沿贡江有一凿石小道，原是江口通往茅店、赣州的必经之路，北面是突兀的悬崖名八仙过海，险峻至极。螺蛳寨东西方向陡峭，有人工开凿之石梯道通至仙娘庙殿前。

第六节　田村镇

田村镇，位于赣州市赣县区东北部，东北与兴国县龙口交界，东南连南塘，南接白石，西靠万安顺峰，北邻白鹭。

田村镇为赣州市赣县区第二大镇，仅次于城区梅林镇，为纯客家镇。其境内旅游资源丰富，既有赣州市赣县区历史悠久的汉代古寺——契真寺，也有远近闻名的马祖禅师传授禅法的名寺——宝华寺，还有1300多年历史的田村花灯。

一、田村由来

田村古名为玉田村，寓蓝田种玉之美意。在更早之前还曾用过堑村、天丛山等名称。

田村秦时叫天丛山。田村契真寺内有一副古楹联写道："秦代天丛山，汉朝契假寺"。明正德年间，田村出土了一块秦碑，曾被王阳明考证过，并在其手记中载有："岭南修竹翠屏寺，岭北藏经天丛山……"足以证明田村秦时就有拓荒者。田村在明代时改名玉田村，取"蓝田生玉、玉树临风"之意。

如今在田村古道的南端仍有一座明代门楼牌坊，上书门匾"玉树蓝田"的镌刻仍依稀可见。

二、龚公山

龚公山，即今宝华寺所在地。古名龚山、宝华山。《赣县志》载："龚公山，在田村乡东山村，海拔321米。旧传龚亳隐居于此，唐时建有宝华寺。"

相传1200年前，在虔州河东的官道上，走着一行风尘仆仆的僧人，前面的是马祖道一与他的高足智藏。马祖道一遵照师傅怀让的派遣，带上他的高足、宁都人智藏来到虔州弘传禅学。他们一开始在山气清岚、贡水如练的马祖岩结茅，不久后离开了马祖岩，师徒来到了隐士龚亳隐居的地方——龚公山。

三、宝华寺

宝华寺系佛教大丛林中之古刹，创建于唐玄宗天宝年间，位于赣县区田村镇东北边境的东山村与兴国县永丰乡李树下村的交界处。

宝华寺建在群山环绕之中，清静幽雅，风景独特，今存三殿，雄伟庄严。寺内有十大宝：玉石塔、出木井、古鼎钟、千人锅、龙泉井、千年杏、千年柏、倒栽松、四方竹、灵照女莲。

四、契真寺

契真寺，坐落在赣县区田村镇圩中心，是一座历史悠久的汉朝古寺。据1946年版《赣县新志稿》载："有罗汉经十八卷，称大佛名经。藏阁上，每岁六月晒经，远近来瞻仰者甚众。"

五、杨梅村

杨梅村位于乡境北部的丘陵地区，在田村圩东北2千米的山岗下，以杨梅树多而得名。

这是个历史悠久的千年古村，一代代曾氏后裔在杨梅这片肥沃的土地上创造了灿烂的文化。如今行走在村子里，随处可见曾氏祖先遗留下来的众多古建筑，如镌刻着"曾山林"字样的碑石，在门额上镌刻着"曾氏宗祠""贡元""兰馥""文德惟馨""紫文瑞憩"字样的一座座古宅，以及不时可见的一棵棵古树，还有痕迹依稀的"南宋门"……似乎在向人们诉说着这座古村的峥嵘历史。

契真寺1

契真寺2

六、天南山

天南山位于田村镇东南的湖塘村，距离圩镇约 4 千米，因其对峙天丛山，且处其南，故名天南山。天南山竹苞林立、峻峭秀丽，纵横排列，形如屏障，因此，坐落山巅的天南山寺古时又叫翠屏寺。天南山寺隐于巅谷之中，寺前古木参天，清净幽雅，风景独秀，远可望天丛山麓，近可俯田村村庄，庐舍重重，宛如人间仙境。

七、崇正堂

崇正堂，又名上祠堂，为田村刘氏敦睦祠之支祠，位于红卫村，坐东朝西，建于明朝，重修于 1992 年。

宗祠通高 5.5 米，进深 42.8 米，总面积达 1198 平方米。祠为三进，内有 5.5 米高的柱子 16 根，有大小天井两个；左右两边各有厢房；上厅正中为神龛，中厅上梁有一红色牌匾，上书"崇正堂"三个大字，屋顶天花板上建有正方形和八角形藻井。整个宗祠布局沿中轴线对称，建筑造型显得古朴气派，庄重有力，气势宏大，宽敞明亮，十分考究。

八、中和堂

中和堂始建于清光绪四年（1878 年），是万一郎公第二十三世孙刘文江率子侄贤礼、贤祀俩兄弟，为祭祀其父刘斯宜而修建的。后经贤礼、贤祀俩兄弟多年营造，成就了中和堂之规模。中和堂既聚居人家，又奉祀祖先之神位，称之为"居祀"型祠堂。整个建筑布局取材于客家"九厅十八井"的构思，以东西为主轴，南北为附庸。东西两面都建有大门楼，南北各建有多座较小的门楼，九座厅堂相互连通，又可各自独立为户。

九、瑞峰山

瑞峰山，又名大岭脑，旧名顺山，位于田村镇斜坑村，西界万安县顺峰乡，南界田村镇。其山势峻耸，历三十六坳至巅，海拔 823.3 米，为田村和赣县区东河片最高峰。站立山顶，可远眺兴国、赣县、万安三县区方圆百里锦绣山河，可看见赣江如玉带从南向北飘过千山万水。瑞峰山面积 2 平方千米，植被为松、杉、竹和油茶、茅草等。

第七节　南塘镇

南塘镇位于赣州市赣县区东北部、平江中游，东靠三溪，东南邻于都县，南接吉埠，西依田村，东北连兴国县。

南塘一名有些趣味。《江西省赣县地名志》载：从前，此地广种蓝子，村民在塘边浸泡染土布的蓝靛，得名蓝塘。明正德年间，王日胜由田南迁此后，更名南塘。

一、麂山

赣县区有宝华山、麂山、菩提山、石林山四座佛教名山，而踞于南塘境内的麂山，因山形奇异，人文内容深厚，尤显特点。

麂山，位于赣县城区东北 45 千米的南塘镇劳田村，平江西岸，属武夷山余脉。俗名麂岭、麂脑，因山形宛如"几"字而得名。后因有麂子活动及其传说，"麂山"一名渐盛。

麂山山形如"几"字，令人称妙，高巅处又有奇石、仙泉，遂有妙高峰之说。康熙年间《赣县志》载："宋敕封妙高峰建梵刹"，寺名妙高寺。妙高寺独立山巅，临崖而建，凌空欲飞，可放眼赣州、赣县、万安、兴国四地，纵览千山万壑，指点青山绿水。

二、麂拗脑

麂山脚下有村庄名为麂拗脑，客家语即"麂抬头"之意。充满了积极向上、祥和美好的寓意。村内白墙黛瓦,老竹新路,香樟簇拥,橙花飘香,旅游新村建设如火如荼。特别是村内有关于麂与麂山、妙高峰与妙高寺、腾云石与吴生佛、出米洞、仙人泉、九曲街等诸多传说,麂山的文化将这一美丽乡村浸润得每一丝空气都有了麂的气息。

三、饶田村

饶田,旧名劳田。麂山下的饶田,乃一片富裕之地。1985 年版《江西省赣县地名志》记载:劳田大队下劳田,《刘氏族谱》载,元至元年间,刘清三由赣州四路口徙此,传 25 代,此地土质肥沃,物产丰富,原名饶田联,后演变为劳田联,此村居下方。上劳田,《丁氏族谱》载,南宋开禧二年(1206 年),丁均可由田村兰芬徙此,传 27 代,原多梨树得名梨树园,后因此村居劳田片村上端改名。

四、清溪村

清溪村,位于南塘镇境域西部,丘陵地区,小溪流经境内。清溪村居住着吴、丁、罗、刘、王等姓氏人家。《吴氏族谱》载,吴先淳于南宋嘉定年间由福建汀州府上河县徙此,传 41 代,原名青溪,以溪水清澈得名。

从麂山往北面望去可见著名的九曲水。九曲水蜿蜒如龙腾,逶迤似蛇舞,一溪清流,绿波荡漾,日夜流泛着诗情画意;两岸人家,炊烟若梦,四季点染出江南韵致。名山逦水营造出麂山文化最生动的一抹风景。

五、石院村

石院村,位于南塘镇政府驻地南塘圩东北部,距南塘圩 10 千米,距赣县区城区梅林镇 50 千米。东与兴国县社富乡睦埠村接壤,东南与道源村和三溪乡寨九坳村隔江相望,南连都口村,西界枫树江村,北毗兴国县龙口镇。全村总面积 18 平方千米,处丘陵地带,地势东北高西南低,平江自东北入境向南流出。

六、大都村

大都村位于南塘圩镇西北部，东界都口村，南毗白溪村，西连田村镇中齐村，西北与田村镇社大村相依，东北接枫江村。村委会驻地大都自然村，距镇政府驻地南塘圩 7.5 千米。大都溪流过村前，从西北往东南经都口注入平江。村落主体位于大都河两岸宽坦平原上，全村总面积 16 平方千米。

七、吴氏怀谨堂

清溪吴氏怀谨堂，是赣县区境内唯一保存比较完整的"九井十八厅"建筑，也是清溪村规模最大的古建筑，位于清溪村北面新屋内。怀谨堂由吴崇实兄弟建于清代道光十年（1830 年），距今近 200 年，历史悠久，人文厚重，是远近闻名的古建筑，也是赣州城周边最大的民居老宅。

八、觉性寺

觉性寺，坐落于南塘镇东北部的大都村贵湖山，距圩镇约 4 千米，始建于宋皇祐二年（1050 年），由大都谢氏五世祖谢明庭创建，初由高僧释妙震担任主持，香火旺盛。寺房 30 多间，为砖木结构。宋宝祐二年（1254 年）僧木净主持修缮，明成化年间又修一次。至明嘉靖年间，传由佛教大师释广清任主持，僧人骤增至 40 有余。觉性寺被明世宗朱厚总赐为"觉性禅林"而得名，寺名远扬方圆百余里，是清朝《赣州府志》有记载的虔州宝刹。

第八节　茅店镇

茅店镇位于赣州市赣县区中部，贡水河畔，南连大田、沙河，西南接梅林，西邻储潭，北界湖江、石芫。

茅店镇东南濒贡江下游及汶潭崇，东北倚黝子岭及龙潭山，北方踞脚踏三

南塘镇觉性寺

马口生态公园

乡之山脉，西北靠姐妹、分龙二大山，襟江带山，形势险峻。

一、马口

马口，属茅店镇义源村，与赣县区驻地梅林镇隔江相望，在梅林大桥桥头，以岸边一山似一马俯首醐饮贡水，得名马口。

2016 年在原址动工兴建马口生态公园，当年 6 月动工，2017 年底竣工。公园地处赣县区义源新区西南部，东连杨仙岭，西临贡江，南临赣（县）长（洛）公路，北接义源大桥，全长 2.3 千米，平均宽度约 500 米，面积 1.3 平方千米，总投资约 6000 万元。

二、上坝村

上坝村，位于茅店镇境东南面、贡江西岸，地势北高南低，辖 13 个自然村。上坝村有两件大事：一是在江西三糖厂旧址上建起了华能电厂，一是谭家为南塘清溪村罗家守山 300 年。华能电厂全国各地都有，而一家人为另一家人守山 300 年的事则稀少。

三、太阳坪

太阳坪位于茅店境内西偏南的丘陵地区，与储潭、梅林交界，地势西北高东南低。其原为荒芜之地，清康熙年间彭氏从福建长汀迁徙至此开基建村。据传，过去有颗陨石落在田里，乡人将陨石解读成太阳石，故名。

四、汶溪村

汶溪村位于茅店圩东南偏南、贡水西北岸的山岗上。这段贡水水深河窄，水流湍急，浑浊不明，有旋涡状，故名汶溪，现为赣州水务集团赣县区自来水厂有限公司取水处。唐、宋时曾于此设圩镇，南宋末年毁于洪水，迁圩于茅店。

汶溪是原江西第三糖厂所在地。

五、东田村

东田村位于茅店镇中部，距赣县区驻地梅林镇约 8 千米，距茅店圩镇 3 千米，紧邻 323 国道和赣县东高速出口，京九铁路、兴赣高速、蓉厦高速都从域内通过，是赣州中心城区、赣县区东郊和茅店镇的交通枢纽。

六、龙南寨

龙南寨四面山势壁立，怪石嶙峋，青藤缠绕，荆棘丛丛；山顶平台广阔，四面巨石，自成长城。山顶有一巨大泉眼，汩汩长流，四季不绝。只要粮食足够，高山深垒，则足可容纳万人长期留守，是一个易守难攻的军事要塞。

第九节　吉埠镇

吉埠镇位于赣州市赣县区东北部的平江下游，东邻于都县，南靠江口，西接石芜，北界南塘。

一、大溪村

大溪村位于吉埠镇中部，丘陵地区，气候温和，物产丰富，交通便利。

大溪村以灌肠脑最有名。灌肠脑，位于吉埠圩东南 1 千米的山下，居刘、沈、郭、游四姓人家。明末，刘友伸从兴国咸田迁此开基。游姓人为其所有权而打官司，遂得名"官场脑"，后讹为灌肠脑。

二、建节村

建节村，位于赣县区东部，距赣县区城区 40 千米。

建节之名，民间有一说法为：境内有溪涧急湍，溪涧中多乱石，时有浪花激溅，故名"溅激"，后谐音变为"建节"。

三、石含村

石含村是座群山环抱的村落，是一个典型的赣南偏远山区村。由于其位于赣县区与于都县交界处的特殊区位，远离城市喧嚣，使石含村长久得以独享清静，悠闲自得，远离了"粉黛"的浸染，脱离了"铅华"的污浊，免遭了人为雕饰，保持了它素衣素面的天然模样。从樟溪到石含村的路不好走，现在需要近一个小时的车程。

四、凤形山

凤形山坐落在吉埠镇石含村，海拔 701 米，面积 2 平方千米。凤形山素以清静旷远、山高林茂、风景优美、气候宜人而著称。

凤形山整座山形如双凤朝阳，因而得名。山体地势雄伟高峻，山顶常年云雾缭绕，站在山顶上，向东可看见于都县城新貌，向西可览万安库区，向南可视峰山主峰，向北可眺兴国县境。山上怪石嶙峋，古树参天，灌木丛生，空气十分清新。

五、水南村

水南村位于吉埠镇东北，距镇政府所在地 3 千米，坐落在平江南岸，是个不起眼的地方，但因为过去时常受到平江水的危害，而小有名气。水南在很久很久以前是平江上的一个小湖洲，平江的泥沙经长期的冲积在这里沉积慢慢形成。

水南村由上门（又称上坝）、中门、下门三个区域组成。

六、樟坑

樟坑距吉埠镇政府约 7 千米，位于平江河畔，与京九铁路、江兴公路隔平江相望，分樟坑尾、樟坑口两部分。樟坑尾即樟坑的尾部，居廖、潘两姓人家，

15 户，100 多人；樟坑口，居戴、黄两姓人家，25 户，160 多人。

樟坑因为整个坑樟树多而得名。

七、樟溪村

樟溪村位居平江西岸，距赣县区县城 29 千米，江兴公路、京九铁路穿村而过，有 12 个自然村。村中心地带叫樟溪，居有李、陈、刘、谢、任、孙、赵、何等姓，100 多户。

八、棋盘山

棋盘山坐落在赣县区吉埠镇社建村，是社建村一个较大的自然村落，距镇政府所在地樟溪圩 7 千米，因其四周地形奇特，形似儿时玩耍的小石棋盘，而得名棋盘山。

棋盘山是典型的客家村落，虽然现在看起来距江兴公路很近，但因为隔着平江，交通十分不便，很早以前这里没人居住，还有叫"山寮子"的说法。

第十节　五云镇

五云镇位于赣州市赣县区西北部，东濒赣江，与湖江、储潭隔江相望，南连赣州市章贡区水西，西接赣州市南康区，北界沙地。

五云镇境内有龙王古庙，位于赣江之畔，建于宋朝，历史悠久，原属土木结构，庙宇轩昂宏伟。镇左侧滔滔赣水一泻而下，赣江十八滩险峻鬼魅，江流至此九曲回环，暗礁森森，每逢洪水，更是浊浪滔天，凶险异常。

一、菩提山

菩提山，位于赣州市北面 35 千米处，雄踞于赣县区五云镇上丹村及章贡区水西镇凌源村之间，高 460 米，面积约 6 平方千米，为赣县区四大名山之一。

菩提山与王母渡石林山、南塘麂山、田村龚公山合称为赣县区四大佛教名山。20 世纪末，该地道路尚未完善，上山的路径极其艰险，羊肠小道，坎坷不平，蜿蜒曲折。21 世纪初，道路新修，人们行走方便，沿途林荫夹道，古木参天，峰回路转，又见潺潺流水，农田泛绿，风景如画。在云雾缭绕的密林深处，盎然隐现寺院的一抹花岗岩灰墙，唐代兴建的法云寺伫立于山顶。

二、上、下丹村

上丹村在五云境域西北部，丘陵地区，地势自南向北倾斜。

上丹村有长兴桥，因在村口，名为水口桥。此桥不大，为石质材料，传说有近两百年的历史。民国时期桥上生有古树一棵，倾斜四十五度而不倒，成为当地奇观。而下丹村则因有龙王庙出名，庙侧有龙王桥。桥旁有一巨樟，高可参天，成为当地风水树。此桥长约 2 丈 5 尺（8 米左右），以麻石筑成半圆形。

三、西坑虬龙樟

五云镇上丹村西坑自然村有九棵古樟树，有近千年的历史。每棵古樟都是形态生动的虬龙。

长期以来，古樟树得到了村民的崇敬和爱护。虽然山里大大小小的樟树一代一代繁衍成长，远远不止九棵了，但哪朝哪代总是以这九棵为大。也有人说这些树为村里孕育人才，起到潜移默化的天沐神功。看着老态龙钟、盘虬错节的古樟和优良的生态环境，大樟树的形态又与"虬龙百态"相吻合，村民高兴地给他们取名为"虬龙樟"。

四、五云的传说

相传在晋代，五云镇西去 5 千米的西坑尾，有一对夫妇，男的叫樵崽，女的叫云妹，两人过着耕地种田的日子，把西坑经营成了一个苗竹、杉树、油茶、水稻、番薯、黄豆等的世界。为实现自给自足的愿望，夫妇俩依次将 9 个儿子取名为竹、木、铁、布、豆、酒、泥、发、油，并分别教会了 9 个儿子编篾货、做木活、制铁器、缝衣服、做豆腐、蒸米酒、当泥匠、剃头、榨油的手艺。

第十一节　湖江镇

湖江镇，位于赣州市赣县区北部边陲、赣江河畔，东邻白石、石芫，南连储潭、茅店，西靠五云、沙地，北接万安县涧田，距县城 47 千米。

湖江，俗称大湖江，顾名思义，是江湖之地。此地境内赣江纵横南北，沿赣江两岸支流丛生，蓄水为湖为泊，有江有湖，故名湖江。

湖江镇是赣县区北部一个名乡重镇，是客家民系集居发展、人文荟萃的一方胜地，因地处赣江上游，迎接了自晋唐以来无数的客家先民，故有"客家南迁第一站"之称。

一、夏浒村

夏浒，又名夏府，位于储潭镇城西部、赣江西岸，与大湖江圩隔江相望。

夏浒是由赣江十八险滩造就的。赣江十八滩，尤以小湖洲旁的天柱滩为最险。天柱滩有 3 座石峰暗伏中流，舟必三折而过，浪涌如山，震荡心目，古人形容其"竖立如登天，幽深下无际，涡盘矗迴旋"。只有遇水涨方可避天柱之险，平日里凭舟工本事可驾空舟闯滩，货船则是断不能过去的。与小湖洲对应的是约 5 千米开外的大湖洲，而在小湖洲与大湖洲之间，除了这天柱滩外，在大湖洲附近还有一形如人状的巨大"石人坝"横卧江中，是为黄泉滩。碍于这滩石的形势，逆水南行之船到了黄泉滩，顺水北行之船到了天柱滩，便各自泊岸，由岸上掮夫驮了船上货物到黄泉滩前或天柱滩前码头上等。

二、十八花厅

十八花厅，位于夏浒村夏氏宗祠一侧。曾经在野草中隐现的时时泛映着质朴光辉的古驿道，曾经依古驿道旁边风流于世千秋百代的十八花厅，在前些年修旧如旧了。十八花厅曾经像北京圆明园一般，失了辉煌成了废墟，如今又倔强地活了过来——继续散淡并坚守着夏浒最早的荣光。

三、小湖洲

小湖洲，位于湖江镇洲坪村、赣江上游，距赣州城区约 25 千米，距夏浒古村不过千米之遥，是一个长约 1500 米、宽约 800 米，四面环水的小岛，形如纺锤。

或许小湖洲的桃花不及桃花源的桃花那般源远流长，不及西湖的桃花那般逶迤气势，但，小湖洲的桃花，因为有雪白无瑕的梨花衬映，有滔滔不息的赣江环绕，有历史如磐的夏浒做伴，却显得更加别致、风雅、动人。正因如此，小湖洲如今又有了新的名称："桃花洲""桃花岛"。

四、湖新村

湖新村，又叫湖江面，盛产瓷土。湖江面出产粗瓷，有碗窑街。嗣后，窑业逐渐发达，人口日见稠密，商贾亦多，遂辟湖江面为市集地点，并定三、六、九为圩日，初名曰隆盛，因为新辟，更名为新圩。

20 世纪 60～70 年代，赣县湖新瓷厂的瓷器远近闻名的。湖新瓷厂主要生产"四特酒""麻姑酒"的酒瓶以及瓷碗、盘碟一类。

五、廻龙阁

廻（回）龙阁位于夏浒村村尾北面，赣江十八滩中第二险滩——黄泉滩西岸边的高峰山上。廻龙阁是一座坐北向南、气势雄伟的三殿大寺。寺宇依山势而建，东西两面龙形的院墙将三殿连为一体，宛如一条起伏廻旋的卧山巨龙。整座山上的原始森林古树参天，环境幽静。

传说，廻龙阁曾迎来乾隆皇帝的龙驾。有一次乾隆微服出巡，云游江南，意欲到赣州察访民情。经过一片参天古木，来到山前，迎面看到有一牌坊，上书"迴龙阁"三个大字。

他说不去赣州了，随从和船家顿感莫名其妙。乾隆答曰：这是天意，敬香时，你们难道没看见这个庙叫"迴龙阁"吗？因为这个缘故，乾隆皇帝来过赣县却没有到过赣州。

六、大湖洲

大湖洲，是位于大湖江圩镇西北 2.5 千米赣江河中的大沙洲，属湖江镇中芫村。

从赣江上游往下数，大湖洲为赣江第二大岛、赣江上游第一大岛，位于赣江上游十八险滩中第二险滩黄泉滩东侧，地处湖江镇境内赣江的中部；它兀立江中，壮如雄狮，与小湖洲相距 7 千米，南北相望。

七、石伍村

石伍村，位于湖江镇西北部。以其立村时的驻地石伍丘命名，虽说是常见的命名方式之一，但从习惯和情理来说，仍属不正常。石伍村境内最大的自然村为尧村，过去有三大财主鼎居，寓三分土地之意取名尧村。尧村含石伍丘、茶亭下、塘边、塘背 4 个自然村，耕地 411 亩，主种水稻，是一个人口甚众、地方富庶、远近闻名的皇皇大村。

八、文峰山

文峰山位于湖江镇境内，为赣县区湖江镇与万安县顺峰乡两地交界之处，山上古松苍劲，修竹秀丽，森林茂密，岩石层峦，远远望去一连三座山峰并列，犹如笔架，故名文峰山。山近顶有寺，始建于明代，原为庵堂，历居尼姑，香火旺盛。此山整体山形酷似傲天狮，山寺大门刻有对联云，"座镇青狮朝白象，安宁近地及遐方"，正是文峰山地势的真实写照。

九、松竹林寺

松竹林寺位于湖江镇的东南方向，在田村镇、石芜乡之间，坐落于神奇的爆埂右侧的小盆地内，海拔 380.2 米，距湖新圩约 4 千米。松竹林寺始建于清康熙二十三年（1684 年），由猪婆庙开基始祖刘可伯之子刘元铣所建。他从田村迁至湖新后，就开始建寺宇，并购置了寺门口的 10 亩良田和寺周围的百余亩山岭，施给寺里。

第十二节　储潭镇

储潭镇，位于赣州市赣县区西北部，赣江东岸。东界茅店，东南靠梅林，南接赣州市章贡区水东，西临赣江，与五云和赣州市章贡区水西隔江相望，北连湖江。

储潭为赣县区著名的三潭之一。因靠储山，临赣江，处江湾岸边，急转的江水回旋成涡，形成深潭，上游冲来之物，回旋储积潭中，故名。潭背后的巍巍大山也因此叫储山。

储潭最有名的当数储君庙。既为庙，却不是佛家圣地，而是一处道教场所。

一、赣江十八滩

章、贡二水合而为一，北流 90 千米至万安县。其间有十八险滩，怪石险峻，折而东经吉安、樟树、南昌而汇于彭泽。

十八滩位于赣县和万安两县境内，是千里赣江上游十八个险滩的统称。从赣州城八境台下的赣江源头，顺流而下排列着桃园滩、白涧滩、鱼口滩、横弦滩、天柱滩、南风滩、狗脚滩、往前滩、金沙滩、良口滩、昆仑滩、晓滩、武朔滩、小蓼滩、大蓼滩、棉津滩、漂神滩、惶恐滩十八险滩，其中前面九滩在赣县境内。

二、白涧村

白涧村，又名白涧滩，位于储潭圩西偏北 5 千米的赣江东岸。村内居有许、朱、刘等姓氏人家，主要种植水稻、油菜。

白涧滩是赣江十八滩的第二滩，第一滩在储潭境内，因淤泥堵塞，早已没了险境。而白涧滩成了开始惊险行舟的实质性的第一滩。

三、储君庙

储潭江面宽阔如镜，水底礁石林立，是赣江十八滩中的第一道险滩。复杂的江底地形造成江水回流产生急转的漩涡，上游冲来的较大漂浮物，往往会在这里滞留数天时间。自古，过往舟船来到储潭就要停下，船上人上岸到庙里祈求储君保佑人船平安。这座储潭边的神庙就是著名的储君庙（旧称广济庙）。

四、储潭与储山

储潭现在是赣江源头的第一个圩镇，因靠储山、临赣江、处江湾岸边，江水到此急转旋涡，形成深潭，故名储潭。

储山是座并不显眼的山。传说此山有鸡公、蜈蚣、巨蛇三怪，都是修炼千年得道的精灵，三怪听说储潭潭底有个金橱，橱内装满奇珍异宝。为了得到这些宝贝，它们来到了储山，都想独吞珍宝，互不相让。于是它们各显神通，以斗法一决高下。最后，三怪变成大石，形成了惟妙惟肖的三座山峰，当地老表称之为"储山三形"。

五、储潭晓镜

储潭晓镜，是清代虔州八景之一。

虔州八景中，清代八景的意义是承前启后的。从 1067 年苏东坡为孔宗翰题虔州宋八景诗，至清代张照乘父子题点新八景，前后相差近 600 年，时间跨度巨大，历史空间巨大，社会、自然乃至山川地理都发生了天翻地覆的变化。

六、东坑村

东坑村，位于储潭境内东北的高丘地带，地势东北高西南低。

龙子岭是东坑村人口最多的一个自然村，系唐朝郭子仪之后郭氏聚居之所。清嘉庆年间，先祖郭赐通与赖、邹两家结拜兄弟，携子攀胜、攀桂从信丰县铁石口流塘圩迁入，喻其开基之地山形环合，极具腾龙之势，而得地名。

第十三节　韩坊镇

韩坊镇位于赣州市赣县区南部边陲，东与安远县毗邻，南与信丰县接壤，西靠王母渡，北连于都县。

韩坊镇属于赣县南山片。"南山片"是个俗称，泛指峰山以南的大片山区，包含王母渡、阳埠、大埠、韩坊四个乡镇。南山片山岭逶迤，河溪纵横，自然景观与人文内容如散珠碎玉，俯拾皆是。

韩坊，历史上叫旱坊，因圩镇所在地地势高卓，干旱缺水而得名。明嘉靖年间，熊姓从王母渡潭埠村迁此开设路头糕饼店，后渐成圩场。

一、长演村

长演村，又名长演坝，历史上有圩，又叫长演坝圩，位于韩坊圩西北8千米的河边。《江西省赣县地名志》中引用《何氏族谱》："元泰公游览长演河，山川风土之胜，即卜于长源以建厥家焉。而元泰公即为我长源开基之始祖。"长演坝圩则始建于明朝末年，当时何、钟二姓设小茶店，逐渐发展成为小圩镇。

长演坝，在民间又叫状元坝，缘于清代出了一位差一点成为状元的进士何其睿。民间传说，何其睿本已中状元，只因不懂朝中礼仪而被取消，家乡人固执地认为其高中状元了，遂将村名改为状元村、状元坝。

县城区 50 千米，西南面与赣县区南塘镇相邻，北面与兴国龙口镇相接，东北面与兴国社富乡相连。

三溪乡名缘于三溪圩。曾舜文、曾舜虞兄弟俩于南宋绍兴二十二年（1152年），从泰和县上模迁此开基，原名山下，后因依山傍溪得名山溪。1925年，又以凤田溪、石陂角溪、门前溪于此汇合，此地遂改名三溪。

一、寨九坳

寨九坳位于赣县区三溪乡北偏东 5 千米处的寨九坳村境内，离赣州市区 58 千米，是著名的风景名胜旅游区。此处地势起伏，村北有山，名横石寨子，村与寨子间相距有九个山坳，故名。

与三溪乡乡名一样，它的名字质朴得如同山野的风或草。三溪乡，缘于三条不知名的溪流之汇聚而成名；寨九坳，缘于无数的丹岩大山为它造就了众多的沟壑而得名。这里是当年从赣州往兴国去的必经之路，亦即一条旧驿道。宋理学先祖周敦颐、二程，岳飞及其岳家军等诸多的古贤名人都曾经经过这里。

二、道士庄

寨九坳风景区内有定光山寺，定光山寺在明代时只是诸多寺观之一。因为寺、观众多，明代时这一片称为道士庄。

寨九坳景区，其实包容了一条古驿道。它懒懒地从赣州、江口蜿蜒而至，绕过寨九坳丹霞景区西北一侧，再蜿蜒往北边的兴国县地域而去。因为所经路途并无坎坷不平，显得非同一般地开阔，道路也并不需要铺垫卵石，所以，在这里看不到大余梅岭或是信丰虎山玉带桥旧痕累累的古驿道。

相传，明太祖朱元璋游历江南至寨九坳，见古树参天，清风沁人，岩奇山峭，喜曰：此乃物华天宝之金精洞矣。回京后，明太祖敕令大臣专程来此建佛教圣地。从此，一座 300 余平方米的寺院建成，方圆百里，乃至千里外的朝廷百官竟纷纷慕名而来。不久，明太祖下令，改定光寺为定光山道教院。从此，这里道学昌盛，南方各地道士纷至沓来，一个以道学为中心内容的村落形成了——道士庄之名由此而来，甚至沿用至今。

二、万象山

韩坊镇政府东南 2 千米处，有成片成片的丹霞山石从平畴中突兀而起，形如群象，灿若图画。这便是众象临面、蔚为大观的万象山。

万象山被典型的丹霞地貌红色砂岩所覆盖，由多座顶平、身陡、麓缓的砂砾岩石构成。"丹霞奇观，形若大象"，从梅街村方向仰观万象山，可见形如大象的丹岩数座，疏密相生，高低参差，错落有序，山间苍翠，松香沁脾，风光旖旎。登上顶峰，环顾四周，可览众山之小，可赏清溪如带，可观乡村烟景，绿树环合，房舍俨然，陌陌平田，夏绿秋黄，春如明镜。

三、宝莲山

宝莲山风景名胜区位于赣县韩坊镇小坪村，距赣州市区近 80 千米，因其在卫星地图上酷似一朵盛开的莲花而得名。景区立足"贵山福地，毓秀宝莲"的旅游精品定位，规划面积 70 平方千米，目前已形成"两个中心、13 个景区"。风景区内山地平均海拔 680 米以上，东西山峰高达 1185 米，年平均降雨量达 1700 毫米以上，年平均气温在 17℃以下，全境森林覆盖率达 71%。景区内山清水秀，气候宜人，特别是盛夏如春，走进这里犹如走进一个大氧吧，气候凉爽，心情舒畅，是避暑纳凉、养生延年、陶冶身心的好去处。宝莲山风景区的开发建成可与赣州市峰山森林公园、安远县三百山森林公园形成一条生态旅游轴线，宝莲山景区处在轴线中心点位置。

四、大屋下

小垒大屋下位于韩坊镇境内东北丘陵地带，距韩坊圩 15 千米。《刘氏族谱》载，明宣德年间，刘华贵从信丰县龙虎口迁徙而来，因屋场较大得名。

大屋下是一个典型的客家风情村落。每年正月里，小垒刘氏笃伦堂都会有一场宗族聚会，舞龙、放鞭炮，举行上丁日活动为八十岁以上老人进行团拜会，客家乡情浓浓一堂。大年初六是添丁人家的"上丁日"，客家人的规矩是初六这天，凡添丁人家每户出一个代表携一台酒席及方桌、条凳，许多桌酒菜一桌连着一桌，如同长蛇阵，两侧则坐满了村中有声望的族老和从外地回来过年的嘉宾。

五、塘坑村

塘坑村位于韩坊镇东南山区地带，产木、竹、松脂、香菇等特产。塘坑村历史悠久，风景宜人，茂林成荫。

塘坑村有塘坑口，乃村部所在地，位于韩坊圩东偏北 10 千米，塘坑出口处，清初名为三坑村，后因村前开挖水塘数口改名。村内居曾、吴、肖、郭等姓人家。明嘉靖年间，钟树荣从兴国县迁此开基。

塘坑村村落文化历史久远，人文底蕴浓厚，特别是其陶瓷文化更值得挖掘。韩坊陶瓷生产历史悠久，清雍正年间至乾隆年间，韩坊陶瓷即已闻名遐迩，民国时期，赣县有大田、韩坊和湖新三家陶瓷厂，三地陶瓷销往邻近各县。

六、狮灵山寺

狮灵山寺，地处韩坊乡迳里村境内，距赣州中心城区 70 千米，始建于明朝。寺内僧人租田耕种为生，后因灾荒，寺庙一度破烂不堪。至乾隆丁丑年间，由朱佛生居士向本村信民化缘重建。

在寺庙右侧约 10 米处的溪河边，有三块青麻石，活像三只石狮子守居水口，狮灵山寺也由此得名。溪河下游有石青蛙四只，往下游约 500 米处，有青麻石猪婆一只，带着五只小石猪，背面是和尚石，犹如和尚在喝水。再往下游是仙人洞，传说洞深可延至信丰大桥河底，洞口宽敞，有仙人石戏台一座。仙人洞上侧有石塔一座，气势雄伟。

七、牛岭

牛岭，位于韩坊镇宝莲山风景区西北，是一个四面青山环抱、地势比较开阔的小盆地，因盆地西边一山形似一只大水牛而得名。牛岭含上、下岭两个村，32 个自然村和牛岭圩，总人口约 6000 人，除罗井丘黄氏、墩坡坑汤氏和槽下刘氏外，其余全部姓韩，韩姓人口占两村人口的 90% 以上。

牛岭，地处深山大谷，北边一条小径翻越马岭坳连接于都马岭、小溪和祁禄山；南面一条5千米长的山谷连接赣县区的小坌、韩坊和信丰县。这种深山长谷的地势形成重要的战略和战术关隘，向来为兵家必争的军事要地。

第十四节　阳埠乡

阳埠乡位于赣州市赣县区西南边陲，东靠王母渡，南邻信丰县，西、北界与赣州市南康区接壤。

清末，阳埠乡与王母渡乡同时存在，名为王富乡。其地势独特，东南低而平，西北高而狭，形成椭圆，四面小山林立。

阳埠是个以农业产业为主的乡镇，盛产腐竹，阳埠乡是著名的"腐竹之乡"。

一、黄沙村

黄沙村，位于阳埠圩西偏南7千米，属丘陵地区，地势西南高、东北低，周围群山环绕。黄沙村因多黄色沙质土而得名，村里居民多为陈姓。据《陈氏族谱》载：元末，陈德才从蟠龙欧潭虎坝徙此建村，系赣县南山区一带陈姓始祖，黄沙亦为陈姓聚居的大本营。

黄沙花海是当地新兴的乡村旅游项目，景区覆盖全村，包括户外运动体验区、豆腐坊文化体验区、采摘体验区等9个区域。目前已建成百亩花海，新增了两个停车场和一个220平方米的休闲平台，并对村容村貌进行了整治，使人居环境面貌一新。2016年，黄沙花海浪漫之旅，借助网络和微信平台曾经火热一时，当年年底，阳埠乡又以一场史无前例的年关大戏"腐竹宴大赛"把乡村旅游再次推向高潮。

二、大龙村

大龙村位于阳埠乡西部丘陵地区，地势西南高、东北低。大龙村驻地大龙自然村居卢、陈、傅、伍、肖姓人家，52 户，275 人。

大龙村建有大龙革命烈士纪念塔。塔位于大龙村街上，建于 1957 年。2007 年，阳埠乡党委、政府对原有的塔身重新进行了粉刷和修缮，并命名为"阳埠乡爱国主义教育基地"。

第十五节　大埠乡

大埠乡位于赣州市赣县区东南部，东靠韩坊，东北邻长洛，东南接韩坊，南依王母渡，西连赣州市章贡区沙石。境内大部分为丘陵地区，间有条带状河谷平地。桃江自南往北流经乡境中间有 20 多千米，将乡境分为两部分，东部群山耸立，九连山余脉绵延北伸；西部山峦重叠，峰山、酒坛山犹如屏障。境内地势由东、西两方向中部倾斜，其间山溪纵横交错。较大的溪水有 10 多条，溪流落差大，水力资源丰富。最高点白沙坳，海拔 916 米，最低点和尚坪，海拔 130 米。

一、居龙滩水库

居龙滩水电站是由江西省投资集团公司控股的上市公司赣能股份全资兴建，是贡江左岸支流流域开发的最末一个梯级工程。坝址控制流域面积 7739 平方千米，水库总库容 7360 万立方米，居龙滩水利枢纽是一座以发电为主，兼有水库养殖、改善航运等综合功用的中型水利枢纽工程。电站装有 2×30MW 的电泡贯流式水轮发电机组，是目前省内同类型单机容量最大的机组，年平均发电量 1.97 亿千瓦时，通过 110 千伏输电线路送入赣南电网，是赣南电网一个重要电源点。业主江西赣能股份有限公司居龙滩水电厂 2004 年 3 月在赣县注册成立，2008 年 3 月变更为江西赣能股份有限公司居龙潭水电厂。

二、韩村

韩村，位于大埠圩西偏南一里许。宋朝时，韩明由宁都竹坝迁此开基。

韩村依山傍水，桃江川流而过。村中桃江河畔逶迤着造型奇特、苍翠浓郁的古榕，宛如一把把参天巨伞，掩映着一栋栋古宅民居，让人犹如走进风景中的民居博物馆。省级历史文化名村韩村，也因为这些保存完好的自然景观而被称赞为"生态家园"。

韩村的河流孕育两岸巨榕，华丽的宗祠依着四季的榕风，流淌着一则则动人的故事。走过弯月形的风水塘，跨过双层飞檐的门楼，踏着平铺光滑的卵石路，穿行在韩村古巷中，一路都能够感受到韩氏宗祠的建筑遗韵。

三、赖村

赖村，位于大埠圩东偏北 500 多米。

赖村现为省级历史文化名村，是开国上将赖传珠的故乡。小村虽历经几百年的风雨沧桑，依然保持古风古貌，村内古树苍翠欲滴，古建筑群保存完好。

村落处在一个美丽的自然环境，其布局与体量凭借自然，与山水天然相容，表现出与时空的高度和谐以及对生活环境的重视。

赖村的街巷既有自然性，又有理性，并兼顾街巷与宅院的排水。诸多支巷疏密有致，与主巷有机地联系在一起，构成村落的主要格局。街巷的铺装也是自然纯朴，多采用青石或卵石铺成，有一些地面也采用夯实的土路，由于地面渗水性较好，因而路边植被也较为茂盛。

四、大坑古村

大坑古村地处大埠乡西北角，桃江河畔，距县城 42 千米，交通便利，环境优美，旅游资源丰富。全村总面积 8 平方千米，共有农户 445 户，1895 人。该村基础设施完备，全村电网、通信网络覆盖完善，村内土壤肥沃，气候温和，空气清新，青山翠绿，物产丰富，蕴藏着经济社会发展的巨大潜力。小村虽历经几百年的风雨沧桑，但依然保持古风古貌，古建筑群保护完好，村内古树苍翠欲滴，处处风景秀丽，村民安居乐业，人人和谐相处。2014 年 8 月 27 日，大坑古村被江西省政府评为省级历史文化名村。

五、长湖村

雨到清明色翠微，黄花紫燕久相违。鲤鱼洲上风初绿，碧水盈盈牧笛归。由大埠圩过将军大桥左转，入眼满是紫燕黄花的景色，这里便是长湖村。

长湖村位于赣县区大埠乡东南方向，桃江东岸，属丘陵地貌，是赣县居龙滩电站移民重点村之一。全村面积 30 平方千米，下辖 8 个村民小组，有农户 226 户 936 人。

长湖村旅游资源颇为丰富，江中秀美的"鲤鱼洲"似双鱼戏水，千年不沉，万年不走，与北岸青龙交叠的"元宝山"隔河相望，厮守缠绵。东部深山里还有大埠全境唯一的建于清康熙年间的寺庙——高龙山寺。

六、下马石村

下马石村位于大埠乡东北角，桃江西岸，呈条形分布，属丘陵地带，距圩镇 7.5 千米。全村面积 28.23 平方千米，下辖 6 个组，10 个自然村，现有 450 户，1988 人。

村后象棋山，村前桃江河，村中水泥干道横贯。于刘屋广场远眺，前山如案，后靠稳健，屋新田老，波平澜微，美不胜收。广场于 2017 年新建，充分依托居龙湖水面开阔，山色清秀的自然生态，结合了刘姓、篮姓姓氏文化、阁屋地理传说以及大埠农民书法协会等人文要素，是融文化、产业、旅游为一体的魅力新村的一张金名片。

第十六节　长洛乡

长洛乡位于赣州市赣县区东南边陲，东邻于都县祁禄山，南靠韩坊小坪，西接大埠，北连大田，全乡人口 1.28 万，面积 148.1 平方千米，管辖长洛圩 1 个居委会及均源、下含、留田、中坑、长洛、桂林、五里 7 个行政村。长洛圩距县城 36 千米，境内峰峦起伏，道路蜿蜒，是一个典型的山区乡。以驻地长洛圩命名。

长洛乡人文景观有松月禅林古寺。

一、桂林村

桂林村在长洛圩北侧一里许。因桂竹成林，遂得名。

桂林村内如今已没有桂竹的影子了，只有古樟数棵散落在村头山脚，高耸入云，遒劲苍然。另有一口巨大的水塘，流放着风流，也溶化着一方理想。包容钟氏人理想的还有宗祠几座，这些宗祠属明代始建，清以后多次维修，但大多保留原始痕迹。

桂林村最为传奇的是村内有一条名叫银子街的街圩。银子街，并不是说用银子铺成的街。民间传说，明、清时期立圩时，大家正商量筹钱，此时某位有钱的钟氏先人宣布一人包了所有费用，遂以箩筐挑银圆来，显足了富有。用这些钱筑成的卵石街，故得名银子街。

二、留田村

留田村，在长洛乡境西南山区地带，地势南高北低，主种水稻，竹木丰富，有养蜂传统，有钨矿资源。

长洛乡境内森林覆盖率超80%，海拔约800米，没有工业和化学污染，是土蜂生活的世外桃源。自古以来长洛乡就有养蜂的传统，自产纯天然优质蜂蜜，是远近闻名的"蜂蜜之乡"。

第十七节　大田乡

大田乡位于赣州市赣县区中部，桃江下游，东邻于都县，南接长洛、大埠，西靠茅店和沙河，北连江口。乡政府驻地大田圩距县城22千米。

大田境内因有桃江水穿境而过，当地村民又习惯于沿河种植黄竹，以致桃江两岸（衍至境内所有溪河两岸）尽是苍翠浓郁的竹林，迤逦成片，风光旖旎。

一、瀛洲村

瀛洲村，最新地名统计则名为云洲。在大田乡西南，东濒桃江，地势平坦。先是刘氏开基，至明隆庆年间徐举德自老屋下迁来。如今多为徐家族人，当然也还有早在唐代开基的卢姓人家。

民间传说，此处有仙人落过脚，遂得名瀛洲。查史料可知，瀛洲本指古代中国神话传说中的东海仙山，大田乡瀛洲村显然没有如此仙意，但先祖们的美好寄寓是可以理解的。人们安居乐业，总希望五谷丰登、生活安然、乐似神仙。

第十八节　石芫乡

石芫乡位于赣州市赣县区东北部，东靠吉埠，南接江口，西邻茅店，西北连湖江，北界白石。石芫圩距赣县区驻地梅林镇28千米，石芫乡是该区唯一的内陆乡。境内属丘陵地区，岗峦连绵起伏，地势四周高、中间低；主流石芫河自北向南纵贯乡镇，流经江口注入平江；地下矿产有高岭土、钾长石、铅锌矿、钨矿、硫磺、硅石矿等。

石芫名缘于石芫圩。因有横溪（今改名下横溪）和广教寺两溪河汇合而成一深潭，旁有圆石，遂得名石圆潭，后演变成现名。历史上石芫是通往江口、白石、湖江三条乡道的交叉地，来往行人甚多。

一、沙洲村

沙洲村位于石芫圩南面，是个小平原，地势开阔，总面积约3平方千米，含廖屋背、石桥头、观音坑口、丁屋塘、坝上、村上6个自然村。沙洲村系河流冲积沙质平地，故名。

沙洲村不是很大。两脉柔润的青山，南北纵向绵延，相互对望出一片片画廊般的葱绿村田；山冈下偎依着一户户平和人家，白墙灰瓦，泥坪树院，简朴而见风致。

二、丫机嵊

1991 年版《赣县志》记载：丫机嵊，在石芫乡丫机村，西南界茅店镇，海拔 633.6 米，为石芫乡最高峰，面积 4 平方千米，植被为竹、木，顶峰呈丫叉形。

从广福村委会大门前向西北，人们可以看到两支尖秀的山峰，右峰如同古时秀才的毛笔支架，左峰似女士的发髻，两座山顶之间的落差形势成丫字形，所以乡亲们把它命名为"丫髻峰"，因"髻"字难写难认，以谐音衍变为今名"丫机嵊"。

丫机嵊是一座历史悠久、人文积淀深厚的文化名山和佛教圣地。山上有始建于唐朝的"白云山寺"和"心经堂"，还有"十景十宝"。

三、石芫潭

石芫乡，俗称"石芫潭"，是一个充满神秘、传奇的地方。

相传千年之前的北宋年间，石芫这个地方还是蛮荒之地，经济不甚发达且人家不多。

有一年，从很远很远的广东省某个地方长途跋涉来了一个姓林的先生。这个林姓先生身份不详，可能是远走巷陌山川的地理先生，也可能是不满当地的自然条件，想到他乡寻觅一块安身立命处所的游民。他跨粤至赣，沿着铺垫着卵石或条石的古驿道从赣州、江口蜿蜒而至，走过清水塘，走过新坯坝，绕过坳下嵊前行一段路程后，找到了一块"山龙口"之地。然而此处已经盖起了一座雕梁画栋、气宇雄浑的庙宇。这就是沿袭至今的"廻龙古庙"。一番捶胸顿脚之后，万般无奈的林先生只好带着家人到远离这个地方 10 多千米的横溪深坑虞岭脚下奠基安顿下来。

第十九节　三溪乡

三溪乡位于赣州市赣县区东北部，与兴国县、于都县三县区交界处，距赣

定光山寺

山水永恒，岁月无情。时至今日，道士没了，庄也散了，百姓居住的地域名仍回归原始，叫了寨九坳。

第二十节　白鹭乡

白鹭乡位于赣州市赣县区北部边陲，东、北面与兴国县交界，南连田村，西靠万安县。

白鹭名称的由来很有些诗意。1986 年 6 月版的《江西省赣县地名志》载：南宋绍兴六年（1136 年），钟兴由兴国竹坝迁此建村。据《钟氏族谱》载，钟兴夜梦白鹭飞此栖息，遂以白鹭为名。

一、白鹭古村

白鹭村位于赣县北部，距赣州市 63 千米。

白鹭古村背靠玉屏山，面朝鹭溪河，面积约 0.5 平方千米，古村仍保留明、清客家古祠堂 69 栋，气势恢宏，蔚为壮观，建筑面积达 6 万平方米。村南是龙岗，村北是玉屏山，烟峦翠阜，叠嶂绵延形成弧状拱卫着村庄。五条山脚伸至村后，古代堪舆家称其为"五龙山形"。鹭溪水九曲连环，下游河畔有两座山岭：一称"狮蹲"，另一谓"象跃"，两山把住水口，留住来龙，是一处灵山秀水的极佳之地。

二、官村

官村，位于境域北部的丘陵区，位于鸡冠山下，原名冠村，后演变成今名。《曾氏族谱》载，清康熙年间，曾尚发从广东迁此。《江西省历史文物》1984 年第一、四期刊载了该村商周遗址和南朝时期的纪年花纹砖墓葬群的考证资料。1980 年 12 月，赣州市博物馆在官村的燕窝、卦形、孤岭、村背、张屋面、圆北岽、狐狸寨、学堂背等处采集到了新石器时代的陶片和石器。

白鹭古村

这个位于白鹭乡北边1千米的小村落，明朝时期称为"官村坊"，下辖七十七都（村）。因村头的官村河与白鹭的鹭溪河相连、可直通万安境内的赣江，是赣南境内唯一不经十八滩进入赣江的商运河道，历史上一度是个极其繁华之地。

三、林头与林溪

林头，位于白鹭圩南偏东七华里的溪河汇合处。据《江西省赣县地名志》记载，"元定宗年间，龚积由宝华山迁此建村，传27代。据传，古有一和尚要在宝华山建庵，规劝龚积他迁，并给雨伞一把，并嘱咐西行，直至大雨淋头需用伞时，就地开基，得名淋头，后演变为今名。"

而《赣邑林溪龚氏族谱》（清光绪二十三年修）记载，明朝洪武七年（1374年），在林溪之龚氏第一次修谱时，家族便在林溪定居了，到清光绪二十三年（1897年）第五次修谱时，500多年来，龚氏一直居林溪。

四、吉塘村

吉塘村，位于白鹭圩东南5千米的河畔塘边，原名大塘，后祈吉利而改名。

吉塘村，是一个山环水抱的古村。一条溪水环绕着村落，一棵古樟伫立在村头，一丛丛竹篷散落于溪边，一口口池塘点缀在其中，从白鹭折入吉塘，你便进入了一片风景地。

在吉塘村，有一口幽幽的古井——葫芦井。该井花岗岩石围口，口沿高0.5米，内口径0.8米，外口径1米，口小腹大，似葫芦，并因此得名。古井内腹径3～4米。葫芦井有相当长的历史时间，但具体年代失考。

五、恢烈公祠

恢烈公祠，属居祀型祠堂，建于清乾隆年间，地处白鹭村偏西的北面山麓，是一座规模宏大、造型精美的建筑。恢烈公祠系乾隆年间清太学生、布政司理问钟愈昌及其三个儿子的居所，是前后三栋连体建筑，一栋比一栋精美。

钟愈昌有三个儿子，长子钟崇倌居后栋"友益堂"，占地面积最大，除厅堂楼阁外，还建有花园、假山，只可惜在清咸丰年间被石达开的残部炸毁，只剩西侧一排边屋。次子钟崇僎居住在中间"下亨二栋"。三子钟崇俨居头栋"葆中堂"，又称"太守敬公祠""下亨头栋"。该建筑南北纵深百米，正面宽 40 米。建筑东南西三面有宽阔的石子路贯通，北面是树木郁郁葱葱的后龙山。

六、仙娘阁

仙娘阁，是白鹭乡和白鹭古村重要的宗教和文化活动场所。明朝初年建庙，地处白鹭村以北沿鹭溪河下游 2 千米处，门对青山，背对鹭溪，两面临水，鹭溪河宛若玉带自西北向东南蜿蜒而过。仙娘阁原有前庭后院，现毁，前院院门拟重修，可惜为新建敬老院所占。仙娘阁大殿保存完好，为三进院，正殿门首横书"保赤慈幼"鎏金大字，正堂上书"灵光普照"鎏金大字，下有神龛，供奉金宵、银宵、碧宵三位仙姑神像，龛首书"灵显千秋"字样。

七、福神庙

福神庙，地处白鹭村北侧，子善祠左侧山坡上，占地约 200 平方米，南宋咸淳六年（1270 年）建，庙内供奉白鹭村坊神黄飞虎天君及赖公的神像。

该庙地势较高，后枕小山，屋背山上竹木葱郁，楠木参天。庙殿堂较小，但木雕硕大精美，明间前柱上倒悬狮形雀替。梁隔架很大，浮雕着花卉。后墙神台明间上方有神龛。庙门照壁上隐约可见麒麟人物线痕。庙门门罩下方横书"鹭阳保障"，落款是"康熙庚辰年季冬月吉旦"，即康熙十年（1671 年）冬天。庙院门为八字门，"福神庙"三字落款则为"道光十一年（1831 年）"，门首有八卦图、鲤鱼跳龙门图饰。门背刻联曰："明神有赫镇方隅，惠我无疆资保障"，查庙内残碑，有福神庙曾于道光年间购地扩庙重修的记载。

八、王太夫人祠

王太夫人祠属居祀型祠堂，道光四年（1824 年）所建，奉祀王太夫人。古时，我国盛行以姓氏、宗族的形式建造祠堂，受旧时男尊女卑封建思想的影响，都是以男性姓氏建祠堂，以女性命名祠堂极为罕见，白鹭村的王太夫人祠就是全国罕见的一例。

王太夫人系清太学生、布政司理问加捐知职例授奉政大夫钟愈昌的侧室，嘉兴知府钟崇俨的生母。王太夫人一生贤淑，相夫教子，乐善好施，用布衣素食节省下来的积蓄，平粜赈饥、济贫助学；为病人施药，为贫寒者施粮施衣，甚至为死于白鹭村的所有乞丐施棺木并妥善安葬。王太夫人临终前，唯一念叨的是设立义仓，并把所有积蓄拿出来成全此事，交代儿子钟崇俨义仓规模要达到一千担义谷，每年用于赈灾济贫，不得留存。钟崇俨遵母遗愿，办起了义仓，专用来济贫，称"葆中义仓"。

为了纪念王太夫人，钟崇俨亲手修建了"王太夫人祠"。祠堂建筑前后二进，有一个宽大的天井，上层储义仓之谷，下层开办义校，免费收贫困子弟入学读书。遇到大灾之年，大天井成了摆放大铁锅熬粥、施粥的地方。

第二章　章贡

第一节　解放街道

一、解放街道概述

解放街道，位于赣州市章贡区老城区北部，东北以贡江中心线与水东镇交界，西南以大公路、环城路北与南外街道相连，南以大公路与赣江街道相邻，西北临章江与水西镇、水东镇隔江相望，北至章、贡两江汇合处，面积约 1.9 平方千米，辖西津路、西郊路、姚衙前、健康路、洪城巷、中山路、和平路、尚书街、解放路、建国路、南京路、大新开路、新赣南路、八境台路 14 个居委会。

二、二水汇流成赣江

赣江，起自赣州城北的龟角尾，章、贡二江在这里汇合后形成赣江，一路北去。

赣江源头有二。西源章水，出自罗霄山脉的崇义聂都山张柴洞，流经赣州市大余县、上犹县、南康区、赣县区、章贡区；东源贡水，出自武夷山脉的石城县赣源崇，称绵水，流经瑞金市，在会昌县与湘水汇合，称贡水，流经赣州市于都县、赣县区、章贡区，为赣江正源。

先秦时赣江被称为杨汉，汉代称湖汉、汉水。南朝刘宋时期方志家雷次宗的《豫章记》中记载，赣江古称豫章水，豫章城是因水而得名。古代赣亦写作"灨"。"灨水出聂都山，东北流，入彭泽西也。"赣水，这一名称最早见于《山海经》卷十三"海内东经"。据学者们研究，在秦汉以前，"赣水"这一名称就存在了。

唐玄宗时期，由张九龄督导开凿了大余至南雄之间梅岭 40 千米古驿道，将长江、赣江和浈江、北江相连接，"南方水上丝绸之路"贯通千余年。直至 1936 年粤汉铁路通车前，赣江一直是联系长江和珠江两大流域最主要的通道。

赣江孕育了包括客家文化、庐陵文化、临川文化、豫章文化、浔阳文化、袁州文化在内的诸多文化内容。因此，纵横全省的赣江之"赣"成为江西省的简称。

三、贡江与虔化水

贡江，在隋朝时名为虔化水，郡城也因此从南康府郡改名为虔州，城池从此名虔城。《辞海》的解释是："隋开皇九年（589 年）置，以虔化水得名。"虔化水即宁都水、梅川、梅江。

要明白虔州的来历，得先明白虔化的来历。虔化乃宁都县旧地名。236 年（三国时期），析雩都东北陂阳乡置阳都县，西晋太康元年（280 年）改阳都县为宁都县，461 年析宁都县之虔化屯置虔化县，之后，虔化、宁都两个名字交错使用，直到南宋绍兴二十三年（1153 年），才与虔州同时改名——虔化改回宁都，虔州改为赣州。

1983 年 8 月，南昌职业技术师范学院地理系学者安阳因教学需要，实地考察后得出结论："赣江发源于石城县境内的武夷山南段石寮崬。"1995 年版《江西省志》之《江西省水利志》记载："赣江以赣州以上为上游，以贡水为主，自石城县石寮崬河源至赣州市全长 25 公里。""贡水主流在会昌县城以上又称绵江，瑞金县城以上分壬田河与黄沙河二源，主河源在壬田河，壬田河又分为南北二源，均来自武夷山西麓高山岭间，北源起源于石城县境内大坑里，南源起源于南端石寮崬。"

贡江之流，山地纵横，支流众多，主要有湘水、琴江、绵江、濂江、梅江、平江、桃江等，先后汇入贡水。贡江流量大，为赣江主河。贡水在会昌县城以上称为绵江，在会昌城与湘水（又名雁门水）汇合后始称贡水。贡水过会昌城在洛口圩接纳濂水（又称梅林江），至于都县城附近有梅江汇入，梅江有一大支流为琴江，在宁都县黄石镇璜村汇入。贡水继续西行过峡山圩，下至赣县江口接纳平江（激江），过江口于左岸龙舌村接纳桃江，至赣州城北与章江汇合成赣江。

四、郭家码头与水上人家

郭家码头，即龟角尾码头，位于解放街道辖区，八境台下，客家南迁纪念鼎东侧。

郭家码头是以捕鱼为生的郭家的私家码头。赣州民间一直传说的以水为生的赣州"水上人家肖郭李"，其中"郭"，便是指郭家。"肖郭李"三家以水上打鱼为生的历史从清初便开始了，迄今已有数百年。这三家人一直很团结，谁家有事，另两家都会帮忙。三家人的团结缘于经济利益分得十分清楚——肖家在江口至于都一带水域，李家在江口以上一带水域，郭家在江口以下及章江一带水域。三家人风里来雨里去，虽说辛苦，却也乐在其中。只是随着现代文明节奏的加快，捕鱼为生日显艰难，肖、郭、李三家的水上生活才逐渐淡化，"水上人家肖郭李"才退出历史舞台，郭家码头也渐渐只留下地名概念。

五、龟角尾旁浮州说

八境台下龟角尾，老城之尾，赣江之首，赣州、赣江文明的源头。

从文字结构来理解，"龟角尾"应当称为"龟尾角"更为妥当，但民间口语却说成了"龟角尾"，结构的倒置，却也体现赣州语言的一种特别意义。这种现象不少，诸如营角上、磨角上等。

丰腴的章、贡二水在这里汇合，环抱着赣州古城，造就了这样一块风水宝地。赣州城有别称浮州，城池呈金龟形，周围十条江呈蛇状聚向金龟，城之龟首在镇南门前营角上，龟尾在八境台下的龟角尾。于崆峒山巅瞭望，甚至在龟角尾东面的万松山上瞭望，赣州城宛若一只巨大的龟。传说，是元末明初朱元璋手下军师刘伯温督战赣州城时，最早发现了赣州乃浮洲之妙的。

龟角尾是章江、贡江、赣江之三江汇合处。古代，赣水曰双江，西曰章，东曰贡。《汉书》中章水曰彭水，贡水曰湖汉水。水是这座城市的魂灵，水让这座城市充满了韵味。龟角尾有深潭，名龟角潭。龟角潭积蓄着赣南诸县如蛇龙般蜿蜒北来的江水，如琴江、梅江、湘江、章江、贡江、濂江、桃江、蓉江、濂江、犹江等，遂成就了民间流传的所谓"十蛇聚龟"之说法。

七、千年石楼八境台

八境台，位于章贡区西北隅龟角尾三江汇合处。因城为台，高三层，俯临章、贡、赣三水。

八境台原名石楼，建成于北宋嘉祐年间虔州知州孔宗翰任上。孔宗翰（孔子第四十六代孙）在任上做了两件具有历史贡献的大事：一是筑了石楼；二是请苏东坡为虔州八境图题了诗，开创了中国八境文化的先河。

八境台距今已有近千年的历史了，登上此台，赣州八景一览无余，所以取名为"八境台"。北宋时期的赣州八景是：石楼、章贡台、白鹊楼、皂盖楼、郁孤台、马祖岩、尘外亭和峰山。到了清乾隆年间，赣县知县张照乘与其父亲、弟弟认为景观发生了变化，在八境台上所见的"八景"是：三台鼎峙、二水环流、玉岩夜月、宝盖朝云、储潭晓镜、天竺晴岚、马崖禅影、雁塔文峰。到了20世纪80年代，景观又有新变化，赣南诗词学会何侠宝等人将已不可见的天竺晴岚、储潭晓镜更换为城堞桥浮、榕风窑韵。

八、江水涌金门内寸金

涌金门位于濂溪路北端，章贡路东端。其成名于南宋绍兴年间。明代以前为古渡口。

"山腰轻束一绡云，湖面初鬆半蹙痕。未说湖山佳处在，清晨小出涌金门。"这是宋代诗人、赣州知府杨万里歌咏古代杭州西城门涌金门的诗句。传说此处涌现了金牛，所以，古代西湖曾又名金牛湖。涌金门是从杭州城里到西湖游览的要道。据前人记载，五代吴越王钱元瓘引西湖水入城为池，亲笔题写"涌金池"三个大字立石在池边。《水浒传》第104回张顺（浪里白条）归神中的涌金门，指的就是这座涌金门。绍兴八年（1138）二月，宋高宗从建康（今南京）偏安临安（今杭州），临安城顿时繁华热闹了起来。就在这一时期，虔州附庸风雅，将与贡江最繁华的码头连接的城门命名为涌金门。谁知，绍兴

涌金门（李陈发　摄）

二十八年（1158 年），宋高宗在增筑杭城时，将涌金门改称丰豫门。不过，到明代初期，杭州又将丰豫门复叫涌金门。

九、军门楼里是皇城

军门楼始建于南宋，复建于 2013 年，位于四贤坊内，郁孤台东侧，是一座典型的仿宋建筑。

古代城池中多有瓮城，瓮城又叫子城、内城，明代之前历代州府衙门均设在里面。南宋时期，赣州内城的门楼就在郁孤台下。南宋嘉定十年（1217 年），虔州知军留元刚将内城门楼改建为军门楼，明洪武初年（1368 年），它又被改名为宣明楼。

赣州皇城始建于隋朝。隋文帝时，天下分为 30 州，分设 190 郡。南康郡治在龟角尾处的土城，此时尚无子城，直到隋末有一个名叫林士弘的在郡城内称帝，才建了子城，是为赣州王（皇）城。

赣州皇城区域大致为：南界郁孤台、王（皇）城遗址（今军门楼），北到射箭坪（今赣州市第七中学北区操场），西止古城墙，东接原九华阁路、东溪寺一线，核心区域为原赣州市公安局及其宿舍所在地。这里是赣州建城以来的政治中心，也是赣州宋城文化的发祥地和核心区域之一，其政治中心地位一直到 20 世纪末赣州市委搬迁到章江新区方才弱化，但因文化底蕴深厚而始终受人瞩目。

军门楼之前是重新修建的四贤坊。四贤坊位于当年皇城门楼处，清代为考棚街口，中华人民共和国成立后成为光明电影院。牌坊上的对联"赵抃疏险滩，刘彝福寿惠千古；濂溪创理学，文山丹心昭四贤"说的便是赵抃、刘彝、周敦颐、文天祥四位先贤。四贤坊修建于何年，准确时间不详。史载，元代时全国各地书院之风极盛，热衷兴建四贤坊。因此，赣州的四贤坊可能也兴于元朝。兴建时，四贤坊在旧府治前，坊左右皆有并名为狮子泉，至清代同治年间尚存。坊内立有赵抃、周敦颐、刘彝、文天祥像，标榜于世，供兵民祭祀。

十、洞天飞花花园塘

花园塘，位于郁孤台北面，历史上属于皇城区域，明清逐步演变成居民生活区，现为改造后的郁孤台文化街区的一部分。

1000 年以前的虔州城，古城的北面，皇城内，郁孤台下，古城墙边，池塘畔蛙声稠，荷花妍，其间曲径、石桥、游廊、月洞门错落有致。引得文人骚客纷至沓来，或池边赏荷，或亭中品茗，或小桥望月，一时间赢得了无数诗词歌赞。于是，宋时因"洞天飞桥花苑"而得名，从此，花园塘闻名遐迩。

花园塘，是一个极富诗意的名字，也是一个充满传奇的地方。说起花园塘，让赣州人印象最为深刻的就是花园塘 1 号——蒋经国旧居。旧居所在之处，仰可见郁孤台，俯可视八境台，远看滔滔三江水汇聚，可谓是民国时期的章贡台，挟双台，观三江，沐清风，浴日月。

十一、六合同春铺兴旺

"坛前折而西街尽处，为六合铺。"因与小坛前街相连，六合铺街是旧城商业繁华的延伸。六合铺街四面与梁屋巷、小坛前街、东门井巷、油滴巷、灶儿巷相接，长 133 米，宽 3 米。因其居于古代六街的中心，便取了"六合同春"之意，承载了这六条街巷的商家共同祈望商业兴旺、一起发财的愿景。

十二、涌泉相报东园古井

东园古井，位于桥儿口、纸巷、曾家巷、姚衙前会合处，是一口南宋古井，距今有 800 多年的历史，又名东园前井。

东园古井，初掘成时没有谁会想到它会成为赣州的一口记忆之井。古井 1.8 米的井径，内里全为大石条构成，粗犷而坚固。井沿为整块巨型花岗岩石凿成，井圈高约 60 厘米，壁厚 20 厘米，井台有 5 米见方。宽阔的井沿到今日已经不见平整之处，数百年来，无数人无数回用绳索在井沿摩挲着岁月，把甘甜的井水拉提上来。一道道沟壑，何其圆滑，当绳索贴近它时，想必绳索享受到了它给予的那种温柔的质感——一种坚硬的物体上散发出来的温柔质感。

十三、东门井水酿章贡

东门井，位于解放街道辖区的和平社区，在和平路与东门井巷交会处。东门井，也是一口南宋古井，又名东门古井。

十四、井有八角虽旧犹荣

八角井，位于卫府里市场西侧、东北路南端，与南京路交会。

1934 年，以开辟赣州公园为契机，赣州城区对地名进行了第一次调整，八角井、木匠街、杂衣街、南大街分别被辟为公园东路、公园南路、公园西路、公园北路；1944 年 2 月，当时政府又更改了一批地名，将公园东路、公园南路、公园西路、公园北路分别更名为东北路、南京路、西安路（后融入文清路）、北平路（今北京路）。

据明代嘉靖《赣州府志》记载，八角井在靠近金鱼池的地方。金鱼池在标准钟西面的李家祠堂深处，毗邻东北路。

八角井是赣州城一口名井，与东园古井、东门井、三潮井等齐名。八角井，因井栏呈八角形而得名，井深近 20 米。井上盖有四角亭，可四季为井与汲水人遮风挡雨，亭的西面有神龛，供有井神，颇具古韵。

十五、粤风入赣造就骑楼街

骑楼街，又名牌楼街，旧名瓦市街、府学前、针巷子，是民国时期赣州三十六街中一条著名街巷，1934 年被改名为阳明路。

骑楼，亦作排楼、牌楼，三种说法，"骑"字最是惟妙惟肖——因为它是悬空的甬道，有如骑马之势。骑楼街的骑楼，大多为商业店铺，现在遗存的骑楼多为砖木混合结构，即以砖柱为竖向承重，以木梁为横向连接，以竹篾抹灰作隔断墙体，屋面多为木瓦结构的坡顶。

十六、卫府里与赣州卫

卫府里，即卫府，位于南京路北面，现为一农贸市场。明代是赣州卫衙门所在地。元代末期，陈友谅部将"熊天瑞据城，即在故馆驿置兵卫，后因之"。

明代初期江西设置了8个卫，到中期江西只保留了南昌、吉安、赣州、袁州4个卫，等到了明正德年间只有三卫——九江卫、临江卫、赣州卫。明代赣州有一卫二所，即赣州卫、会昌所、信丰所。

卫府里历经沧桑，几度春秋，几度沉浮。历史当永远记住：这块热闹之地，如此之多的故事与传奇。

十七、市井之地姚衙前

姚衙前，位于章贡区北部，东北端与桥儿口、纸巷、曾家巷相接，西北端与坛子巷、米汁巷、凤凰台相接，中通曾家巷、小坛子巷、吕屋巷。此巷共有9个出口处，系赣州古城72条巷中出口处最多的巷道。巷由东北向西南缓转西北，略成弧形，长271米，宽3至4米。属居民区，将近有100号门牌，居住着数百户人家。

民国时期，姚衙前这条巷子曾经风光一时。赣州最早的电影院——光华无声电影院便于1926年在此创建。电影院由光华电灯公司集资合办，之后迁往棉布街七省会馆处。清末民初，这里一直是一个赌博盛行之地。当时，粤军驻守赣州城，风气极坏。由姚府改造成的新旅社开起了赌场，并带动整个巷子开设了多家赌场，还有供赌徒们放荡的烟馆、妓院。一时间，姚衙前成了赣州城赌徒聚集之处，以至于"赣州十最"中赫然添上了"姚衙前的赌"这一项。

十八、赵抃造就章贡台

章贡台，北宋始建，毁于清代，但名头甚大，列于虔州八境及赣州八景之列。章贡台旧址位于现解放街道辖区内，靠近北门，当时在北宋州府衙门深处的花苑当中。

说章贡台，当提及其建造者——北宋嘉祐年间虔州知州、虔州军知军赵抃。

赵抃是北宋时期主政虔州的最杰出主官。他寿至八旬，名望很高，列入北宋"三杰"，与包拯、寇准齐名。最重要的是，他对虔州的贡献与影响极大。

随着章贡台的建成，虔州形成了一个以章贡台为中心，皂盖台、白鹊楼、翠玉楼、凤凰台等大小楼台亭园簇拥，与郁孤台遥对的建筑群体。这些建筑群体的形成，极大地提升了虔州文化景观的知名度。

十九、铭刻千年的宋城墙

宋城墙，其主体部分位于解放街道辖区，自东河大桥桥头经建春门、涌金门、八境台、北门至西津门，逶迤 3664 米。

古城墙始建于晋代，当时为土墙，由南康郡守高琰率领兵民构建，距今已有近 2000 年的历史。

二十、郁孤台下清江水

郁孤台，位于城区西北部贺兰山顶，海拔 131 米，是章贡区的制高点，宋代古城墙自台下逶迤而过，属市级文物保护单位，1985 年 12 月被列为第一批省级重点风景名胜区点。郁孤台有"江南四大名楼"之称，与武汉黄鹤楼、南昌滕王阁、岳阳岳阳楼并列其雄。郁孤台因坐落于山顶，以山势高阜、郁然孤峙得名。李勉、李渤、苏东坡、辛弃疾、岳飞、文天祥、王阳明、郭沫若等历代名人都曾在这里留下过诗词联赋。特别是南宋著名词人辛弃疾在赣州任职时，留下名词《菩萨蛮·书江西造口壁》，郁孤台从此名扬天下。

郁孤台于 1959 年修复，1982 年 3 月拆除重修，1983 年 6 月在原址按清代格局重建，次年 9 月建成。目前，我们所见的郁孤台有三层楼，高 17 米，仿木钢筋混凝土结构，占地面积 300 平方米。著名书法家、原中国书法家协会主席舒同为郁孤台题额。

二十一、广东会馆赛其他

广东会馆，位于赣区城区西津路中段，郁孤台右，田螺岭巷左侧，属赣州市文物保护单位。

　　赣州的广东会馆建成于清同治五年（1866年）。这是一栋岭南风格的建筑，屋面的主体部分采用琉璃瓦盖面，山墙以曲线形的弓式山墙为主，构件多采用抛光的雕花青石，十分雅致，别具一格。

二十二、阳明书院与兴学教化

　　阳明书院，最初名为濂溪书院，后因阳明先生在此讲学而被称为阳明书院，明代嘉靖年间建在县学右侧，与报功祠合用，清代正式建郁孤台前、濂溪书院后，在现今赣州市中医院一带。

　　明正德年间，王守仁以南赣巡抚身份，在完成了南赣地区漳南、横水、左溪、桶冈、三浰诸处平乱后，开始了大规模的书院讲学与兴办社学。王守仁认为"若诸贤扫荡心腹之寇，以收廓清平定之功，此诚大丈夫不世之伟绩"。如何将山贼转化成良民？王守仁认为，必须从教化百姓入手。如何教化百姓呢？必须办书院、兴社学。

　　王守仁主政南赣期间，赣州府城中还一次性建了五家书院——义泉、正蒙、富安、镇宁、龙池书院。如此，以城镇带动县乡，以正规书院带动民间社学，很快整个南赣地区便形成了一股办书院、兴社学的热潮。在此情形下，江西省内外许多学者纷至沓来，王守仁聚徒讲学盛况空前，以致形成之后著名的江右王门学派。

二十三、濂溪路上说濂溪

　　濂溪路西接章贡路，北联涌金门，南通中山路。此名一直沿用至今。

　　周敦颐在虔州任上，在位于郁孤台后的通判署内设了濂溪书堂和爱莲堂。爱莲堂是周敦颐与"二程"讲学谈经之处，清代将爱莲堂命名爱莲书院，民国时期则称为爱莲小学。1949年后改为赣州市第五中学，今为赣州市第七中学北校区。当时，知州赵抃写有《题周敦颐濂溪书堂》，诗云："清深远城市，洁净去尘壒。"赞美书堂的清雅、高洁，也表达对周敦颐品格的敬重。

　　嘉祐八年（1063年），赵抃离开虔州后，虔州知州出缺。周敦颐就以通判名义主持虔州的政务，同时赵抃等人向朝廷极力推荐周敦颐升任知州。然而，祸从天降，治平元年（1064年）冬，周敦颐正在县乡巡查，虔州城内突发一大火。这场大火改变了政治仕途上顺风顺水的周敦颐的命运，其被移调湖南永州。治平二年（1065年）三月十四日，周敦颐办完移交，告别同僚与虔州乡亲，携带妻子蒲氏和寿儿、焘儿和周通，离开了整整生活了三个春秋的虔州。

二十四、南京路上的木匠与罴园

南京路，旧名木匠街，是清代吉赣南宁道署大院（今赣州公园）后街。1934年，赣州公园南边的木匠街被改名为公园南路，次年，公园南路更名为南京路。

赣州公园，位于南京路北面，北京路南面，健康路西面，文清路东面。明代为提督都察院（南赣巡抚衙门），始于明弘治八年（1495年）都御史金泽。明正德十三年（1518年），都御史王守仁拓而广之。清代为吉赣南宁道署衙门，1934年辟为赣州公园。清代乾隆年间，道台丁炜、董榕、李本仁大兴土木，不断营造，将道署衙门打造得如同花园一般，有罴园之称。民间流传，正是因此催生了木匠街的繁荣。

二十五、照磨巷口天一阁

照磨巷，东达建国路口，西至小新开路，位于铁盔塘十字交汇处。巷口建有一牌坊，牌坊之址原为天一阁。天一阁，旧名"太阴"，明代江西布政使蒋曙改名为"天一阁"。

二十六、百胜门前寿量寺

寿量寺，左邻建春门，右毗百胜门，在小坛前与中山路接合处。1944年2月，将百胜门前的百胜路和寿量寺前的寿量路合并，改称为中山路。

现寿量寺的殿门方位与当初格局不同，原寿量寺朝向是坐北朝南，山门在大公路。由于城市建设起了很大变化，寿量寺只能改移门向。目前方位是坐西南向东北，殿前有天王殿，天王殿前是宋城公园、古城墙，它们和附近的灶儿巷、建春门、八境公园等，一起形成古城的古建筑群体。

二十七、清水塘里藏忠魂

清水塘，与杨老井街、新赣南路相通，是一口极具历史意义的古池塘。它的传奇故事与明末兵部尚书杨廷麟有关。

杨廷麟死后，被清兵从清水塘中捞出，并被降兵认出。有感于其英雄气概和正气精神，清廷也佩服其气节，为之厚葬。先是葬在水西城外野地，后在滩儿上（今福寿路）择地为其造墓——清康熙三十三年（1694年）、嘉庆十五年（1810年）、道光年间（1821—1850年），数次以朝廷名义，为其修缮坟墓。为纪念杨廷麟，2004年，赣州市政府在地名命名时将毗邻滩儿上的这条路命名为"杨公路"。

二十八、小花城中华葶巷

明清时期，赣州城有"小花城"之美称。章贡区老城中有直接与花有关的大华葶巷、小华葶巷、花园塘，更有数十口池塘种满了荷花，年年夏天飘溢荷香。

大华葶巷西连文清路，延至大公路。东与白塔巷北端口、龙湖井巷南端口相会，与小华葶巷相连接。清同治《赣县志》记载：清代名花街巷，又名花葶巷。以其经营花木，并在其中有华葶坊而得名。该坊在巷之东端口，在1941年左右圮废。

小华葶巷，原名瞻军库巷，清代讹为瞻均库巷。据民国时期《赣县年鉴》记载：小华葶巷，因其巷道与大华葶巷相接，巷窄小，故俗称"小华葶巷"。在老赣州人的记忆中，小华葶巷之北侧与龙湖井巷南东侧相夹之处，内里曾经是一大片花圃、菜地，现已被高楼所占，田园风光尽失。巷之北侧，在20世纪50年代末，当时赣州政府利用其花圃水塘修建了赣州最早的官方招待所，名曰"交际处"。之后，交际处继续扩大，便将民国时期的邹家花园改造成了今天的赣南宾馆。

二十九、不再嵯峨的嵯峨寺

嵯峨寺巷，位于老城区北部，东与曾家巷、天王寺相会，西接坛子巷，中通吕屋巷，略呈弧形。西段地势略高。巷长245米，宽2至4米，属居民区。巷道中段原有嵯峨寺，巷以寺得名。嵯峨寺之名，全国唯有赣州这一处，缘于赣州城山形地势呈高峻之状，于此嵯峨险峻之上建的寺院而得名。

三十、刘家祠堂的喜怒哀乐

刘家祠堂，位于藕塘里区域内，是清末刘氏族人合力建成的刘氏宗祠。"二水环流，三山秀峙，堂哉皇哉，动人瞻视，人杰地灵，以续以似。"这是对坐落在虔城藕塘里的刘家祠堂的盛赞。1988年其被列为赣州市文物保护单位。

刘家祠堂实际上是赣南刘氏总祠。从祠的构思和格式来看，属于祠庙合一、堂馆并存的古代建筑风格。它的规模之大、取材之精、工艺之美，在当时的赣州城是为数不多的。

刘家祠堂如今虽然显得破旧，有些墙体甚至出现了断损的险象，但雕镂精细的飞檐斗拱，依旧演绎了当年工匠创造的艺术美；气势恢宏的青石巨门，仍然向着来往的客人张扬着一种陈旧的骄傲；深深宅院的正方天井，也还贮藏着昔时刘氏族人的喜怒哀乐。

三十一、地下建筑传奇福寿沟

福寿沟，位于解放街道、赣江街道辖区，是自隋唐至北宋历多个朝代挖掘而成的地下排水系统。

福寿沟是中国本土伟大的古代文明与工程之一。它匍匐在我们脚下，至今仍在继续发挥它的排水功能。这一伟大工程的发明家及集大成者，乃北宋熙宁年间（1068—1077年）赣州知军刘彝。

目前我们能够看到的福寿沟平面图，系清朝同治年间刘峄所绘。福寿沟及水窗的构筑可谓是中国水利史上的一大创举。这个富有创造性的水窗设计，在章江岸边的排水系统中沿用至今。福寿沟连接城内数百口水塘用于调节雨水容

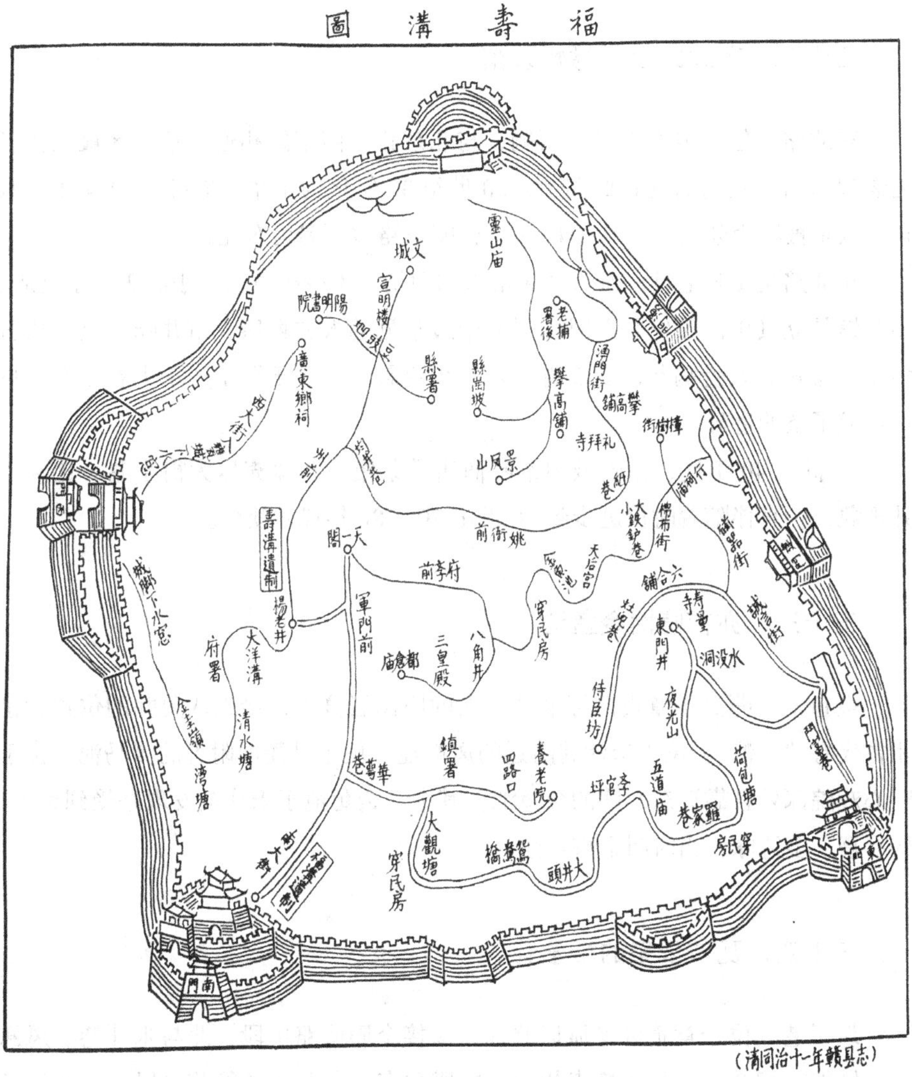

（清同治十一年赣县志）

福寿沟图（清同治十一年《赣县志》）

量，现在章江新区的城市中央公园也起着同样的作用。

三十二、东北路上说赣州茶馆

东北路，位于卫府里市场西侧，与北京路、南京路相通。章贡区最负盛名的老牌名店红旗商店就在此路上，20 世纪 30 年代为中华大旅社。1934 年，八角井以东被辟为公园东路，1944 年，公园东路被更名为东北路。

东北路是赣州老城一条市井味很重的旧街，不少杂货店、小酒店、小食店、小茶馆林立其中。茶馆是旧时赣州城中最常见的人文场所，市井味十足，故事多多。赣州城人爱喝茶，受邻省广东、福建影响，介于两个产茶大省之间，自然也成了茶的世界。

20 世纪 40 年代，赣州城中茶叶商店及茶馆、茶摊充斥大街小巷。这种市井现象，一直伴随着时代进步到 20 世纪 70～80 年代才淡化。

三十三、亦曾喧嚣金鱼池

金鱼池，藏身于章贡区标准钟西面的旧民居群中，接近八角井的位置。赣州古代有"三池"：位于米汁巷附近的凤凰池、位于姚衙前附近的嘶马池、位于同心戏院深处且靠近东北路的金鱼池，其中，金鱼池于宋代被发现并受到重视，构有亭，多诗咏，当时叫金鲫鱼池。

三十四、瓦市云集的坛子巷

坛子巷，位于章贡区老城区北部，南接今阳明路中段，北与米汁巷、凤凰台、姚衙前相会，中与嵯峨寺相通，中段并有一条巷接姚衙前中段，古名唐子巷，俗称坛子巷。

坛子巷有些幽深，市井味浓厚，在民国时期因"坛子巷的娟"而出名。

中华人民共和国成立后，改造旧社会娼妓，让她们摆脱苦海重新做人。随着社会精神文明建设，"坛子巷的娟"已然成为过去，如今的坛子巷虽无太大景物上的改变，但再无暗娼流窜之景象。

三十五、曾有瓷器满载的街

瓷器街，是一条宋代古街，宋代至清代在今濂溪路北段，清代移至今中山路北段，即大坛前街与濂溪路之间路段。明代时其被改名为米市街，1944年改为中山路。

昔日的瓷器街，据说满是琳琅满目的各式各样的瓷器。追究这瓷器街的渊源，与七里镇古窑场有密切关系。七里镇古窑场，据说是今天景德镇瓷厂之先祖，兴自唐朝，盛于宋朝，衰于元朝，曾经生产出青釉、影青釉、白釉、褐釉等众多的名瓷贡品。

三十六、文气氤氲的尚书街

尚书街，东与龙湖井相接，北至南京路南侧，西至文清路东侧。因与南大街（文清路）横接，在宋时有"横街上"之称（今在东北路南端正对着的横街上巷为其一部分）。20世纪60~70年代，曾短暂地被命名为东方红大路南十巷、上书街。1984年，尚书街重新用回本名。

尚书街在明代建有尚书坊，为明成化进士、工部尚书董越所立。于是，街以坊得名。

三十七、至圣的青云之路

至圣路，是一条连接阳明路和北京路的短街，在清道光五年（1825年）时，和北京路西段一起被唤作青云街。道光二十年（1840年），为纪念刘逊而在青云街上建青云坊。阳明路上的原市公安局章贡分局、章贡区老区政府和章贡区法院旧址，为明清时期赣州府学，即府文庙所在地；北京路上的赣州公园为明南赣巡抚衙门、清吉赣南宁道署衙门。是故，历史上的青云街，在文庙与府衙之间，是一条真正的青云之路。

三十八、千年老街建国路

建国路，位于赣州老城区北部，南与文清路、新赣南路、北京路相交，北至赣州市第七中学北区与东溪寺（巷）相接（现从西津路、章贡路起始的此段整合成了郁孤台历史文化街区），长近700米，宽18米。由南而北，路东侧依次通新街上、阳明路、均井巷、章贡路、白马庙，路西侧通照磨巷、大新开路、西津路、田螺岭、花园塘等街巷。

三十九、旧日繁华的西大街

西津路，古名西大街，又叫西门大街。西大街田螺岭路口至西津门一段，更早之前又叫横街，因横于阳街而得名，东晋高琰命名的两条主街之一。西与西郊路相接，东与郁孤台相连。

西大街，历史上是仅次于东大街的繁华商业街，小客栈、小杂货店、豆腐店十分多。而且它还有远比南大街深厚的古韵。它东西两头均与码头相接，货运车水马龙，商贾摩肩接踵，是个热闹之地。不远处便是皇城、郁孤台这些人文胜地。

四十、县衙前的章贡路

章贡路，东与涌金门、濂溪路相通，西与西津路、四贤坊相连。

清代赣县县衙设在章贡路，故衙门前这一段街道又名县前街，即在今章贡路西段，亦即米汁巷口至建国路、西津路、章贡路三岔路口一段。

章贡路历史悠久，名号变化较多。明代为横街的一段，清代分别有过横街、镇远铺、县冈坡、县前街等名。

四十一、书声琅琅攀高铺

攀高铺，即今天攀高铺巷，东南自桥儿口、方杆巷相接处起，西北至章贡路东南侧止，与八境路口遥遥相对。

攀高铺是一条与青云街有着相同意义的街道。因东近涌金门码头，西近试院（考棚街），背靠府学。清代时店铺广布，其中有相当多的小客栈，供参加科举的学子居住，为了取一个好彩头，故美称攀高铺。所以，在府学附近，正前方乃青云街，左边有试院，百余米后有攀高铺，彩头极好。

四十二、民国闹市棉布街

解放路，今解放街道办事处即以此为名。在清代及民国时期，这条街道名棉布街，并以曾家巷口为界，一分为二，上半段为上棉布街，即今解放路西南段，亦即曾家巷口至标准钟一段；下半段为下棉布街，今解放路东北段，即濂溪路与中山路交接处至曾家巷口一段。

1933 年，棉布街被定名为和平路；1944 年 2 月，和平路被改名为中正路；1949 年 8 月 31 日，为纪念赣州城解放，其又被改名为解放路。

无疑，棉布街旧时是一条以经营棉布为主的行业街。自古以来，棉布是百姓穿衣用度的主要原料。至于绫罗绸缎则是士绅官僚们所享有的奢侈物。

四十三、和平路上世臣坊

和平路，宋代有世臣坊，坊间讹称侍臣坊。抗日战争时期因受到日军轰炸，和平路于 1946 扩建后取名复仇路，1947 年将东南段永清坊、世臣坊至南市街北段扩建，时值国共两党停战，遂将全路改名为和平路。

四十四、白塔巷里没筑塔

白塔巷，位于老城区中部，南接大公路中段，北与大华蓼巷东端口、小华蓼巷西端口、龙湖井巷南端口相会，长约 110 米，宽约 2 米。

据明嘉靖《赣州府志》记载：白塔巷位于赣县县衙的南边。此白塔巷之"白塔"，与远在十里之遥的赣江西岸的镇江白塔——玉虹塔毫无关系。清同治《赣州府志》记载："白塔巷，昔人开池得白石塔，巷因以名。"说的是明代有户人家在挖井时，意外得到一座白石筑成的塔。

四十五、生佛坛前无生佛

生佛坛前，西接健康路，与南京路相连，东北端口接和平路，斜对灶儿巷，中通营房下死胡同，长约 250 米，宽约 2.5 米，是个高密度的居民住宅区。现今巷道两侧均建成高楼大厦，旧建筑物几乎全失，古旧韵味荡然无存。

四十六、古韵浓郁的灶儿巷

灶儿巷，位于赣州老城区东北部，东接六合铺，西接和平路，斜对生佛坛前东端口，中通老古巷（俗名老虎巷、老富巷），长约 230 米，宽 3 至 4 米。

据明、清《赣州府志》记载：明代其名姜家巷。清初巷内多住皂隶（官府杂役之差役），故名皂儿巷，后谐音为灶儿巷。

今天，灶儿巷已被列为赣州老城旅游景点，是游客决不能错过的游览胜地。这是一条典型的古街——宋石、明砖、清瓦叠着一个个逝去的沧桑岁月，飞檐、花楣、雕窗泛映着一个个残旧的光荣梦想，卵石拼成的巷路，则通过一个个"明钱"图案，仿佛把时光截留在了一个木屐踢踏作响的时代。

四十七、梁屋巷的书院与酒楼

梁屋巷，东南接六合铺、小坛前，西北与柴巷、云峰巷相会，中通烧饼巷，长 140 米，宽 2.2 米。今属纯居民区。

据清同治《赣州府志》记载，这条巷原为梁氏聚居之地，因此而得名。梁屋巷内中段的新安书院，是清乾隆五十一年（1786 年）初建，嘉庆六年（1801年）续建。新安书院占地面积约 1500 平方米，系砖木石混合结构，整个建筑前后共三进，两侧有耳房等附属建筑。现新安书院的二、三进已毁，只存青石牌坊。第一进为歇山式，饰鎏金木雕雀替与彩画的殿堂，二、三进之间的人工池塘、青石旱桥和两厢的附属建筑上均雕有神态各异的瑞兽。书院大量砖墙上刻有"新安书院"铭文，现为赣州市文物保护单位。1945 年，安徽籍旅赣商人在此创办了私立新安小学，1949 年后，其与南临小学合并为中山小学。

梁屋巷的东侧有一家群仙酒楼，建于 1931 年前后。酒楼为两层楼房，颇有

灶儿巷

气势，又因该酒楼地处六合铺、小坛前、梁屋巷交合处，在民国时期是个繁华之地，所以，酒楼生意甚为兴旺。如今，群仙酒楼的旧址仍在，只不过颓唐毫无往日繁华景象。它先是退居为地区商业转运站，后来只剩门脸的那堵墙，再原样重建，现静待招商，然无人问津。

四十八、依山而筑云峰巷

云峰巷，位于赣州老城区东北部，西南端与和平路西段相接，东北端与柴巷、梁屋巷相会，并与大华兴街相接。此巷两端低，中间高，略成拱形，长161 米，宽 1.5 至 1.6 米，属居民区。

清同治《赣州府志》载有云峰墈名，20 世纪 10 年代始易名云峰巷。

四十九、七眼井成就均井巷

均井巷，位于赣州老城区北部，东接米汁巷，西接今建国路中段，巷道较直，西高东低呈小斜坡状，长 250 米，宽 3 至 4 米，属居民区。

均井巷，顾名思义，是个多井之地。巷东端为五代卢光稠扩城之前的边界地带，巷道明显地势低洼。在巷道的中、东段，任意掘地一两尺即可成井，以致巷内竟有大小 7 口水井，而且呈现均匀分布状态，便有了均井巷之名。现在均井巷的井尚存几口于民居小院。有一个院子里散住着好几户人家，显得有些拥挤，却因一口小巧玲珑的古井，营造出一院幽雅，让岁月温柔起来。

五十、曾家巷与纸巷

曾家巷，巷道曲折多支道，略呈 T 字下竖中间往左一横之状。东接解放路中段，南接天王寺、嵯峨寺相交处。巷西北有两条支道，一条支道与姚衙前东端、纸巷、桥儿口相会；另一条支道中通姚衙前东段，正对原新旅社，中通吕屋巷。巷道总长 315 米，宽 2.5 米至 3 米，现属居民区。

在曾家巷东面是纸巷。纸巷东北端接濂溪路中段，西南与姚衙前、曾家巷、桥儿口相会。巷道曲折，略成 S 型，长 210 米，宽 3 米，可通小车，属居民区。

五十一、桥儿口

桥儿口，位于赣州老城区东北部，东北端与方杆巷、攀高铺相会，西南端与嘶马池相接，东南至东园前井与曾家巷、姚衙前、纸巷相接，西北有一条巷，为死胡同。巷道总长 230 米，宽 1.8 米至 3.5 米不等，属居民区。清代此处曾建有一座石拱桥，故名桥儿口。

此巷西南端旧时曾有一家爆竹作坊，坊主徐庆丰，是该巷的一大商户。巷子的西南段有郭氏宗祠一座，曾风光一时。

五十二、民国遗韵中山路

中山路，位于贡江西南岸古城墙内侧，西北与濂溪路、解放路相会，东南与赣江路、大公路、诚信街（已圮）相接，中段东北侧通建春门及诚信街西北端，西南侧依次与曹老巷、马齐巷、柴巷、烧饼巷、小坛前相通。其历史悠久且历代街名颇多。

中山路中段有建春门，建春门前路段在明代曾名为太平街。太平街据传与明代大将军常遇春有关。元末，常遇春久攻赣州城不下，遂发誓：一旦破城，当杀百万以解恨，后来被朱元璋阻止。待破城后，正好有一名字叫黄百万的乡绅来迎接明军入城，常遇春便杀此人而替"百万"来解恨。故有"杀了黄百万，出了太平街"一说。

五十三、百家岭

百家岭，位于赣州老城区北部，北接八境路支巷东段，南端有阶梯，接章贡路中段，斜对米汁巷口，中通营房背死胡同、丹桂井、大树下三巷，长 238 米，宽 1.6 米至 2.5 米，属居民区。

百家岭地势较高，从西北端田螺岭至百家岭一带海拔 133 米，比城区一般地面高 10 多米，为一片地势高卓的区域。地方志书所称的"子城"，就是指田螺岭东北、百家岭以北、八境路以西，直至郁孤台西，这一大片高卓区域被市民称作子城，又称王城、皇城（含花园塘、东溪寺、射箭坪等地）。

五十四、九曲巷与小炒鱼

九曲巷，东南端接文清路西侧，西北端接清水塘中段。长163米，宽仅2米。

在九曲巷东段口，曾有一张万盛酒家，是20世纪40年代初红极一时的酒楼。赣州菜中最负盛名的小炒鱼便出自这家酒楼，它与鱼饼、鱼饺合称赣州"三鱼"。小炒鱼是明代凌厨子首创的地方风味菜。传说，王守仁在赣州任巡抚时曾聘用凌厨子做菜，凌厨子得知王守仁爱吃鱼，为显示自己的烹饪技艺，经常变换鱼的做法和口味，深得王守仁的赏识。有一次凌厨子炒鱼放醋，别具风味，王守仁吃后十分高兴，就把凌厨子叫来，问这道菜叫什么名字。凌厨子灵机一动，心想这是小酒（赣州习惯称醋为小酒）炒鱼，何不称其为小炒鱼呢？于是随口应道："小炒鱼。"这菜也就因此得名。

五十五、孟衙巷人家竞风流

孟衙巷，略呈"Y"字形，东与文清路中段相接，西分别与枣子园、洪城巷相会。长374米，宽2米至3米。属居民区。

据清同治《赣州府志》记载，此巷因孟氏私衙设在此而得名，曾讹称孟牙巷。也有一传说，是明时有一孟姓县令设衙于此而得名。

五十六、井泉之脉嘶马池

嘶马池，位于赣州老城区北部，东南与桥儿口相接，西北与景凤山、凤凰台相会，长103.5米，宽2米至3米，属居民区。以巷侧原有古迹嘶马池而得名，曾讹为洗马池，是赣州城"三池"之一。

明天启《赣州府志》记载："郡城内三池鼎足相望。旧传池各有沟，水脉交通，常注不涸。凤凰池，地临通衢，清泓如故。嘶马池、金鱼池僻在委巷，易于浸没。""内有池即金鱼池，池有巷，过池又为池隔巷，今塞。"这两段话说明"三池"中的凤凰池地处通衢，人来人往，故而一直清泓；嘶马池、金鱼池地处深巷，多为居家，故而时常被淹没。

五十七、东溪寺畔爱莲流年

东溪寺，位于赣州老城区北部，西南接建国路北端，东北接八境路支巷，中通大树下巷与九华阁巷巷道，西侧有东溪寺（今为赣州七中北校区），巷因寺而得名。巷长约 130 米，宽约 3.8 米。巷道西南地势高，巷呈陡坡状，属居民区。

1941 年左右，国民政府教育部第二巡回戏剧教育队在赣州城期间，便驻在东溪寺庙内。该队是宣传抗日救亡、鼓舞军民抗日热情的戏剧教育队伍，其中有不少名戏剧家及爱国青年，在赣州多次公演富有教育意义的戏剧，开展了大量文化宣传活动，给赣州城市民留下了难忘的印象。当代著名画家黄永玉便在这支队伍中做过见习队员，也曾在东溪寺驻足。黄永玉系湖南凤凰县人，是现代著名文学家沈从文的同乡，中国首枚生肖邮票 T46 庚申年金猴邮票（1980 年发行）的原图就是黄永玉的佳作。

五十八、寸土寸金寸金巷

寸金巷，位于赣州老城区北部，东南紧靠古城涌金门内侧，与章贡路东北端相接，西南端与八境路中段相通，略呈"人"字形。巷长 273 米，宽 1.3 米至 3.5 米，东南段较窄，今属居民楼。

关于寸金巷名，与涌金门也有些联系。涌金门洒落的金银财宝，自然是离城门最近的地域遗落的最多，所以，寸土寸金之寸金巷，含意中自然也有遍地是金、俯首可拾之成分。2009 年，寸金巷进行了改造，旧日宅院已全被拆除，巷子也成了宋城公园的一部分。

五十九、扁担巷

扁担巷，东接达龙巷（已塞），西接今健康路之中段，即原青龙井（已圮，扁担巷南端之四路口至北端之五路口这段，四路口与五路口，均已无踪迹），亦即现奥林匹克广场正门。扁担巷长约 70 米，宽约 2 米，水泥路面，属居民区。只有门牌号 1 至 4 号，是极短的一条巷子。

六十、盐官巷与盐漕巷

盐官巷，西北端接西津路西端，东南接马扎巷南端，并与藕塘里相会，中通城墙脚下、雷屋巷，巷子有许多曲折。巷长293米，宽2米至3米，三合土路面，属居民区。

据清同治《赣州府志》记载："盐官巷原名洪成巷。因近西门外盐码头，官府负责盐运的役吏（民间一概称之为"盐官"）多住于此，遂改名盐官巷。"盐官巷最值得书写的东西自然是盐。它与西津浮桥—知政桥连接部分的码头俗称盐码头，附近还有盐漕巷，炮楼外有接官亭，大多与盐相关。可见，这一带是当年盐的运输、泊岸与管理、经营重地。

六十一、华兴街变迁

大华兴街，位于赣州老城区东北部，东南与云峰巷相接，西北部与下棉布街（今解放路北段）相通，中通小铁炉巷（今小华兴街），北通曹老巷、马齐巷。街长230米，西段宽约4米（今宽达9米），东段宽约三四米。

六十二、米汁巷中的历史闪光

米汁巷，位于赣州老城区北部，北接今章贡路中段，与百家岭巷南端口相对，南端与姚衙前、坛子巷、凤凰台巷相会，南段西通均井巷。巷道北高南低，呈斜坡状。巷长105米，宽3米至4米，属居民区。

米汁巷南段，即对着均井巷东端口处，原有康公庙，今仅存一屋。米汁巷北端口，清代有元帝阁，即云峰拱秀阁。北段东侧连今之景凤山，山上有真武庙，又名景德观，景德观内甚宽广，可通米汁巷。

六十三、健康路与"协记"国药号

健康路，北接和平路，南接红旗大道，中分别与大公路、厚德路十字相交。由北而南，其分别依次通小古城巷、菜市路、生佛坛前、龙湖井、达龙巷、铁厂下等街巷。

健康路中段、江东庙斜对面为何家协记大药房。何家是民国时期赣州城四大家族之一，何家的协记国药号无人不晓。1924年，赣州城下棉布街（今解放路）新开了一家中药店。这家樟树人开的中药店，因为集批发、门市、制药、商行于一身，且连锁店遍及赣南乃至全国各地，职工人数多达近百人，成为当时赣州城的药界"老大"。这便是协记国药号，今天协记大药房的前身。

第二节　赣江街道

一、赣江街道概述

赣江街道，街道办事处驻地在厚德路65号，人口8.3万，面积2.8平方千米。东隔贡江与水东镇相望，南以红旗大道为界，与东外街道办事处、南外街道办事处接壤，西以环城路为界与南外街道相连，北以大公路为界与解放街道毗邻。辖厚德路、大公路、姚府里、小南门、天竺山、南市街、荷包塘、孝义巷、东郊路、钓鱼台、人民巷、马坡岭、大庙前、蕨菜塘、赣江路15个居委会。

二、卢光稠与拜将台

拜将台，现存于儿童公园内。"拜将台，在郡南城上，梁时卢光稠筑址尚存。"这是一座沧桑的历史高台，青砖层叠，夯土高垒，为五代百胜军防御使兼五岭开通使卢光稠所筑。

卢光稠（840—911年），字茂熙，别名十七郎。宁都县洛口镇麻田村人。卢光稠是赣南第一位本土出身的地方最高行政长官，明嘉靖《赣州府志》把他列入忠义之士行列。

此外，卢光稠还热衷筑台、建庙、掘井，卢王家庙（今寿量寺）、拜将台、东门井及皇华井等便是在他任上建成的。至于拜将台到底为谁而筑，倒是一个谜。一种可能是后梁委任卢光稠为百胜军防御使兼五岭开通使时，朝廷为笼络且控制他，为卢光稠本人而筑；另一种可能是，身为舟汝王的卢光稠为手下封大将军而筑拜将台，如与他一生共生死、同患难的谭全播。

三、蕹菜芋头买菜坡

买菜坡，即今大公路东段坡路。这是一条宋代古街，与南宋初期隆祐太后带来的大量官宦人家居住在水脉洞一带有关。赣州城人把买菜坡也叫作卖菜坡，是百姓人家买菜、卖菜之地。有人戏称："买菜卖菜都为菜，上坡下坡都是坡。"

四、愿赌服输马坡岭

马坡岭，位于赣州老城区东部，因地势形态如卧马，旧名马坡岭，后讹为马婆岭。此街东通东郊路，南至储运路，西接花生坪，西北通廉明路、扫盲路，为不规则居民区。

马坡岭毗邻东河大桥，东河大桥建于 20 世纪 50 年代，为百胜门遗址。清同治《赣县志》的府城图中记为百胜门，福寿沟图则记为东门。百胜门为官名，五代初期卢光稠为百胜军节度使、镇南王，遂分别将东门、南门取名为百胜门、镇南门，而民间则一概简称为东门、南门。东门有二重门城墙，南门是三重门城墙，西门也是二重门城墙，涌金门、建春门是一重门城墙。

1966 年 8 月 29 日，马坡岭与田乾巷（曾用名廉明路）合并，名长青路三巷。1979 年马坡岭与之分开，被命名马婆岭，1984 年 5 月 7 日恢复原名马坡岭。

五、魏家大院

魏家大院，位于今罗家巷 15—20 号一带，后院抵慈姑岭巷。

诸如南市街、姚衙前、灶儿巷、六合铺、大公路、盐官巷、慈姑岭、和平路等古街巷中的大户人家宅院，其实都是一个商业巨子的成功硕果。这种家院型的旧豪宅在赣州老城区还有百户左右，皆为文物。其中，最著名的当数魏家大院。

2019 年 12 月，魏家大院作为"赣南客家文化博物馆"对外开放，以文字、图片、图表、文物、场景再现及现代全息等技术手段，展现了赣南客家人的生产、生活情景。

六、陈家巷与南门口

陈家巷，位于赣州老城区南部，现已圮。东自文清路南端西侧起，西至地勘二队宿舍止，现属居民区。

据明嘉靖《赣州府志》记载，陈家巷，原名池湖巷。据清同治《赣州府志》记载：清末始名陈家巷。以清咸丰年间（1860—1861 年）贡生陈传曜居巷内而得名，又讹称城家巷，现仍为陈家巷。据传，贡生陈传曜非常孝敬父母双亲，为南门附近居民广泛称道。陈传曜以教书为生，后来陈母双目失明，生活难以自理，从此陈传曜早晚侍奉。隔壁邻家的女儿感其孝心，自愿代陈传曜侍奉其母，遂结为夫妇，成百年之好。

1958 年，赣州开辟红旗大道，铲平了镇南门，二城门和二城门的风就此一并埋进了百姓记忆里。

七、府隍庙背说城隍

府隍庙背，东接南市街中段，西至忠节营南段，巷多曲折，长 280 米，宽 1.5 米至 2 米。原为三合土路面，今为水泥路面，属居民区，门牌号有 1～15 号，因居府城隍庙的背后而得名。

古人常在居住地的周围建起防御工程，即围墙与壕沟，围墙叫作"城"，环城外的壕沟称作"隍"，所以"城隍"本是指护城河。此后，城隍又衍生出了"城市及居民的保护者"的含义，被百姓奉为神灵。在隋唐以后，社会有了一定程度的文明进步，有些地方便将一些"正人直臣"的历史人物奉为城隍神。所以，各地的城隍神不尽相同，有的颂扬反贪精神，有的颂扬杀敌名将，有的颂扬正直名臣，如赣州就曾经奉关羽、岳飞、文天祥、常遇春、王阳明等为城隍神。

八、明珠传奇夜光山

夜光山，巷分二段，北段东北接赣江路西南侧，东南至蕨菜塘；南段东北接赣江路西南侧，东南接荷包塘，总长约 300 余米，属居民区。

清康熙《赣州府志》记载：夜光山，在府城东隅，巷居夜光山，以山得名。

夜光山是一处古地名，至少在明代即有。赣州城流传的"三山"，即指笔峰山、东胜山、夜光山。笔峰山位于赣州一中内，东胜山位于现东胜山路口附近。夜光山，原名"益光山"。

卢光稠扩城前，夜光山属城外水草之地；扩城后，这里人烟也极为稀少，至宋朝才逐日发展。随着兵勇落户、客家迁徙，外来的人们择夜光山周围地势高而平坦的地方盖房兴宅，逐渐形成南市街。夜光山与舍利塔遥遥对称，风景自然而成。于是，又有骚人墨客到夜光山赏月吟诗。传说中夜明珠的光芒在百姓心中，一直和夜光山寺的晨钟暮鼓交相辉映。

2009 年，赣江路改造，夜光山巷名存实亡。

九、慈姑岭和洞中泉

慈姑岭，位于海会路东侧内，东自荷包塘、蕨菜塘相接处起，西至南市街、五道庙相会处止。巷子西高东低，成坡状，长 340 米，宽 2 米至 3 米。

慈姑岭西侧，靠南市街巷口有海会禅寺庙一座。寺庙建于 20 世纪 40 年代初，由上海崇信观音同志会赣州分会修建，海禅大师任该寺主持。1980 年其被列为全省重点寺庙。由于新修的海会路，为纪念"崇信观音同志会"和海禅大师，所以，时人将庙改为"海会禅寺"。20 世纪末，赣南词人何侠宝曾书联："慈云泉水如甘露，海会经声似梵香。"泉从何来？在慈姑岭的较高地段，海会寺的近左侧对面有口较大的井，如今井已废弃，仅遗迹尚存。

2018 年 2 月，慈姑岭获评省级文化历史街区，慈姑岭传统风貌正在保护重建中。

十、赣南剧院与南宋古庙

赣南剧院，位于文清路上，南邻百货大楼，西连中联商城，可谓身处繁华热闹街区。

赣南剧院早年曾和人民电影院、红旗电影院、赣州电影院等影院一样红极一时，特别是20世纪80年代的时候，一有好片上映，一票难求。后来随着多厅影院的出现，传统的千人大厅的影院已不适合人们的观影需求了，再加上设施的落后，赣南剧院的观影人数一落千丈。

赣南剧院原址为南宋古庙，1958年，在修建红旗大道时，人们用拆除下来的城墙砖建成。

十一、赣南首刹光孝寺

光孝寺，位于赣州市第一中学校门右侧，现辟为该校学生阅览室。

光孝寺曾被誉为"赣南首刹"，与文庙和慈云塔隔街相望。光孝寺的准确建设年代不详，但民间有"先有赣州光孝寺，后有韶关南华寺"之说。清同治《赣州府志》记载，唐代南康郡指挥使邱崇曾修缮过光孝寺。张相空为光孝寺题联："当门等个人来，望穿眼孔；此地能同我坐，炼定性根。"吴鸿昌也有联："天外楼台山外寺，云边钟鼓月边僧。"

20世纪60年代之前原殿就已不复存在，现只剩有光孝寺大门墙。据清同治《赣州府志》记载，清乾隆八年（1743年），濂溪书院山长吴湘皋在光孝寺静观堂改建了夜话亭，刻苏阳（苏东坡、阳孝本）二人像于石上，即今天夜话亭位置为当年光孝寺的静观堂，而廉泉则在静观堂的外侧一点点。

十二、廉泉侧畔夜话时

廉泉，位于赣州市第一中学院内、夜话亭后。

廉泉形成于刘宋元嘉年间（424—453年），当时有一户张氏人家居住在此，有天雷声震后突然涌泉，于是就地掘井命名出水井，后来以此井为核心建了出水寺，后并入合名光孝寺，故出水井迄今已有1500多年的历史。

1991 年，赣州一中重新修复了廉泉和夜话亭，亭中竖了一块高 2 米多的石碑，上刻"苏阳二公夜话图"。这块石碑为江西省级文物保护单位。此外，夜话亭还留有一副古联："一话偶然耳，事以人传，留得孤亭占千古；两贤安在哉，我来夜坐，萧条异代不同时。"

十三、一日三涌三潮井

三潮井，位于原三潮井巷内，与光孝寺相通，西接小南门巷东侧，中通厚德路东段，巷全长 80 米，宽约 2.5 米。为了更好保护，三朝井目前已纳入赣州市第一中学校园范围内。

三潮井，又名三潮泉，用麻条石砌井台，圆滑光溜，毫无棱角，年代久远，但出现的具体时间不详。清同治《赣县志》记载："井大数十围，深百丈，其水清冽，日涌三次，故名，巷以井得名。"其实这段文字有些夸大其词，"井大数十围"显然不实际，三潮井不过 4 人便可以围全了，即使小孩也不可能数十围；"深百丈"即深数百尺，即百米左右，如此深的井在赣州还没出现过，三潮井最深不过十数米。

十四、兴贤门与小南门

小南门巷，南段高北段低，呈坡状，北接厚德路东段，南至小南门口，今延伸至红旗大道中段。巷原长约 240 米，宽约 2 米至 2.5 米，中段西侧有支巷接大井头巷，长约 200 米，宽约 1.5 米，石子路面，北段东侧通三潮井巷，属居民区。

据清同治《赣县志》记载："清代已有小南门巷，因其直通小南门而得名。"

小南门原叫兴贤门，兴贤门下是濂溪书院，濂溪书院斜对面是赣县县学。据《赣州府志》记载，明嘉靖四十一年（1562 年），赣巡抚陆稳遵从风水先生之言，要使赣州成为人才旺地，必须开辟兴贤门，即小南门。

小南门炮城在抗战时期是个避难的去处。每遇防空警报拉响时，鸳鸯桥的幼幼中学的学生和光孝寺的省立赣州县中学师生，都会跑到小南门炮城去躲藏。

十五、没有姜太公的钓鱼台

钓鱼台巷，南接厚德路西段，北通大公路中段，中通宫保府、黄土井，巷长约 330 米，宽约 2 米至 2.8 米，水泥路面，属居民区。据清同治《赣县志》记载：清代名谢四巷、谢细巷，后改名钓鱼台巷。谢四巷原在今厚德路西段钓鱼巷中段，原有一水塘，水塘旁有一株古榕树，水塘旁背建有一庙，叫姜太公（吕尚）庙，巷名是从姜太公庙衍生而来。

清末民初，钓鱼台北段住有一殷实户，为当时赣州城刘姓大族中一望门，置有许多田产、店房，并开有南杂货店，曾风光一时，20 世纪 40 年代家道中落。钓鱼台中段，即原水塘处，早在 20 世纪 60 ~ 70 年代便填塘改建成了房屋。今天我们所知道的钓鱼台，更多的是以"小吃一条街"的名声而为人所知。各种特色小吃将一条狭窄的钓鱼台巷裹挟得满满的。各种叫卖声、菜香味掺杂一起，酸甜苦辣咸的滋味应有尽有，来自各地的游客们在钓鱼台感受赣州的市井风味。

十六、忠节营与夜半哭声

忠节营巷，北接大公路中段（斜对赣州市军分区），南至贺家坪，中通府隍庙背，长约 200 米，宽约 2 米，现为居民区。

巷内原有精忠祠（又称岳飞庙），祠旁曾驻有守城军营。因岳飞庙在旁，而岳飞以"精忠报国"美名传世，故而这军营也尊岳飞为楷模，把兵营叫了忠节营，巷子也因此得名。当时一些人不懂巷名深意，见兵士多背负弓箭，便讹称为弓箭营。

民国时期，赣州城有"十个之最"之说，其中一个便是"忠节营的鬼"。说的是忠节营这条巷道，每天都能闻到鬼哭之声，特别是月黑风高之夜，哭声凄凄，令路人心生恐惧。有人解释，那是巷道隔壁的市立医院中有人去世家人在哭。

南京路对面的九曲巷，其九曲十八弯的感觉早已不存在了，倒是这没有九曲之名的忠节营巷，还有老赣州城西郊（现城区中西部）的土地庙巷，却仍保留着曲径幽深之状，让人觉得颇有些意思。

十七、姚府里巷

姚府里巷，北接厚德路中段南侧，南至田径运动场，中有支巷通狮子塘与厚德路支巷，南经儿童公园北侧可通健康路南段，总长350米，宽2.5米至3米，地势呈南高北低之状。

十八、义仓旧地宫保府

宫保府巷，西接文清路，东接钓鱼台巷，长107米，宽2.5米，属居民区。

据清同治《赣县志》所记，巷内原有明代谢升所立宫保尚书坊，巷以此而名。清道光十三年（1833年），知府汪云任购王氏屋建府义仓在宫保府。编有"农夫之庆，实维丰年，黍稷稻粱，倬彼良田，立我蒸民，岁取十千"24间仓廒，储谷9500石（每石为150斤）。同时，又在宫保府义仓后建商义仓，编"永观厥成，百室盈止，其崇如墉，万亿及秭"16间仓廒，储谷500石。

宫保府的府义仓历代仓丁多为陈、苏、温三姓人氏。仓丁之职具体是负责日常保管、翻仓换谷、发放免费米票等事宜。其组织甚严，上司多为地方官绅。储仓谷物多由地方人士捐助，以此备灾备荒，赈济民众，所以才被称为"义仓"。后来，盐义仓也重新开张，迁建于宫保府义仓左侧。

十九、水脉洞之南市街

南市街，位于赣州老城区的南边，北接大公路，南至慈姑岭与五道庙相接处，是一个具有商业性质的街道。

南市街形成于宋代，是宋代城区斜街的南段。南宋初年，在虔州籍人、后任吏部尚书的曾懋的陪同下，隆祐太后率后宫居虔州数月，遗留下一批官宦人家，他们散居在这一带，天长日久这里便成为繁华街巷。当时，这里水脉洞或水没洞，是城内的山水风光之地，草木丰美，溪水蜿蜒。池、罗、吴等诸姓为水脉洞古姓人家。南宋末年的状元池梦鲤就住在水脉洞。南宋灭亡，池梦鲤过世后，池梦鲤的儿子将父亲葬在赣县茅店，池家从此迁往七里镇。

二十、江东庙

江东庙，位于原鸳鸯桥与谢细巷交界处至四路口，现厚德路、健康路十字路口。

最早，江东庙叫嘉济庙，位于贡水之东雷岗，清代时迁入城区，故取其原在贡江之东而名江东庙。迁入城区后的江东庙，位于忠节营西巷口之侧，曾为幼幼小学，即今天的赣州市第四中学内南面之宿舍区。江东庙现在一路尽是高楼华厦，已寻不到一丝半点旧街的痕迹了。

二十一、文庙与知县张照乘

文庙，位于赣州老城区东部，慈云塔下，武庙东侧。是目前江西省保存规模最大、最完整的古代县立校址，属省级文物保护单位。

赣县县学，又称赣县文庙、孔庙。文庙旧址在唐代时曾为紫极观，与府学建在一处，北宋祥符年间废；宋皇祐二年（1050年），县令王希始在故址的东南隅重建；杨万里曾作《赣县学记》，专门记述了赣县办学事宜；明成化四年（1468年）改建于景德寺；嘉靖四十一年（1562年），巡抚陆稳复迁紫极观旧址；万历三十二年（1604年），巡抚李汝华又迁景德寺；崇祯十三年（1640年），巡抚王之良改建于郁孤台下；清乾隆元年（1736年），知县张照乘仍迁于紫极观旧址。

张照乘对赣州文化是有贡献的，史书中关于他的记载颇有褒奖，说他"才能任巨"。他入城不久，"请迁复学宫（文庙）于城东故址"，即将县学在现慈云塔下重新恢复，并在公务之余，亲自参与县学的管理与教学活动，并从中选拔了一批有志向、有抱负的年轻学子在他的县署中任职。如此苦心经营6年，赣县的人才逐渐成长起来。

二十二、文清路与一代清吏曾几

文清路，位于赣州老城区中心，古名阳街。20世纪30年代以纪念本邑宋代著名人物曾几而得名。1941年，将南大街直至镇南门道路辟为文清路。南面通过南门文化广场与红旗大道、东阳山路、营角上路相连，北接建国路，东面与阳明路、南京路、尚书街、大公路、宫保府、厚德路相通，西面与新赣南路、九曲巷、洪城巷、大公路、青年路、人民巷、环城路相接。

曾几（1084—1166年），是虔州曾氏一门开基祖曾准的第三子，礼部侍郎曾开的弟弟，字吉甫，又志甫，号茶山居士，特科进士。宋代赣县人，后迁居河南府（今洛阳）。幼时以有识度、事亲孝而闻名，入太学后，更以品学兼优而享誉。他刚过20岁时，其兄长曾弼在提举京西南路学事任上溺水而死，没有子嗣，曾几按例以亲属身份入仕。宋大观元年丁亥（1107年），曾几应试吏部，名列优等，皇帝特赐进士、上舍（太学中的最高等级）出身，提升为国子正兼钦慈皇后宅教授。此后，历官辟雍博士、宣义郎、校书郎、应天少尹，提举淮东、湖北茶盐公事，江西、浙西提刑，秘书少监、礼部侍郎等职。

第三节　南外街道

一、南外街道概述

章贡区南外街道，位于赣州老城区南部，西、南濒临章江。街道办事处驻文明大道72号，人口8万，面积4.2平方千米。辖区内有南外、土地庙、羊婆巷、下壕塘、三康庙、木栏井、大码头、东阳山、滨江、大塘背、杨梅渡、二康庙、肖园里、红环路共14个居委会和1个红旗村。辖区内的红旗大道、东阳山路、文明大道为出入城区交通要道。

南外街道是一个文化昌盛之地，东晋时的阳街南段、五代时的镇南门、北宋时的护城壕沟、明代的大码头……无不是故事绵长，让人咀嚼；20世纪50年代末，赣州城向南、向西拓展，冶金学院（今江西理工大学）、赣南师范专科高等学校（今赣州师范大学）、赣州市第三中学，以及汽修厂、冶机厂、钨钼材料厂、阀门厂、气压机厂……各类单位与机构如雨后春笋一般在南外境域铺展开来。一时间，南外成了现代、文明、进步的代名词。然而，时代飞速进步，旧的事物终究要回归历史，新的事物毕竟要引领风骚。

二、大码头的水

大码头，位于南河大桥北端古榕树下，章江岸畔，章江北大道中段。

大码头除了水清质美，旧时还是一个极为热闹的所在。一年四季，两岸牧童放歌，江中轻舟竞帆。大码头占尽了江畔最美的风光，它汇聚了五百里章水锦绣繁华、汇集了走南闯北的商贾宾客，在城市的河套边缘汇成了集市。50 余级宽大的石阶迭连章江，一边把城市的繁荣延伸往这流动的窗口，一边把四面八方的喧嚷从这里引领进期待时尚的城市。

今天的大码头，50 余级台阶已被绵长的章江北大道截成了两段。一段没于高坎上瞭望着风景如画的道路基础之中，一段仍与章水继续相依相偎。只有两棵古榕树依然静谧如旧，仿佛一位睿智的先哲，目睹着一江清流滔滔西去。

三、坎坎伐檀的木客街

木客街，是 2008 年命名的一条新路。它东西走向，东起青年路与西郊路交叉口，向西北延伸，止于章江北大道。街名是缘于赣州人曾有过的“木客”之称。

一般认为，木客乃秦人，很可能就是秦始皇当年派来平定百越人后留在南方的那 50 万大军中的一部分。这些秦兵来到交趾之地（赣南及其以南大片区域，直至广东、海南、广西，甚至到了越南），承担的主要工作是伐木、开路。伐下的樟木或其他巨木，通过江河顺水放排送往北方咸阳，为正在建设中的阿房宫和秦皇陵提供梁柱之材；开路，则是指开辟赣江、章江、贡江及其他江河沿岸的纤道，纤道也供大军行军，最典型的莫过于大余梅关（秦时名横浦关）至粤地的那段梅岭古驿道。

1078 年，苏轼在山东胶州与曾在虔州当过知州的孔宗翰交接工作之时，接受了孔宗翰想让他为虔州八境图题诗的请求。苏轼题写的八境诗中就有关于“木客”的诗句：“回峰乱嶂郁参差，云外高人世得知。谁向空山弄明月，山中木客解吟诗。”

四、高琰路与赣州开城

高琰路，南北走向，北起文明大道，向南过廉泉路、福寿路，止于章江北大道。其因纪念赣州城最早的筑城者、东晋时期南康郡守高琰而得名。

晋太康二年（281年），庐陵郡南部都尉升级为南康郡，郡治在雩都县（今于都县）旧"灅城"内。随后的数百年，郡治及起初位于欧潭的赣县县治多有变化，赣州城也就在这变化中开始崛起。

五、洪迈街与容斋轶事

洪迈街，南北走向，北起廉泉路，向南止于福寿路。为纪念在赣州造东门浮桥"惠民桥"、撰著《容斋随笔》的南宋赣州知府洪迈而命名。

洪迈（1123—1202年），南宋饶州鄱阳（今江西鄱阳）人，字景卢，号容斋，洪皓第三子，是南宋著名文学家。

六、文山路上正气歌

文山路，南北走向，北起文明大道与杨公路交会处，向南偏东于章江北大道。其以文天祥字号"文山"命名，以纪念对赣州有重大影响的文天祥。

文天祥（1236—1283年），吉州吉水人，原名云孙，字履善，又字宋瑞，号文山、浮休道人，南宋状元，民族英雄和爱国诗人，著《文山全集》，名篇有《正气歌》《过零丁洋》等。

第四节　东外街道

一、东外街道概述

东外街道，位于章贡区城区东南城乡接合部，街道办事处驻地关刀坪，于

1999 年 2 月由南外街道析出，东与沙河镇接壤，南以章江与水南、水西镇为界，西以营角上路与南外街道为界，北至红旗大道与赣江街道相邻，人口 9.2 万，面积 5.8 平方千米。辖区有东外、牛岭、张家围、营角上、关刀坪、渡口路、五龙岗、黄屋坪、赖家围、八〇一、桃子园、长红、泥湾里、嘉苑 14 个居委会，白云村 1 个行政村。

东外街道引领了 20 世纪 80～90 年代赣州中心城区乃至整个大赣南的商业繁荣的进程。此外，东外街道还有诸多的文化事项，如有关马坡岭名字由来的马与田螺赛跑的民间故事、关刀坪的美味腊货、桃子园的菜市繁荣、营角上的"厉害嘴巴"、八一四大道的解放之路……这一切，无不表征着东外街道既是一个商业重地，也是一处文化家园。

二、八一四大道

八一四大道，位于赣州老城区东南部，为赣韶公路的一段，北起红旗大道、渡口路、东郊路交会点，南至五里亭。大道长 2500 米，宽 40 米，是市区主要交通干道之一。

八一四大道是古代从大余梅岭古道至赣州城的入城路段。梅岭古道，始凿于屠睢、任嚣、赵佗所率之秦兵，至唐代曲江人张九龄及虔州刺史路应又有开凿，但均只限于小型运输工具通行。至北宋，目光高远的虔州知州赵抃，一眼就发现了赣州交通的两个问题：赣江十八滩礁林密布，不利重船行驶；梅关古道狭窄坡陡，不利于重货来往。为此，他率领虔州兵民，利用赣江枯水之季开凿了十八滩，使十八滩从以往只能过轻舟到可以通过承载数十吨的货船，南北交通一举贯通。同时，赵抃利用个人影响力，与韶州府衙协商，一齐发动兵民，从南北两向同时动工，联合拓宽梅关古驿道。为此，从赣州城往大余去的旱路，从东门出城，经今天的八一四大道出发。

三、营角上的嘴

营角上路，位于赣州老城区南部，西北至南门文化广场与红旗大道相接，东南至章江北岸。其原为一条窄路，没有名字，1966 年扩建后，同年 8 月 29 日被命名为劳动四路。因此路与营角上居委会相通，1984 年 5 月 7 日更名为营角上路。

营角上对应欧潭，也对应章江，因此，营角上人多靠水而生，以水为职业，谋求生存，干的多是些跑码头、走江湖的事。营角上因此产生了一项人文特质。当妇人、小孩们聚在大棚内织修渔网或闲聊时，各家妇人、小孩又将从家里听来的故事互相交流。于是，这些劳动或休闲场所无意中成了故事的传播中心。最终，"营角上的嘴"在赣州城出了名，成为"赣州城十个之最"之一。

四、长街叠翠的红旗大道

红旗大道，位于赣州老城区中部，为横贯老城区东西的主干街道。东接渡口路、东郊路、八一四大道，西至三康庙、西郊路、西桥路，长 3700 米，宽 80 米，得名红旗大道。车行道之外两侧有非机动车道、人行道、绿化带，是一个双向八车道的高标准大道，两侧的绿化也呈现着高低错落之状。长街叠翠的美景，使得红旗大道成为与省会南昌八一大道相媲美、全省区域中心城市中最宽广的一条城市道路。

五、文峰街与雁塔路

文峰街，2008 年命名的新路，位于赣州老城区东部，东西走向，东起通天岩路，西止宝福院路。因清代赣州八景有"雁塔文峰"，而在新起用的地名中涌现了文峰街、雁塔路两个地名。

赣州古城历史上最富有文化的灿烂地域在现赣州市第一中学一带。当时，这里为光孝寺，寺内有夜话亭、阳明书院、廉泉，附近有三潮井、文庙、慈云塔、五道庙、南市街，可谓到处有唐诗宋词在飞扬，到处有明砖清瓦在幽思。于是，连同小南门这座无名山身价也涨了起来，被后人誉为"文峰山"。

与文峰相对应的雁塔路，则位于赣州老城区东部，南北走向，北起慈云塔路，向南偏东呈弧形过云山路、拜将台路、吉祥路后，止于康定路。所谓雁塔，指的是慈云塔。塔是佛家的物，故有宝塔、浮屠之称。赣州慈云塔建于北宋天圣元年（1023 年），旧名瞻云塔，因原在慈云寺内，又名慈云寺塔、舍利塔。清代张照乘在担任赣县知县期间，与其父亲张栋书、弟弟张照黎命名清代赣八景时，将慈云塔易名雁塔，记为"雁塔文峰"。

六、赣南贸易广场

赣南贸易广场，位于八一四大道中段东侧，背面是八〇一厂，北邻新汽车站，南邻摩托车大市场，是改革开放之后赣南最早建成的商品贸易繁华之地。

1995 年春季，赣南贸易广场在赣州城东南面的一块旷野开工建设。这里毗邻五里亭，曾经是一片野草丛生，人烟稀少，无风景可言的不毛之地。它的南面是当时赣州城最早通往城外的要道——赣庚（余）公路，1933 年由粤军驻赣州部队所修，梅关古驿道重要交通地位从此隐入历史深处。它的东面是效益极好、国字招牌响当当的八〇一厂。1995 年，这里开始人声鼎沸、机器轰鸣。昔日的荒凉不见了，这片荒野的命运由此发生了改变。

第五节　黄金岭街道

一、黄金岭街道概述

黄金岭街道，位于章贡区西南部，章江西岸，地处黄金岭经济开发区。它驻地金岭路，人口 3.9 万，面积 2.5 平方千米。辖管金岭路、七一九、金辉路、金东南路、香江路 5 个居委会和黄金、金星、杨梅、太坪、新路、坪路 6 个行政村。2016 年底，赣州设立蓉江新区，新路、坪路两个村划入蓉江新区。

黄金岭街道，社区与村落并存，是典型的城乡接合部、过渡区，既传承城市深厚的历史文化脉络，也保留着乡村淳朴的民间民俗风情，正以其独特的魅力，吸引着四面八方的客商与创业者进驻这块充满希冀的土地。

二、翠浪塔下杨梅渡

杨梅渡，位于杨梅渡大桥西头，翠浪塔下，江西理工大学应用科学学院后，章江西岸。

此地自古被称为杨梅村，明清时期建有渡口，是为杨梅渡。明清时期赣州城外各地渡口甚多，至 1946 年，只有百胜门外之东河渡、西津门外之西津渡、建春门外之东津渡、涌金门外之谢家渡、北门城外之龟尾渡、南门城外之邓湖渡、城西郊之杨梅渡、蟠龙黄金渡尚有基址，或改建成浮桥，或继续以小舟渡人。旧时，渡口管理很有讲究，"杨梅渡口有渡船二艘，其经费来源上手（指上届管事人）买有不动产，每年共收利谷 80 石，除给渡夫工食外，盈余无几，其保管方法均由各渡船会推选首事或经理保管之"。

三、章江之滨黄金村

黄金村，毗邻章江，从营角上溯章江直上十余千米，就是造就黄金村码头经济繁荣的黄金渡。黄金村，南宋时期即有其名。南宋末期，曾任赣州知府、后任右丞相的文天祥，率领抗元部队曾渡过黄金渡，并留下诗吟。

是先有黄金渡，还是先有黄金村？是黄金渡的繁荣造就了黄金村，还是黄金村带出了黄金渡？当地人说，很早以前，这里是被腰带状的章江水环抱而隆起的一片圆形丘陵，尽管山清水秀，但人们却记不起这里是否富庶过。据说，五代时期，堪舆大师杨筠松曾断定此处今后必定发达，他感慨地说：这是一块黄金宝地。于是黄金村就此得名。

第六节　水东镇

一、水东镇概述

水东镇，位于章贡区东部，地处贡江下游和赣江上游东岸，东与赣县区梅林镇桃源村、梅林村、章贡村交界，东北与赣县区储潭乡幸福村、田心村、储潭村交界，西南与章贡区水西镇及城区和沙河镇隔江相望。基本轮廓呈半月形。水东镇驻地沿坳村，人口 3.1 万，面积 24.86 平方千米，辖水东、七里、下沙窝、菜园坝、铝厂 5 个居委会和水东、虎岗、马祖岩、红星、正兴、沿坳、七里 7 个行政村。

水东镇交通四通八达，基础设施完备。原 323 国道和赣储公路贯穿全镇，京九铁路穿镇而过，距赣州铁路货运站 2 千米，距铁路客运站 3 千米。

水东名胜古迹遍布全镇，有省级文物保护单位 1 处、市级文物保护单位 9 处。其中比较著名和富有文化底蕴的古迹有：七里镇古瓷窑遗址、万寿宫、仙娘庙、状元桥、将军潭、杨公庙、马祖岩、真如禅寺、李渤公祠、万松山、天竺寺、玉虚观、清溪书院遗址、虎岗儿童新村、蒋经国旧居等。

二、太阳出来照虎岗

虎岗，位于水东镇辖区，地处贡江下游和赣江上游东岸，赣储公路经村中。中华人民共和国成立后，虎岗一带建有赣州电机厂、江西齿轮箱厂、赣南农药厂，改革开放后这些企业分别改制。

1942 年，长岗岭改为虎岗。

三、"儿童公育"儿童新村

儿童新村，位于水东镇虎岗境内，因在此建设儿童新村而得名。

20 世纪 40 年代初，全国各地的难民涌入赣州，其中有不少流亡儿童。为此，赣州办了一个义童教养院，一个贫儿教养院，专门接收穷苦儿童。接收的儿童中有的是流亡的儿童，有的是赣州家里很穷的儿童。后来难民儿童越来越多，光这两个儿童院不够用。为了安置这些流浪儿童，使他们得到良好的教育，赣州便在这个日本空军不易发现，离城市又不远的山岗上办起了儿童新村。新村经两年的筹建，于 1943 年 6 月 20 日正式启用。

四、历史古邑七里镇

七里村，古名七里镇、七鲤镇，位于贡江北侧一带，即晋代南康郡城。七里镇距城区约 3.5 千米，与赣县区梅林交界，地势北高南低。南部为沿江平地，北部属丘陵地貌，面积约 1.6 平方千米。

其实，除了地形因素之外，七里镇的成名还有一个因素，即这里距城内涌金门码头正好是七里之遥。

东晋义熙七年（411 年），高琰将原来于都县固院一带的南康郡治和葛姥城的赣县县治合迁到龟角尾的土城，62 年后，又是一场浩荡的洪水，将土城尽淹，南康郡治和赣县县治一并迁往水东，其地点就在今七里村一带。南北朝梁承圣元年（552 年），天下归梁，社会相对安定。南康郡治和赣县县治从七里村再迁龟角尾三江汇合处，从此郡城永久固定，未再变迁。

也就是从 411 年至 552 年这一时期，南康郡治和赣县县治在七里落户期间，迅速带旺了七里之地，造就了七里镇的人文鼎盛、商业繁荣。

五、江西名窑七里窑址

七里古窑址，位于七里村，因窑址集中于此，而得名七里窑。

七里窑始烧于唐代，宋代最为兴盛，是宋代江南四大窑场之一，也是宋代外销瓷产地之一，元代开始衰落。现遗址总面积达 2 平方千米。这里出土的瓷器主要为民间日用品，有青釉、影青釉、白釉、褐黑釉瓷，器形多碗盏、杯、碟、壶、钵、罐、枕、瓶等，并有狮、蟾蜍等图案精美的高档瓷，器表有刻花、划花和模印的莲、菊、鸟、云、山、水、乳钉刻等纹饰。七里窑的青白釉瓷器可与同时代景德镇的同类产品相媲美，各类瓷器曾出口到欧洲、日本、韩国等地。七里窑的装烧工艺在唐末五代时期采用垫柱支钉叠烧，宋代以后，则采用垫饼匣钵装烧，窑型以龙窑为主。

七里古窑是江西元代以前最大的窑场和我国外销瓷产地之一，元代因原材料白瓷土使用殆尽后，大批的瓷匠带着丰富的烧窑经验和制陶技术往景德镇而去。直到 20 世纪 60 ～ 70 年代还有景德镇人来七里古窑走访远亲，临走还要从将军潭舀取一瓢潭水回去做制陶"母水"。

六、戏腔幽幽的仙娘庙

仙娘庙，位于七里村中心处，是一处寄托乡人淳朴情怀的祈愿之地。

七里村，因为历史悠久的瓷器文化以及繁荣甚久的木材交易，还有商业会馆万寿宫，使得这里长期呈现着经济繁荣、商会发达、人气旺盛之景象。人文与商业繁荣带动了香火袅袅的仙娘庙——每逢节日，这里是最热闹的处所，无数人聚集在这里烧香祈愿、看东河戏。

仙娘庙每年正月都有东河戏看。戏台有联曰："古道本无文，何竟以文为戏耍；世情都是戏，不妨将戏畅文机。"

七、将军投塘的传说

将军塘，位于水东镇沿圳村竹山自然村，原赣州地区粮油公司院区内。

传说，唐末五代时期，赣州七里镇一带已是一个盛产瓷器的地方。到了宋代，其陶瓷工艺达到了极高的水平，他们竟然烧制成功了一架龙床。七里窑工烧制出龙床的消息传到宫廷，皇帝随即令一御前侍卫以将军身份带着圣旨去七里窑，让窑工们年前再做一架龙凤床，否则杀他们的头。将军领命来到七里窑，圣旨一下，窑工们赶紧制作，可连续十数窑，都难以成功。眼看时间到了，窑工们仍然没烧制成功龙凤床，将军不忍伤害窑工，便择了一口深塘，投塘自尽。

七里人为纪念将军，便于塘边建庙祀之，并将该塘命名为"将军塘"。从那以后，七里镇烧制瓷器的人越来越少，如今只剩下了一座座瓷窑遗址。

八、万寿宫与木材交易

万寿宫，位于水东镇七里村内，正门面对贡江。1949 年后其为赣州贮木场所，改制后，归返七里村。

万寿宫是为纪念江西地方神许逊而建，广泛分布在江西省和周边省域。随着历史演变，万寿宫渐渐衍化为江西商会的代名词。

明、清至 20 世纪 70 ~ 80 年代，万寿宫一直是木材交易重地。木材交易是老赣州的一大特色商业。赣州木材交易发达缘于赣南境内木材丰富。赣南自元代开始便是木材交易中心，清朝中期，为修建宫殿及颐和园之用，朝廷广征全国各地优质木材，其中会昌县永隆乡木材质量甚好，被封为"福木"，从而带动了整个赣南的木材交易。当时，承办这批皇木之人系七里镇下窑村人，人称"郭老三"。七里镇也因为堆放皇木而出名，从此成为木材交易之地，一直延续至今。

九、"平常心是道"之马祖岩

马祖岩，位于水东镇辖区马祖岩村第 10 村民小组和沿坜村第 11 村民小组境内，离市区 3 千米，岩巅为佛日峰，海拔 264 米。据清同治版《赣县志》记载："马祖岩，在城东六里许，昔马祖曾欲栖于此，故名。"清同治《赣州府志》则载："马祖岩寺，在佛日峰。明万历初，僧悟学与其徒本慧建，郡人谢诏记。上有'尘外亭'，今废。"赣州城古代有"四岩"之说——通天岩、马祖岩、狮子岩、燕子岩。通天岩因摩崖石窟而名闻天下，狮子岩因传说广成子在这里修炼而亘古受尊，燕子岩因形似神燕而香客如云，马祖岩则因为一位僧人而受历代贤人喜爱。

十、清天如水尘外亭

尘外亭，位于水东镇辖区马祖岩山巅，是一处北宋嘉祐时期（1056—1063年）便有的风景名胜地。

北宋嘉祐四年（1059 年），曾在京城以"铁面御史"之名而列入北宋虔州四贤的赵抃，携一琴一鹤赴虔州出任知州。随后，周敦颐来到虔州赴任通判。赵抃年长周敦颐 9 岁，赵抃钦佩周敦颐"胸怀洒落，如光风霁月"之风范，周敦颐则敬重赵抃"刚直不阿，铁面无私"之秉性，两人曾相携攀登马祖岩佛日峰。据传，赵抃出于对马祖岩的钟爱，在对马祖岩诗咏之后，一次性在马祖岩的几个山峰筑了尘外、云端、驹岩、一憩、吸江 5 座亭。

十一、池梦鲤与状元桥

状元桥，位于水东镇辖区沿坳村竹山的铁路桥下，当年是七里村人进赣州城的必经之路。

传说，当年池梦鲤是和表兄一同从赣州骑马进京赶考的，舅舅并不看好池梦鲤，因此放言"池梦鲤若考中当为他建桥示贺"，岂知，咸淳十年（1274年）池梦鲤竟然考取恩科状元。舅舅果然不食言，着人就在村北修建了这座用红条石砌成的桥，桥长22.6米，宽4.9米的单孔桥，命名为"状元桥"。同时还在桥边筑了一个"风雨亭"，为往来行人遮风挡雨。风雨八百年，风雨亭毁圮了，状元桥却坚固如磐。

20世纪50年代还矗立在南市街塔下寺的释褐坊现在已不见踪迹，但纪念池梦鲤当状元的七里镇状元桥和标榜有"状元府第"的池氏宗祠仍保存完好。

十二、正兴村的李渤公祠

李渤公祠位于水东镇正兴村头，是李氏族人的灵魂庇护所。一支铁戟高高地插在屋顶，寓意着"生活节节高"的美好意愿。

关于李渤，明代《赣州府志》有载，《唐书本传》也有记载。

李渤（772—831年），唐代的著名诗人，字浚之，号少室，河南洛阳人。李渤与其兄长李涉都是当时的著名文学家。李渤、李涉兄弟二人早年隐居于庐山，在白鹿洞、栖贤寺一带读书。他在白鹿洞养了一只白鹿，并常偕白鹿外出走访与游览。因此，时人称李渤为白鹿先生，称其读书处为白鹿洞。

十三、传奇色彩的李老山

李老山，位于水东镇辖区正兴村。古名李老山，也叫李老三，是北宋时期便有的古村。紧邻赣江，遥对白塔，距赣州城十里许，赣储公路穿村而过。

十四、"两寺原从一寺分"的天竺寺

天竺寺，位于水东镇辖区水东村，南挨赣储公路，北邻万松山。唐代古寺天竺寺深藏其中，宋代名士李朴读书处，清代赣州八境之"天竺晴岚"所在。

"古天竺寺两峰晴，日霁毫光照眼明。灵鹫山头烟欲袅，赤珠岭畔霭常萦。元和当日传初地，修吉于今忆旧名。拟向翠微深处去，头陀唤醒竹千

茎。"1000多年前贡水江畔，万松山边有座修吉寺。唐代高僧韬光大师自杭州钱塘天竺寺移锡虔州修吉寺而改名天竺寺。唐代诗人白居易曾赠诗天竺寺，赞高僧韬光有眼光。诗曰："一山门作两山门，两寺原从一寺分。东涧水流西涧水，南山云起北山云。前台花发后台见，上界钟情下界闻。遥想吾师行道处，天香桂子落纷纷。"

十五、唐代古观玉虚观

玉虚观，位于水东镇水东村，北宋清溪书院之右，乃唐代古观，中华人民共和国成立后曾为水东小学。其遥对赣江，面临赣储公路，后倚万松山，右邻老虎头，右毗天竺山。

玉虚观，又称葛仙祠。史载：汉末赤乌间，葛玄以"四要、九训"行教于鹅湖山，于兹"凿石为穴，藏于陇首"。玉虚观，"唐开元十五年（727年）建，距今已近1300年，属十方丛林。该观坐北朝南略偏西，建于九条山脉会聚之节点，为歇山式建构。

十六、东河大桥及赣州浮桥

东河大桥，位于水东镇沿坳村与城区赣江街道辖区之间，东通东河汽车站、农贸大市场。

古代赣州城三面环水，章江、贡江在龟角尾交汇成赣江，两岸百姓与城区往来非常不便。构建大桥便成了通衢惠民之举。

20世纪50年代，建设东河大桥被列入国家重点项目建设计划，原系苏联援建项目，图纸设计出来后，中苏关系破裂，建桥工程由国家自行独立完成。建成于1965年的东河大桥，气势雄伟，势如长虹，横贯东西，将赣南东部、北部与中心城区、南部、西部予以贯通。20世纪60~70年代，赣南卷烟厂出品的"赣州桥"牌香烟，就是以赣州东河大桥为背景图画，行销全省。东河大桥作为现代桥梁的代表，横跨贡江两岸，在古代的赣州，桥梁则大多为浮桥。

左贡江、右章江，此处合流汇入下方赣江（李陈发　摄）

十七、"东南工合"在沿圳上

沿圳上，位于东河大桥桥头附近。明崇祯元年（1628年），鄢氏由万安县窑头村迁于此定居，故名鄢坳上、堙坳上，后谐音为沿圳上。有鄢、陈、朱三姓人家。

第七节　水南镇

一、水南镇概述

水南镇，位于章贡区中部，古称黄金洲，曾称黄金乡、水南公社、水南乡。东与沙河镇、南外街道办事处、东外街道办事处隔江相望，南与沙石镇相邻，西北与赣州经济技术开发区接壤，地处章江河套内，东、南、北三面环水。镇政府距火车站3千米，距黄金飞机场2.5千米，赣州市政中心、章贡区政中心、赣州市体育中心、赣州市图书馆、章贡区图书馆、赣州市城市规划展示馆、赣州市博物馆均建在水南镇辖区内，水南已成为赣州市、章贡区的政治、体育、文化中心。

水南镇，人口6.9万，面积20平方千米。镇现辖岭头上、沙角、建设路、长征路、章江南、赣江源6个居委会，南桥、长塘、腊长、高楼4个行政村。镇政府驻兴国路16号，距赣州市委、市政府500米，距章贡区委、区政府1千米。

二、南桥村

南桥村，位于水南镇东南面，以黄金广场为中心的周边一片区域均属南桥村辖区。

南桥村，20世纪末成为最先被改造为新城区的区域。随着赣州撤地设市，众多机关、企事业单位从旧城迁往新区。南河大桥、南河浮桥的开通，把城市的繁华牵引到了南桥、水南以及整个黄金洲。南桥村从此一跃成为赣州市的政治、文化、经济中心区域。

三、高楼村与乡村社学

高楼村，位于水南镇辖区南部，北接中央城市公园，南与沙石镇隔河对望。2009年，随着大赣州的建设，民居全部拆迁，融入赣州中心城区。现如今，高楼村小区林立，人口稠密，居民集中，域内路网纵横，单位众多。

高楼村，处在章江玉带水范围，旧有宋姓、谢姓、邱姓、黄姓等姓氏人家居住，现仍有黄氏祠堂。高楼村有龙王庙，年年有划龙舟、游龙舞狮习俗。高楼村有古渡，渡口对面即沙石。

元代至元二十三年（1286年），朝廷颁布命令："诸县所属村庄以五十家为一社，设社长一人……教劝农桑为务……并设学校一所，择通晓经书者为教师，农隙使子弟入学。"乡社意义有二：一是"教劝农桑为务"，二是办社学教育子弟。在这种大背景下，赣州社学得以创办。元朝灭亡，社学也一时停办。

高楼社学，可说是明代王守仁兴办社学的延续。清代社学较之明代有所减少，但高楼办有社学，恰恰说明高楼人口稠密、民风尚学、文风昌盛。"章水乡社学在高楼"，整个赣县城乡4所社学，章水乡就占了1所，当时的高楼应该是一处相对富裕、有足够的办学能力之地。

四、昔日猎场腊长村

腊长村，位于水南镇辖区东部，东、南紧临章江。

当地村民广泛从事运输业、加工建筑业和服务业等依托城市的第三产业，是远近闻名的富裕乡村，是章贡区"十佳和谐村庄"和赣州市"文明村镇"。如今，腊长村境内小区林立，现代风情浓郁，长征大道与赣江源大道在辖区内纵横交接，"十龙聚龟"雕塑成为该区内最显著标志物。

据《曾氏族谱》记载：曾顺权、曾顺富兄弟于明洪武年间由庐陵吉水迁此开基。这里相传古代为围猎场所，遂名猎场，后讹为"腊长"。

五、战火中嬗变的黄金机场

黄金机场，现位于赣州经济技术开发区凤岗镇辖区，历史十分悠久。

据民国版《赣县新志稿》记载，赣州最早的机场于 1930 年建在南门外明清大校场处，后来的江西气压机厂所在位置乃民国时期小型军用机场，后被飞机轰炸。1936 年春天，在距城区 10 千米的黄金乡另行选址修建机场。抗战期间，该机场为国际飞行场之一。机场由碎石铺垫的主跑道长 1200 米、宽 40 米、厚 32 厘米；副跑道长 900 米、宽 40 米、厚 32 厘米，主要用于军事用途。1944 年 11 月，机场曾一度开辟赣州至重庆航线。1939 年至 1945 年，在黄金村修建了黄金机场。

位于水南镇辖区内的老黄金机场，2008 年正式停止使用，现为中海地产、嘉福金融中心（部分区域）等高档住宅区。

六、十条飞龙聚龟来

"十龙聚龟"雕塑，位于水南镇腊长村境内，赣江源大道、长征大道和新赣州大道交会处，东可直通赣州火车站，南可通沙石大桥、新世纪大桥，北可通市政中心、南河大桥，是赣州重要的标志物之一。

七、博德山庄与李潜墓

博德山庄，位于飞龙大桥西侧，面朝客家大道，北邻章江。

博德山庄是赣州最早开发的别墅型商业地产之一，山庄内路名全以"德"字命名，彰显着文化情怀。建设博德山庄，也改写了赣州无北宋古墓的历史。

2003 年 12 月 24 日，沉睡 900 年的李潜家族墓被挖掘出来。当时，博德山庄正在进行二期工地平整。在工程进展中，一古墓群蓦然呈现。同时出土的有石兽、"开元通宝"铜钱、带饰纹的木质和瓷片等文物。赣州市博物馆专家立即赶赴现场开展调查与发掘。考古发现 3 座古墓已受到不同程度的损毁，其中一块墓志铭石碑下端明显折断，但碑文内容丰富，字迹清晰可辨。根据墓志铭所刻年号以及古墓所用砖块（有宋墓常见的"刀形"拱砖），初步确定属北宋古墓，墓主人为李潜。3座古墓墓葬由于形式、建筑材料均一致，专家初步认定属李潜家族墓，疑为他和母亲及妻子的墓。

第八节　水西镇

一、水西镇概述

水西镇，位于章贡区西北部。南隔章江紧邻市区，北接赣县区五云镇，西与湖边镇毗邻，东隔赣江与水东镇、赣县区储潭镇相望。境内地形以丘陵为主，地势略呈西高东低。105国道纵贯全镇12千米，是南至广东，北至南昌、北京等地的交通要道。镇政府驻赤珠岭，距赣州市政中心5.3千米，人口4.2万，面积118.7平方千米。辖赤珠、水西、罗边、联三、黄沙、白田、和乐、石甫、石珠、凌源、窑下、横江、坳头、永安、窑背、上禾、蛤湖17个行政村和水西、木材厂两个居委会。

水西境内有以摩崖石刻闻名的江南第一石窟——通天岩。通天岩，有数百幅摩崖石刻可供欣赏，还有关于赵清献、苏东坡、阳孝本、王阳明等历代名人的故事与传说。

江西省生态农业旅游示范区赣州宝葫芦农庄横跨水西和湖边两地，其中有湖，因为跨越水西湖边两镇，各取一字，得名"西湖"。

二、江南第一石窟通天岩

通天岩，位于水西镇辖区内，通天岩内有诸多摩崖石刻（像），石刻开凿于唐朝，兴盛于北宋，至今保留着唐朝至宋代的石龛造像359尊，宋代至民国的摩崖题刻128处，被专家誉为"江南第一石窟"。

通天岩　石龛（李陈发　摄）

三、玉岩居士阳孝本

阳孝本，北宋本土名人，是赣南十大乡贤之一。因隐居通天岩与苏东坡会晤，以及苏、阳二公廉泉夜话而名声大噪。阳孝本墓位于通往天岩山巅望江亭去的半山腰。

北宋末年，秘监阳孝本自熙宁年间（1068—1077年）辞官从京师还虔州后，与李潜之子、进士李存一起隐居通天岩达20年之久。苏轼南谪曾踏访通天岩，与阳、李二人彻夜长谈，虔州八境之"玉岩晓月"即指此事。

四、镇守赣江玉虹塔

玉虹塔，位于水西镇联三村，与和谐钟塔隔江相望。玉虹塔是一座明代古塔，也是一座风水塔，用来镇守赣江，保往来舟船平安。

玉虹塔在赣江西岸山麓上，通身雪白，孑然孤峙于江崖上。此塔名取自苏东坡咏赣州的诗句："山为翠浪涌，水作玉虹流。"俗称白塔。建塔之前，此地先有石桥，桥名玉虹桥，当地人叫白塔桥，用石榫一节一节勾连而成。后来桥毁，只剩少许桥墩遗在水深处。

五、窑下村

窑下村，是一处普通村落，但类似于窑下以"窑"而得名的地方数不胜数，如窑边、窑前、窑后、窑下、窑上、窑池、窑坑、窑村……有的则谐音将"窑"字雅化成"瑶"，成了瑶池、瑶边一类美称。

六、由"忙"而来的芒埠

芒埠，位于水西镇白田村，隔江与储潭圩相对。储山巍峨，储潭森然，层楼耸秀，赣江贴着储君阁柔柔婉转北去。

芒埠有什么来历？埠，表征这里曾是一个繁华的码头。芒，作何解？遥想当年，或许此处有一码头，曾有川流不息的客渡之舟与人，或带着孩子或挑着米和菜，或携着儿女过河探亲，或挽着双亲往圩市逛去……此"芒"，或为"忙"之演讹而成。

查《赣州府志》知，芒埠的对面乃储潭渡。则水西镇一侧的芒埠为储潭渡的彼岸，芒埠是当年水西人往储潭赴圩赶集的主要渡口。两岸过渡人太多，以致乡民提供的几十石义谷根本就不够支付渡夫工钱，于是府城里巡道文翼也亲自施船、捐钱资助。

七、狐狸山上法云寺

狐狸山，宋代名山，位于水西镇凌源村，与赣县区五云镇上丹村同享此山。狐狸山原名菩提山，乡民不理解菩提为何物，遂将菩提山讹为狐狸山。

菩提山早些时候被称为万灵山。相传宋代高僧顺因来山住持，随身携了两株菩提树苗植于寺前，久而久之便以菩提山代称万灵山。

菩提山海拔460米，面积约6平方千米，与王母渡石林山、南塘麂山、田村宝华山合称为原赣县四大名山。上山的路径不太平坦，羊肠小道，坎坷不平，好在沿途林荫夹道，古木参天，峰回路转。云雾缭绕处是山巅，山上就是法云寺。相传唐代伊始便有此法云寺，当时寺内供奉着百余尊佛像，显赫一时。1000多年来，寺院毁毁修修，到如今古寺只剩唐朝的石香炉和出生台。奇异的是寺院香火却长久不衰，每一次劫难后，不过数十年便重新勃发，至清末则盛极。

八、笔架山下文风盛

笔架山，位于水西凌源村，因形似笔架而得名。与之名字相似的赣州城内小南门的笔峰（锋）山，与其说是形似得名，不如说是一种象征意义。因为山下是濂溪书院，书声琅琅、笔舞字飞之地，加上地势高阜，又筑有景仰濂溪先生的仰止亭，遂得名笔峰山。

笔架山蕴藏钨、金、锡等矿，原赣县钨矿笔架山矿区就位于山的南侧。

九、水西村的龙舟赛

水西村，位于水西镇辖区，濒临章江。

《赣州府志》在《舆地志》之《风俗》中有载："郡城孟夏祭龙船神，演剧弥月，送神仪饰尤盛，计其费可敌中人百家之产。"说的就是以水西村为主的端午祭屈原、祭龙船神、划龙船比赛等活动。

十、永安村朱氏大屋

永安村，原属蛤湖乡，再属湖边镇，现属水西镇。

过了横江村，水西镇最西面的村落便是永安村了。据史料所载："（杏林）山麓周围数十里系永安乡区域，人民朴厚，卓有古风，虽经数次大乱，而地方安详如常，他乡避难居此者，得以保全，故名其乡曰永安。"

千百年来，这里先是由黄、伍等姓氏静静地耕作人生。明末，又从吉安过来一族朱姓人家。不过十代，朱氏后人迅速繁衍，遂成年收4000担租金的大户人家，终至整个村落十之七八是朱姓人家。

第九节　湖边镇

一、湖边镇概述

湖边镇，位于章贡区西部，南临章江，与城区仅一水之隔，南与蟠龙镇、赣州经济技术开发区接壤，东北与水西镇北相毗邻，西南连黄金岭街道。

镇政府驻地龙岭，人口2.7万，面积44平方千米。辖湖边、八〇三、金榜路、华昌路4个社区，湖边、善边、官田、岗边、涌泉、梨园、社前、叶山、龙岭9个行政村。

二、宜室宜家梨园大屋

梨园村，位于湖边镇西部，东与岗边村、湖边村相接，南与社前村相连，西与涌泉村相邻，北与官田村毗邻。其以大片古民居而出名。

梨园村最值得一书的是梨园大屋。梨园大屋就在公路右侧，与新建的华厦相比，梨园大屋就像是一只老古董被静静地搁置在一角。梨园大屋保存得相当完整，不仅屋前的半月形风水塘完好，而且宅内也甚是整洁。

三、宝葫芦与祈雨的传说

宝葫芦农庄，位于湖边镇涌泉村石人前与水西镇赤珠岭之间，占地面积1300余亩，紧靠105国道，距河套老城区3千米，是一座具有郊外田园风光、浓郁乡村气息的现代绿色生态农庄，也是江西省较早开办的农庄主题公园，属国家4A级旅游景区。

农庄北面38米高的宝葫芦，雄踞山巅，成为俯瞰赣江胜景、农庄全景的最佳位置。关于这葫芦，还有一则美丽的传说。

相传，宋嘉祐八年（1063年），虔城大旱，三个月无雨，贡江的水已近干涸，舟船搁浅。知州赵抃便择一良辰吉时，率衙门众官在水东雷冈嘉济庙祈雨。祈祷仪式刚完，赣县知县急急来报：水西、湖边一带旱死人了，百姓正聚众喧哗。赵抃等连忙赶往水西，沿途但见树枯叶黄、田干地裂，数千民众蜂拥一团，怨声载道。赵抃伫立于山岭上，面对天穹深深一躬，面对土地又深深一躬，面对百姓再深深一躬，尔后，仰天长叹：苍天呵，救救我等生灵吧！旋即，五体投地，令全场哗然。猛地，赵抃起身，摘下腰间葫芦，拔开塞子，将葫芦中美酒尽倾地上，大呼道：祈天不灵，我赵抃永不再饮！言毕，掷葫芦于地上。岂知，他话音刚落，天空骤然乌云密布，顷刻间瓢泼大雨从天而降，百姓尽皆跪地感激上天。虔城大旱顿然缓解，贡、章、赣三江之水一日涨了七八尺。从此，赵抃掷葫芦之山被称为葫芦山，周围一带山岭被叫作葫芦岭。

第十节　蟠龙镇

一、蟠龙镇概述

蟠龙镇，位于章贡区西部，隶属于赣州经济技术开发区管辖，以境内章江蜿蜒或盘龙而得名。

蟠龙镇政府驻地河坝村，人口 3.8 万，面积 42.3 平方公里。辖桃芫、水碓、杨坑、车头、田心、杨边、蟠龙、坝上、箩渡、武陵、虎形、章甫、当塘、河坝 14 个行政村和蟠龙街 1 个居委会。

20 世纪 70 年代末，蟠龙从赣县划入原县级赣州市，极大地提升了蟠龙的政治、经济、文化地位。迅速融入赣州中心城区大发展浪潮中的蟠龙镇，一时间成为一片充满文化的热土，成为客商投资赣南的热地。

二、章江之滨与溢浆溪

章江是赣江的西流，发源于崇义县聂都山张柴洞，流经大余县、上犹县、南康区、赣县区、章贡区 5 个区县。与赣江的另一支流贡江在赣州城下汇合成赣江。章江水系共有大小河流 1298 条，主要支流为章水和上犹江。章水发源于崇义聂都山，流经大余县、南康区，流程 176.85 千米；上犹江发源于湖南汝城县破石界乡黄岭山，流经崇义县、上犹县、南康区，流程 198 千米。章水和上犹江在南康区三江乡三江口汇合成章江。章江河段始于南康三江口，流经蟠龙，蜿蜒、回旋几番，终于在八境台与贡江汇合，流程 29 千米。

蟠龙远古是一片森林茂盛、水草丰美的地方，春秋战国时这里便生活着"赣虞人"。另外，这里一直盛传远古有"赣巨人"一说。是故，取赣字做了县名，在溢浆溪（今蟠龙）设为赣县县治。赣县蟠龙，成为灌婴平定江南，在江西一次性建成的 18 个汉定县邑之一，是构成江西版图的最早的区域之一。

三、日泊千舟之欧潭

欧潭，位于蟠龙镇河坝村，是章贡区除南野之外，最具历史的地名之一。

欧潭之名源于西汉初年。汉高祖六年（前201年），灌婴受封颍阴侯，率领大军一路南扫，平定江淮诸郡，继而沿长江、赣江一线，先建治九江、南昌，旋四面进发，一年之内在江西境内建立了18个军事意义的政权机构，可谓是江西开基之祖。这时的江西南方，继秦朝建立第一个地方政权——南野县之后，灌婴率汉军在赣南境内开疆拓土，在章水之滨欧潭一带辟建了赣县。

四、积善而来的蟠龙圩

蟠龙圩，位于蟠龙镇辖区，濒临章江，依水而建。

自从赣县建立县治以来，蟠龙沿江一带就布满了水口码头，码头文化极大地推动了商业贸易。商贸活动之繁华，其最直接的体现便是圩市了。

在整个蟠龙章水沿岸，最为繁华的当数蟠龙圩了。《赣县新志稿》有载："该圩开创于清嘉庆丙寅年（1806年），名张边圩（以张边村得名），有崇道台以该圩人民良善，历来并无控案，乃将张边圩改名为积善圩。清光绪二十七年（1901年），当地乡贤以该圩形若蟠龙，乃倡改今名。圩日农历三、六、九日，主要经销蔗糖、红瓜子、木器等。"

第十一节　沙河镇

一、沙河镇概述

沙河镇，位于章贡区东部，东与赣县区大埠乡、大田乡交界，南与沙石镇接壤，西与东外街道、水南镇毗邻，北与水东镇、赣县区梅林镇隔江相望。

沙河镇在赣州市城市建设"南移东扩"战略中具有举足轻重的地位。沙河镇政府驻地站东，人口5.7万，面积67.3平方千米。辖区有站东、站北、沙河

3 个居委会，河头、华林、罗坑、沙河、五龙、圳下、龙村、黄龙、流坑 9 个行政村。

沙河镇境内有多处人文与自然景观，毗邻贡江的杨仙岭已成为市民健身的休闲公园，五龙村的客家风情园更是展示赣南客家风情的一个绝妙之处。

二、景观妙地杨仙岭

杨仙岭，位于沙河镇西北部的河头村，古名羊石岭，怪石林立，江边有马头石。其面对赣县客家文化城，紧邻赣县区梅林大桥。

杨仙岭是一座以硅酸岩为主要地貌景观的山体，海拔 412 米、占地 4.5 平方千米的山峰，隐藏着美丽的自然风光和深厚的文化底蕴。除了田园风光，这里还有与堪舆大师杨筠松有关的遗址和传说。杨仙岭南面是传说中赣州龙脉起始处的崆峒山，北面是腰带水环流的赣县区城区，西面是三面环水的章贡区，高耸的杨仙岭是观察赣州古城的最佳点。

三、双河塔与无影塔

双河塔，位于沙河镇河头村，立于贡水之滨，是清代建筑。塔有 7 层，高21.77 米，塔为六边形，仅有东边开有一门，红石山岩的门额上镌有"龙跃凤鸣"4 字，所以也被称为龙凤塔。1988 年，双河塔被列入赣州市文物保护单位。

双河塔与玉虹塔、吉埠塔先后建于三江岸畔。玉虹塔在赣江西岸，镇守赣江；吉埠塔在沙石吉埠章江东岸，镇守章江；双河塔在梅林对面的贡江南岸，镇守贡江。三塔，各司其职，镇守一方。

可惜，这一带处在雷电区。高高的塔尖成为天然的雷电吸引器，不断遭受雷电攻击的结果是，塔顶被击毁了。当地人遂把这座没有顶的塔唤作"无顶塔"，久而久之，说走了调，竟成了"无影塔"。据传，起初河边两座山峰上各有一塔，才叫作双河塔，正因为处在雷电区，一座塔被彻底击倒，另一座塔被击去了顶。

赣州火车站

四、赣州火车站

赣州火车站，位于沙河镇五龙村，于1996年投入运营，位于京九铁路上，连接赣龙铁路、赣龙铁路复线、赣韶铁路，隶属南昌铁路局赣州车务段管辖，现为一等站，是江西省最繁忙的火车站之一，也是赣州市对外交往的主窗口之一。

第十二节　沙石镇

一、沙石镇概述

沙石镇，位于章贡区东南部，北与水南镇隔江相望，东北与沙河镇相连，南与赣县区王母渡镇、大埠乡接壤，西与黄金岭街道、潭东镇相邻。京九铁路、323国道、234线省道横穿境内。沙石镇政府驻地沙石村，人口6.8万，面积136.2平方千米。辖区有沙石、吉泰2个社区居委会，吉埠、楼梯、霞峰、埠上、沙石、东风、南田、新圩、双桥、龙埠、火燃、下茹、甘霖、龙岗、王田、峰山、新建、石角18个行政村。

沙石镇山水自然独特，人文厚重。境内峰山是赣州龙脉山，峰山之巅宝盖峰乃清代八景之一的"宝盖朝云"；境内沙石圩乃汉晋时代形成，人来人往两千年，数十姓氏在这里安居乐业，谱写着沙石的千秋文章。

二、昔日崆峒今峰山

峰山，位于沙石镇，俯瞰章贡区中心区域，左揽沙河杨仙岭，右挽庾岭余脉，是赣州城的龙脉山。

峰山原名崆峒山，古名仁空山，民间俗称峰山、大峰山。整个峰山呈西南——东北走向，绵延40余千米，跨赣县区、章贡区、南康区。它横亘于赣州城的南面，成为赣州城的向山、望山、龙脉山。峰山山脉由一系列山峰所构成，最东端的杨仙岭濒临贡江河谷，海拔 412 米，自杨仙岭往西，依次有丫基崶、九峰山、仰屏山、宝盖峰、狮子岩、天子地、牛轭崶等山峰。山脉的最高峰系宝盖峰，海拔 1016 米，是赣州市城郊的最高峰。清同治版《赣州府志》记载："自南康数十里蜿蜒而来，章贡二水夹以北驰，为一群望山，其最高者，为宝盖峰。"

三、古驿道上楼梯岭

楼梯岭，位于沙石镇楼梯村域内，原 323 国道一段，原赣南师范学院专科部（现赣州技工学院）东边斜坡一带。因地势呈楼梯状，长且陡而得名。

楼梯岭是古代从赣州城往大余县的古驿道的第一处陡坡路段，第二处陡坡路段则是庾岭梅关一带。古代人们出赣州城，过楼梯岭，便进入了森林茂盛之地。楼梯岭没有太多的故事，只有土地革命时期两次"楼梯岭会议"载入了史册。

第十三节　潭东镇

一、潭东镇概述

潭东镇，因位于潭口东面，而得名潭东，位于章贡区南部，原属南康市管辖镇，2013 年 10 月南康撤市设区后划归章贡区管辖。潭东镇东界沙石镇，南接赣县区桃江镇，西临潭口镇，北邻蟠龙镇和三江乡。镇政府驻东坑桐子塘，距赣州市政中心 11 千米，人口 4.6 万，面积 52 平方千米。辖区有东坑、芦萁、桥兰、宋塘、高坑、短井、过路、上坝、迳背、茶园、龙井、解胜、博罗、筱坝 14 个行政村。

今天的潭东镇厚积薄发，依赖自身基础和地缘优势，吸引了众多高校和企业落户，成为赣州少有的经济后来居上的典型区域。潭东镇先后获得"全国小城镇建设示范镇""全国小城镇经济综合开发示范镇""全国创建文明村镇工作先进单位""江西省文明镇"等荣誉称号，2004 年被建设部等六部委确立为"全国重点镇"，2005 年又被评为"全国文明村镇"。

二、鸭婆寮与风俗遗韵

鸭婆寮，位于潭东镇宋塘村，赣南大道旁，是一个有着悠久养鸭历史的村子。

宋塘村留着一些风俗。旧时人们习惯在惊蛰前后点禾子，即播种早禾，俗称"点惊蛰"，即农家在清晨到田头祭祀田螺菩萨，乞求保佑丰收。昔时农家莳田时，他们要请莳田能手开秧盘第一个下田开莳，然后按技术高低依次排行。莳完田后农家要做莳田酒，俗称"莳田杀鹅，草子变禾"。早稻开镰收割后，吃新米饭叫尝新，旧时家家户户尝新日，买猪肉，杀鸭子，推磨做新米馃，点蜡烛敬"米谷神"，以庆丰年。秋收后，旧时农家要备办酒席，请帮助收种的亲友吃饭，俗称"洗禾镰"。大多东家都煎糯米糍，酿好米酒。内良、河洞等地至今仍很时兴打麻糍、包芭蕉米馃分送亲友，意为全年农耕结束，家家分享丰收。昔日猎者进门，不论冬夏都戴草帽、腰系刀鞘插腰刀。若获得猎物，打头铳者得双份，凡在场者均可得一份。

第十四节　潭口镇

一、潭口镇概述

潭口镇，位于章贡区西南部，东邻潭东镇，南界赣县区阳埠乡，西连南康区龙岭镇，北接南康区三江乡。距赣州市政中心 14 千米，交通和区位优势明显。潭口镇驻地南街，人口 4.5 万，面积 58 平方千米。辖区有南街、北街 2 个社区，江坝、岭上、坞埠、洋山、代卫、石禾、龙塘、坳上、上元、路背、田头、三观 12 个行政村。

潭口镇历史变革诸多：1981 年分为潭口镇、潭口乡、潭东乡和龙岭乡；1994 年 6 月，潭口乡并入潭口镇；2013 年 10 月南康撤县设区，潭口镇划归章贡区管辖。

第三章　南康

第一节　南康概述

南康区，位于江西省南部，赣江西源章江流域。东界赣州市赣县区、章贡区，南界信丰、大余，西界上犹、崇义，北界吉安市遂川、万安。

"南康"一名是由南埜、南安演变而来的。秦时便有南埜古名，汉高祖六年（前201年），灌婴建南埜县、赣县、雩都县三县，治所分别在南坛岭、溢浆溪、灌城。三国吴嘉禾五年（236年），分南埜县，置南安县。晋太康元年（280年），改南安县为南康县，南康之名始于此。

第二节　南康县与南康郡及南康军

"南康"一名多个时代多个地域均有出现，容易混淆，如南康县、南康郡、南康军。

南康县，古称南埜，秦、汉名南埜，有的史志则直接记为"南野"；三国时，因"地接岭南，人安物阜"而得名南安县；晋太康元年（280年），始置南康县；1995年3月，撤县设市，为南康市；2014年2月，撤市设区，为南康区。历史上，五代十国时期与韩熙载齐名的徐铉有诗《朱处士相与有山水之愿，见送至南康，作此以别之》："怜君送我至南康，更忆梅花庾岭芳。多少仙山共游在，愿君百岁尚康强。"明代诗人刘鸿有诗《南康晓行》："星河影里别南康，竹色松声引兴长。尘滓尽随云幕卷，好风清荐竹兜凉。青袍白马君能

南康（卢明亮 摄）

送，野饭山肴客共尝。极目云山心更苦，悠悠何处是吾乡？"其中的"南康"，即指南康县。

南康郡，其历史与虔州、赣州有关。历史上大致有如下演变：三国吴嘉禾五年（236 年），析庐陵郡置南部都尉，隶扬州，治所在雩都灢城内；西晋太康三年（282 年），罢庐陵南部都尉，置南康郡，以南康县名为郡名，原庐陵南郡改名南康郡，但郡治不在南康内，仍在雩都县（今于都县）灢城内，辖赣县、雩都、虔化（今宁都）、南康四县；隋开皇九年（589 年），改南康郡为虔州，州治在三江汇合处的州治之土城内；大业初复为南康郡，郡治仍在土城内；唐初又改虔州，唐贞观元年（627 年）分天下为十道，虔州隶江南道；北宋淳化元年（990 年），以虔州原辖南康、大庾（今大余）、上犹三县另置南安军，治所在大庾县城，而虔州则领十县，此为赣南分设两个行政区之始；绍兴二十三年（1153 年），改虔州为赣州，府治仍在三江汇合处的砖城内。

南康军，这是一个与南康县、南康郡毫无关系的名称。北宋太宗太平兴国七年（982 年）置。《太平寰宇记》卷之一百一十一有"南康军"条目："南康军，理星子县。本江州星子镇，以落星石为名。皇朝太平兴国三年以地当要津，改镇为星子县；至七年于县置南康军，领星子县，仍割江州之都昌、洪州之建昌等县以属焉。军境：东西二百二十里，南北二百四十里。"历史上，北宋周敦颐、南宋朱熹均出任过南康军知军，在任上都修葺过星子县的白鹿洞书院并在此讲学。

第三节　蓉江街道

一、蓉江街道概述

蓉江街道位于南康区南部，章江北岸丘岗上。人口 10.69 万，面积 39.68 平方千米。下辖苏步西街、苏步东街、泰康西路、泰康中路、金赣、东门、西门、岭背、赣南卷烟厂、金赣北路、金赣西路、文星、金赣南路、城西 14 个居委会，以及叶坑、洋坝、莲花、大树、稍江、西华、华山、苏茅、岭下、麻田、桥口 11 个行政村。

《南康县志》记载，章水自大余入境，经伏潭埠、高车坝、窑下坝折而东至县城南，唐朝时两岸便广植芙蓉，得名芙蓉江，后简称蓉江。

蓉江街道是一个交通要汇。古代南北驿道自东向西穿城而过，民国时在北城墙外建成了赣韶公路，且与康唐公路在城北旭山岭下交会。形成东至赣州城，西达大余、崇义县和广东省，南到信丰，北通唐江、隆木、上犹等地的交通枢纽；章江古为水上重要通道，为古代放任岭南官员南北往返必经之路，韩愈、苏轼、苏辙、王守仁、汤显祖等名人均途经踏涉过蓉江。在东门外有古南垒水马驿站，清代为县文庙，民国时为南康中学，20 世纪 60 年代改做赣南卷烟厂。

二、蓉江（河）

章江，在南康区境内又名蓉江。南康蓉江与湖南长沙同在唐代便植蓉，但早于四川成都植蓉。湖南位于洞庭湖之南，得名湖南，唐时便有"秋风万里芙蓉国"之说。四川成都于五代后蜀时，孟昶于宫苑城上遍植木芙蓉，因名为芙蓉城，后简称蓉城或蓉。

蓉江源出崇义县聂都山东段鲤鱼山，经聂都河东流入大余县，与内良、河洞诸水合流后称章江。自东北趋南康，水始澄澈泓深，在浮石乡莲洲村蓝屋以吴淞 148 米的高程入境，自西南向东北，流经浮石、西华、蓉江、东山、镜坝、龙岭、潭口、潭东、三江、蟠龙、黄金、水南、水西，在赣州城八境台下的龟角潭与贡江汇合成赣江。

三、苏步名坊

苏步名坊，在南康区城区东街大井头。清乾隆十八年（1753 年）《南康县志》中又记为："苏步坊井：在县治东苏步坊下，井深水冽，可汲。"

蓉江街道中有苏步西街、苏步东街，这两条街缘于苏东坡。说的是苏轼南谪时路经南康，往县衙一侧大井旁边的六经堂［乾隆十八年（1753 年）《南康县志》载，在县治东七十步］访田辟，后人遂将六经堂称为苏步坊，又改建成苏步坊小庙，庙门上额正中嵌有"苏步坊"三字，石碑左侧镌有苏轼《过访田氏园林不遇诗》。明代罗列"南康八境"时，苏步坊遂成其中一境——"苏步名坊"。因此，苏步坊所在街道便称苏步街，街道长了，便又分了苏步东街、苏步西街。

四、南山

南山，古名南台山。在县城南3千米。山势雄伟，高耸入云，苍松翠竹，草盛木茂，挹江岸芙蓉，艳丽芬芳，茂密如屏。山腰有奇岩，可坐十余人。山巅有水晶石。山上有南岩寺。清代南康知县曾迪曾有诗句："前山耸奇翠，突兀凌穹苍；凭谪一振衣，万象皆在望。"明代侍郎刘节也曾赋诗："封倚江城，高与南山对。秀色从天开，千古挹环翠。"这是对南山挹翠的最佳写照。

南山是古代南康人九九登高的游览胜地。南山挹翠，乃明代"南康八境"之一。

五、王婆井的传说

在南康西街城外，有一个老婆婆姓王，人们叫她王婆。她门前有口井，叫作王婆井。这个王婆井位于原南康县委党校右侧旁边，原貌现保存尚好。

相传，王婆生下儿子后，母子生活非常困难，她经常唉声叹气。有一夜，王婆在床上睡觉，梦见一个白须老人，这老人就是吕洞宾。老人问王婆说："你为什么经常唉声叹气呢？"王婆答："我生活十分苦。""你不晓得做点生意？""没本怎么做生意？""你就不晓得到井里去挑酒卖？"王婆醒来，心想：还有这事？第二天一大早，王婆就到门前井里挑水，结果只有她挑出的是酒，其他人挑的还是水。从此，王婆天天到井里挑酒卖。年长日久，王婆逐渐富裕起来了，并且建起了一栋新屋。有一天，王婆不在家里，到城里街上去了。王婆的儿子在店里卖酒。吕洞宾打扮成一个闲人去买酒吃。他买了一碗酒边喝边说："好酒，好酒，又香又甜。"王婆的儿子却说："酒是好，可惜有糟。"吕洞宾听他这样讲，哼了一声，说："天高地高，人心更高。有酒你卖，又嫌有糟。"第二天，王婆照例去井里挑酒，可是挑到的再也不是酒了，而是酒糟。挑了三天酒糟之后，连糟也没有了。不久，王婆建的这栋新房子也被雷公打掉了。

　　由这则传说衍生出了"南康八境"之一——吕仙丹井。民间传说，吕洞宾曾在南康城住过，曾掘井取水用于炼丹，民间顺便又编了一个井与王婆的故事。

六、东街上谢启昆

　　东街上，即苏步东街。清代时，这条街上出了一位南康名人——谢启昆。

　　谢启昆是赣南十大乡贤之一。赣南十大乡贤是民国时期形成的，由当时任江西省立赣县中学校长的周蔚生先生认定。周先生长于文史研究，为赣南文献的征集和整理做了大量工作。他评介一些人物每有独到的见解。对于南康谢启昆，先生列举他的著作之后，指出："赣南自唐宋迄今，名儒硕士，虽间川代生，而著作之富，以中丞（指谢启昆）为最。"（见《蛾术斋文稿叙》）

七、吕洞宾西门外卖烧饼

　　西门外，有西外街、半边街，1949 年后改名西内街。关于这条街，至今仍流传着一则关于"吕洞宾卖烧饼"的故事。

　　很早以前，吕洞宾在南康城西门外开了三天烧饼店。挂在店门口的招牌是用两个竹圈做的，这两个竹圈串起来代表一个"吕"字，即指吕洞宾。

　　凡是有人来店里买烧饼，吕洞宾都会问："你买烧饼是给谁吃？"很多人都回答说是买给自己的小孩吃的。

　　烧饼店开张的第三天，也就是最后一天，有一个叫向太仁的卖柴人，在南康城卖了柴后路过烧饼店，对吕洞宾说："老板，我买两个烧饼。"

　　吕洞宾问："好呀，你买烧饼给谁吃？"

　　向太仁回答："是买给我 80 多岁的老母亲吃。"

　　吕洞宾认为这个后生颇有孝心，因此，对他产生了好感，卖了两个烧饼给向太仁。向太仁挑起扁担走了。当他走出门外，吕洞宾即刻关了店门，远远地跟在他后面。吕洞宾施展法术，念念有词道："香、香、香。"果然，向太仁口袋里的饼突然香气四溢，向太仁实在忍不住了，便拿出一个烧饼来掰了一半，说："我吃一半，剩下的给母亲吃吧。"于是，他自己吃了半个烧饼。哪晓得这剩下的烧饼越来越香，使人忍不住吞口水。他心想：干脆再吃了这半个饼，剩下一个给母亲吃。可是，剩下的那个烧饼更香，香得向太仁无法忍受，便把这个烧饼也吃掉了，还自言自语地说："我吃掉这两个烧饼，回转那间烧饼店，再买两个烧饼带回家去给母亲吃。"

他回到烧饼店时，吕洞宾也已回到店中。向太仁说："老板呀，之前买的烧饼被我吃掉了，现在我再买两个烧饼。"

吕洞宾说："烧饼已经卖完了。"向太仁听到没有烧饼了，只好回家。吕洞宾又跟在他后面，并在他背后拍了一下，向太仁立刻感到腹痛，而且痛得十分厉害，他用手按住肚子走路。走到黄屋塅一口清水塘边，痛得实在没办法，只好蹲下呕吐，不仅把原来吃的烧饼呕净了，甚至五脏六腑的东西都呕出来了，直至呕出血。呕出来的血流到清水塘里，后来人们便将这塘叫"呕血塘"。

八、百家姓和谐城

中国南康区百家姓和谐城（以下简称和谐城），始建于 2008 年，坐落于风景秀丽的南山森林景区，距城区中心 3 千米，是一座以姓氏文化为主题的公园，被誉为江南最大的姓氏文化城。

和谐城占地面积 480 亩，中轴线立坤山艮向。整个和谐城分为三部分。第一部分是仿清古建"和谐堂"，和谐堂由三个大殿和 108 间百家姓氏宗祠组成，建筑面积 29998 平方米。第二部分是恢宏宽广的和谐广场，占地 81680 平方米，是风景秀丽、文明生态的园林广场。第三部分是水面有 50 多亩宽的挹翠湖，碧波荡漾、波光激滟，把整个和谐城映衬得尤其秀美。

和谐城建成后，有 102 姓建宗祠，以宗祠活动为平台，弘扬中华民族姓氏传统文化，为人们寻根提供了一个好去处，为开展根亲文化研究创造了条件，为各姓人氏祭祀祖先开辟了场所。

九、南埜驿、县学及赣南卷烟厂

南埜驿，在县城东面，原南康中学校址、原江西中烟工业公司赣南卷烟厂址内。

明嘉靖三十四年（1555 年），刘昭文主编的《南康县志》卷九《古迹》

百家姓和谐城

百家祠堂

载："南埜驿馆在县治南和丰坊，元末兵燹，其址今为岭北道。"

岭北道，指明代在江西赣南地区设置的五个分巡道之一，主要职责在于管理该地区的驻军、粮储、屯田等具体事务及稳定地方秩序。

20世纪60年代末，就在此旧址上兴建了赣南卷烟厂。赣南卷烟厂当时是赣南最大的税赋单位，占地约10万平方米，有职工583人。日产香烟260～300箱。有生产车间4个，卷烟机22台，仓库6栋，宿舍8栋，汽车16辆。有幼儿园、广播站、电影院、医疗室、招待所等。建于1969年，1970年投产。赣南卷烟厂当时为地属厂，经过30多年的发展历程，由年产2万箱、上缴税金几百万元、固定资产原值17.5万元的江西小型企业，发展到今天年生产能力24万箱，年上缴利税5亿多元，拥有固定资产原值1.8亿元的中型企业，是江西工业十强企业之一。2006年底，赣南卷烟厂与南昌卷烟厂、井冈山卷烟厂、兴国卷烟厂和广丰卷烟厂联合重组；2013年通过易地技改的方式，赣南卷烟厂和兴国卷烟厂整合为赣州卷烟厂，现隶属于江西中烟工业有限责任公司。

十、莲花村的传说

莲花村，属于蓉江街道，原属西华乡，位于境邑北部，以境内莲花庵得名。赤土河流经境南，西北有部分山丘，其余为河流冲积平原。

几百年以前，莲花村有一个小小的天然湖，湖里密密麻麻地种植着莲花。碧绿的叶片在水波中微微荡漾，亭亭玉立的莲花活像娇媚的少女，远隔五六里，也能闻到扑鼻的清香。人们给它取了个雅名，叫莲花湖。

十一、南康中学

南埜驿，在明清的一些时段内，乃南康县学，即县文庙；民国时期乃南康中学所在地。1939年创办的南康中学，校址即在县文庙，亦是南埜驿旧址。20世纪60年代，因建赣南卷烟厂，南康中学迁至今址。

南康中学位于江西省南康区南水新区，占地366亩，建筑面积9万余平方米，将自然视为建筑的平台，以山水为校园的主体构架，创建具有现代学校气息、人文意蕴的校园景观，环境优雅，设施完备。学校是江西省体育传统项目学校、江西省优秀重点中学、江西省现代教育技术示范学校、江西省园林化学校、中国特色学校。

第四节　东山街道

一、东山街道概述

东山街道办事处位于南康区东部，南临龙回镇，西邻蓉江街道，北望镜坝镇，东接龙岭镇，有葱郁整齐的绿化带、如茵的草坪、四季盛开的鲜花，显示出勃勃生机，是一个集工业、贸易、流通、服务于一体的重点开发区。东山街道总面积 83.99 平方千米，人口 6.73 万，下辖金鸡、东山、朱边、坪岭、南水、金桥、蓝田、光明、益民、竹山、天马山、新民 12 个居委会，窑边、坪塘、官坑、石塘、文峰、上垅、坨圳、南山、大围、上坪、桐梓 11 个行政村。

东山的名由简单，缘于县城东面有山，不料后来竟成镇名，辖区内地名大多如此。例如，玉坑，清初广东兴宁张治辉迁来时，见坑内多箬竹，名箬坑，南康方言"箬"与"玉"谐音，遂成玉坑；官坑，百余年前，刘伟谟从虎形山迁来此地，想后代中有人中举做官，遂取村名为官坑；罗坑孜，因坑形似箩，名箩坑子，后讹为今名；隘墙背，黄廷任从上龙坑尾迁来时，因村前有前人留下的矮墙，名矮墙背，因"矮"与"隘"谐音而变成今名。

二、陀圳村与陈赞贤

赣州近代名人、中共早期的著名工人运动领袖之一陈赞贤烈士的家乡，即东山区的坨圳村陈屋。如今，陀圳村已融入东山新区，旧貌变新颜。

陈赞贤烈士墓位于南康区东山公园，占地面积 160 平方米，建筑面积 50 平方米，西、南两边立有花岗岩护栏；建有纪念亭一个，墓呈六角亭形，亭子直径 3.8 米，亭高 4.2 米，由花岗岩石打磨制作而成，石柱为金钱石材质，亭顶面为青石料。

东山街道（卢明亮 摄）

赣州八境公园内，也建有陈赞贤烈士纪念亭。赣州市政中心北侧有赞贤路，并建有赞贤公园。

三、独秀峰与苏轼

田辟隐居的水阁上，今为东山区文峰村。文峰，原名鸡笼山（形似乡村方柱形鸡笼），现名独秀峰。独秀峰一名，乃北宋大学士苏轼路过南康时所改。

绍圣元年（1094年）八月，苏轼官谪岭南，路过南康鸡笼山，访隐士田辟，过旭山六经堂。建中靖国元年（1101年），苏轼从海南儋州北归，复过南康，再访田氏，仍未见着田辟。苏轼在六经堂壁上写"独秀峰"三字，后人遂建苏步庙于县城东城大井头以作纪念。传说，苏轼虽未见到田辟，却留下一首诗："倚天巉绝玉浮屠，肯与彭郎作小姑。独秀江南知有意，要三二别四三壶。"诗人自注："予初谪岭南，过田氏水阁，东南一峰，丰下锐上，俚人谓之鸡笼山，予更名独秀峰。今复过之，戏留一绝。"

四、八桂坊与田辟

历史上有一个地名与田辟有关，即八桂坊，又名桂林坊。

清乾隆十八年（1753年）《南康县志》卷五记载，在县东南，有桂林坊，为田氏八桂建。当时南康人认为田辟五子中进士，另两人恩赐入仕，还有一名子侄科举有成，是为"八桂"。

八桂堂，在县治东北，南宋绍兴初毁于寇乱。

田辟天资聪颖、好学，在京城读书求仕二十年一无所成，于是归隐故乡，种花木于鸡笼山（今独秀峰、文峰山）一侧，辟东园。今在旭山仍有九经台遗址，以纪念田辟授九子各一经的风雅事。

田辟另在城内筑六经堂（也有史志记为是田如鳌所建）用于藏书，在四个房间内悬忠孝仁义四匾。

五、"仙人靠石"的传说

"仙人靠石"，乃今文峰山景区，位于东山街道上垅村，在市区东南12.5千米处。原名尖峰山，俗称鸡笼山，又名独秀峰。文峰山以青山、绿水、奇石闻名，1936年编修的《南康县志》载："独秀峰在县东12.5千米文峰堡，丰下锐上，俚人谓之鸡笼山。宋苏轼南迁过此改今名，北归有诗记其胜，下有龙湫，旱祷辄应。"山间溪流上，两块硕大的块石上端紧夹一颗石珠，隔溪斜靠在一起，形成奇特石洞，清泉穿洞而过，这就是"仙人靠石"。

六、马草村与赖传湘

东山马草村，民国时期出了一位著名抗日英烈——赖传湘将军。马草村今已融入旭山公园，人们在赖传湘故居附近为其建了纪念墓。赖传湘烈士墓位于旭山公园南康革命烈士纪念碑南侧，墓前竖有高2.52米高的纪念碑一块，上刻赖传湘烈士简介。1984年5月，民政部追认赖传湘为革命烈士后，南康县为其建造纪念墓一座，占地约8平方米。历经30年的风雨侵蚀后，坟墓有所损坏，2015年，南康区民政局再度拨款将其修缮一新。

七、鲤山塔与鲤鱼灯

明天启年间建的鲤山塔，七层无顶，毁于20世纪60～70年代。2009年，在市区旭山公园古塔原区域重新建成鲤山塔，三层台基，塔身八面，九层十八级，69.6米高，与东山文峰塔隔江并峙，遥相呼应，双塔锁水口，成为南康城区一大地标。

相传，南康鲤鱼灯与鲤山塔有关联。

至今南康仍盛传鲤鱼灯表演。鲤鱼灯表演主要以龙头为主，八只鲤鱼灯随龙头转动起舞，虾子灯则独立活动或四周游荡，在灯队中最为自由，表演最为活泼。鲤鱼灯表演由拜龙、盘龙、过跋、上水、分水、平龙、摆字、团友、拜主、搭牌坊等连缀而成，主要动作有"旁摆龙""鲤鱼上水""鲤鱼钻泥""水波浪""腾龙跃龙门"等。这些动作细节表现了水族生灵的生活习性，其舞蹈内涵

仙人靠石（卢明亮　摄）

真实地反映了南康先民的劳动生活、风俗民情、理想与信仰。

八、旭山、旭山书院与旭山公园

旭山，即指九日岭，在城北一里，南康县城之风水山。明嘉靖年间，南安府通判张溪（字伯清，寿州进士，能诗，工草书，莅政明恕，因有忌之者，遂致仕。年甫二十九时论高之）。曾有诗《旭山》："马首离离草色深，旭日新阁倚云岑。小池露重荷倾盖，远树风微鸟弄琴。禾熟有牛眠垅畔，村间无犬花阴。山中野老求佳句，一字须知抵万金。"

明代此处建有旭山书院，或称旭岭书台，为"南康八境"之一。

今天，旭山书院早已无踪影，代之而起的是美丽的旭山公园。旭山公园，位于市区北侧旭山岭，公园分为革命传统教育区、古迹文化区、休闲娱乐区、体育健身区；主要景点有烈士纪念碑、名人雕塑群、孔子纪念馆、文化长廊、鲤山塔等，还有人工湖、隧洞、花径、竹林、古牌坊等景点。

九、观澜亭

东山公园位于东山街道办事处东山村，依山而建，景点布局错落有致，文峰塔矗立园中，赞贤亭、双思亭、观澜亭、丛桂亭、太原亭矗立其间。

观澜亭，是一座有历史渊源的亭子。其命名源自宋明时期形成的"南康八境"之东渡观澜。明代诗人赖茂显有诗《东渡观澜》："县城东郭芙蓉渡，江水茫茫道路长。几度夕阳归去晚，济川舟楫稳如梁。"即古代南康东山境内有芙蓉江渡，江上舟来船往，两岸芙蓉花开，一江江水平如镜。此时，伫于江边岸畔或登高而望，东渡观澜的情景甚是动人，是为一景。

十、"无中生有"的家具城

南康，人均三分地，地里种的根本不够吃。20世纪60～70年代，南康有很多木匠、裁缝、泥水匠。其中不少木匠背着工具去了广东南雄、曲江、韶关打工。到了80～90年代，又有人去了广东佛山、顺德、东莞，当时广东经济也不发达，技术工人少，这些木匠师傅很吃香，一到当地就被工厂老板领走了。那边也是作坊式做家具，而南康的木匠师傅技术好，一个人可以独立将一块板做成一个沙发。后来，聪敏灵活的人回到家乡，又把一帮家乡人带出去，自己做工头，赚的钱多了，积累了第一桶金，也学到了办厂的理念，就回到家乡在路边弄个作坊自己办厂。这就是"无中生有"的南康家具城。

南康的家具业，当真是"忽如一夜春风来，千树万树梨花开"。一夜之间，遍地是家具厂，这种源自民间的力量一旦汇聚起来便势不可当。其中，东山最显风骚。20世纪90年代，东山以其沿线105国道的强大地理优势，以及开明、开放的最大的政策优势，竟然后来居上，将整个南康的家具企业吸引、聚集到了龙岭地域，东山率先挂出了"南康家具城"的招牌。

第五节　唐江镇

一、唐江镇概述

唐江，南康最负盛名的地方。

唐江镇位于南康区中部，居上犹江下游北岸黄土岗上，距县城17千米。人口10.6万，面积96.71平方千米。下辖唐西路、唐江路、九驳桥、卢屋村、一糖厂5个居委会，以及唐南、新建、村尾、章良、西坑、大岭、星光、庄稼、章石、唐西、幸屋、油树、伍塘、黄圳、长音、磨形、店前、竹下、平田、木塘、横江、中田、隘孜、上坑、流源、坳里、茶亭、白石、通古、学田30个行政村。

民国时期，江西有"景德镇、鹰潭镇、樟树镇、唐江镇"四大名镇之说，赣南有"头唐江、二营前、三古陂、四（筠）门岭"四大名镇之说。唐江之名头可见一斑。

二、卢屋村

卢屋村，赣南卢姓最大的聚居地之一，位于唐江镇东南的上犹江北岸沙坝

千年古镇唐江镇（卢明亮　摄）

唐江卢屋村（卢明亮　摄）

上，沙溪河从境中穿过，包括社前、高土里、上屋坪、下店、打船坝、祠堂坝、新井头、老井头等地。

据传，唐末，从福建迁徙而来的卢姓先人起先只在北边的沙溪（现为十八塘）傍山而居，现在的卢屋村所在地则由叶姓（也有罗姓或蓝姓之说）依水而住。人稀地广的年代，卢姓与叶姓如同兄弟，如亲戚般时常走往。更有趣的是，山里的卢姓不喜鸟兽，却喜欢打鱼捉虾；水边的叶姓不喜渔活，却喜欢打鸟捉蛇。于是，兄弟俩便对换了居所。从此，叶姓人到沙溪山里居住，卢姓人则到今天的犹江边居住，两家各得其所、乐在其中。时至今天，卢屋村人与山里的叶姓人家仍然关系密切，用他们自己的话来说，是千年前祖辈积下的亲缘。

三、祠堂坝

祠堂坝，即卢氏祠堂所在地，乃卢氏千百年来族人聚会之地。据唐江《卢氏族谱》载：唐末，卢秀海从福建堪下迁此至今。现今，一棵巨桉，几株古榕，仍以一身苍翠、一脉幽然为卢屋村古老历史做了最好的表征。

卢氏祠堂偌大、伟岸，富蕴历史人文，诸多建筑精粹，二十尺阔的天井，十余米高的厅堂，一人环抱的巨柱，数百年前便有着先进功能的推拉式的木门，堪称赣南境内最为气势壮观的家族祠堂。

四、幸屋村

幸屋村，又名幸屋坝。1984 年以前属平田公社，在唐江镇西偏南 5 千米处。它位于上犹江弯曲处西面的山下，村落绵延 5 千米，居民多达千户，村后有逶迤起伏的山峦的拱卫，村前是广阔无垠的平川在舒展，是一处人杰地灵的宝地。

幸屋村有高岭崇，占地三千余亩，曾经长满了古松树，漫山遍野、遮天蔽日，堪称风景。20 世纪 40 年代，路过高岭崇的日本鬼子毁过一次森林，但春风吹又生，今天的高岭崇仍然植被丰富，树木丛生，山林丰饶。

五、马齐坝

马齐坝，在唐江镇西偏南 2 千米，上犹江北岸的田坝中。相传郭姓先人从万安县骑马到此插旗占地，名马旗坝，后演变为今名。

马齐坝是一个世代出木匠的村落，90% 的男人都是木匠。唐江的繁华程度在民国时期甚至超过南康县城，唐江镇及其周边乡村的邑人一概有着非常活跃的商业头脑。马齐坝的木匠们自然也是活跃分子，他们不断地接活，不断地消耗着原木、板材。上犹、崇义流出的散杂木材在唐江形成了集散地，再后来是全省各地的散杂木材都汇集到了南康。马齐坝的木匠们都以此为生。

六、石板头

石板头，南北走向，是唐江大桥通往镇中心的一条街道。南起浮桥头（1920 年建浮桥，宽 10 米，1956 年唐江大桥建成，浮桥移至凤岗），北至下大街（包括半边街）。以原浮桥头的石码头得名。1842 年，钟、刘、席、郭定居于此，建成小街，1932 年扩成大街。

石板头街景依旧，还保留了很多雕梁画栋的老宅。街道右边有一座宅子，即当年做过福音堂的地方，据说是美国人开办的，专门收养弃婴。20 世纪 50 年代后福音堂成为民居，门框上面仍依稀可辨出"福音堂"字样。福音堂建于清光绪年间，分前后栋，中间隔着大庭院，前栋是砖木结构、两层高、四倒水的经堂主楼；扩建唐江街道时福音堂被拆除，但后栋厅堂仍保留，作为民房。

七、宝台寺

宝台寺，在唐江石板头，上犹江畔。那里沿江榕树枝繁叶茂，绿叶成荫，一道坡上，高高耸立的便是宝台古寺。

宝台寺，原名宝台山寺，又名康王庙、石阁庵、石（沙）角庵、天后宫。

宝台寺不远即为唐江大桥，原为浮桥，有红色的石板阶梯直通下河。据当地人回忆，20 世纪 70 年代，尚可以看到很多小鱼在河中游来游去，用盆随便一舀就能舀上几尾鱼来。这种鱼很小，但肉嘟嘟的，每尾鱼的嘴里都含着一粒沙子，当地人都管这种鱼叫"沙钩子"。石板的缝隙处有几眼泉涌，一年四季泉水不断，冬暖夏凉。与石板阶梯一衣带水的地方叫急水潭，这里水流湍急，形成旋涡，深不见底。

八、沙角坝与江西第一制糖厂

沙角坝在唐江镇西偏南 5 千米，1984 年属平田公社新建村，后划归唐江镇。

江西第一制糖厂，在唐江镇 2 千米，上犹江南岸的赤珠岭上。产品有机制糖、水果糖、酒精、葡萄糖、煤渣砖等。还能用余热发电。1956 年始建，1957年投产。20 世纪 90 年代初，适逢企业改革，辉煌一时的制糖厂归隐历史。

九、说赣州话的隘孜前

隘孜前，即今隘孜坑。位于原平田公社（今唐江镇）东北部，驻崩堪上，有小溪贯穿境内，沿溪为冲积平地，其余属丘陵。

隘孜的人一概说一口的赣州官话。此处有关隘，周姓有人娶了城里说赣州话的女人，妻子强势，生下的儿女跟着说赣州话，从此就传承下来了。

十、唐江中学

唐江中学创办于 1938 年 3 月，是南康区属普通完全中学，江西省"十五"期间重点建设学校。学校位于千年古镇——唐江镇东部，占地面积 79072 平方米，建筑面积 48325 平方米。校园环境优美，教育设施完善。

唐江中学的前身为光华中学、岭北中学。1938 年，因日军入侵，九江光华中学迁至唐江镇，学校设在卢屋村老井头辉山堂。

1945 年春，日军入侵南康。为躲日军，从九江辗转而来到唐江躲难的光华中学师生，在唐江卢屋村名士卢盛训先生的引导下，又来到大山深处的坪市乡谭邦城。纯朴的古城拥抱了这些负笈南下的学子。在古城，有半年的时间，他们继续着未尽的学业，也在学余之时，品味古城的坚强与质朴，玩举明朝威武大将军谭乔彻留下的数人方扛举得起的大刀，登攀"网形山"、饮啜老井水……在谭邦村老人的记忆里留下了许多痕迹。

第六节　龙岭镇

一、龙岭镇概述

龙岭镇位于南康南部，东接潭口，南界赣县，西连东山，北邻镜坝、太窝。驻地樟桥，距县城 11 千米。章江从县境北部穿境而过。人口 5.26 万，面积59.14 平方千米。下辖金龙、祥龙两个居委会，樟桥、下棚、丘边、汪背、黎边、龙岭、向阳、贝山、新屋、王村、秀峰、卫上、李源、清田、村头、下坝、金塘、台头 18 个行政村。

龙岭得名极简单，因境内小山脉形似长龙，故有龙岭之名。南康是个崇尚文化之地，也是个崇拜龙图腾的县邑。在南康境内，与龙有关的地名有许多，如龙华、龙回、龙岭、龙江。

二、樟桥故事

樟桥，是龙岭镇和樟桥村驻地，处赣韶公路南侧。樟桥最早开基人家为从广东兴宁县泥陂圩黄竹头下迁来的黄姓人家，之后陈姓人家迁入。

当然，"樟桥"一名还有另外一些说法。一说，南康旧志作"章桥"，意思是章江边上的桥（其实与章江无直接关系），在县城东边三十里处，当时横跨秀、温二水合流处，桥当赣通衢，长三十余丈，阔七尺；另一说，宋崇宁年间，邑人章聪建一桥于二水合流处，桥因姓得名，后来，"章"易为"樟"；三说，樟桥得名，与樟树有关，与章江无关，因河旁大樟树倒下，恰好架在溪河两岸，成为天然桥梁，遂得名。《江西省南康县地名志》以第三种说法记载之：樟桥屡圮屡修。旁边村以桥为名，是为樟桥村。

三、平地而起的赣州国际陆港

赣州国际陆港，乃内陆港，坐落在最先挂出"南康家具城"招牌的南康县龙岭。

龙岭，地处 105 国道南康县城至赣州城之间。山岭起舞，地理形态上有着长龙逶迤之势。历史上波澜不惊，并没有发生过什么惊天动地的事。不想，一条有着比想象中的"龙"更具气势的巨龙在这块土地上腾飞了。这座以赣州之名命名却坐落在南康龙岭、不在水港的港口，有着比水港更加丰富的"水域"，这片"水域"就是如海洋一般的南康家具产业集群。

赣州国际陆港是"解放思想、内外兼修、北上南下"的一次伟大实践，这个全国内陆首个国检监管试验区、全国县级城市第一个国家一类开放内陆口岸和中国中部第二个内陆口岸、全国内陆第一个也是唯一一个进口木材直通口岸、全国第一个以港命名的铁路集装箱场站、江西融入"一带一路"的最重要的节点、南昌铁路局所辖江西、福建最大的铁路集装箱中心，一登台亮相，就赢得了满堂喝彩。

第七节　龙回镇

一、龙回镇概述

龙回镇位于南康区南部，东界赣县区，南连信丰县，西邻浮石乡，北接东山街道办事处。驻地窑下村，距县城 21 千米。人口 4 万，面积 141.14 平方千米。下辖万龙居委会，以及窑下、半岭、龙东、仓下、坪沙、岐岭、龙回、新圩、红光、西角、三益、石潭、茶叶坳、碧田、李村、九江 16 个行政村。

龙回得名缘于其南部山脉至辖区内龙东便回转来，似龙回头，故名龙回，民间多认为这是吉祥之地。

龙回地名中有几个特别之处。赣前，除了赣县、赣州之外，以及赣县五云赣江村、石城赣江源村之外，是少有的一个出现"前"字的村级名字。其实，赣前的原名叫"观前"，曾姓开基时，以后山形似观音坐莲，取名观前，后曹家迁入，以"赣"代"观"，遂有了"赣前"一名的出现。龙回有几个因为谐音将开基祖姓都改了的地名，一个是洋边，本是杨姓开基，地名叫杨边，后来杨姓迁走后，黄氏迁此，谐音改为洋边。另一个是竹坑，原是朱姓开基，取名朱坑，朱姓走后，衷姓迁入，将朱坑谐音改为竹坑。第三个是庙堂上，先是蔡姓开基，得名蔡堂上，蔡姓迁走后，朱姓迁入，因"蔡"与"斋"近音而变，斋与庙相关，遂得名庙堂上。

二、岐岭之"神仙撒沙"

岐岭，位于龙回镇南部，驻柯树下，南界信丰县。得名于岐岭下。岐岭下在龙回圩南偏西4千米的岐岭脚下。

岐岭沙土松软，非常适宜种植松树，因此有一则"神仙撒沙"的传说。

相传在很久以前，南康与信丰交界的岐岭脚下，有一个黄姓聚居的小村庄，就在现在龙回镇岐岭村。当时，这个村里的黄姓族人正准备建一座有规模的大祠堂，因而选了一个黄道吉日，请来风水先生看风水。

风水先生选中了一个地方，正当众人议论此处很好、门要向西时，一个衣衫褴褛、满身脓包的老头子走进人群，自己搬了一张竹凳子坐了下来。

老头子说："我看你们新盖祠堂的门楼子还是向东好，像我坐的位置一样。"

众人以为他在捣乱，驱赶他，谁料老头子走后，那张椅子却怎么也搬不动。众人认定他是个神仙，急忙追赶。他们在沙坑追到老头子，拉住他说："老先生，我们无知，冒犯了，不要见怪。"

老头就讲："不要拉我，你们要河，还是要山，就说嘛！"

众人听了老头子的话后，就一起说："要山。"

只见这老头伸手在地上抓起一把沙，在沙坑上空一撒，沙坑里就长出了茂密的杉树，众人见状大吃一惊，转眼再一看，老头子已不见踪影了。

现在，岐岭仍然流传着这个传说。

三、龙回真君庙

真君庙又叫万寿宫，是江西人崇拜地方神许真君的观庙，后来衍变为商业交易与乡贤聚会之地。龙回真君庙，虽已毁，但却很有名气，是 20 世纪 30 年代著名的龙回起义的策划地。

龙回位于南康区县城南面 20 千米处，其东与赣县区接壤，南和信丰县毗邻，西、北与南康区的浮石乡、东山街道办事处山水相连，是赣州通往信丰、"三南"（龙南、定南、全南）的交通要冲，也是南康、赣县、信丰、大余四区（县）贸易交换、货物集散的重要圩镇。近代以来，在这块红色的土地上，孕育了众多仁人志士，谱写了一曲曲催人奋进的乐章。

四、三益板鸭的传说

南康是"南安板鸭"的主要产区之一，所产板鸭具有外形美观、色泽鲜艳、肉嫩骨脆等特点。20 世纪 80~90 年代有唐江、横市、龙回、三益、浮石、横寨、镜坝板鸭厂（现今三江板鸭亦很出名）。其中龙回板鸭与南安板鸭齐名，1990 年，龙回板鸭在港澳市场板鸭评比会上获得板鸭质量奖；1992 年，龙回和横市板鸭厂获江西省粮油进出口公司板鸭质量优质奖，产品大部分销往广东、港、澳以及东南亚地区。

龙回板鸭因为在三益村生产，又称三益板鸭。

第八节　镜坝镇

一、镜坝镇概述

镜坝位于南康区中部，东邻龙岭，南连西华，西接朱坊，北界太窝。驻地镜坝圩，距县城七八千米。章江水环绕东南，朱坊河穿过中部，在鹅岭汇合东去，镜坝地势平坦，物产丰盛。康唐公路直穿辖区，乡、村公路四通八达。人口 3.4 万，面积 28.83 平方千米。下辖连城、老镜坝、鹅岭、洋江、观河、镜坝、红星、健民、联民、城埠 10 个行政村。

镜坝名缘于老镜坝圩，老镜坝圩在新镜坝圩西北 1.5 千米处，朱坊河南岸田坝上。以章江和朱坊档口环抱大坝，圆平似镜而得名。清康熙年间，方氏从上犹县迁此开基，后钟、李、吴、江、廖、肖姓陆续迁入，遂成圩，名镜坝圩。清乾隆年间，黎孔安在龙头岭建六角亭经商，名龙头圩，因此处水运交通较老圩方便，致老圩日渐冷落而消失，龙头圩遂改名新镜坝圩、镜坝，原来方氏开基的镜坝圩便相对而名老镜坝。

镜坝之名由地平如镜而来，这很有点让人联想起清代张照乘题写的"储潭晓镜"。镜坝境内地名没有太多特色，一些特别的地名多为谐音而变。

二、洋江口

洋江村，位于镜坝镇北部，驻洋江口。东南沿章江属冲积平地，西北属丘陵。洋江口，在镜坝圩北2千米的章江北岸田地中，因古时在瑞阳江（朱坊河）出口处，名阳江浒，讹为洋江浒，后演变成今名。吴一郎于宋初从虔州（今赣州城）迁此至今，后张、杨、涂、廖姓迁入。

三、高坪上与邬荣治

高坪上，在镜坝圩西南的黄土岗上。邬氏于清乾隆年间从广东河源迁此，开基于较高的平地上，"高坪上"一名由此而来。

近现代历史上，高坪上出了一位文化名人，即南康中学的创始人——邬荣治。

邬荣治（1881—1949年），字心普，佑朝乡（今镜坝乡）高坪上人，南康中学创办人。

邬荣治待人谦逊，平易近人，经常和一些老农谈论农事，以德感人。对中医也颇有研究，常为乡邻治病，有求必应，不取分文。对无资取药的困难患者，还设法帮助解决药费，其高尚的医德在人民群众中留下了深刻的印象。

四、老镜坝、新镜坝

老境坝，即指境坝圩。清乾隆年间，圩市移至龙头岭，即今新镜坝圩，老镜坝圩日渐冷落，不再风光。

致使老镜坝圩衰败的是新镜坝圩的开基者黎发恭。黎发恭，字孔安，生于 1719 年，祖籍地在现今南康区镜坝镇园全村（由檐前岭演化而来），传说是清朝乾隆年间太学生（参加过贡院学习），船运经商，在章江及赣江拥有 18 座码头。黎发恭经过近 20 年努力拼搏，积累了大量资金，在祖籍地镜坝檐前岭营建品字形九井十八厅。民国以前的章江支流蓉江河面宽阔，商船上上下下，在龙头岭下是商船停泊的好地方，此地水面宽阔、风平浪静，河下有一深潭，叫乌深井，潭的西边是坚硬的红岩石垒堆起的石头山，人称石骨头，风水先生称龙头岭石骨头是龙头，龙身在现在的高坪上，龙尾在上高坪；这条地龙的四周都是相对低矮的农田，水平如镜的坝田或坝土，镜坝地名由此而来。

第九节　横市镇

一、横市镇概述

横市位于南康北部，东界赣县，南连麻双乡，西接上犹县，北邻坪市、大坪二乡。距县城 49 千米。人口 2.6 万，面积 113.79 平方千米。下辖相安居委会，以及横市、增坑、稿背、长南、禾田、西湖、大元、大姑、土桥、罗山、大陂、新坑、蔡屋 13 个行政村。

横市名缘于横市圩。《江西省南康县地名志》载，横市圩又名横市井、横石井、麻石井，其中，横石井最有渊源——圩市建于清初，因有巨麻石横亘市门，凿为井，泉水清甜，四时不涸，故名。

二、古代相安镇

横市镇历史悠久，人文底蕴深厚，历史遗迹丰富。

横市至今尚存的古建筑有 22 处：相安居委会清代横市麻石井、横市镇横市村清代石角头石拱桥、市镇新坑村清代石拱桥、横市镇新坑村清代社官前石拱桥、横市镇新坑村清代洞下石拱桥、横市镇稿背村清代龙吟亭、横市镇蔡屋村清代蔡屋蔡氏祠堂、横市镇稿背村清代稿背三眼桥、横市镇增坑村清代沙芫吴氏宗祠、横市镇增坑村清代吴氏积轩堂、横市镇增坑村清代石门坎石拱桥、横市镇长南村清代刘氏兴宗堂、横市镇长南村清代吴氏延陵堂、横市镇长南村清代陂头脑卵石拱桥、横市镇大源村清代大源肖氏众厅、横市镇大陂村清代花芫蔡氏宗祠、横市镇土桥村清代罗屋井、横市镇土桥村清代罗氏明贤堂、横市镇大姑村清代高坝木桥、横市镇大姑村清代大坪朱氏祠堂、横市镇西湖村清代观音坵石拱桥、横市镇西湖村清代西湖石拱桥。

其中，"相安"一名并不陌生。其实，"相安"乃横市古名。2014年，新的行政区划中，将横市圩所在部分按历史旧属复名相安，设立相安居委会，辖区内还有相安寨。

三、麻石井的故事

横石井，即横市圩，又名横市井、麻石井，其中，横石井最有渊源——圩市建于清初，因有巨麻石横亘市门，凿为井，泉水清甜，四时不涸，故名"横石井"。但亦因此横石导致附近村民赴圩往来十分不便，后经众人合力将此横石凿开搬移，四方百姓从此往来无阻，市场通衢，日臻繁荣。至今横石井仍保存完好，紧邻唐隆公路，虽受熙熙攘攘的人流车流干扰，但被很好地围护起来，井水依然清澈见底，时有妇人来汲水濯衣，俨然已成一道人文景观。

圩名的由来，最初聚焦于"麻石"和"井"上，古无地名时统称内北乡，明嘉靖年间属南安府顺化乡，定名相安镇，清同治年间改"横石"，属顺化乡相安。麻石与井的故事流传后，改名"麻石井"。

四、美丽乡村增坑

增坑村位于横市镇中部，驻增坑岗下园（又名官华莞）。增坑，以增坑自然村而得名，其所处山坑形似鱼瓶而名，"瓶"谐音"增"，于是讹为增坑。

增坑村离横市圩1千米，横市河从村北部流向稿背彰蔡屋等地，沿河有

麻石井 （李晓芳 摄）

麻石井（张启彪 摄）

较大的河谷平地，余属山区。自古有横跨横市河的七墩五孔榫木架构瓦面荫桥（原名贯虹桥，现名沙莞桥）。横市至大坪公路从辖区通过，与105国道相接，大广高速穿越辖区，设有的横市互通立交开启了与外部世界相接，打破山区的边远、冷清，辐射相邻县、乡百姓的另一扇大门。

五、古韵稿背村

稿背村位于横市镇北部，村委会驻下村组，驻地距横市圩4千米。横市河横穿辖区，其北部和中部为河谷平地，东部和南部为山区。横市至大坪公路自南向北在境内穿过，大广高速公路也途经村境，横市至桐模公路在境内沿横市河直下可通圩下和麻双。全村辖新屋、樟屋、上村、下村、竹头下、龙头、黄竹塘、水南、岗上、大圳背、圳背、岭背、白鹤、下水南、虾蚣塘15个村民小组。主要姓氏有邓、廖、朱、刘、黄、赖、欧阳等。

稿背村境内有古迹三处。

一是稿背门楼，位于稿背村中心的稿背门楼，建于明朝成化年间，高2.56米，宽1.76米，青砖黛瓦，门楼前上方镶刻"云台世第""建安长治"八个大字，是邓姓建安公肇稿背的奠基建筑，现保存完好。

二是龙吟亭，位于稿背村东头，横（市）圩（下）公路中龙岭半山腰的龙吟亭，建于清朝咸丰九年（1859年），花岗岩砌墙，长7.3米，宽5.2米，高3.2米，有前、后、中三门，前门为大，后门次之，中门最小。

三是三眼桥，位于稿背村小溪与沙壳河（横市河流经）汇交处的三眼桥，建于清朝光绪年间，花岗岩砌成的三拱桥，中间拱大、两边拱小，设计精美、基础扎实牢固，百多年来保存良好，车辆通行无阻。

六、西湖瀑布群

西湖村位于横市镇西南部，村委会驻西湖，距横市圩10千米。在西湖组与天井组交界处，有海拔739.2米，属横市镇最高点的上西山红岭垴。辖西湖、兔子、洋石、石含、郭屋、白石、大岭、寨下、下屋、天井、大富、排上、上坑共13个村小组。有严、胡、黄、刘、万、曹、邹、李、韩、赖、朱、方、许、高、唐、曾、郭、钟、谭、张、郑、王、周、赵、龙、邱、何、杨 28 姓。

西湖片、大富片各有源自境内的小溪一条，均往西流向上犹紫阳河水系。西湖境内有多处瀑布景观，比较壮观的瀑布有石桥洞、奇石下、小龙井等瀑布群。

七、元峰崀的传说

蔡屋村元龙坑，在横市圩东偏南 8.5 千米的山坑排上，坑圆似盘龙，故名元龙坑，因处坑排上，民间也叫元峰崀。

元峰崀是一个很小的村落，但因为其偏僻而被编进了一则故事中。

据说，清末，黄天官奉命受任南安府征粮官。他是南康区麻双黄屋村人，有心为家乡人民解除担公粮爬山越岭挑百余里到县里的困难，尤其是内北乡（今十八塘以进六乡）来回要三四天，更是辛苦。但新任县官怕掉乌纱帽，不敢如实反映情况。黄天官冒死上疏，"刀子石刈断马脚迹，元峰崀离天仅三尺，人过要低头，马过要下鞍；胡罗洞困死千军万马，颠狗隙鱼过隙扁成薄叶。"

据说，皇帝见了此疏，便批复该地以钱完粮，一举解除了山区运粮的困难，百姓皆大欢喜，无不赞扬黄天官冒死上疏，是"黄青天"。

八、相安万寿宫

今天，在横市镇相安居委会仍存有一座旧建筑立面——万寿宫。相安万寿宫，始建于明末，清咸丰年间重修，民国曾用作乡公所，现保存在横市中心小学内。

相安万寿宫，系宫殿楼阁式的古建筑。明末建成，清咸丰年间重修。民间又谓"真君庙"，其中塑有许真君菩萨泥像。万寿宫右侧建青云山庙，塑有十八罗汉泥像。万寿宫左侧砌有石拱桥横跨河溪，路通沙芜桥。清时各地供奉万岁牌之所在，故又称万寿宫。

第十节 凤岗镇

一、凤岗镇概述

凤岗位于南康区中部，东界章贡区，南临上犹江与三江乡隔河相望，西接平田乡，北连十八塘乡，赣犹森林小铁道穿境而过。圩日为农历二、五、八，是南康境内较大的圩场。

在圩镇东面、上犹江北岸的蓬（凤）头岭形似凤凰而得名凤岗。《南康县志》载，凤岗圩旧名金盆，亦名湖头，在三江口内，清咸丰六年（1856年）毁尽，遂迁犹川岸，即今天这个位置。

凤岗镇原属南康区辖镇，现由赣州经济技术开发区管辖。凤岗镇位于南康区中东部，赣州市章贡区西部，行政区域面积60.78平方千米，常住人口4.9万，辖凤岗1个居委会，朱家、岗孜、横岭、路塘、塘屋、龙泉、长江、长田、长胜、黄龙、天子、南边、峨眉、龙江、蔗山、大塘16个行政村。镇人民政府驻凤岗居委会辖区西巷4号。

二、大塘口村董家祠堂

大塘口董氏是凤岗大族，名声在外。近年来，因开发工业园及黄金机场，凤岗村落多有变迁，本就因人口众多而分散赣邑各地的董氏一族，再次析往各地。现如今，凤岗大塘口祖地只剩下董家祠堂等少数旧建筑。

董家祠堂和"九井十八厅"，是两座明清时代的建筑，极具赣南客家建筑特色，是富蕴典藏意义的建筑精品。据传，董家祠堂建后，董家三代之内就繁衍了100多个子孙，其中孙子辈出了一名武进士，在朝廷做官，深得皇帝赏识，并获皇帝题书"龙章宠赐"牌匾一块。这块牌匾现在还挂在"九井十八厅"正门的门头上。董家一时成了当地的富户，鼎盛一方，名噪一时。

三、老树岗与刘仁标

龙泉村有一自然村，名叫老树岗。老树岗，在凤岗圩北 5 千米，公路两侧的山丘下。"后山岗上多古树，遂得此名。刘元宗于清雍正戊申年（1728 年）从长江碓撑陂迁此至今。"

老树岗，地名很普通，但近代却出了远近闻名的"江湖人物"——刘仁标。

刘仁标，号井生，谱名从波。1916 年出生于凤岗乡龙泉老树岗，父亲刘一知是一位行走江湖的"先生"，专门给人算命、测字、占卦、看风水、选日子，在家乡中算得上是一位很有文化和见识的人。

最初，刘仁标跟随父亲在唐江镇街上居住，由于受父亲的职业影响，让他有机会经常在街上的摊子上模仿与父亲同出江湖的朋友练武、耍杂、翻筋斗，其小小年纪就表现出灵性和悟性，深得长辈们的喜爱。于是，许多练武、变把戏的师傅和摊主都喜欢把刘仁标当业余小灵童或武童生，来为自己的摊点吸引人气。

在刘仁标的故乡，流传着他有多种绝技的说法：一是流星锤，使起来不仅快如流星，还极有准头。一丈之外，指哪打哪，要打耳朵不伤鼻子，打蜡烛火，火灭烛不倒。遇到使条子（棍棒）的对手，可用一锤将棍棒打掉，流星直奔门面飞来，对方必然弃棍而逃。二是千斤闸，两个手指放置能挑数百斤重担壮汉肩膀上，就能使对方不堪重负而颓；三是偷牛牯进坛，俗称"掩眼法"或障眼法。

刘仁标的这些技艺绝不仅仅是传闻，以十八塘为主的南康北六乡，至今还有许多百姓在叙述他的故事。

四、下鹭塘与陈安山

南康人很有智慧，也很乡土，喜欢用乡土语言来表达自己的意思。这种充满乡土气息的南康自创语言，在南康本邑随处都有，令人喜闻乐见，也为南康平添了独特的风趣与幽默。当然，语言附着在人身上，唯有风趣与幽默的段子手，才可能创造或传播这些充满智慧的乡土语言。

比如凤岗镇路塘村的下雨塘（在凤岗圩东北 2.5 千米的山窝里，村旁多塘，住户以鸬鹚捕鱼为业，又居凤岗圩下方，得名下鹭塘，又名下路塘，后衍为下雨塘），就有一个很风趣幽默的人——陈安山。当地人的记忆中，他创造了许多的南康故事，如"吃东西都不得闲，哪有时间打莳田耙""吃正饭，屙野屎""吃不着这筒烟，就不去做工夫""做得，吃不得""同行同走""担得起，走不得"……也有一些别人创造的南康俗语，一经他口就传遍全县，甚至传到了他乡别县。比如他经常"吊"在口里的"灶背鸡"，就非常有意思。

20 世纪 70 年代末，由于人多资源少，大批大批的南康人民去往大余漂塘、西华山，崇义关田、细湾子、定南岿美山等地。也有很多人去了广东、福建捞金。出走的人数之众，号称"南康之外还有一个南康"。在崇义，更是有俗语说："看呒到南康人都背时"。因此，南康人最不喜欢做"灶背鸡"，即使今天，仍有不少人仍将"捏泥卵"（作田）、留守家园看作最没出息之辈，一概以"灶背鸡""灶下鸡"名之。

五、凤岗村浮桥

凤岗村邻江，江面上有一座浮桥，位于南康区三江乡新江村和凤岗镇凤岗村之间的上犹江江面上，由 30 艘船连接而成。凤岗浮桥为木质浮桥，全长 235 米，宽 3.5 米，原为人渡，1960 年将唐江浮桥迁此。故凤岗浮桥的建成年代为 1960年。60 多年来，江水涨涨消消，浮桥起起落落，成为两岸村民往来的便捷通道。

凤岗浮桥虽然只有 60 多年的历史，说不上是文物古迹，但它是一个时代的产物。浮桥是古代重要的交通设施，今天其载人作用虽渐趋淡化，但文化意义却更为鲜明。哪怕桥板换得没一块是旧的，它也是从历史的深处中走来的。

第十一节　浮石乡

一、浮石乡概述

浮石乡位于南康区西南部，东邻龙回镇，南界信丰县，西靠大余县，北接赤土畲族乡、西华乡（现已并入蓉江街道办事处）。驻地贤女埠，距县城 11 千米。地势南北高，西部和中部低。章江自西南向东北流经境北。古时，高洲村境内的章江岸畔曾有一孤独石山，河水上涨时周围均淹没，唯此山突出，犹如浮在水面，故名浮石。后以此命名浮石乡，沿用至今。1949 年前属浮石乡和武功乡、大余县新城乡的一部分。20 世纪 50 年代初属浮石乡。1965 年并入大山脑垦殖场。1970 年从大山脑垦殖场分出。20 世纪 80 年代迄今，是为浮石乡。

浮石乡人口 2.5 万，面积 110.01 平方千米，下辖贤女、罗坳、江口、圳玄、浮石、青云、幸福、高州、莲州、窝窖、赣桥、窝坑 12 个行政村。

二、贤女埠的传说

如今，乡人已不太说得清当年的浮石具体在哪个位置了，但章江边一座粗粝的坟堆却始终保留着一个关于贤女娘娘的故事。

明嘉靖年间编的《南康县志》有这则传说的准确记载：北宋时，贤女刘姓，田家女。宋嘉祐年间，父母将其女许高州蔡姓，因蔡姓家道中衰，其父反悔，将其女更许吴姓。后因蔡姓家庭中兴，其父又废吴姓婚约，复将其女许回蔡姓。女曰："先使我弃蔡许吴，今又欲蔡，何视吾身太轻也。"因自投潭水而死。乡人悲之，名曰"贤女潭"。宋端拱年间立贤女祠于潭上，修贤女墓以祭之。

三、苏东坡与蕉溪

建中靖国元年（1101 年）正月初五日，北归的苏轼率全家抵达南安军。小住数日后，离开南安府城。苏轼从东山大码头上船，载着一家老小三十多口人的两条舟船顺章水而下。舟近浮石，石挡于水中央，多有隐患，且天色已晚，苏轼等人便在离南康县城三十五里处上岸。岸上不远有显圣寺，苏轼一家就此歇了下来，并题诗壁上。

显圣寺附近有蕉坑，蕉坑出好茶。蕉坑有溪，是为蕉溪。窝坑属大山脑，大山脑属大庾岭山脉，是南康、大余、信丰三县交界之地。显圣寺，南唐保泰年间所建。7 年前南谪时，苏轼与住持元师禅师相识；7 年后北归时，苏轼再访显圣寺。苏轼又与元师禅师相聚，元师禅师烹煮当地蕉溪茶款待苏轼一家。为感谢款待，苏轼临别时在院壁上题《舟次浮石》（又名《留题显圣寺》《蕉坑寺》）。

清康熙四十九年（1710年）《南康县志》载："蕉溪，在县西三十五里，源出锅坑，流至浮石入章水。因东坡有'蕉溪闲试雨前茶'之句，故名。"即"蕉溪"一名，因苏轼诗而得名。

赣南的茶文化源远流长，在苏轼"雨前茶"的影响下，更加风行。今天，赣南名茶举目皆是，如安远九龙山茶、崇义阳岭茶、上犹五指峰茶、全南天龙山茶、于都盘古山茶、兴国均福山茶、宁都小布茶、瑞金武夷山茶、龙南虔心茶……几乎每一座高山都生长着茶。

四、大山脑的森林

浮山境内的大山脑自然保护区，属南岭山脉地区，与信丰县相邻，最高海拔796.7米。其中核心区4035亩，缓冲区1020亩，实验区5145亩。

大山脑自然保护区生态环境优良，是大山脑林场的精华部分，森林覆盖率高达95%，天然常绿阔叶林多达4000亩，已查明有云豹、水鹿、穿山甲、南方红豆杉、伯乐树、福建柏、闽楠等国家重点保护野生动植物50余种，具有重要的生态保护价值。有寺庙和民间传说。林区山峦重叠，幽谷深邃，溪流清澈，风光秀丽，是避暑、观光、疗养、回归自然的理想场所。

五、墙绘中的窝坑

窝坑村，旧志记为"锅坑"。窝坑，位于浮石乡南部，驻竹石下。蕉溪及林区公路贯穿境中，属山区。以境内窝坑地片命名。

蕉溪从此流出，而蕉溪茶与苏东坡有关，因此，近年来窝坑大打生态牌、红色牌、东坡牌，将这个山区村落美化得如诗如画。

窝坑村有着得天独厚的旅游资源，毗邻大山脑森林公园，2010年经江西省林业厅批准设立的省级森林公园，拥有近5000亩的原始森林，四季景色各异；辖区峰峦叠嶂，幽谷深邃，溪流清澈，自然山水神奇险秀。

窝坑村还有一处亮点，即村中的墙体绘画，这种创意有趣的方式，正在窝坑村散发着前所未有的魅力。在窝坑，古代最会吃喝玩乐、诗词书画的大文豪苏东坡在墙绘中被设计成一副卖萌的姿态，并被戏称为"东叔"。一幅幅栩栩如生的壁画，不仅让村民住房换上"新装"，而且吸引了大批游客前来旅游观光。

第十二节　赤土畲族乡

一、赤土畲族乡概述

赤土畲族乡，位于南康区西南部，东接西华，南连浮石和大余县，西界崇义县，北依横寨。地势自西向东倾斜，赤土河横贯境中。赤土畲族乡，人口5.08万，面积156.69平方千米，下辖凤凰居委会及赤土、旗山、红桃、河坝（畲族）、莲塘、十里、富田（畲族）、青塘、爱莲、花园（畲族）、虎岗、小岭、杏花、瓦岭、小水、秆背、三村17个行政村。

赤土名缘于赤土圩。河流北岸的土岗上设圩，因表土多属红壤，又产赤金，赤土圩以此得名，河流名赤土河，乡名也称赤土。

二、鱼头岗蓝氏节孝牌坊

赤土畲族自治乡的秆背村鱼头岗老屋组，名字很老很土。秆背，在赤土圩南2.5千米，小溪东侧的山丘上，因常在山丘上堆放稻草，民间将稻草俗称为"秆"，故名。鱼头岗，在赤土圩东南5千米，小溪东岸似鱼头的山丘岗上。邱元亨从横树坳迁此已有300年。

鱼头岗老屋组，迄今还完整地保存着一处县文物保护单位，名曰蓝氏节孝牌坊。

蓝氏节孝牌坊乃清代乾隆年间建筑物，红石结构，牌额为"圣旨·节孝"，两侧有对联，联曰："松操垂国史，获教沐恩荣。"牌坊前，石头制成的麒麟鼓马雄瞻前方，造型高大，蔚为壮观。

三、马鞍山、鸡公寨传说

赤土的地名多传说，如马鞍山、鸡公寨、大人洞。马鞍山，在今赤土中学所在地，以其形似马鞍而得名。鸡公寨，是莲塘村与爱莲村交界处的一座大山。

第十三节　横寨乡

一、横寨乡概述

横寨乡即过去的长塘乡，位于南康西南部，东靠西华，南、西接赤土，北连崇义县，距县城 12 千米。人口 2.11 万，面积 32.82 平方千米。下辖黄田、长塘、垫塘、寨坑、小河、草丘、三塘、寨里 8 个行政村。

长塘得名于长塘圩。清道光年间，梁、王、李姓在此开茶摊、油盐、杂货商店，人口增加，渐成乡村小圩镇。圩南有长形山塘，故名长塘。横寨之名缘于横寨村，这是一个大村子。以大村名为乡名也是符合地名取名规律的。寨坑因为坑内有山寨而得名，横寨因寨子平行地横建于溪水而得名。寨坑、横寨之外，还有寨里，古时曾在当地寺庙里驻兵扎寨，故名。

二、寨坑及其元宵唱船

寨坑，在横寨圩西北 5 千米的山下，因坑内原有山寨而得名。彭万秀从横市迁此已 400 余年。后廖姓迁入。

横寨乡有"横寨唱船""送大神"的民俗，具体则指寨坑村彭氏流传下来的每年元宵节的唱船活动。

唱船是民间求神祭神或接神送神的一种祭祀活动形式，源自远古巫术活动，以祈求神灵庇护一方百姓四季平安、风调雨顺。

第十四节　朱坊乡

一、朱坊乡概述

朱坊乡位于南康区中部，东邻太窝、镜坝，南接西华，西界崇义、上犹两县，北连龙华乡、唐江镇。驻地朱坊埠，距南康城 15 千米。人口 4.27 万，下辖朱坊、荷田、茶园、天心、李姑、新兴、胜利、新志、花树、蕉坑、枫树、土石、桥头、荷树、红心 15 个行政村。

朱坊埠原名河田圩。河田之名，为河水改道后，后人占古河道为田，名河田湾（现衍为荷田），为一大村落，后在朱坊埠形成圩市时，取位于附近的河田湾这一大村落名做了圩名。

二、新民村古楼隘

新民村，在朱坊埠北 6 千米的山坳上。《南康县志》载，清咸丰八年（1858 年），知县周汝筠谕令，就地修筑门闸望楼，外卫以壕与上犹接界。系军事要塞，故名。当地主要姓氏有陈、郑、蓝、王姓，陈氏从广东兴宁迁此已 17 代。

古楼隘，应是军队守卫之用，明代多为巡检司所在地，清代作用类似。新民村古楼隘，是南康区迄今保存最为完整的一座楼隘，位于朱坊乡的新民小学旁，建于清咸丰八年（1858 年），占地面积 49 平方米，楼高 9 米，3 层，上层为望楼，有登梯，砖木结构，悬山顶，系古时军事要隘。三楼楼门上有一块石质门额，刻文曰："古楼隘"。

新民村古楼隘处在朱坊通上犹的必经之地，地势险要，为防备太平军而建。咸丰八年（1858 年），南康县令周汝筠曾统领乡兵、练勇与太平天国军在此激战。他发现此地是军事要隘，为防太平军再度入境，遂下令在此修建楼隘。

第十五节　太窝乡

一、太窝乡概述

太窝乡位于南康中部，东接三江、潭口，南连镜坝、龙岭，西邻朱坊，北界唐江。驻地禾场，距县城 11 千米。下辖元岭、洋田、石龙、龙潭、范塘、高山、中边、太窝、傲塘 9 个行政村。

二、天主教堂之今昔

300 多年前，陈文龙从广东兴宁县豆腐街迁至太窝里开基，家族人丁繁衍后，族中有人开始信天主教。于是，清同治年间，美国传教士在这里建起了天主教堂。

太窝天主堂位于太窝乡太窝里，离县城约 15 千米。教堂名为"圣母堂"，由经堂、钟楼、附属房三部分组成，总建筑面积 840 平方米，其中经堂建筑面积 696 平方米，可容纳千余人。

三、元岭村寡婆桥

元岭，原名圆岭，以村后有一圆形山岭而得名，位于太窝乡西部。

元岭村有一座寡婆桥，乃条石构造，相传为一寡妇捐款修建，故名。

传说，寡妇的丈夫本是在这里靠撑船摆渡为生的撑船佬，某年发大水，渡船被打翻，丈夫被洪水冲走。一时间两岸百姓无法往来，寡妇便接下了丈夫的担子，开始了摆渡生涯。经年累月，有了一定积累，寡妇渐渐年老，力气渐衰，便生发了建桥的想法。于是，竭尽平生积蓄建了这座石桥。

第十六节　龙华乡

一、龙华乡概述

龙华乡位于南康中部，东临唐江镇，南接朱坊乡，西界上犹县，北连十八塘乡，距县城 25 千米。明末清初渐成集镇，农历二、五、八为圩日。下辖崇文、丹材、双江、上蒙、蜡树、新文、沙田塅、新华、高峰、龙凤、大坑、下村、中古、牛石、赤江、中岭、黄塘 17 个行政村。

境内有沙溪河和社溪河汇合后的龙华江，龙华江在龙华圩汇入上犹江后，上犹江更为浩荡，复向东流，经过唐江，在三江乡与章江汇合。

二、犹江河畔的崇文村

崇文村，位于龙华乡东南部，东临龙华江，南濒上犹江，居两江冲积平原上，崇文村以崇尚文明的美好愿望而得名。

"踏径终来沐绿荫，荷锄勿忘邀明月。"这是南康区龙华乡崇文村何屋聆江亭上的一副对联。崇文村依托独特的何泾公祠、郎官第、节孝坊等建筑群及古老榕树等优势，正以簇新的面貌呈现在世人面前。

日夜欢流犹江水，岁月有情我崇文。与犹水相伴的崇文何屋，文化渊源深厚，开基祖故事绵绵。早在陈友谅与朱元璋于鄱阳湖大战时，一世祖谷辅公因避兵乱从南京四排楼迁徙至此定居，至今已有 660 多年历史。据史料记载，何屋在清代康熙年间出了一位名为何应鑑的兵部右侍郎兼右副都察院都察史的二品官；在清雍正年间出了一位恩科进士，授修职郎，还著有《春秋五传备要》一书……

三、源塘坑的"唐医生"

源塘村的源塘坑，在龙华西北 6 千米，赣犹森林铁路两侧。因所在山坑似圆塘，得名圆塘坑，后演化成今名。龚姓于 1781 年从上犹县社溪虎陂墩迁此至今。

时过百年，源塘村仍在传颂着民国初年"唐先生"在这里行医办学的故事。

唐先生不姓唐，而姓张，名叫凤岗，是湖南农民运动的骨干分子，他来到江西，是以行医为名传播革命火种的，这次带兵前往赣州是奉命执行侦察任务的。

中华人民共和国成立之后，他在湖南省卫生部门工作，还写过信给在源塘坑的徒弟罗忠波，勉励他为百姓多出力。罗忠波跟着他学了一手好医术，为源塘坑的百姓治了几十年的病。后来罗忠波的儿子罗孝清继承父业，继续在乡里为群众治病。

第十七节　十八塘乡

一、十八塘乡概述

十八塘，曾名沙溪（1984年第一次全国地名普查时名沙溪），位于南康区北部，距城区31千米。东与章贡区湖边镇相连，南与南康区的凤岗镇、唐江镇、龙华乡为邻，西与上犹县相接，北与麻双乡交界。下辖塘兴、民生两个居委会，以及十八塘、群丰、马头、合江、坳下、长滩、下埠、欧田、薯坑、内潮、樟坊、楼下、冬水田、乌溪14个行政村。

二、沙溪故事

沙溪，即沙溪圩，是十八塘乡政府驻地。小溪和横市河在境南汇合，以境内溪河多沙而得名。

鱼饼是赣南客家一道久负盛名的传统风味菜。鱼饼，俗称鱼脯，用新鲜草鱼肉制作，具体做法是：首先将草鱼宰杀，清洗内脏，用刀将鱼去皮剔骨，剁成肉茸，加入红薯粉和适量的盐水，用手不断地搅拌，使之产生韧性，然后用小勺舀入七成热的油锅中炸成乒乓球大小，即成鱼饼。其次将鱼饼、小香菇加入水中，慢火煲至入味，装入器皿中即可。用它来打汤，味道鲜美，香脆可口，是家居必备菜。一般逢年过节，家家户户都很喜欢这种菜肴。鱼饼色泽金黄，既有鱼肉炸后的香味，又有大量的汤汁包在鱼饼之中，鲜嫩味美，久食不腻。以金钱鱼饼和响铃鱼饼最为有名。

三、坳下传说

坳下，在十八塘西偏南 4.5 千米的山坳下，一个偏僻的小山沟。

传说当地有一个刘师傅颇善功夫，身怀绝技，传说年轻时纵身可越过四张叠起来的八仙桌那么高。见识过的人说，刘师傅疾恶如仇，但凡遇见不平之事，或使性杀之，或设机关算计之，一双眼睛贼亮似猫，常人畏惧，不敢正视。

为躲壮丁，刘师傅带着妻子逃到坳下落脚。

刘师傅夫妇二人安居乐业，不闻世事。后来，刘师傅又在圩上置了屋。直到 20 世纪 60 年代，刘师傅才离开十八塘。

第十八节　麻双乡

一、麻双乡概述

麻双，距南康县城 42 千米。相传，明末清初官府在此设盐埠，后渐成集市。因地形似马鞘（古代背在肩上、两端可盛物的袋子），最早的名字叫马鞘。后来，雅化为麻桑，取种麻种桑养蚕织布丰衣足食之意。中华人民共和国成立后，借文字简化，摇身一变成了麻双。

麻双下辖兴麻 1 个居委会，以及麻双、鹅坊、黄埠、黄坑、城子、坝孜、下厅、东排、圩下、松江、蒲竹、长坑、花潭、里若、义里 15 个行政村。

二、鹅坊与民国学校

鹅坊村，位于麻双乡南部，驻田孜里，在麻双圩东南 3 千米。地势东高西低，属山区。麻双河纵贯境中，沿河有较大的河谷平地，谭、康、陈、明、刘、罗、温、黄、许、赖、郑、张、钟、李等姓氏人家散落其中，人口千余。以境内鹅坊地片命名。1949 年前属麻桑乡，20 世纪 50 年代初属横市区麻双乡，20 世纪 80 年代为鹅坊村至今。

由于人口密集，民国时期此地建了鹅坊保国民小学，直到 21 世纪初鹅坊小学仍在使用民国时期的旧校舍。

三、坝孜村及"揶米丘"

麻双乡的坝孜村，原名坝子，300 年前开基人家张氏最先在田坝中起家。后来，坝子被文化人改名坝孜，现名比原名有了更深层的含意。

坝孜村有个小组叫安全，恰恰是因为不安全，历史上出了安全事故才出名的。

安全组的附近有一个很有名的小地名——揶米丘。揶（ya，方言音，无对应字），在当地方言中即"抓"的意思。这个名字很有些故事。历史上，整个南康北八乡盛产优质大米，是闻名遐迩的产粮区。不通公路时，历史上曾长期存在着专门从事将大米挑往山外的一种特殊职业——挑脚夫。在坝孜村的"刀子石"的坡坎上有一块不过几分地的土地，当地人俗称"揶米丘"。

四、麻溪下与张氏

麻溪下，又叫麻溪，因古时在溪河两边种植桑麻而得名。原为圩下乡所辖，20 世纪 80 年代并入麻双乡。主要姓氏为张姓，从赣县五云乔迁至此已有千年。张姓在麻溪开基后。第三代中有一支迁往龙颈湾，开辟圩市，成就"圩下"一名。

现保留的光启堂、三瑞堂两大宗祠，见证了张姓先辈伟大业绩、家族的兴旺发达。特别是三瑞堂，又名圩下"九井十八厅"，是赣南有名的厅屋组合的客家古民居，建于清嘉庆辛未年。该房屋依山傍水，门前有禾坪（原是池塘）和小溪。周围山清水秀，风景怡人。正门前现有两棵柏树，据说已有 250 多年，是国家三级保护古树。

五、下厅银杏村

麻双乡的下厅村，位于麻双乡北部，驻枫树下。地势东南高、西北低，中部沿小溪有小块河谷平地，属山区。以境内下厅村命名，该地原有一宗祠，分上、下、中三厅，村居下厅旁，因名。吴姓从横市沙芜迁此 300 多年。

下厅村新庵里，因村旁新庵庙得名。新庵里有一形似马鞍的山，走上去新庵里的山道。山道蜿蜒，逆水通幽，越往里走，山势越陡，溪水越急，树木越显稠密、高大。如此，翻越数道山岭，走过两个村落，经个把小时的路程，在一个半山腰处，于一白墙映日的人家屋后，第一棵银杏古树素素净净地迎接着人们。

据说，这棵古银杏树已有 500 多年的寿命，是这新庵里近百棵银杏中最古老的了。

六、里坑故事

里坑，在麻双圩东北 11 千米的山下，原属圩下乡，合并后属麻双乡。

里坑本身没故事，但里坑一个叫卢升有的老人却很会说故事，老人活了 80 多岁才去世。卢升有老人讲的关于"演狗屎文"的故事在当地传播甚广。

在南康，会读书叫作"会诗文"。由此，产生了一则著名的笑话——"演狗屎文"。"演狗屎文"，由"演文"衍生而来。演文，有几层意思，或者说是演戏文一般，每个人物都一招一式、一板一眼，有礼有节；或者说带有表演性质的斯文，即假斯文。"演狗屎文"，则说演文演得太过头，连捡狗屎也谦让。

在南康，读书人可谓倍受尊重。南康人历来崇尚文化，重视教育。从来都以兴学为乐，以耕读为本，以知识为荣。"耕可养身，读可养心，身心无恙定多安泰；饥能壮志，寒能壮气，志气不凡必有大成""勤俭诒谋居室本，筑室于斯义种礼""地瘦栽松柏，家贫好读书""蟾蜍罗，背驼驼，唔读书，冇老婆"，这些流传于世的劝学联、谚语、童谣，无不反映南康人对读书的重视、对礼义的追求。

第十九节　大坪乡

一、大坪乡概述

大坪位于南康北部，东界赣县，南连横市，西接坪市乡，北邻万安县，距县城 60 千米。下辖大坪、西垒、桥庄、南良、三合、蒋坑、上洛、上期、中垒、东村 10 个行政村。

二、南良古村

大坪境内山水平常，人文却不一般。其中，最能体现人文、最负盛名的是南良村。

南良在大坪圩南，据 1984 年版《江西省南康县地名志》载："邓如狱从湖广新野县葛藤迁此已 36 代。以邓姓堂名'南阳堂'命名南阳，后演变为南良。"南康境内甚至以其名字来编歇后语：酒盎（南康方言称坛子为"盎"）里量米——难量（南良）。

三、南良村上门、中门、下门

南良村的祠堂原有三座，现存两座——1949 年前唱戏唱到元宵节过后的上门祠堂和下门祠堂尚存，而没钱请戏班唱戏的中门祠堂则早已毁圮了。诚然，人要运动，事要活动，物要使用，否则就荒废了。如上门、下门祠堂，曾经的热闹似乎依然绕梁，在用一股潜流般的元气支撑着祠堂骨骼，所以，上门、下门祠堂老而弥坚；而那一直就不怎么热闹的中门祠堂则元气大衰，终至消失。

南良村的祠堂很有趣味，大门口的匾额均署"邓氏宗祠"，实际上分出了三门，且三门的叫法很有些特色——上门、下门、中门。

四、枫井塘与八角井

南良村古迹甚多,历史上曾有宝塔,还有南良八境,现存古桥、枫井塘和八角井。

进入南良村道路的左边,有千年古枫树、古井和古塘。双环井应是南良最古老的水井,现在的双环井依然水清如碧,清泉如涌,双井的前面是当地邓氏池塘,可以养鱼,因地处古枫树旁,故名枫井塘;塘的前方是当地邓氏鼻祖邓如岳距今 1100 多年前开基的地方,现仍可寻见其房屋残垣之础石。

八角井位于村北边,建造时间大约是南宋初年。水井深约 2 米,初建时井沿由八块约 1.5 米长的麻石条砌成,井沿高出地面 30 厘米,成八角形,故名。井水清澈,水中长有须草,并常年有红鲤鱼游动。在离井沿 2.5 米处建有井神位,麻石垒成,井神如同卫士,守护着古井。

另外,南良村中心还有口水井,村民都叫吊井,至于何年是谁掘成的,有待考究。井水很甜,即使最干旱的年成也不枯竭。

五、上洛

"上洛"一名很有些地方特色。明初,当欧阳氏从泰和蜀口洲迁至此地时,在小河上游的河谷坪地上开基,当地人称河谷坪地为洛,故得名上洛。

上洛村有悠久的历史文化,有上洛村景福桥、"九井十八厅"的古建筑群落、上洛水库等优美景色。村里交通便利,山清水秀、气候宜人、资源丰富、村风文明、民风淳朴,具有广阔的发展前景和良好的人居环境。

第二十节 坪市乡

一、坪市乡概述

坪市乡位于南康区北部,属于"北八乡"范围。东与大坪乡接壤,南与横市镇相邻，西与上犹县紫阳乡交界，北与隆木乡毗连。驻钟屋村（钟楚国从湖南衡阳迁此已 40 多代，之后明、彭、赵、周薛迁入），距县城 66 千米。坪市乡地势周高中低，最高点是西部的莲花山，主峰海拔 930.8 米，最低点为长坳大队的海螺峰，海拔 240 米。下辖银岗居委会，以及坪市、大路坪、松林、长坳、白马塘、小安、小陂、潭邦、罗洞、溪上、李岭、境口 12 个行政村。

二、莲花山

莲花山，又叫巫桥岭。在坪市乡坪市村，在钟屋村西偏北 3 千米形似莲花的山下。1961 年，朱、吴、蔡、申等姓由朱坊桥头等地迁此至今。

莲花山，主峰海拔 1030 米，山地面积 1.2 万亩。明嘉靖三十四年（1555 年）《南康县志》载："莲花山在县北一百七十里巫桥里，又名巫桥岭，高与羊岭并，状若莲花，上有岩可容百余人，前有桥，名仙桥，下有瀑布百丈，累如串珠，泻于石窦，不知所注，五代唐时乡人结寨于此，以为堡，名莲花寨。"莲花山奇石独特，有的如龟如娃，如熊如猴，有的似柱似磨，似门似桌。它们或遮掩于茂树莽林之间，或隐现在云缭雾绕之中，惟妙惟肖，栩栩如生。其中带有神秘传说色彩的奇石有：猴头思过、痴熊两望、鸿运石门、镇门神龟、擎天石柱、如来神指、望夫石、风动石、棋盘石（棋盘仙迹）等。

三、风动石

莲花山上花岗石密布，其中最著名的当数风动石。在云海茫茫的莲花山上，矗立着一块千年撼不动的风动石。这块石头仿佛是飞来的神石，立于陡峭的另一巨大的山石上，斜斜的，似乎被一阵风吹便会跌落下去。人去推动，它便随即晃动起来，但晃动一番后又归于平静。

四、谭邦城

谭邦城，又名谭邦村、谭帮村。位于坪市乡中部，乡政府西面 1000 米开外。村落背山面河，呈块状分布。谭氏先祖谭彦祥从湖南茶陵迁此已 300 余年。

风动石（卢明亮 摄）

谭邦城（邓世有 摄）

谭氏一族到了明代正德年间，出了一个人物，也衍及一座城的诞生。

《谭氏族谱》载，明正德六年（1511 年），谭邦村人氏谭乔彻，追随右金都御史、南赣巡抚王守仁镇压桶冈、横水等地起义民众，充当先锋，功绩卓著，却不随王守仁回京受赏，情愿回老家——南康谭邦村养老。王守仁有感谭乔彻功高一世却高风亮节，遂上书朝廷，要求犒赏谭乔彻。明武宗亲封"威武大将军"，玺书"威武克振"匾赠谭乔彻，并敕赐建造谭邦城。于是，在这穷乡僻壤之地，数百名工匠，开山劈石，垒墙建城，历时数载，一座占地 1 平方千米，气势壮观的石城——谭邦城诞生了。

五、永安桥

永安桥，位于坪市西北约 0.5 千米的坪市村的"暗桥上"。暗桥上，是一个小地名，在钟屋村西偏北 1 千米的山下，居瓦盖桥上方。1917 年，周姓人家从广东五华迁此至今。

莲花山下有莲花河，莲花河上保存着完好如初的永安桥。永安桥建成于 1921 年至 1926 年。但当地人说永安桥是一座建于清光绪年间的古桥，当地村民都习惯地称之为"暗桥"。据《钟氏族谱》记载，是取"永以为好，既安且吉"的意思。

永安桥总面积为 50 平方米，长 14 米，宽 3.5 米，桥上盖有走廊式的楼阁，桥身与桥墩均为麻条石垒砌而成。桥墩为船形，前尖后方，保存完好。

永安桥是南康通往境外的重要通道。从坪市永安桥有两条古驿道，一路可至遂川县和源、万安县汤湖和湖南桂东县，另一路可至上犹的紫阳、寺下、营前、平富和湖南的汝城县。

永安桥下窄小的莲花河缓慢流淌，很难想象它也会有水急浪高之时。莲花河属赣州主要河流章江水系，经横市、十八塘汇入龙华河。

永安桥身由数十条长短不一的麻石条构建而成。桥身上面，盖有走廊式的楼阁，两侧则架着简易的木凳和护栏，并均匀地竖着 4 根方形石柱。与赣南其他几座古廊桥相比，永安桥属于跨度最小、形制最简单的廊桥，可谓袖珍型廊桥。

第二十一节　隆木乡

一、隆木乡概述

南康过去有"北八乡"，20世纪80年代圩下和内潮两个乡合并后，只剩六乡，遂又叫"北六乡"。北六乡之北即为南康区最北部的隆木乡。隆木乡西、北与遂川县、万安县交界，驻主隆木桥，距县城74千米。下辖隆木、晓源、黄石、陈源、忠东、西木、瑞坑、塘上、新村、民丰、樟村、福田、小东13个行政村。

二、大山深处邹家地

隆木是南康区最北面的乡，而隆木乡最北面的村落是邹家地。邹家地，地处海拔450米以上的高山区，主要居住有从信丰县竹村迁此已有300年的袁姓人家，以及稍后从遂川大龙迁来的王姓、从南康沙溪迁来的陈姓、从遂川龙王洞迁来的刘姓人家，另有一部分谢姓、黄姓等人家。

邹家地，民间称作"南康的阿里"，是一个在南康人眼里充满了神奇色彩、四面被高山峻岭层叠裹掖着的村落。峻岭雄奇是邹家地的第一大特征。从圩镇往北望去，南康最高峰——1042米的白鹤岭，犹如一道天然屏障，与四周连绵无止的崇山峻岭，四面御雨抵风，守护着这块神奇的土地。

三、南康第一高峰白鹤岭

白鹤岭，位于隆木乡邹家地村，西与遂川县交界，南北走向，面积约3平方千米，主峰海拔1042米，系南康县境内第一高峰，植被有油茶、松、杉。因形似白鹤而得名，也有人说此岭以前有许多翩翩起舞的白鹤，故名。

从隆木圩向北望去，白鹤岭犹如一道天然屏障，四周是连绵的崇山峻岭，白鹤岭突兀而起，俯视着大山两侧星星点点的人家，为无数人家御雨抵风，并守护着这块土地的安神与宁静。

四、黄石村与周氏宗祠

黄石村，古名黄沙村、黄溪村，由黄沙、黄溪转变而来。只是村里不见黄石，只有一条溪水环村而流，倒是河里的沙尽呈黄色，"沙"与"石"方言近音，于是黄沙便演变成了黄石。

黄石村地处南康区最北部，东接万安县、遂川县，南临南康区大坪乡、坪市乡，西界上犹县、遂川县，村内全为周姓，周氏族谱载乃周敦颐后裔，迁此已有 500 年左右。

黄石村花厅，是为周氏宗祠。追本溯源，尊宗敬祖，是周氏族人的情怀。500 年来，祠堂屡修屡毁，最近一次是在三四年前冬天的修缮。周氏祠堂很壮观，门当与木雕十分精美，内有三进，最里面一进有几个台阶，筑成廊桥式，中间雕刻着精美的花草祥兽，这便是"花厅"一说的来由。

第二十二节　三江乡

一、三江乡概述

三江乡位于南康区中部。东与蟠龙镇交界，南与潭口、太窝（原名太和）、潭东三镇接壤，西与唐江为邻，北与凤岗镇隔河相望。驻地湖头圩，距南康市区 27 千米。下辖新红、肖边、斜角、新江、赤湖、谷山、饶家陂、南坑、伍岭、东红、伍村 11 个行政村。

湖头圩在上犹江南岸平原上，原为凤岗圩所在地，因地势低洼，遇洪成湖，凤岗圩搬迁。若干年后，三江乡设置时，湖头圩又成了三江乡政府所在地。湖头圩紧邻上犹江，其下游不过 1 千米即为章江与上犹江汇合处。两江汇合后，这一段水势陡涨，水阔如湖，一直绵延至圩场位置，圩场一带遂有湖头之称，圩也称了湖头圩。

二、三江口与章江、犹江

三江乡境内，章江与上犹江在湖头圩汇合，故有三江口之称。清代诗人袁昊有诗《舟泊南康三江口》："舟泊已更深，人如鸟择林。水声鏖短枕，雪意逼重衾。乍醒还乡梦，聊为放浪吟。明朝章贡去，滩险仗平心。"

章江，是江西母亲河赣江的西流。章江，发源于崇义县聂都山张柴洞，流经大余、上犹、南康区、赣县区、章贡区 5 个区县。章江是赣江的支流，与赣江的另一支流贡江在赣州城下汇合成赣江，章江水系共有大小河流 1298 条，主要支流为章水和上犹江。

三江口，地处三江乡湖头圩，从唐江而来的犹江水与从潭口而来的坞埠水（章水在这一段的名字）在这里汇合，融合成滔滔章江。秦代设南埜县时，就以三江口为界，名称南埜口。故南埜县是三江口南面及西面的地域，即古代南安府四县（大余、南康、上犹、崇义）的范围。

在三江，纳二川后的章江，一出三江口，便豁然开阔了起来，向着赣州城奔流而去，流经蟠龙，蜿蜒、回旋几番，终于在八境台下的龟角潭与贡江汇合，流程 29 千米。

三、斜角村与郭大力

三江乡斜角村，是南康有名的村落之一，处在蓉江、犹江三江汇合处，呈斜角状，故名。斜角村，在三江乡所在地的湖头圩东南 3.5 千米，章江北岸湾角西侧倾斜的山冈上。500 年前，郭本通、郭本建兄弟从遂川县迁来。

经济学家、教育家、《资本论》翻译者郭大力就出生在这里。清光绪三十一年（1905 年）八月二十八日这天，斜角村田心自然村，一个读书人家庭又添了一丁。祖父、父亲都是文化人，指望他出人头地，遂为其取名秀勍，字大力。

四、南坑村与南康古文

三江乡南坑村，在三江乡中部，有小溪横贯北部。在湖头圩南 1.5 千米的牛牯岭下沙多的禾场边有一个小村落，名叫沙禾场，300 多年前，冯文进从广东兴宁县迁此开基。

南坑村沙禾场的冯世钟老人是南康古文的第三代传人。冯世钟3岁时失明，从未上学，10岁拜第二代传人黄春芳为师，开始学唱古文，17岁考入南康盲人艺术团，曾在赣南剧院及赣南大部分县城剧场献艺，深得当地民众喜爱，录制了《石轿记》《鲤鱼歌》《劝世文》3套赣南民间古文VCD影碟。

五、东坑子的炮

东坑子，原属解胜村，现属筱坝村。在湖头圩东5千米，章江南岸博罗东面的山坑里。

东坑子是一个小村落，先有熊姓开基于此，后有刘姓迁此。东坑子本属于一个默默无闻的小村子，不想因为民国时期南康走江湖的名人刘仁标在此"借炮"一事而闻名南康。

话说不同姓氏相邻居住，产生一些纠纷在所难免，一般情况下，双方都会本着和睦相处的愿望协商解决。

有一次，刘氏因一件小事引起相邻的其他姓氏宗族不满，决意与旺族刘姓"叫板"。引起周围村庄纷纷议论：刘姓一族有数门"大炮"助阵，难怪如此无所畏惧。

与此同时，与刘姓作对的村庄里的一位铳手，某日正在山里持铳寻猎，突然遇上路过的刘仁标。两人本是转角亲戚，见面十分客气，坐在路边石头上抽上一袋烟，聊些琐碎趣闻和猎物收成，并没有涉及两姓纠纷一事。刘仁标用"邪法封铳""拍肩膀打穴位"，是要通过自己警示同族人，不要与刘姓族人打斗。让双方坐下来和谈，解除了各自心里的积怨，一场姓氏宗族冲突危机就这样解除了。而东坑子人，则津津乐道于自己的土炮，以及刘仁标"借炮封铳"的故事。

六、筱坝"神井"

上犹江与南安江（蓉江）合流的地方，叫三江口。章江主流就从这里开始。由此顺流沿经博罗坝，切断博罗岭，不过一两千米水路，就是筱坝河岸，由河滩、河坝构成了一块大的沙坝地。离开河边大约有不到2千米的路程，陡然升高 20 多米的黄泥土塺限制了沙坝土的扩张。高塺之上，是一块三四千米长，一两千米宽的平坦开阔地，庭院、房屋、树木、水沟、水塘、水渠、水田、旱地、道路……形成一座座村落，一片片田垅、一块块大墩。郭氏筱坝村就是坐落在这里的最大村庄。

筱坝，距离湖头圩 4.5 千米，位于章江南岸的堤坝西端，萧姓开基，郭奇从赣县攸镇锡州岛迁此，改为筱坝已近 600 年。

明洪武八年（1375 年），郭奇与同住锡洲的表兄弟萧邦佐两人，结伴沿江行到三江口，便有留下安家之心。最初，萧邦佐住筱坝地界，郭奇住章江最头上的博罗坝，以博罗岭相隔。萧邦佐居住的地方以姓为名，故叫"萧坝"，后沿用谐音，又为纪念开基祖来自"攸"镇，加上地方多竹，就以"竹""攸"演变为现在的筱坝。

"神井"今仍在。青色花岗岩石井栏，高一米，直径一米有二，石壁厚度近 20 厘米，由完整的圆形石柱在中间凿空而成。水面到竖井壁下缘有 3 米左右高，从中间开始，好像一个倒置的打酒漏斗。东南西北方向，空间方向各有不同，西北方向的空间比较宽大，边缘到中间大约有十米，东南方向有三四米。井底中间有水上涌，北面偏西的斜倒壁上一处有如雨水不停渗注而出。炎热的夏天，井里的水冰冷透骨，冬天寒冷的时候，井里却是一股蕴热之气上冲，在井口上都能感觉到温暖。

七、筱坝郭氏祠堂

筱坝郭氏有四个祠堂，并排而立，其中有一个是开基祖郭奇的家族总祠，村里人称它为老祠堂。另外三个祠堂，分别是瑛公祠、璋公祠、曙公祠。

瑛公祠又叫西边祠堂，最大的特点是这个祠堂下的后裔全部说"赣州官话"，但平时抵不住村里绝大多数的人群说筱坝地方口音，有时正好说着村里话，陡然有人说"官话"来插嘴，情急之下没有转换好，给大家平添许多笑料。

这个祠堂内的人在民国时期，创下赣州城内两个行业的金牌商号：一个是"上元斋"糕饼店，一个是"九洲大药房"。这两个宝号，后来都成为筱坝郭氏家族事业的主要赞助者。

璋公祠在最西边，又叫东边祠堂，是因为这个祠堂里的人都住在村的东头。

与其他祠堂不同的是，这个祠堂的后代郭永茂，在清初就从筱坝迁到了大余县的新城坪湖里，那里的人口近 300，超过他们祠堂留在村里的人口总数。

东头的曙公祠，又叫新祠堂，规模宏大，精雕细刻，型制、规格上完全可以称得上赣南乡村祠堂的典范。曙公即郭永曙，清雍正十一年（1733 年）举为"乡饮大宾"，类似现在受到县政府表彰的五好家庭，必须是治家有方、人财两盛、邻里称德的乡绅才能享誉此称号。

第四章　上犹

第一节　上犹县城

1. 北门巷

北门巷是上犹县城一条古老而普通的巷子，南北走向，宽 2.5 米，长约175 米，水泥路面。南起五交化公司连接新上犹路，北至上犹建委与下西村路相接，因处县城北门而得名。

北门巷两边原都是清一色青砖到顶的墙壁，檐门楼上雕花刻草，檐角高挑。大门前竖着青色花岗岩的旗杆石。门楼上雕花刻草，记载着这些人家祖上的辉煌。如今，北门巷已拆除，取而代之的是一幢幢高楼大厦，成了经商开店、做生意的繁华市场。若北门巷还在，人们从北门巷穿过，便有了穿越时空的感觉。

2. 马氏巷

马氏巷，北起新上犹路 65 号，南至上犹饭店侧角，与和平路相连。全长180 米，宽 2 米，是一条狭窄弯曲的小巷，驻有五金厂。传说因巷内曾有一治家能干的马氏夫人而得名。

马氏的娘家在赣县，她的父母一生古道热肠，心地善良，是远近有名的帮残扶贫、救苦救难、和睦邻居的大好人。马氏从小受父母的熏陶，聪明伶俐、美丽贤惠。在她年芳 20 之时，经媒婆介绍与上犹城刘姓青年结了婚。婚后与公婆、丈夫和睦相处，团结邻里，谁家过红白喜事缺人手，她第一个上前帮忙，谁家遇到困难她都尽力私舍钱物救助，深得街坊邻居的好评。

马氏的丈夫生前就是个挖钨矿的能手，一次，他所在的挖矿的垱子突然崩塌，马氏的丈夫受了轻伤，本来可以自救脱身，但为了抢救一受困的同伴，第二次坍塌时将他俩埋没，然后就一直没有醒过来，一夜之间，马氏成了寡妇。马氏丈夫为了救护工友而付出生命，他的行为令人感动。

马氏一直守节至80多岁过世。马氏过世前，她请老学究写了一份遗嘱，她的家产三分之一给女儿，三分之二给帮助过自己的刘氏宗亲。她的女儿料理完母亲的后事后，按照母亲的遗愿把其财产的三分之二给了刘氏宗亲，并把母亲留给自己的三分之一财产全部捐给了马氏巷几位正在念书的学子，鼓励他们发愤读书，报效国家。

后来，这几位学子苦读诗书，考取了功名。他们提议，为了永记马氏的贤惠，彰显马氏的功德，特把这条巷子叫作"马氏巷"。

如今，马氏巷门口是一座十几层高的电梯商业房。

3. 上西村路

上西村路，东起大礼堂与下西村路、解放路接口，西至县滤清器厂，全长565米，宽10米，水泥路面。驻有县经委、县农资公司、县农机公司、上犹中学等。中华人民共和国成立前称"官舍前"，中华人民共和国成立以后扩建成路，取名西村路，1978年分为上、下西村路。

上西村路上有所名校——上犹中学（前身为上犹县立初级中学），是王继春（1939年6月至1943年3月，王继春在上犹任县长）创办的。

如今，学校占地200余亩，校舍3万多平方米。实验楼、图书馆、学生公寓、综合服务大楼、微机室等设施先进、齐全。

4. 中山路

上犹县城老街中山路，原名河边街，包括"鱼子行""五福堂""火烧庙""保障门"等，1941年被命名为中山路，东起县百货公司二门市部，与沿河路、和平路相连；西至保障门，与上西村路接口，全长655米，宽6米。此路先后驻有东山镇人民政府、县百货公司、县医药公司、县供销社、县林垦局、县工商行政管理局等。

中山路街道虽然已经高低不平，但路人仍络绎不绝。街道两旁的建筑风格颇为独特，有些两三层高的砖瓦房，从二楼以上都喜欢向外飘出一部分，可以用作阳台或者就是房间、客厅，有的房间几乎伸手可及，空间颇为狭窄。

中山路一头连接着解放路，往东南方向延伸直至浮桥头，其间许多房子保留着过去的模样：木门铜锁，六合折叠，矮墙低檐，红砖灰瓦，显得古老而有特色。

中山路的尽头是一座斜拉桥，有着整齐而别致的线条。那时的福建清汤在桥头卖得很火，街边的录像厅播放着香港的动作片，电视热播《十七岁的花季》，似乎在向临河的老房子里的人们喊出：我的未来不是梦……

5. 沿河路码头

沿河路，东起新上犹路口，西接和平路，中与上犹大桥连接，东端是沙石路面，西段是水泥路面，全长 725 米，宽 7 米。路段驻有中共上犹县委党校、县建筑公司、县航运公司、上犹饭店等企事业单位。沿河路 1949 年前是城基，1949 年后建房成街。因其沿犹江河边，取名沿河路。

一条大江把上犹城分成两半，滔滔江水顺流而下。以前，陆运比较困难，大多数货物必须通过水路来运输，因此，沿江路上的码头应运而生。这些码头记载了许多经商运货、迎来送往的故事。如今，犹江水依旧流淌，而这些码头已无影无踪，留下的只是回忆。

上犹李屋码头的位置最佳。它是县城最繁华的十字街延伸下河所设的一个码头，有 30 多级台阶、20 米宽，由清一色的麻石条砌成，上端矗立着一对石狮。据说是请了 3 位地理先生察看后确定建的码头，风水极好。码头由官府所置，成为官府迎官送客的主要场地。赣州府逆船而上的商贩朝奉，也在此码头抛锚登岸。平日里，大码头便成了县城大部分居住者挑水洗衣、说长论短的集聚场所。

往前几十米的江边有个盐务码头，这是个装货、卸货的专用码头。码头上去是个大货栈，全县所有民用食盐均在这个码头卸下，存入货栈仓库，然后售往十里八乡。

盐务码头上行十来个店铺便是李屋码头，这是"五福堂"李家的私人码头。

再往前行有个罗汉口码头，大概因为这里曾经摆放过十八罗汉而得名。这里竹木临水，翠盖烟笼，兰桂芬芳，曾是明、清士大夫吟诗填词的理想去处，吟唱者多了，这里便成了上犹八景之一。

6. 东山寺

东山寺位于上犹县城东山半腰上，依山傍水，人站在山顶可瞰上犹县城全貌。古为上犹"八景"之首。北宋文学家苏东坡途经上犹时曾留下"长河流水碧潺潺，一百湾兮少一湾；造化自知太元巧，不留足数与人看"的名句。

东山寺始建于南宋淳熙年间（1174—1189 年），原名慈恩寺。清顺治年间（1638—1661 年）重修，更名东山庵。清乾隆年间（1736—1796 年）再次重修后改名为东山寺。东山寺几经兴废，1968 年至 1977 年城关公社初级中学因校舍紧张，曾搬到东山寺办校开班。1994 年 4 月 12 日，由县委副书记李勃牵头重修和恢复东山寺。

如今，临东山寺，登山之巅，可视犹江蜿蜒，群峰如黛，风光无限，与笔架山，油石嶂成犄角之势，与登龙塔、文峰塔呈辉映之状，犹川胜景，一览无余。清流缓过东山寺脚下，水不见其来，去不见其出，可谓源远流长。

第二节　陡水镇

一、江口

崇义县过埠河与上犹营前河汇合处称江口，位于上犹县陡水镇西部，原属上犹县江口乡。20 世纪 50 年代中期，因建上犹江水电厂，江口乡的大部分村落被水淹没，村民异地安置，剩余部分村庄划归周边其他乡镇管辖。

江口地处罗霄山脉南端，是赣江源头之一，森林面积辽阔，林木品种繁多，竹木用材极为丰富，很早以前就是赣江经上犹江通往湖南柳州的水道交通港埠。商客云集的江口很早就形成了集市，茶馆、酒馆、日用杂货、米行、土纸、石炭和竹木交易市场繁华异常。

自从上犹江水电厂建成后，江口变成了库区，村民搬迁，水上竹木运输改道，绿林码头随之消失，千百年来繁荣的江口"沉睡"了。半个世纪过去了，江口又因建电厂改变了这一区域的自然气候条件，孕育了一湖碧绿清水，营造了特有的清新空气，被省内外游客誉为"世外桃源"。陡水湖的自然生态旅游已成为赣州市一张响当当的名片，被列为国家4A级旅游景区、国家森林公园、省级风景名胜区。除此之外，江口还有多个旅游景点：赣南树木园、民俗风情苑、风月岛、九曲河漂流、水上乐园和陡水佛瀑等。如今的江口，随着旅游业的快速发展，吸引了大批省内外游客前来观光，江口也从沉睡中苏醒过来，以另一种方式重新焕发勃勃生机，恢复从前的繁荣景象。

二、阳明湖

阳明湖原名陡水湖，位于上犹江的西北部，距上犹县城23千米，由上犹营前河、崇义县过埠河、梅水乡九曲河汇合后流过陡水镇西部（上犹江水电厂大坝之处）。因地势陡峭，河面狭窄，江水流经该处时，似如飞瀑而下，故名斗水，"斗"和"陡"同音，后写为陡水。20世纪50年代中期，该处筑坝建设上犹江水电厂，水位抬高70米，江面随之拓宽，形成湖，故称陡水湖，后改为阳明湖。

阳明湖湖泊面积31万平方千米，湖岸线长达264千米，湖水最深达190多米，平均水位68米。数十年过去了，湖内山林连绵不绝，林木覆盖率达95%以上，负氧离子每立方米达6万个，有着"天然氧吧"之称。阳明湖湖水清澈似碧，水质达三类以上。湖内有427个湖湾和42座形态各异的小岛。以阳明湖为中心，主要景点有上犹江水电厂、赣南树木园、风月岛、民俗风情苑、青庐寺、睡女峰、陡水湖漂流乐园、陡水佛瀑等。

阳明湖风景区物产极为丰富。山上有天然的野生香菇、红菇、灵芝等菌类植物，有茶叶、油茶、冬笋、米粟子，还有兰花等异草和名贵草药；水里有60多种鱼类，如鳜鱼、鲶鱼、银鱼、石蝮鱼、黄牙角、鲤鱼及千年长不大的石鱼。

阳明湖区不仅山好水好，人更好，当地人继承了客家人的传统美德和习俗，一贯勤劳、朴实、好客。

三、陡水佛瀑

陡水佛瀑位于上犹县陡水镇与崇义县茶滩乡交界处，距陡水镇2千米。那里山峦蜿蜒起伏，奇峰突兀，崖壁高悬陡立，怪石奇异，瀑布就隐藏于这崇山峻岭之中。佛瀑原名"龙潭瀑布"，因山形像一条巨龙的头部，悬崖嶙峋似龙身上的鳞片，观之似龙以勇猛之势悬堕潭中戏水，故得名。细观瀑布宽 10 余米，落差 30 余米，一瀑三迭，清澈的水流从山上直泻而下，水流撞击着岩石上的棱角，飞溅起一朵朵水花，仰首远望，迷雾漫漫的水晶帘内，俨然有位正襟危坐的佛陀显现在游客眼前，故后改称"陡水佛瀑"。

在瀑布前，游客能感受到空谷回音、鼓乐齐鸣、笛韵笙音的韵律。若在大雨后观看，瀑布飞流而下，声如钟鼓，水雾腾腾，飞溅起一朵朵浪花，云漫雾绕，水雾伴随潮湿的清气，飘洒在对面山坡和游客身上，树木随之摇晃起舞，顿时，一股清爽的感觉会涌上心头；待云消雨霁，阳光折射到水雾上，一道绚丽的彩虹横贯山涧。

四、陡水"跃进门"

陡水"跃进门"始建于 20 世纪 50 年代，位于陡水镇街西部的上犹江水电厂厂区门口，原为竹木搭建，重建于 20 世纪 60 年代初，为钢筋水泥浇筑而成，后称为"忠字牌"。1970 年，政府将其原貌修复，用"跃进门"之名。从建筑角度来看，"跃进门"将中国古代"功德牌坊"符号和法国巴黎始建于 1806 年至今仍是重点保护的名胜古迹的"凯旋门"符号融为一体。陡水"跃进门"是特定历史时期遗留的产物，它不是一座装饰美观的建筑雕塑，而是历史见证的印记。

目前，这样的"忠字牌"全国各地大多已消失殆尽，而陡水的"跃进门"能保存如此完好实属罕见。

五、风月岛

风月岛位于上犹县陡水镇西北部的阳明湖景区内。湖内有形态各异的湖湾427 个，湖心岛 4 座，以"风花雪月"释义，取名"风月岛"。该岛建于 2002年，占地 3 万平方米，位居中心湖岸山，与赣南树木园隔湖相望，是阳明湖自然景色最好、配套设施最全、开发规模最大的景区。岛边群山叠嶂，湖清优美，自然生态环境一流，有"江西北戴河和避暑山庄"之称，是深藏在茫茫林海中的一颗璀璨的明珠。风月岛以秀为特色，千余种珍贵树木集于此地，堪称"植物王国"，让都市人既可亲近大自然，又可尽情地享受天然的"森林浴"，被誉为"阳明湖的世外桃源"。

风月岛以爱情文化为主题,占地辽阔,配套设施齐全。岛上设有百鸟欣赏区、森林射箭场、水上高尔夫、弥勒佛、秋千、凤凰观景台、同心铁索桥(鹊桥)、高空滑索等景点。

六、赣南树木园

赣南树木园,坐落在阳明湖湖湾岸边,三面绿水环抱,山林郁郁葱葱,园内由 12 个半岛组成,占地面积 8692 亩,是最早占据阳明湖的园区。赣南树木园既是全国科普教育基地和江西省科技示范教育基地,又是阳明湖山水最为秀美的自然旅游景区之一。

赣南树木园到目前已定植 1700 余种植物,收集有 1 万多份腊叶标本,藏有1380 多种树种,52 种珍稀濒危保护植物,还收集了长江中下游、两广、西南及国外经济价值较高的优良树种。此外,赣南树木园还是"江南植物基因库"和我国南方树种向北移植的中转站,这里有引自全国各地的园林植物,还有来自异国他乡的海棠、樱花和松柏、枫树等珍贵品种,被誉为珍稀树木森林岛、世界珍稀濒危保护植物的"呵护岛",可谓是天然科普博览馆。

赣南树木园占据了独特的地理环境,面积广大,在山水间形成了湖中有岛,岛中有湖;湖中藏湾,湾中有港;山中有雾,雾中有山的自然美景,仿佛一幅笔墨清爽、疏密有致的山水画。总之,集休闲、娱乐、度假为一体的赣南树木园,是现代人亲近自然的理想选择。

七、青庐寺

青庐寺,坐落在阳明湖东岸的玉屏峰的山腰上,从上犹江水电厂大坝处登寺,途经青庐寺茶场,穿越茂密林地,道路蜿蜒崎岖,徒步约一小时路程。青庐寺建于明代,原大雄宝殿面积 500 余平方米(土木结构尚存)。来到大雄宝殿前俯望,清澈的阳明湖湖面辽阔,群山环绕,雾气弥漫,森林连绵起伏,湖内幽雅恬静,就像一片碧绿的海洋。水不见其来,去不见其出;山外有湖,湖外有山;山中有云,云中有山。殿外禅坪中央有一株珍贵的红花丹桂(被植物学家称为"花王"），开花季节，整个寺院丹桂飘香。寺院左侧有一口井，井水富含多种微量元素，被人们称为"仙人井"。

登寺道路不畅，车辆无法上山，青庐寺也已年久失修，呈现出一派幽静肃穆气氛，失去了原有的金碧辉煌。

八、铁扇关

县城西北19千米处，地势陡峭，河面狭窄，只见两山对峙，形成关隘，此处便是颇有名声的"铁扇关"。登临铁扇关陡峻的峰巅俯视，一条宛如丝带的清流呈现在眼前，这就是赣南名水上犹江。江水流经该处急泻而下，似如漏斗，陡水也因此而得名。

20世纪50年代中期，我国第一个五年计划的156个重点项目之一的上犹江水电厂大坝就建在这铁扇关峡谷之中。

第三节　黄埠镇

一、感坑村地名传说

感坑村位于黄埠镇西南方向，距上犹县城10千米。该地依托自身山地资源优势大力发展脐橙、葡萄产业，已成立合作社一个。山坑似竹笕，故名笕坑，后用谐音写成"感坑"，一直沿用至今。

蕉园山位于感坑村排上组，在村南1千米处的山岗上，山上昔日多芭蕉，故名蕉园山。清道光年间黄坑陈伦生居于此，现仍为伦生公嗣孙居住，共16户90余人。

半斤塅是感坑村中坑、老屋、尖茶坑组的一塅农田，位于村东南方0.5千米处。

纸棚下属于感坑村松陂湾组，位于村西北方0.5千米处，现有肖姓人家居于此，共10余户人家50余人。

龙王潭，位于感坑村村尾，距村 1.5 千米处，清雍正年间，李姓人家迁于此。

思姑排位于感坑村西北方向约 200 米处，陈姓伦生公嗣孙现居于此。

二、仙人陂

仙人陂位于赣江流域章水干流的上犹江上，地属上犹县黄埠镇感坑村，距县城 5.4 千米，据说今仙人陂水电站就建在原仙人陂的地方。

传说很早很早以前，在上犹江畔的坪田坝和英稍隔河相望，土地肥沃，地势平坦。两岸百姓勤劳、朴实，但由于这里干旱缺水，靠天吃饭，日子过得并不舒坦，还是缺食少穿。穷则思变，大家决定开山取石，堆筑石堤，堵水入圳，然后在坪田坝和英稍各建一部提水高车，解决两岸农田用水问题。

他们挑选了一批年富力强的人，就大干了起来。功夫不负有心人，乡亲们奋斗了数十天，眼看大功告成，却有一个缺口难以合拢。此缺口水流急，大小石头放在缺口上都被水流冲出数十丈远，见此状乡亲们毫无办法。

一天中午，大家回到工棚正准备吃午饭时，一位满头白发、面黄肌瘦、步履艰难的老婆婆来到工棚边，乞求人们给些饭吃。大家便把自己饭都分给她。老婆婆吃完后扬长而去。就这样，这个婆婆接连来了三天。乡亲们每天都热情地给她饭吃。

第三天中午，老婆婆吃饱饭后，放下碗说：“你们都是好人，好事做到底，再给我装一碗，我好留到下一餐吃。”这不是人心不足蛇吞象吗？但是大家还是给她装满了饭，让她带走。老婆婆千恩万谢，自言自语，边走边说：“炎炎烈日挂中天，龟裂农田闹旱年。五谷失收民疾苦，千家萧条受熬煎。乡亲行善须当报，筑陂搬石巧遇仙。拦截江河引细流，万民欲庆乐绵延。”

午饭后，大家陆续上工了，当他们把石块投入水中后，谁料奇迹发生，投下的石块都稳稳当当地沉在水底，再也没有被冲走。这消息一传开，大家都乐了，都说是有神仙相助，干得也更加起劲了。不到半月，一座新的水陂就完成了。从此以后，当地不再闹旱，年年五谷丰收。于是，人们就把这座水陂叫作“仙人陂”。

三、崖坑村

崖坑村，境内面积 7.53 千米，含崖坑尾、庙下、安肚里、十八担租、店背、岗孜上、狮姑坪、荒田坑、乱石 9 个自然住家村坊，因坑内位于龙形垠顶分水处，有一处巨型靠石，靠石内有一长约 2 米，宽约一人通过的石墩通道，极其雄伟壮观，形似一只振翅欲飞的老鹰，故称崖鹰坑，后称崖坑。

崖坑村境内，有一村坊得名"乱石"。昔日在余屋（现李氏新建宗祠背后）左边，有一处叫屋背坑，坑口有一大石壁，古时因其经常流出乳白色水源，故称"嫩石"。后有人想在此处建房，既可扩展地基，又可就地利用石头，因此，把该石壁的石头凿出成堆，后因故房未建成，致乱石成堆故而得名。

位于现安子口以上、庙下组以下，中间这段昔日归上犹县城尹姓地主名下，是排灌十分方便的一墩良田，其日照好，田丘大，土地肥沃，号称"十八担"，每年地主定下年收租十八担，当地农民依然争相租耕，因此得名"十八担租"。

崖坑村的北条坑自有耕地以来，常年闹天旱，几经荒废，故名荒田坑。

第四节　梅水乡

一、园村

"千山环野立，一水抱村流"，说的就是有着九曲弯弯的河谷、巍峨的龙头山、迷人的月亮湾，位于闻名遐迩的阳明湖风景区被群山云簇拥着的村庄，即梅水乡园村。

梅水乡园村位于以"水"为主，以"秀"为特色的省级风景名胜区——陡水湖畔，距县城 18 千米。全村共有 36 个村民小组，22 个姓氏。梅水乡园村四周群山簇拥，茶园风光秀丽，是上太线必经之地，邻近京明度假区，居其山中一点可览园村全貌，因其呈圆锅状，故名园村。

园村是一个人多地少的山区客家民居村落。村中有两条小溪河流至陡水湖。近年来村民利用溪水的地利优势，开辟了九曲河漂流，5 千米长的大峡谷，落差 28 米，弯道 19 个，其中"S"形波浪式漂流，穿山引谷。大凡山水端正秀丽的村落，都会孕育一方淳朴的民风，这就是一方水土养一方人的风水内涵。

园村种茶历史悠久，明、清时期，"园村绿茶"在赣南茶市就已经远近闻名。

这里有客家风格的粉墙黛瓦，入住在这里既舒适又温馨。穿过古色古香的园村牌楼，沿着进村水泥路前行，一幢幢徽派风格的"小康楼"映入眼帘。

园村人自古以来追求耕读文化，"读可荣身，耕可致富"成为他们的传统，世代相袭。园村耕读文化的载体表现在门楣上。这些题词标示出姓氏的悠久与荣耀、家族的古老与众望、家庭的管理与教育、做人的修养与处世、世道的称誉与希冀，其核心的功能则是提示后人不忘祖宗、牢记传统、艰苦创业、乐观豁达。

此外，园村内还有融惊险、刺激、古老、自然于一体的九曲漂流，受到了众多年轻游客的青睐，该景点经过重新设计打造，被命名为"大金山漂流"。

二、水陂村匾额文化

上犹是赣南客家摇篮，这里通行客家语，有着丰富的客家文化和风情遗存，客家门匾是该县独特的客家民俗文化之一。据统计，到目前为止，该县 80% 的民居都还挂有门匾。这种门匾是在民居大门门额上的一块长方形匾框，选取与自家姓氏相关的成语典故或体现房主理念的一个词语镌刻其上。门匾揭示了房主姓氏的荣耀、家庭管理与教育、做人修养与处世之道，有传承文化、凝聚人心的教育作用。

如今在新农村建设中，上犹县采取各种措施，对客家门匾进行抢救、保护与弘扬。这些保护工作都在鼓舞、垂训后人方面起到了不可忽视的作用。如果说传统的客家门匾表现了客家人热爱民族、不忘祖宗、牢记历史等优秀品质，那么新式的客家门匾则反映了客家人艰苦创业、建设家园、憧憬美好、乐观豁达的精神风貌。

三、东坑手工造纸坊

造纸术是中国的四大发明之一，梅水乡园村铜锣岗小组至今还完整地保存着1900年前的手工造纸工艺。这个"活化石"与其说向我们传递了一个古老的文化信息，不如说是山里人把钟情的一种生存方式传递给了世界。

1000多年过去了，山里人仍然按发明之初的工艺流程在生产着这种古纸。造纸的生产过程有十几道工序：砍料、破料、腌料、洗料、踩料、入槽、抄纸……每道工序都十分讲究。

上犹手工造纸，保持传统和朴实的手工操作方法，是古代文明的一面镜子，具有极高的欣赏价值。

为了使"东坑手工造纸"得到有效的保护、传承和发展，上犹县委县政府高度重视，制订了五年保护计划，不断完善传承保护工作，充分发掘遗产宝贵价值，加大手工造纸与旅游观光业的结合力度，将上犹客家传统民间手工造纸技艺这一非物质文化遗产转化开发成旅游经济项目，手工造纸这个与工业文明毫不沾边的传统工艺将不再是山里人谋生的手段，而成为一个游客观赏的项目，以此得到传承与发展。

第五节　双溪乡

双溪乡位于江西省南部，赣州市西部，上犹县北部，西北面与遂川县毗邻，西南方与水岩为邻，东与寺下、紫阳接壤。乡政府驻地左溪村，由上太公路接上江公路，南距上犹县城56千米。双溪乡属上犹县辖管，辖大石门村、小石门村、大布村、左溪村、右溪村、水头村、高洞村、卢阳村8个行政村，147个村民小组。其中，双溪圩面积为3.56平方千米，全乡总户数3071户，总人口13396人，境内以种植水稻、竹木、茶油为主。

双溪乡因境内有两条河流穿境而得名，两溪一条叫左溪河，另一条叫右溪河，两河汇流至寺下河。

一、左溪村

左溪村是双溪乡圩镇和政府所在地，与水岩乡接壤。村域面积40平方千米，人口比较稠密。

左溪村境内有一条河流穿境而过，该河叫左溪河，该村因此名为左溪村。

2003年之前，左溪村下辖10个村民小组；2003年原左溪村和珠坑村合并，统一叫左溪村，合并后下辖19个村民小组。

二、双溪草山

草山位于上犹县双溪乡，和遂川县交界，距离上犹县城58千米，是一片绵延百里、景色旖旎的高山草场。草山面积3.9万亩，海拔在1347米至1500米之间，有着奇特的自然环境和自然风光。这里气候温和，日照充足，雨量充沛，草质鲜嫩，是江西海拔最高、面积最大的草场。草山上绿草摇曳，牛羊在这里无拘无束地生活着，展现出了一幅"风吹草低见牛羊"的北国风光。双溪草山独具的"江南塞外"景致，吸引了许多户外运动爱好者前来观光体验。

三、宝仙寺

仙人桥宝仙寺位于双溪卢阳村的西北部海拔1200多米的草山上，建于清道光年间，距今已有100多年的历史。1996年，卢阳村何德良、叶和籓，高洞村刘贤华、赖荣春、朱才禄等人牵头，向社会各界人士募捐重建。自宝仙寺重建以来，每年都有几千游客前来观光旅游。宝仙寺空气清新，环境优美，后面还有燕子岩、仙人石桥、仙人挑石、蟹行山泉、仙人脚印等神奇的古迹可以游览。

四、大石门村

大石门树乃千年古村，其山川秀丽，民风淳朴，位于上太线公路中段，与寺下镇毗邻，村中人家吴姓较多，境内以种植水稻为主，盛产竹木、油茶。全村交通便利，通信发达，有学校、医疗所、各式商店、农家乐等，服务齐全，还拥有多处古建筑、古遗址、古文化、革命旧居等名胜古迹。

大石门村地处山区，但视野辽阔，站在村中遥望西北方，数十千米外的万亩草山尽收眼中。东南方有两座大石山横立在村口，犹如两扇大门，关锁着双溪几百平方千米的山山水水，故而得名大石门村。

大石门村在明、清时代隶属南安府（今大余县）崇义县管辖，民国时期划归上犹县。20 世纪 50 年代初，其和龙门、水岩等村合并为建设乡，1958 年撤乡建立人民公社，隶属双溪公社。1984 年恢复乡建制，至今为双溪乡大石门村。

正卿第遗址始建于明正德元年（1506 年），清乾隆年间重修，砖木结构，建筑宏伟壮观，现存门楼院墙完好。

古驿道用鹅蛋石铺成，又称官道，宋朝末年期间建造，现仍存留有 2000 米左右。

古桥梁，其中一座是位于村东的保和桥（廊桥），始建于明正德年间，由本村吴凤珠等倡导而建。清道光年间因洪水冲毁，现存有石砌桥墩 4 个。另一座是位于村南大坑口的石拱桥，目前保存完整，由本村吴氏倡导而建，建于清朝年间，很是壮观。

五、西晋摩崖石刻

据史料记载，大石门村曾经文人辈出，现在村内仍存有被誉为"江西第一碑"的 1600 年多前文人就石而凿的摩崖石刻，直至现在，石刻仍岿然独存，独具文化艺术价值。

摩崖石刻位于大石门村口，刻有西晋建兴一年（313 年）文，碑文如下：青山翠色，垒落葱茏；石濑浅浅，飞龙翩翩；壁立中柱，波涛汹汹；形曰灵龟，羲文是宗；显千万世，申锡无穷；蔚起人文，有虞歌风；猗与胜地，於焉托踪。建兴二年虞去虎书。

大石门村的西晋摩崖石刻属省级文物保护单位。这一历史遗物结合大石门村明、清时期的建筑群"正卿第"及一棵 600 多年的古银杏树，彰显出大石门村浓郁的历史文化底蕴，也见证了大石门古村落的繁荣沧桑。

六、卢阳村

卢阳村位于双溪乡北部，与遂川县毗邻。村域面积 39 平方千米，是双溪乡面积最大的村庄，全村大部分地处高海拔山区，村民居住比较分散，下辖 24 个村民小组。

卢阳村因历史人物而得名。唐朝时虔州刺史卢光稠在此地驻军,唐朝光启年间,卢光稠和军师杨筠松带领部下起义。后人为纪念他们,取其姓遂将该村取名为"卢阳村",从唐朝一直沿用至今。

卢阳村有丰富的自然景观和历史文化景观。境内有绵延起伏的草山,仙鹅塘就在卢阳地界,现已开发风力发电项目;村道旁有一条壮观的瀑布,人称"卢阳瀑布";村庄生长着很多罗汉松,尤其以村委会内生长的罗汉松最为壮观,据说已有几百年历史;卢阳村坳背组还有唐朝年间卢光稠遗留下的点将台;村委会存留着一口清朝传下来的铜钟,其体型巨大,刻有铭文。

七、点将台

点将台,位于双溪乡卢阳村,相传是唐朝年间虔州(今赣州)刺史卢光稠驻军的地方,在此点将操练兵马。

跨过一座古老的石桥,走上一段斜坡,眼前豁然开朗,就到了一个原生态的村庄,即点将台遗址。村庄四周都被群山包围,形如铁桶,特别是西面来龙方向山壁异常陡峭,从山顶无法往下进入村落,整个村落非常隐蔽,如人立桥头,易守难攻,可谓一夫当关,万夫莫开。

八、堆背大桥

堆背大桥位于双溪乡左溪村堆背组。桥长 20 米左右,宽 8 米,是通往左溪村珠坑和水头村的必经要道,为配合做好草山风电叶片等建材运输而建。

"堆背大桥"是根据桥段所处的左溪村堆背组位置命名的。江西省气象科学研究所于 2007 年 10 月在双溪高洞风打坳安装测试塔。根据风力测试结果,这里风速条件非常优越,促成了双溪乡草山风力发电项目的正式落地,使双溪乡的旅游服务业也迈进了一大步。为配合做好风电叶片等的建材运输,双溪乡政府积极做好堆背大桥建设的征地拆迁工作,为项目顺利实施保驾护航。该桥在 2016 年 3 月开始实施动工,7 月建成通车。该桥建成后,既方便了水头村、左溪村村民的出行,也拉动了草山的旅游开发。

第六节　五指峰乡

一、鸟岭

鸟岭——中国三大鸟道之一，坐落于江西上犹与遂川交界处，是一座奇特而秀美的山岭。沿着公路从重重叠叠的翠竹山下穿越而过，便来到了藏于崇山峻岭之中的鸟岭。鸟岭海拔 1600 米，山顶陡峭，一年四季生长着奇花异草，山顶下是一片片郁郁葱葱的树木，山脚下是广阔的田野村庄和民居。

春秋两季是来鸟岭欣赏候鸟、登高休闲的好时光。春季，山间各种各样的花草格外清新而可爱，空中各种各样的候鸟伴随着云雾从南向北；秋季，漫山红透，鸟儿从北至南成群结队地欢叫着飞越而过，有的飞翔团转，有的栖息地面，更妙的是夜晚灯光亮时，有的鸟儿会飞落在人头、肩膀，甚至迎面扑来，与游人来个脸贴脸。

夏天的鸟岭是避暑的好去处。即使是三伏天，登上鸟岭你也会感到格外清爽，躺在花草丛中舒服地度过夏夜，尽情地享受野外宿营之乐。

今天，鸟岭正以其奇特秀美吸引着越来越多天南地北的游客来此观青山之美、赏候鸟之趣。

二、睡女峰

睡女峰坐落在五指峰乡黄沙坑村双峰组，毗邻平富乡信地村。睡女峰又叫"睡美人"，俗称"乳菇嶂"。睡女峰的形状似一个浴后的美女仰卧在黄沙坑河面的群山上，因此而得名。

远望睡女峰，起伏的山峦似一位酣睡的少女，那线条分明的下颌高高翘起，青丝般的长发软软地飘垂，一双粉臂舒展地张开，匀称的长腿，两膝微微弯曲着，头颅、鼻子、嘴唇清晰可辨，俨然是一尊充盈于天地之间的少女浮雕，可谓造化灵巧，鬼斧神工，是天然美的象征，是大自然雕塑的一尊"维纳斯"。

三、五指峰

五指峰位于上犹县五指峰乡黄沙坑村西北面，毗邻遂川县高坪乡，距上犹县城 70 千米，距赣州市区 99 千米。因有五座相依相连、状如五指的山峰而得名。五指峰"天造地就，仿若五指矗立"，直插云霄，中指峰海拔 1607 米。五指峰的形状宛如人伸开的手掌，五个山头很奇妙地高低有序地排列着，高高地矗立在蓝天白云之下。远看五指峰，它仪态万千，形象生动，宛若仙境。五指峰乡因境内此峰而得名。

五指峰于 1994 年被开辟为旅游探秘景区，是省级自然保护区，于 2003 年10 月被国家林业局批准为国家级森林公园。

四、黄沙坑五显庙

黄沙坑五显庙位于黄沙坑村墩上山岭脚下，左邻下山子小组，右连墩上小组，下面是黄沙坑河水牛潭，面朝 380 县道营江段 10 千米处营鹅黄三岔路，与西北面的黄沙坑圩隔河相望。

据说五显庙是五指峰乡黄沙坑村开村之后修建的，具体年代不详，时间约有五六百年。据载，清朝道光、光绪及民国年间五显庙均有修葺，直至 1943 年尚基本完整，后黄沙坑乡绅黄永秉、乡贤黄永谷等人于 1943 年组织乡邻齐心协力，搭桥修路，募捐出力又一次主修了五显庙。1960 年发生了近 200 年未遇的特大洪水灾害，冲毁了五显庙，只留下了残墙断壁。现存的简易五显庙是当地乡贤黄靖等人于 1997 年募捐主修的。

五、鹰盘山

鹰盘山位于国家森林公园五指峰景区内，在黄沙坑村的西北面，与五指奇峰遥相互立，是老鹰筑巢的地方，海拔 1530 米。

传说盘古开天辟地之时，由于他过度疲劳，终因劳累不堪而倒下。就在他临死的瞬间，一道闪电，一声巨响，让他全身四分五裂，迸向四面八方。其中他的手指骨节飞落到五指峰对面，变成了突兀森郁的大小山峦，他的部分头发变成了成群的苍鹰翱翔长空，飞往世界各地繁衍生息。当苍鹰经过五指峰上空时，恰巧看见茫茫山峰之中有一块平整开阔的山峦，便飞下来歇息，后来，人们就把这座山取名叫作鹰盘山。

这里是五指峰奇景最多处，既有华山的险境，又有黄山的秀色，还有石林的奇特，故有五指峰绝佳景点之称。松、石、鹰是鹰盘山的三道风景线。

六、贼牯坑

贼牯坑位于上犹县五指峰国家级森林公园景区内，坐落在五指峰乡黄沙坑村夹河小组西北面的一条峡谷里，属于湘赣边境的罗霄山脉中段。因其西北面是鹰盘山，因此可以说贼牯坑是鹰盘山的"前花园"。贼牯坑地势险峻，峡谷从南向北都是高山，四面高山环绕，崖险谷深，陡壁如削，终日云蒸霞蔚，溪流蜿蜒灵秀，峡谷幽静神秘。

传说，在明朝时期，有几十名强盗经常在江西省的遂川县、上犹县以及湖南省桂东县交错昼伏夜出，起居无常，下山抢劫，他们就是借助这里险要的山势，窝藏在这幽深的峡谷里的，贼牯坑因此而得名。据传，后来朝廷清剿了这些强盗，但在峡谷里面还埋藏着当年强盗留下的大量金银珠宝呢！

贼牯坑尤其闻名的是贼牯坑山谷西边悬崖的密林里有一片古茶园，生长着十多亩奇特的茶树，经调查考证，这是清朝乾隆年间遗存下来的老茶园。这种遗存的茶树与普通茶树有明显的区别，有的茶树约有碗口粗，树枝修长，茶叶厚实，色泽深绿泛光，无任何病虫瘢痕和污染，叶片也比一般的叶片肥厚。每当春分前后，当地村民都会争相前往贼牯坑去抢采春茶，因为在这里采摘的茶叶加工后，泡出来的绿茶，具有色翠、香醇、味甘、形美等特点，被当地称为"绝宝"。

第七节　营前镇

营前镇位于上犹县西部，距县城46千米，南屏崇义，北枕遂川，西邻湖南桂东，东连平富。五指峰乡两省一县十六个乡镇，商业发达，市场繁荣，素有"头唐江、二营前"的美誉。全镇辖9个行政村，1个居委会。

营前镇，钟灵毓秀，人文荟萃，综合清光绪版和新版《上犹县志》，其沿革为：唐末节度使邑人卢光稠在此建兵营，宋赠封卢为太傅，此地称太傅营，圩场称太傅圩，明正德年间，蔡氏在太傅营的前面筑城名营前城。此后，太傅圩逐渐叫营前圩。圩场原址在坪子街，后移河边，1956年建陡水水库，圩迁今址。

营前镇，山川秀丽，物产富饶，是罗霄山脉绿色怀抱里的一颗熠熠生辉的宝珠。镇北面是状如日本富士山的书峰；东面是茶亭坳，镇守着东大门；南面为青翠的举岭，群山连绵，碧绿层叠，千秋挺立，岿然不动。

营前镇有着深厚的文化底蕴，保存了许多客家古建筑，如下湾村的九厅十八井、百家塘的进士屋、营前中学内的孔庙、蕉垅的文峰塔、石溪的仙崖寺、蕉里的大龙山寺、文峰塔侧的妙乐寺等。

营前镇有丰富的风味小吃。营前的糯米水酒在上犹县城的大街小巷处处可见，烫皮、千层皮、云片、冲天炮、镶豆腐、年糕等小吃享誉邑内外。

营前镇有多彩的非物质文化遗产，如大型龙灯九狮拜像、客家礼仪、锣鼓点子、唢呐调子、客家山歌、诗词书画、奇石根艺、编织锻造等。

营前镇有不菲的矿藏，新溪锡矿、合河稀土矿、蕉里白银、铅、锌矿等。

一、营前

在古代，赣南素有"头唐江、二门岭、三古坡、四（筲）门岭"之说。"头唐江"，指唐江镇，是除赣州城之外，与邻邦贸易往来最多，与梅关古道联结最深的古镇，方圆百里之内有数百个乡镇、数十万人家，商贾往来，自然便奠定了唐江镇为商业重镇之首的显要地位。"二营前"指上犹营前（古名营溪），其商业地位第二。营前镇既有水路、陆路纵横交错、四通八达之地理优势，又因自唐末起便为军事重地，王守仁也在此地建过军营、筑了蔡家城，从而有了"营前"之说。

营前出名还不仅仅是营前的商业繁荣，还有每一个营前人都知道的营前"八景"。与赣州清八景同时形成的营前八景是：仙岩古松、妙乐钟声、塔下琴音、书峰毓秀、举岭现棋、城楼山色、浮潮夜月、蕉垅夜唱。

二、百家塘

在上犹县营前镇珠岭南麓的开阔田垅中，有一个坐西朝东的客家长方形徽式民居古屋，它就是百家塘。百家塘是当地较大的屋场之一，周围几十里内的很多乡亲对它都有所耳闻。改革开放以来，县内外的客家文化研究者和媒体工作者曾多次光临探访考察。

此屋为黄志道肇建。黄志道公是清康熙三年（1664年）"去粤来犹"的开基祖世荣公之孙，二世祖集明公之子。他曾任赣州府安远县训导署教谕。赐进士出身的先贤刘光祖在为其所做的传记中，称其"学宗孔孟，博通经史""居仁由义，行可为表；称诗说礼，言可为坊"。

百家塘四面环山。从建筑形制上看，百家塘很像广东农村的半月形"围龙屋"。大门正对七八里外的文峰宝塔，塔下是古时人们进出营前的重要门户，也是一个两山相对、岸陡谷深、水流湍急的隘口。在1957年陡水建坝后，当水位高时，此处及以上数里低洼处，便成了山间泱泱平湖之一湾。宝塔右方数里，是巍然屹立、顶呈圆弧的举岭，它四时苍翠，宛如玉屏。

古老的百家塘有上斗门和下斗门。从下斗门进入后，首先映入眼帘的是一口形如圆镜、广约1.2亩、终年积水丰盈、泛着阵阵涟漪的水塘。这口水塘接雨储水，不仅被用来养鱼浇菜，而且百家塘人防火用水也依赖它。

百家塘中间是大门，大门两侧的小门、石阶门逐次排开，小门与石阶门之间，各有一座耸立的"钯头"，南北两侧有对称的六个青砖和石灰浆砌成的花式窗户。正中的大门用花岗岩构建。大门上方塑有一匾，上书"进士"两个大字，二字间稍高处有一"试"字，上款为"特授修职郎赣州府安远县儒学副堂加三级记功一次署正堂事"，下款为"黄志道立乾隆三十一年丙戌岁菊月谷旦"。从大门进去就是俗称的"厅厦"，分上厅和下厅。上、下厅之间是天井，两边是厢房。上厅正面设有神龛，里面肃穆地供奉着江夏堂黄氏列祖列宗的牌位。底端是志道公之子"四望""四敬""四秀"三位的牌位。神龛上方悬挂着镌有"常裕堂"三字的匾额1块。"常裕堂"是百家塘的堂名。

据统计，百家塘共计有厅堂13处，厢房2间，卧室、厨房等正屋121间，另有厕所、灰间、畜栏等杂屋55间。全屋有纵横交接、长短不一的巷径及其他通道24条，大小和形状不一的天井21口。以上占地5300多平方米。屋舍的特点是：结构对称，区划分明；公私空间，错落有致；前后左右，路经通达。

屋场后墙略呈弧形。墙边是一条行人甚多的乡道。由此路往南可通上、下湾和崇义，往北可到石溪、五指峰和湖南桂东。路旁是一条水圳，常见汩汩清流。屋场右后方30多米处有口水井，口径2米，深约6米。井水四季清澈，味颇甘甜。

另外，百家塘还有较好的人文环境。营前是上犹县文风较盛的地方之一，而百家塘正处营前的中心地带。此地昔日有贤哲卢光稠、王阳明开设书院，广施教化，其流风余韵，经久不衰；近代兴办的"西昌""浚灵""新民"三所鼎足而立的小学和当今的营前小学、营前中学就在附近，学生歌唱、诵读之声，不时随风入耳。昔日临河而建的老墟和20世纪50年代后期迁建的新墟都是相邻省、县边境贸易的重镇。全镇政治、经济、文化、交通的中心就在镇上，近在咫尺。十里八乡的屋场都是诗礼承传的耕读之家，且有德业卓著，名闻遐迩的佼佼者。

三、营前老圩

"头唐江，二营前"是旧时赣南对商贸重镇——营前的美称和真实写照。

营前老圩地处云水河边，地理位置优越，周围乡村人口稠密，辐射面广，有较方便的水上运输队——营前竹筏。

由于没有公路，陆上交通不便，从营前到上犹得步行80里山路，耗时一天。陆上运输都靠肩挑，营前圩有十数人长年从事肩挑工作。

营前老圩是边陲数十里的重要集市，有些小圩场，如黄沙坑、鹅形、湖南桂东附近集市、崇义的金坑、思顺的商人、小贩都在营前圩批货，营前每至圩期都人山人海，逢年过节更是挤得水泄不通。好在营前老圩店房宽敞，有10多间大店，一般的店均有10多丈长的两层楼房，圩场按坐八人方桌计算可排下100至200桌之多。除店面做生意外，店里面有空坪，有水井，有的还有花园。例如昌生利广货店、中原茶社、道生油行、太生昌纸行、犹记、兴华、广益兴、兴昌泰等南货店以及万春园茶馆等，这些都是有名的大店铺。

营前逢圩时还有一个特色，就是地方小食遍及街头巷尾。营前圩一贯生意兴隆，往来客商很多，生意人都讲究信誉、公平交易。圩日经营时间长，特别是十一二月掌灯时分还未收摊，许多买卖人回家时都到南货店买几枝牛油烛，一个油纸扎灯，打着灯笼回家。

营前圩由于店房宽大，又靠近云水河，夏凉冬暖。有一座通往上、下湾和连接崇义一路的紧锁云水的大桥，桥头即是有名的新民小学（后改平富小学）。每至夏、秋傍晚，桥边与桥墩上钓鱼谈天的人很多，因水深适度，不会有危险，夏夜在桥下洗冷水澡或玩竹筏的人更多。

圩的东头是县内著名的西昌高级小学，学校参加县里的各项比赛经常名列前茅，奖旗挂满厅堂。

营前老圩的西街街头约 20 米处的路边，以及万寿宫西边墙，各有一座字纸塔，造型如宝塔状。塔的正面有一竖匾，上书"敬惜字纸"。塔腰设炉膛，留一宽阔方形口子，可将字纸从该处倒入中空的塔身内。营前街上商店及家宅用过的字纸，即使已成废纸了，也不可以随地抛弃，须备字纸篓盛存，放满了以后送至"字纸塔"，把字纸从炉膛上端的口子倒入塔内，以易燃物将塔内的字纸点燃烧成灰烬。

营前老圩的少年儿童都懂这两个不成文的规矩：一是爱惜粮食，二是敬惜字纸。谁要是任意糟蹋粮食，就说会被"雷公打"，吃饭的时候，若没有将饭碗里的饭粒扒干净，人们就说其会变成"麻古"。凡有字的纸屑，谁要是乱丢，人们就说他会变成"瞎子"。孩子们不小心将地下的字纸踩了一脚，都会赶紧捡起来举上头顶旋转几圈，然后点火烧掉，或投入字纸篓内。

四、九子寨

今日的九子寨在清康熙年间，是一处无人涉足的蛮荒之地。这里群山环抱，古树参天，獐麂奔跃，鹰鹤翱翔。九子寨的拓荒者，是今九子寨刘氏的共同祖宗刘思贤。清康熙五十六年（1717 年），刘思贤由原居地广东兴宁县水口镇盐米村举家外迁。他首先来到江西省吉安府泰和县的一乡村之河畔搭建简易住所，居住为时两年。因遭水灾之患，转迁赣县，亦立基于滨江之地，居住仅周年之久，又因水患，于康熙五十九年（1720 年）再迁至上犹县营前龙下石鼓坝。在此期间，刘思贤经母侄何伯龄指荐，又迁往象牙的沙田坝，此地亦为河滨之地。近几年的两次水患，对于刘思贤来说可谓挥之不去的梦魇。故此，在居住年余之后，时值康熙六十一年（1722年），刘思贤又举家迁往离沙田坝有六里之遥的一个山寨，即现今的九子寨。

清康熙时期的营前，人口并不稠密，刘思贤在此拓荒之后，人们便称这里为"思贤坳"。在兵荒马乱时期，这里曾广纳宗亲栖避世乱，成为理想的避难所。在清乾隆年间，来此地聚居避难者甚众。有一天，山寨竟然喜添九子。这般千载难逢的大喜之事，族长者欣喜万分，遂将"思贤坳"改名为"九子寨"。

五、万寿宫

万寿宫位于营前老圩中心，是一座砖木结构宫殿式的宏伟建筑，全宫占地面积约4亩，它由杨合顺倡建于光绪八年（1882年），为历朝军政文人聚集场所。

宫门堂皇壮观，门上面正中嵌有金箔"万寿宫"三个大字的竖匾，门两边有楹联，镶有八仙浮雕图案。大门两旁还蹲有一对雄伟石狮。

宫门内有戏台，台侧有酒楼，各有长廊直通大门，回环曲径。戏台对面是宫殿式的大厅，厅内由四根大柱直擎组成。各有楹联，厅内金碧辉煌，浮雕夺目。栋宇翘角飞腾，琉璃滴翠，风铃报晓，金鸡踩栋。厅正中有"崇礼堂"三个大字。

启厅两侧门，迈步进入中厅，迎面可见一尊大佛许真君神像（许仙），内有花园，碧兰献瑞，株兰吐香，百卉争艳，四季如春，别有洞天。

六、蕉里村

蕉里村位于营前镇东南方4千米的地方，它东与水岩乡井子村为界，南与崇义县杰埧乡相邻，西与下湾村为伴，北与云水河（蛛岭村）为界，总地势呈东南高、西北低的走向。

蕉里村的由来，历史悠久。古时，蕉里住着五户焦姓人家，其上村住有三户，下村两户，所以，上蕉与下蕉就由此叫开了。蕉里村在中华人民共和国成立前隶属平富乡第七保，后取名时不好叫上蕉也不好叫下蕉，当时第一任乡长就取名为新华乡。1971年，县民政局工作人员指出营前新华和寺下新华只能留一个，经商量后决定保留寺下新华，营前新华便更名为蕉里延续至今。

1961 年，按照上级指示将新华大队调整为两个大队，另设一个蕉里大队，直到 1968 年扩社并队时蕉里即与新华合并为一个大队叫新华大队，1969 年龙门公社解散，便将井子大队并入新华大队。1973 年恢复龙门公社，井子又归属龙门公社。

七、大龙山上方竹

营前蕉里村有一座大龙山古寺，始建于清康熙年间。这座寺虽然建在深山，但规模宏大，不仅飞檐翘角，金龙蟠栋，金碧辉煌，寺两侧还建了东楼和西楼，寺四周古木参天，寺的溪边生长着茂盛的竹子。

这片竹林长得与众不同，竹子上半截是圆的，下半截是方的。更奇特的是竹子夏季生笋，笋大鲜嫩，别有风味。

关于竹子的由来还有个传说呢。相传有个孝子，三岁丧父，与母亲相依为命，他对母亲奉养周到，但母亲因操劳过度，卧床不起，孝子到处请医调治，端药送汤，百般周到，无奈母亲却没有一点食欲，无论儿子做什么饭都难以下咽，却独想吃鲜笋汤，而此时正值夏季，新笋已长成绿叶婆娑的竹子，哪里去找鲜笋呢？

孝子一心期待母亲病体早日康复，冒着酷暑来到大龙山拜佛，为母亲祈福。

和尚被孝子感动，站在寺门前将手中的筷子一扔，插在溪水边，很快筷子长成了竹子，生成竹笋，孝子取笋回家，奉母煮汤，母亲的病果然痊愈。这竹子的模样和筷子一样上圆下方。

八、仙人岩

伯公坳位于营前与五指峰的交界处，两面有崎岖的山，高高地耸入云霄。坳中间有一条河，清清的溪水哗哗地流着，是石溪河的上源。

这石山，相传是几千年前被仙人背到此处。从此，这山就名为"仙人岩"，山洞为"仙人洞"，还有一块大石头为"撑腰石"。撑腰石位于石溪村尾老路上坡处的路旁，现在还稳稳地立在那里。传说，过路人路过这里时，折根三四寸长的棍子，撑在石缝间，就不会腰痛。过去挑担的汉子撑了棍子，腿就有力，担子的重量能减轻。

仙人岩有两个大山洞，都位于仙人岩的半山腰。较大的一个洞，从洞口看去，有丈来高，一丈多宽，一丈多深。再往里走，只有一个只限一个人爬进去的洞口。曾经有人扒在洞的小口，用手电照洞内，而手电光照不到洞的尽头，因此，也不知这洞有多深，只看见地势渐渐向上。传说这洞通到上犹的油石，又传说通到遂川，还传说通到湖南。到底能通到哪里至今还是一个谜。另一个山洞，位于大山洞左上角，远看洞口有三四尺宽，观洞口，只见地势渐渐向下，最近有人发现，这里还有几个进出的小洞口。

大山洞口修有一古寺，古寺至公路大约有 100 多米的距离。寺内有浮雕佛像，当地群众来这儿进香、观景，丰富了客家文化。寺周青山绿水，风景优美，空气清新，别具风味。

九、九厅十八井

由中原南迁的客家人有着独特的文化。其民俗、民居、饮食、服饰都很有特色，而最富特色的莫过于客家民居了。通过中央电视台等传媒，我们看到了福建永定县的圆形土楼，也看到了江西龙南杨村乌石的方形围屋。而江西上犹县营前镇下湾村亦有一座大屋场名闻遐迩，引得不少专家学者前来参观考察。这座大屋场就是"九厅十八井"。

"九厅十八井"为清朝黄志标所建。黄志标才识超群，勤俭治家，且慷慨好义，乐善好施。他 38 岁时开始着手建造"九厅十八井"。他请人筑了三个砖瓦窑，请师傅专门烧瓦。40 岁那年春天，他专程去丰城地区请来石匠、木工、泥工，回来后开始勾画图纸，砍伐木头，开山打石，填平基地。乾隆三十六年（1771 年）冬，"九厅十八井"开始兴建，历时三年，乾隆三十九年春（1774 年），规模宏伟、构造新颖独特、远近闻名的"九厅十八井"终于大功告成。

"九厅十八井"，顾名思义，就是整座房子有九个厅堂、十八个天井。

"九厅十八井"靠山面水，坐东朝西，屋背后林木葱茏，风景如画。整栋房子飞檐画栋，气势宏伟，远远望去，威严深邃。"九厅十八井"是客家人重视宗族团结、和睦、发达的象征，称得上是客家民居文化的珍品。

营前客家古民居——九厅十八井（钟芳亿 摄）

十、合河村

合河村位于营前镇西部石溪河和平富河交汇处，是山段相互隔连的丘陵山村，面积约 14 平方千米，东南与蛛岭上湾为邻，西连平富乡庄前村，北倚新溪村，由陶光子、黄垅、画眉龙三个自然村组成。

在过合河桥达合河村的路上，有一座形似蜻蜓的小山，清乾隆年间钟明阳携四个儿子等从广东兴宁冈背返迁到今所在地，于蜻蜓形山左翅南侧坡地上立居。初到时，这里一片荒芜，他便率子媳等垦荒，不止耕田种地，为了生计，他还在平阔的冈顶上种了一片易种收获早的山桃，后来人便称这里为桃村。生活安定以后日子见好，钟明阳又在蜻蜓形山左翅南坡顺坡势筑起了营前唯一的一座长 50 余米的龙窑，烧制的陶品销势甚好，声誉远布，久而久之人们又称桃冈为窑冈，1949 年后，合河被改名窑顶大队，今又更名为陶光。

十一、石溪村

位于营前镇西部 2.5 千米的石溪村，又名叫"石街洞"。其东接军田，西连五指峰黄沙坑，南靠庄坑，北邻洞头。全洞原有五个大队（石溪、新溪、王龙、长龙、新阳），今划为两个大队（石溪、新溪）17 个自然村。石溪村四面环山，赣州至湖南桂东的公路从村中经过。石溪村与五指峰国家森林公园毗邻，洞尾至热水温泉仅有 2 千米左右的路程。

石溪河穿村而过，此河发源于五指峰，经夹河、黄沙坑、沙河坝、伯公坳峡谷进入石溪村，溪水出水口后，经军田与平富河在合河汇合，进入云水河，流入上犹水库。

据村民们说，河流原靠近南山，蜿蜒曲折而行，水浅石多，巨石横卧，先民把这条河叫石溪河。当时的客家话"溪"不读 xī（西）而读 hāi（嗨），现在营前还有这句俗话叫"船多碍溪"（溪的读音仍为"hāi"）。石溪洞读成了"石嗨洞"。"嗨"与客家话的"街"（gāi）接近。村民后来从水口庙一路到洞尾都用河石铺砌成一米宽的石阶路面，这石阶路直到通公路后才逐渐消失。

第八节　紫阳乡

一、青公山

在上犹县紫阳乡的背面，有一座山叫青公山。青公山的峰顶叫安子脑，这里立有一块三角形的界碑，碑上刻有上犹、南康、遂川三县的县名。青公山海拔 568 米，山的背面归遂川县禾源镇珠田乡管辖，东面归南康区隆木乡管辖，南面则属于紫阳乡管辖，是一脚踏三县之地，如果遇上风和日丽的日子，在峰顶可以看到遥远而美丽的赣州城。因此，一直以来，青公山是三县村民的一种力量凝聚，也是其精神象征。

青公山脚下有一块 3 米见方的大石头，形似猛狮，人们称之为"狮子石"。

二、秀罗村

秀罗村位于上犹县紫阳乡，古属南康管辖，明正德年间属崇义县管辖，直到 1947 年又划归上犹县管辖至今。

王永兴于宋崇宁年间从赣县下丹（丹溪）迁徙至此，见此地青山绿水，松荫竹茂，一条清澈的溪流穿村而过，十分适宜居住，便取名秀溪，遂率族人在此用木马、石块筑寨辟地建房，垦荒种田。后来有王均财从遂川迁入，曾姓、林姓、陈姓、田姓、许姓、刘姓人家也陆续迁入。

既称"秀溪"现在又因何名"秀罗"？其中有两个说法：一是因这里青山罗抱，中间一盆地，地形像箩，故名。二是明末时，王氏族人有个手艺高超的篾匠，他能编织各种精美竹器，尤其是他编制的箩更是经久耐用，且价钱公道，拿到集市上去很快就卖完。秀溪的箩成为抢手货，每到收割季节农民都要买秀溪的箩，于是"秀溪的箩"逐渐叫开了。人们为了省事就干脆叫秀箩，后又将其写成秀罗。于是，秀罗就代替了秀溪。

两种说法到底哪种更确切，已经无从考证，或许是两种兼而有之，慢慢演变而成的吧。

三、店背

关于"店背"这个地名的由来，一直流传着这样的说法：相传，明朝时期，朱元璋携军师刘伯温微服出访，查询贤良，兼观景色。一日经过一个地方，但见一片绿意之中点缀着几十个农家小屋，依山傍水，炊烟袅袅，羊肠小道，绿草茵茵，牛肥马壮，是个鸟语花香。民风淳朴之地。当时，一个后生在田地里干活，朱元璋上前亲切地问道："老表，这地方叫啥名字啊？"那后生一怔，很有礼貌地笑道："先生好，这地方没有名字，就叫乡下吧。"朱元璋听后说："这么好的地方怎么能没有名字，军师看看起个什么名字好？"刘军师一听，不敢急慢，赶忙登到一高处，放眼望去，随口说出："广去黄进占（店），北月紧相连（背），随都（指赣州府兴旺发达）同进取，春岁（立春节气和春节刚好合在同一天之时）候荣燕。"意思是等到百年以后，有一天会碰到立春节气和春节同一天的时候，这个地方就会兴旺发达起来。朱元璋听后大喜，遂赐此地名为"店背"。

四、莲花山

在紫阳乡高基坪村的东北面有一座莲花山。此山与南康坪市接壤，周边雄山拱卫，秀峰突起，山形奇特，状如莲花。

传说远古时期，此地为大湖，湖内盛产莲花，且花期长，可延至重阳，蔚为壮观。有一年中秋的月圆之夜，微风徐徐，皓月当空，月宫嫦娥乘兴游玩，当看到大湖成片的莲花盛开，不禁伸出拇指赞道：美哉，壮哉。然后又叹道：只可惜大湖的莲花离月宫遥远。随即，嫦娥伸出玉指向大湖一指，瞬间，湖面长出两朵高耸入云的并蒂莲花，高大奇异，美丽无比，花香怡人，盛开不败。一时间，方圆数百里的才子佳人成群结队涌向大湖，观赏莲花。花前月下，情意浓浓，久而久之，大湖自然而然地演变成莲花湖了。

莲花湖的美景变成了人间仙境，吸引着四面八方的人前来观看。也颇受天仙们的青睐。有一日，天空万里无云，莲花湖上升起了彩虹桥。只见两个神仙驾着彩云飘落至彩虹桥上，又从彩虹桥飘落至莲蓬上，并摆开棋盘对弈起来。正当仙人渐入佳境，杀得难解难分之时，忽闻天庭金锣急响，仙人无奈，只得依依不舍地奔向天庭。匆忙之中发现棋盘子丢失，遂托白龙代取回来。白龙到此，看到人间仙境，美不胜收，尽情嬉戏在莲花从中。白龙在游玩中发现有小虫侵蚀莲花，便请金鸡、青蛙来捉虫。于是，莲花越长越茂盛，越开越鲜艳。年轮更替，不知过了多久，因地理、气候变化因素，湖水慢慢干涸，两朵莲花变成了大山——莲花山，棋盘变成了方坪，棋子变为白石子，被虫蛀过的地方变成了岩洞。

南唐时，村人在莲花山筑山寨，成为莲花寨。后人有人在此筑寺庵，曾盛极一时。现在莲花山周围还留有老庵里、白石坑、金鸡潭等地名，都是由莲花山的传说演变而来的。

五、上佐下佐

民间传说当年朱元璋打下赣州后，军师刘伯温认为赣州城双江汇合，人杰地灵，是一个山灵水秀的风水宝地，要是能把住水口就更完美了，于是就请杨筠城进湖广赶山。当杨筠城把油石嶂、瓜子岭赶出来时，后面一群形似狗、似牛、似马的小山，也一路悄悄而来。天蒙蒙亮时他们来到距赣州不远处，杨筠城问一位老人这里是什么地方，离赣州还有多远。老人答道："此地叫湖头，快到赣州了。"大山们把湖头误听为"无头"，心里一惊，心想还没到赣州就"无头"了，等到了赣州该不会连尾巴都没有了吧，这还去得了吗？大山赶紧后退几大步，这时天大亮了，大山不能走了，变成现在形似"瓜子"的"瓜子岭"。一同跟来的小牛、小马、小狗也吓得争先恐后地拼命往前奔跑，小马跑得快些，上到山上了，小牛跑得慢点，其中两脚变成了两个小山咀留在山下，山咀似牛爪，一爪在水之上的地名称"上爪"，另一爪在水之下地名称"下爪"。

后来年长日久，大家觉得"爪"字不雅，认为有牛有马还得有人爱护它，所以，在"爪"字旁边站个人，就演变成现在比较人性化的地名上佐、下佐了。

第九节　水岩乡

水岩乡位于太乙圩，距县城 39 千米，东南与梅水、双溪、营前毗邻，北与五指峰的双宵村接壤，近临陡水水库，从上犹至营前的公路经太乙圩穿过。

水岩乡的由来还得从原金盆乡、龙门乡的撤并说起。

金盆乡的得名有二：一是传说石断村梁屋门口大石上有一金质花盆，在清咸丰年间被乱兵取走，石上仍留有痕迹，故取名叫"金盆"；二是1931年，在此联村建立了营前片第一个乡政府——金盆乡乡政府。1949年后，仍沿用这个具有历史纪念意义的乡名。1985年年初，因省内同存两个龙门乡的缘故，接上级通知将龙门乡撤并到金盆乡。

龙门乡并入金盆乡后，金盆乡原有4个村的人口不足全乡人口四成，太乙的8个村人口占了八成。这样，老金盆乡的地域就显得太不中心了。对此，经县政府多次考察研究，决定不再沿用金盆乡之名，而用水岩作乡名。水岩乡小地名位于原龙门乡东山脚下，虽然距离太乙较远，但它因有清泉涌出而闻名于世，故取此名，寓意深远，属性自然，这对全乡一半以上库区移民来说，也可悠然对故地产生一种眷恋回归之情。乡名确定后，选定太乙圩傍为建乡地址，经2年建成后，于1998年迁入使用。

水岩乡有12个行政村，近30000人口，乡民的经济来源主要靠农林种植业、水产养殖业、以及旅游业等。

一、狮象把水口

百里犹江的中段，即著名的阳明湖，湖区绿水青山，风光旖旎，美不胜收。

你若乘船自西而东，过了十二排、狗尾岭，来到水岩浊水与梅水窑下接界的水面，感受定会迥然不同：先前昏幽狭窄的湖面变得豁亮开阔、空旷辽远；刚才是高山峻岭，现在是矮山孤岛。这里原有一个既幽雅又给人以丰富想象的地名——雁荡里。远处水口，一座南北走向的大山屏障般横亘于水天之际。山脊平展，不见峰峦。它的北坡上缓而下陡，南坡则上陡而下缓，最后竟没入湖中去了。这便是象岭。在山腰处有几个小山窝、小山沟，还有一条时隐时现的星弧状白石带，神似巨象的头、耳、牙、鼻以及肩胛、粗腿、臀等。

与象岭隔江相对的是一座狮岭。虽然与象岭相比显得矮小，但它气度不凡。它的北端是突兀的悬崖，怪石嶙峋，或黑或白，凹凸错落；古木苍劲参差，或偃卧倒挂，顽强地扎根于石罅间。南坡微隆，逐渐低伸，茅草灌木，杂生其间。

整座山的形貌，活像一头昂首踞坐的雄狮，张口瞪眼，与象岭一起踞险而守，却又相安无事。

据专家分析，狮、象两岭本属同一座山，雁荡里原本也是湖。远古的地壳运动使山断裂为二，湖水得以从断沟泻走。断沟在地动的持续作用和江水的冲刷下逐渐沉降，形成峡谷。沧海桑田，雁荡湖也演变成一马平川，继之以沃野千顷、又继之以现在看到的一汪湖水呈现。

20 世纪 50 年代上犹江水电厂大坝蓄水前，水口河床可见断崖，流水落差几近十米，有瀑有潭，谓之"琴泷"。因瀑声轰隆，经两岸峭壁反复散射，回声悠悠，远听像琴声，故有此名。狮象把水口又名琴泷口、琴泷涧。

泷上有单孔石拱桥一座，横跨狮、象两岭之间，相传为梅水东坑村吉姓财主所建。桥长约 43 米，宽约 5.5 米，略去两头上下桥的石条阶梯不计，桥面可横排开 12 张晒谷簟（一般的晒谷簟长 4 米，宽 2.5 米），两边还可余两尺宽（约 66 厘米）供人过往。

琴泷口地势险要。古时上犹县城至营前只有一条沿江而上的大路可通，途中要经过几处峡谷深涧。

电站蓄水至今已六十余载。据考察，琴泷石拱桥深藏不露，完整如初，即使冬季枯水严重时，桥面距湖面也有 20 余米，不影响船舶通行。

距"狮象把水口"南面约千把米，是赣南树木园；北面约 300 米处是赣犹窄轨铁道小火车站，再往北约 800 米是小圩镇窑下。欲览"狮象把水口"风光，水路、陆路皆可通达。

二、鲤鱼岭的传说

上犹县水岩乡举望的村口，有座碧波荡漾的陡水水库，平静如镜的水库之中，有座酷似鲤鱼的小山岭，人们称为鲤鱼岭。鲤鱼岭还有个动人的传说呢。

据说鲤鱼山下曾住着个孤苦伶仃的青年，虽家境贫寒，但他身体强壮，力大无比，为人忠厚，长得也一表人才。他姓吴名子，祖父和父亲均是朝廷命官，因刚强直谏，得罪了奸臣，被罢官回乡，后又被奸臣派人烧毁房屋，一家人均葬身火海之中，他因外出做生意才躲过一劫。因无处栖身，他才在鲤鱼山下搭草棚暂且安身，平时靠上山伐木砍柴度日。

一个风和日丽的日子，吴子在街上卖完柴火后，走进市场去买食品时，见一位渔翁筐里装着一条鲤鱼，说来也怪，筐里的鲤鱼见吴子后，发出"唧唧"的哭声，两眼还滚出晶莹的泪珠来，拼命蹦跳起来，想跳出箩筐。

吴子对大鲤鱼怀着怜爱之情，决定买下放生。

吴子把红鲤鱼背回家中发现鲤鱼遍体鳞伤，于是先在门前那口池塘里养起来，待过一段时间后再捞起来放回云水河。

时过月余，他梦见一少女跪在他面前，一面谢他的救命之恩，一面请求他立即将她放回乌龙江。吴子明白事由后，连夜跳下池塘，捞起大鲤鱼，摸黑送至乌龙江畔，把它放生了。原来，那大鲤鱼竟是乌龙王之女。

五年后的一天，吴子在山上砍柴，忽遇一头吊睛猛虎，仓皇逃离之际受了重伤，回到家里高烧不止，昏迷不醒。乌龙王之女鲤鱼公主得知消息后，为吴子洗伤口、涂草药，灌汤喂饭。吴子的病很快好转，他恳求她留在人间，同他结成伴侣，公主答应了他的请求。

乌龙王知道鲤鱼公主私奔人间，火冒三丈，派了龟大臣前来要她速回龙宫。鲤鱼公主不愿意离开吴子，乌龙王听后举起宝塔，口念咒语，把两人化作两座石山，高的一座叫桃岭，矮的一座叫鲤鱼岭。如今鲤鱼岭已成为陡水湖上的一个小岛，人们在高处可望见鲤鱼岭与桃岭像一对情深义重的情侣，日夜相望。

三、东山下

在上太线公路的龙门圩旁有一个面积约 1 平方千米的小山村叫东山下。村中水资源十分丰富，泉源点点，一年四季都不会受旱。但村子里的"湖洋田""烂浆田"也有很多，有的"湖洋田"竟有 1 米多深。因此有人开玩笑说："有女莫嫁东山下，湖洋冇到肚脐下。"但这里的村民凭借助水资源的优势，或耕种，或养鱼，勤奋劳动，年年衣食无忧。当年大办农业之时还是全县四十面红旗之一。

村子南北有小山脉环抱相接，西面正朝陡水水库的茫茫水面，最突出的特点是东靠重重叠叠的高山，村子就蜷卧在连绵起伏的高山脚下，东山下村由此得名。

四、下圩

水岩下圩又称龙门圩，圩场建在龙门墩的太乙河两岸。河东以龙门墩为主有百余间店铺，以商贸为主，经营百货副食、饮食、旅店及日杂服务行业等。河西是第五区人民政府、学校、卫生院、粮管所以及聚龙庵等所在地。

龙门圩是客源来自周边 10 千米的农村老表，也有唐江、油石、江口等地前来做商品交易的客商。

但水岩下圩又是怎样得名的呢？这就又要从东山下说起。东山下村的地下水资源十分丰富。满田满墩到处是泉源，流水潺潺，尤其在村山脚下的一块大石岩下有一股泉水，水流如桶，喷涌而出，日夜奔流不息，灌溉着千余亩农田，所以，当时大家就把这股喷泉称之为水岩。后来在离水岩 4 千米处所建的这个圩场就被自然地称之为水岩下圩了。

五、鲤跃龙门

"鲤跃龙门"是龙门八景之一。太乙河从水岩圩穿流而过，把圩场分为东西两区，东区以商贸集市为主，西区以事业单位为主，两区中间有一座 50 多米的高桥横江而过。在离大桥 100 米左右的河中间有一段长约 15 米的石浪露出水面，似一条大鲤鱼在浪花上翻滚，"鲤跃龙门"因此得名。

传说以前不管河水涨得多高，这"鲤鱼"都不会被淹没，水涨高一点它就会浮高一点，后来被一个云游而来的仙人发现了，他说："这是一条鲤鱼精，一定要把它镇压下去才不会在地方上作恶。"因此，就在接连这条鲤鱼的西区岸上点石成庵。这个庵就是聚龙庵，庵前还搭建了一个戏台，戏台上的匾额题为"文昌阁"，当时唱戏或集会就在这里。从此以后，每逢春天无论河水涨多高这条鲤鱼再也浮不出水面了。

六、七星村

在上犹县，尤其对营前人和水岩人说来，七星这个地名大家都不陌生。七星是一个大村庄，自古就有一定的政治、经济、文化地位，这里的人们也掌握着各种传统手工艺，如银饰、阉割、武术、造纸、吹笛、弹棉等，集工、农、商、学、兵、道（道士）于一体。村庄由似北斗七星的七个大墩组合而成，故取名七星。大乙河上游北至太叶（今太乙），顺水而下，一河两岸，南连雷溪（今营前镇梅里村雷公陂），西山隔坊，东接横洞，是一墩平坦、富饶的良田沃土，五谷丰硕，山清水秀。

1949 年后，国家在陡水建设水电站，号召移民搬迁。为积极响应号召，时有几百人的村庄于 1955 年一疏而散。当时刘氏家族大部分迁往紫阳狮形、营前石溪；胡氏后续迁紫阳元溪、洋牙塘立居，部分留守，后靠安置。

而今天的七星村，旧貌换新颜，东面绕库建起了一幢幢高耸林立的漂亮新房。

七、鹅岭古杉

太乙圩东面 4.5 千米的地方有个自然村，村中原有 75 户人家、386 口人。村侧有座山好似鹅，更为奇特的是村中小溪有两个脸盆大小、椭圆形的麻石十分像鹅蛋，所以，人们叫这个地方鹅形岭村。鹅形山的山头有棵清嘉庆年间留下的古杉，曾吸引不少游人前来观看。

古杉已近 300 岁了，它还是那么郁郁葱葱，30 多米高的树干，4.3 米长的树围，重重叠叠的枝丫好似一把擎天华盖。古杉仍像一位巨人高高地屹立在鹅岭山上俯瞰着上万亩杉木子孙。

八、太乙村凉桥

太乙圩北端有一座古老的双拱石拱桥，桥长 30 米，宽 4 米，高 8 米，桥身由工整的长方体花岗石筑砌而成。当你走近桥头，可以看见桥身西侧面已被多年生长的络石藤、爬山虎等藤类植物披覆。它像村中一位任劳任怨的老人，年复一年不动声色地为过往行人、车辆提供顺畅、便捷的服务。

当地人都叫这座桥为凉桥。据传是由本村的一位甲戌科翰林陈存懋先生于清同治年间（1874 年）带头倡议筹集资金、人力，历时 3 年建成的。初建时，桥面两边用三合土（俗称"石灰泥"）毛石砌墙，上面盖瓦，整座桥面可以遮阳、避风、挡雨，故称"凉桥"。

据村中老人描述，由于年久失修，八九十年前，桥面上的建筑构件已渐渐坍塌，凉桥已不再"凉"了，好在桥的功能仍在，照样可供行人、牲畜通行。

九、船形罗屋坝

船形罗屋坝位于上犹县城西北约 40 千米的水岩乡太乙村的中段，东、西两侧山峰和北面三流合一的太乙河绕成一个大半圈紧紧地拥抱着这个地方。这里有两个村民小组，共 41 户 238 人。船形罗屋坝地名的来由，记载着这里的客家人——罗氏先辈们一段绝地求生、艰苦创业的极不平凡的历史。

据上犹县及罗氏家谱记载，清朝康熙初年，广东兴宁一带战乱频发，罗氏先祖拖家带口，随着逃难的人流艰难地北迁求生。全家辗转数地，罗氏先祖不久抱病身亡。数年后，其妻曾氏带领全家，继续向北迁徙到了太雷隘太叶下的地方，就是现在的太乙村。当时罗氏母子人地生疏，无处立足，又不敢造次，一家人风餐露宿，生活凄然。罗氏母子将行李家什放于路边高处，将脚下的一堆石坝理出一块平地，便在此搭棚驻足，露宿过夜。此后罗氏母子决定在这个地方创业安家。罗氏母子硬是把他人敬而远之的地方开拓出一片片平整的农田，在这片土地上建造了自己的房子，安下了家。从此，脚下的那块坝子及相连的这片土地，就被称为罗屋坝。

一代又一代，罗氏子孙在这个地方繁衍生息，守望相助，勤俭持家，实干创业，修建了罗氏祖祠，家族日益兴旺发达。罗氏家族创业的足迹遍至营前、南康、崇义、大余、遂川草林、广东南雄、浙江等地。更令人称奇的是建在罗屋坝中心位置的罗氏宗祠——"船形屋"。

1960 年太乙村遭受百年一遇的大洪水，整个村庄成了一片泽国，新建不久的太乙乡政府及众多民房均被冲毁，而"船形屋"祠堂却安然无恙。

十、草鞋耙

草鞋耙原名"操弦坝"，位于太乙圩正北方向 4 千米处。它三面环山，中间一盆地，自成村落，土地肥沃。因村东西两侧的山峰及村中祠堂前一块沙田形状酷似一种水中爬行的小动物，当地人习惯称之为"草鞋耙"，村子因此而得名。

明末清初，田氏始祖田赐业携眷属由广东兴宁县迁入，并建一祠堂，形有"飞凤衔书"之象，古往今来田氏宗族人才辈出，有进士、邑禀生、武广生、太学生、国学生等。

为激励后人勤学苦练，立志成才，清朝后期田氏族人在东边山上堆成一座高 10 米、直径近 10 米的"文峰"，共挑出了土方几百方，从远处便能清楚地看到。草鞋耙"尚文"风气浓厚，人杰地灵。

十一、布坑

布坑原名"富坑"，地处大乙圩的北面约 4.5 千米处，是个四面环山、风景秀丽的小山村。明末清初，田氏始祖由雁门关辗转于河南、广东兴宁五华乡再迁入高兴村草鞋耙。

田氏族人重视教育，家族中多人考取功名，子孙发达，有良田千担以上。田氏家家户户以织布、造纸为业，财富丰足，衣食无忧，富甲一方。因此，人称"富坑"，又因后来家家都织布，又称"富坑"为"布坑"。

清末民初，政府腐败无能，社会动乱，使得民风堕落，人民生活由富变穷，村中面貌由盛变衰。

中华人民共和国成立后，在党和国家的领导和关心下，布坑人民重振雄心，勤奋努力，劳动致富，因地制宜，靠山吃山，科学规划。特别是改革开放后，布坑人通过劳务输出、办厂等，逐步摘掉了贫困的帽子，生活有了明显的好转，现在正向着小康的目标快步向前迈进。

十二、落马坳

落马坳原名为跑马坳，位于横岭村的杨梅组域地，在犹营公路上江线东侧几条窄长的山坑里，是块跑马射箭、舞枪习武的好地方。相传，原附近乡民常聚集此地跑马射箭，练习武功，由于时常有马匹起落，故称"落马坳"。

十三、苏峰

卢光稠是本县双溪乡芦阳村人，出生在唐僖宗年间，在其青壮年时期，正值朝廷腐败、民不聊生、各地农民纷纷起义之时，卢光稠也联合其表兄谭全播，招兵买马，筹办兵器粮草，组织起义队伍。

卢光稠不仅是个能征善战的出色将官，而且是一个富有远见卓识的思想家，他提倡办学校、育人才。有一天，他来营前视察政务时，走到金盆一个叫水岭庄的小山村，见此地山川雄伟，风景优美，村落幽静，民居稀少，是个宜于办学校的好地方，于是他责令随从官员用最短的时间建起了"大傅书院"，培育了一批批文化人才。从此，水岭庄改为了书峰。中华人民共和国成立后，经村民决议，将书峰的"书"改为"苏"字，如此，便形成了如今的苏峰。

苏峰风景秀丽，被座座小山簇拥着，被淡淡的云雾萦绕着，其峰顶犹如排排刺向云天的笔尖，书声琅琅，文气浓郁，确实是块人杰地灵的风水宝地，以至收录进了营前的《八景诗》之一——"苏峰毓秀"。后人赞颂说：大傅书院紫气绕，路小山高雾雨飘；克艰办学逾十年，治国安邦桃李报。

十四、横岭村杨梅坪

杨梅坪位于犹营公路上江线西侧路脚下，与营前古镇相邻，因旧时地势平坦又种有大片的杨梅树而得名。

是谁开拓了这块地？历史的回答是开拓者——廖学邱。廖学邱童年时代随其父廖旺海和五个弟弟从广东兴宁迁徙到平富下寨，后又于1668年携家眷迁到杨梅坪。他迁来后，买旧产、垦荒地，经过几年的奋斗，终于把从前一大块杂草丛生的荒草坪开拓成十几亩的大平地，接着种上大片的杨梅树和少数青梅、桃、李、松、杉、竹木、奇花、异草，将此地建成了一个果实累累、桃李芬芳的花果园，不断引来乡民观赏，从此，杨梅坪的名望也深深印在村民的心中。

第十节　油石乡

一、大小元村

大、小元村位于油石乡西北 15 千米处，东临梅岭村，境内布有高山、峡谷、山地等地形、以水稻种植为主，盛产竹木、油茶。

中华人民共和国成立前，大、小元村有土方庙三座：小元村口的水口庙、大元村东南面的迴龙庙（俗称老庙）和村北面的许真君庙（俗称新庙）。迴龙庙面积不大，为土木结构，但很坚固，红墙青瓦，庙中右侧有一棵四季常青的古树，树高约 10 米，像一把伞一样遮盖了整个庙的栋面。许真君庙，大约建于 1797 年，庙内全部用木头穿凿生架而成，内设戏台、神龛，全用雕刻花板镶衬，有数十对又高又大的木柱头竖立其中，顶住整个栋面，1 米多宽、2 米多高，身穿袍道、头戴纱帽的真君大神的塑像就安放在中堂的正宫上。

大、小元村地处米筛嶂（泰山嶂）北面山间的开阔地，原名杉山背。元朝末年，邓嘉贵从南康迁徙至此，清朝康熙年间陈德从广东兴宁迁徙至此。古时因大元村内出了举人、进士，故称大人村，小元称兰子下，直至 1949 年后才把大人村更名为大元村，兰子下更名为小元村。

二、江西共大上犹分校

1958 年 6 月，共产主义劳动大学（以下简称共大）以垦殖场为基础，先上马后备鞍，很快筹办起来。至 1958 年 8 月 1 日，共大总校和上犹、井冈山、大茅山、油山、黄岗山、云山、南城等 30 所分校同时举行了开学典礼，有学生 11000 多人。

共大上犹分校最初设在五指峰乡，学校创始人邝先玖同志任校长兼书记，随后搬迁到寺下，1965 年又搬迁到油石乡清溪村的花山，第二任校长兼书记为何善词。此时生源充足，教授的科目有林业、农业、茶业、畜牧等，教师 50 多人，学生 1000 余人，是上犹共大最鼎盛时期。这所坚持了 20 多年的共大分校为社会培养了许多优秀人才，许多毕业生已成为该县工农业战线上的骨干。

上犹共大分部——花山共大，其实行多种形式办学，除招收初中毕业生外，还招收有实践经验的青年工人、农民入学，向农民普及科学文化。

三、油石嶂

油石嶂位于油石与梅水两乡交界处，山势峻峭，远望如犹蹲，古称大犹山、犹石嶂。其面积约 8 平方千米，主峰海拔 940 米，是上犹县城周边海拔最高的一座山。

油石嶂是上犹县名的起源地。据清光绪《上犹县志》记载："犹石嶂，在治北三十里，远望如犹蹲，近视如石簰，又名大猷山，县之得名以此。"

四、董公庙

董公庙坐落在油石乡塘角村，是上犹县历史悠久，享有盛名的神庙。明末天启年间，为纪念道教正一派大师——董公，广大信民选址油石乡塘角村建成董公庙，距今 400 余年。清代光绪十九年（1893 年）绘制的《上犹县山川总形势图》中，标有该庙的具体地理位置，赣州市道教协会档案中也存有董公庙的记载。

董公，名光，晋朝人。东晋末年与师兄许真君拜吴猛为师学道，修炼成道教大师，是著名的水利专家。唐朝年间，江西豫章郡等地遭遇历史上罕见的水灾，董公与许真君一道率领百姓战胜了水灾，深受民众的尊敬与爱戴。民间广为流传的神话故事"许真君锁住孽龙精"中，董公曾助一臂之力。唐宋以来，江西各地广大信民建立神庙祭祀董公。

清末战乱，庙宇被焚，后由乡绅杨朝汉等人募捐主修，历时 4 年建成，规模宏大。20 世纪 70 年代，董公庙被拆除，2000 年重建。

五、油石温氏花灯

油石乡梅岭村温屋向来有舞花灯的传统习俗。油石温氏花灯起源于汉代，盛于唐代，到了宋代遍及民间。

中国人迎花灯的习俗至今已有 2000 多年的历史了，全国各地灯式不一，各有流行。由于客家体系方言"灯"与"丁"谐音，故将"提灯""闹灯"视为人丁旺盛的佳兆。梅岭村的温氏花灯也是来源于此，不过，在300多年的历史演变中形成了自己的特色。据了解，温氏花灯是为新生男丁入族举行仪式的象征物。凡是族中新出生的男丁都要进入族谱，俗称"上灯"。"上灯"期间，添丁家庭既要出力协助"龙灯"的前期准备工作，还需要准备果脯、茶、酒等来"闹灯"，以示庆贺。梅岭温氏花灯代代相传，沿袭至今已有300多年的历史，是目前江西省保存最完好、程序最完整的客家花灯之一。

梅岭温氏花灯包括五个步骤：拜祖上灯、游行庆祝、悬挂花灯、聚会畅谈、送神聚餐。温氏出生的男孩于次年正月十六吃过早饭，由其父亲或爷爷抱着，挑着猪肉、鱼、鸡和自酿的水酒等到祠堂叩拜祖宗，祈求祖宗保佑。之后，人们敲锣、打鼓、舞狮、耍龙，闹完花灯后从祠堂直奔河边送神，把贴在龙身上的各种彩纸撕下、焚烧，表示一年一度的仪式结束。

同时，村民将添丁户挑来的猪肉、鱼、鸡等食材做成菜肴在祠堂摆成宴席，席间由族长训话。整套传统仪式对教育晚辈团结、遵纪守法、尊老爱幼、忠厚诚实、勤劳致富、弘扬正气，发挥了重要作用。

第十一节　安和乡

一、网形湾

网形湾位于上犹县安和乡安和村，在陶朱口靠东北方向0.5千米，芦山溪水东侧山弯下。网形湾因村庄背后有一座山，形似渔网，故而得名，现有30多户170余人。据张氏族谱记载，张泽兴在明代中期由营前石溪迁入此地。

二、富圳

黄坑与联合交界处，有个圳原来叫作枫树圳。

相传在很久以前，黄坑村下屋有个肖氏大婆，她公婆因为打麻糍吃发生口角，肖氏大婆去投奔娘家，路过枫树坳，忽然看到一只白鸡婆带崽，看到人来了急忙往地缝里钻。当时肖氏大婆把头上的银簪拔下来往那一插，自言自语地说："如果是我得的财，等我回来时，银簪还在；如果不是我得的财，银簪就会被别人拿走。"肖氏大婆到了娘家，没有提打架的事，吃了午饭就回来了。路过枫树坳时，看到银簪还在，拔起来就回家了。

到了晚上，她和气地对她丈夫说了见到的情况。两人商量好拿着锄头、镰铲，走到枫树坳，在白鸡婆钻进去的地方挖呀挖呀，挖出了三大盆金子，后来在下屋做了三层熟砖到栋的厅子，厅子如今还在。为了纪念这个地方，肖氏请来了石匠师傅，打了个富子哥哥立在那里，还在旁边栽了几棵树。于是人们就把枫树坳改名为富坳了。

三、狗牯打郎

狗牯打郎位于上犹县安和乡车田村，距安和乡乡政府大约 5 千米，坐落在洞下、陂坑、圩上组的田垄中心处。两座小土山一高一矮横立田垄中央，孤独着无依无靠，形状神奇古怪。虽然小土山是座孤岭，可是远眺周围，青山绿水，层峦叠嶂。岭东南有绵延起伏的龙形山、西南有巍峨的梅岭嶂作为大屏障，西北更有野鸡栋的依靠相接。

传说在两座小山之间有个坳，称坳背，坳下住着一户人家，当时人财两旺，曾有着"桶量银子，斗量金"的歌谣。这户人家有钱有势，且非常霸道。田里放水灌溉庄稼时，要是他家要放水，其他人家就不敢放了。就是村里来了个理发师傅，也得先到他家给他家里人理发，否则就会被赶出村子，甚至挨揍。但是好景不长，那户人家越过越不景气，房子被大火烧毁，人也渐渐少了，只好离开村子。于是人们给这个地方取了个绰号"狗牯打郎"。

如今，在上太线公路扩建时坳已被铲平了，当时相连着的两座小土岭也从中间被截开了，从此两座小岭各自孤立。左边的小山靠近大河、梅岭嶂，名叫"老虎岭"，岭背犹如弯弯的眉月形；右边的小山叫"圆岭子"，扁圆如龟背状。

四、蛤蟆石

在安和乡鄱塘村原膝头山左龙里，有一块巨石，石长 2 米多，高 1 米多，像一只蛤蟆蹲卧在一层梯田的中央，前爪撑起，后爪落地，两只眼睛突出像铜钱，注视着前方，嘴巴张得大大的，全身点缀着乳白色的花纹，故名蛤蟆石。这蛤蟆石四面高山环绕，上有梯田，下有水库，它也一直默默守护着村庄。

五、黄坑村

相传位于上犹县安和乡的黄坑村在 500 多年前并不叫黄坑，而叫潼子坑。

潼子坑原住着姓黄的人家，人口大约有 200 人。那时家家户户每年要向朝廷纳税。在纳税的过程中，朝廷发现表册中有几个地方都叫潼子坑。为了避免混淆，确保记载地方的明确，根据潼子坑村中居住的人多为黄姓，朝廷下令把潼子坑村改为黄坑村。后来，黄姓人由于种种情况大多迁至别处居住，邝氏在这里定居下来，慢慢地发展到几十户。那时候，邝姓和留居的黄姓和睦相处，互相尊重，关系十分好。邝姓各家每逢年节或家里杀了猪，都会请黄姓人来吃酒饭，到了年终，黄姓人杀了猪，也会请邝氏来。俗话说：人情搭得楸，退了门前猪屎坵。

再后来，留居的黄姓也迁到别处去了，村里只剩下邝姓人留居，但黄坑这个地名却一直沿用至今。

六、石人坵

相传，在黄坑村村口的大坵田里"长"着一个石人，石人面向村口，手里拿着一把刀。

那时候，黄坑村是远近闻名的富裕村，而村口外的龙氏村却过得很穷苦。多年以来人们总是怀疑黄坑的富裕和外姓龙氏的贫穷都可能与这个石人有关。而"长"着石人的坵田恰好又是外姓龙氏的，于是，龙氏族人请来石匠师把这个石人打掉。说来也奇怪，今天把石人打掉了，过了一夜石人居然又长了出来。明天接着打掉，过了一夜石人又立在了田里，接连三四天都是这样。龙氏没法，只好派人晚上偷偷去看动静，结果竟听见石人说话："唔怕你千凿万凿，只怕笼糠木梓壳。"来人回去把石人说的话对大家一说，于是龙氏发动全族人，每家凑一担笼糠和一担木梓壳，把这个石人重重围住，放火烧了三天三夜，居然烧得石人鲜血直流，大家看到都十分惊讶。石人被烧毁了，从此，田里再也没有长出新的石人来。而这曾经长过石人的垎田从此被人们叫作石人垎，一直流传到现在。

第十二节　东山镇

一、庵背

庵背，在东山镇西南 1 千米处，犹崇公路西侧山下。清光绪年间李氏自油石迁此，因村前山上有古庵，故名。

如今，古庵早已拆除，周围山岗全已夷为平地，县政府出资兴建了 15 幢 8 层的廉租房和经济适用房，解决了城乡许多低收入家庭的住房问题，庵背成了本县市民安居乐业的幸福家园。

二、荡耙岭下的鹞婆石

荡耙岭下在石角头北 4 千米处。清乾隆年间胡效熊自念坑迁来，建房于油石河东岸形似荡耙的矮山下，因此而得名。

在荡耙岭下的山岗上，那里有一块 1.3 米高的悬崖岩石，其形状犹如一只展翅高飞的鹞婆（老鹰），人们看了都称奇特。据当地一位姓胡的 80 多岁的老人说，这块奇特的岩石人们叫它"鹞婆石"。

这块鹞婆石孤零零地立在荡耙岭下的山顶上，它的头向着荡耙岭下，尾巴朝着石坑，饿的时候就张开大嘴吃荡耙岭下田里的谷子，所以，荡耙岭下的农民年年歉收。而石坑却占便宜了，因为，鹞婆的尾巴朝着石坑，就向着石坑拉屎。说来也奇怪，这只鹞婆石拉出的屎变成了黄澄澄的金子，石坑人很快富了起来。

三、登龙塔

登龙塔（白塔），位于上犹县仙人湖畔的东山镇滨江村豪角上组的山顶上，占地面积 13.13 平方米。南安府同知卢洪夏倡议而建，因塔身为白色，俗称"白塔"，后来为了缅怀卢洪夏，又称"卢公塔"。塔身用青砖砌成，棱角六面七层，为楼阁式塔。塔高 20 米，底层外边长 2.2 米，为明代万历年间（1573—1620 年）建造的。此塔饱经沧桑，清朝光绪二十三年（1897 年）重修一次，后又遭风摧雨击，塔身坍塌。2002 年 8 月，上犹县人民政府拨出专款重建，并被列为上犹县政府第一批文物保护单位。

巍然屹立在东山镇滨江村豪角上组山顶上的登龙塔，把仙人湖点缀得更加秀丽。

四、蕉头湾

蕉头湾位于东山镇南河村，离县城 1 千米。因河中水潭边长了蕉树，原名蕉潭湾，后传为蕉头湾。清乾隆年间巫显秀从上埠迁此，享誉赣南大地的中医世家巫振玉、巫振英、巫振瑞就出生在这里。

蕉头湾有一古井，在村口的路边。

古井的上方有棵古木荷树，她像一位情意绵绵的恋人依偎在井沿上，不离不弃，浑然一体，为古井平添了一抹新绿，显得生机盎然。如今村民们在古井的附近建起了小洋楼，休憩歇息，安居乐业，呈现出一派人与自然和谐相处的生态美景。

据村民说，这口井有 100 多年的历史了，养育了几代蕉头湾的村民。一棵树涵养着一口井，一口井滋润了一方人。

五、金鸡龙

金鸡龙位于石角头北 2 千米处、油石河东岸山下。村南侧山嘴头，昔有岩洞，传说是金鸡住的"笼"，后写成金鸡龙。曾广兴于清咸丰年间自双溪大石门分居于此。

六、莲花山

莲花山在盆形岗西 2 千米处，南河水库南岸。邱万四郎于清乾隆年间从广东兴宁迁此。因山岩下的池塘长莲花而得名。原属清湖大队，现为东山镇南河村。

很久很久以前，莲花山是个荒山秃岭，周围是一片黄沙地。每年从酷夏以来这里都干旱异常。这里地势很高，水源不足，山里只有一口井，到了夏季，常常井底朝天，人们吃水比吃油还要珍贵。村里有个无爹无娘的孤儿叫小牛倌，这年伏天，小牛倌在山上放牛，刚走到半山腰，就听见不远处有人喊："救命啊！救命！"小牛倌急忙跑过去，见一位老婆婆躺在一块大石头上，嘴里直吐白沫，跟他要水喝。小牛倌知道这个老婆婆中了暑，赶忙给老婆婆遮荫。然后他跑到山脚下舀来一瓢凉水。老婆婆见了凉水，爬起来一口气喝干了，然后对小牛倌说："孩子，这儿有水。"她指着坐着的石头，"在这里打口井吧！"说完，一转身就不见了。小牛倌感到很奇怪，就在老婆婆坐过的石头上做了个记号。下午，小牛倌上山看牛，就带着镐头、铁锹挖起井来。他一有时间就挖，一直干了七七四十九天，量了量，还不到五尺。一天傍晚，他刚要收工，石头缝渗出水迹来。第二天他再次来到山上，一望山洼里白茫茫一片，走近一看，原来是从井里淌出来的水。小牛倌一口气跑下山，把这个好消息告诉大家，可把人们乐坏了。

说来也奇怪，井里的水还差一尺才能满，可山洼里的水却天天在增多，水里竟长出了水草和莲藕。又过了七七四十九天，莲花开了，人们便把这座无名荒山叫作莲花山。

如今，美丽多姿的莲花山，天蓝、山绿、水清。随着陡水湖旅游的升温，莲花山修了环山公路，拉近了县城与莲花山的距离，莲花山人民的生活好似芝麻开花节节高。

七、清湖

清湖在盆形岗西 6 千米处、南河水库西南岸。清康熙年间邱兆生从广东兴宁迁此。这里初为沼泽地，设人渡，原名烂泥湖渡口，后因水清，河面宽如湖，改称清湖。清咸丰元年（1851年）建清湖圩。

1980年，上犹县南河水电站建成蓄水，南河湖由此形成。蓄水淹没了大量的房屋、道路、良田及林地，清湖村新立组便成为南河湖水库移民后靠安置点之一，从此变成了四面环水的孤岛。得益于《国务院关于支持赣南等原中央苏区振兴发展的若干意见》的贯彻实施，2013年底，通过农户上岸搬迁安置，清湖村委会4个村小组的135户人家彻底告别了"水上漂"和"双渡"的历史。

八、蛇王坑

中稍圩往南走7千米有一个风景秀美的小山村叫蛇王坑，原名"崩沙坑"，后因居民陈蛇王善武艺，精伤科，在本地颇有名气，便以其名为村名。

九、石坑村"舞草龙的传说"

石坑村位于东山镇北部一条较大的溪谷和几条小山坑地带，1949年以前属油石乡十四保，1949年后为三联乡石坑村，1959年为城关公社石坑大队，现为东山镇石坑村。一直以来，石坑村郭屋都有"舞草龙"的风俗。舞草龙的活动最早源于唐朝。唐肃宗令郭子仪按"龙高八尺、龙长九丈"的钦定标准制作龙王，年年春节在宫廷供奉、祭祀。郭子仪按照皇令年年如此进行，起到了"驱妖、镇邪、祈福、求太平"的作用，天下果真太平了。随着时间的推移，这种祭祀活动慢慢流到了民间，不断注入新的内容，如祈丰年、求丁旺、舞草龙等，体现了百姓对幸福生活的追求和渴望。舞草龙的传说就此传开了。

十、万罗岗

万罗岗位于石角头北2千米处、油石河西侧的小山岗上。原居万、罗两姓人家，昔称万罗岗，后称万罗。杨德元于清雍正年间从大余县迁来，史、刘、巫等姓人家继入。

上犹职业中等专业学校创办于1987年，前身为崇义、上犹、南康、大余四县联办的"上犹财会班"，1999年与创办于1984年的上犹职业技术学校合并，

2004 年经省教育厅评估为省示范中等职业学校；2005 年更名为上犹职业中等专业学校；2009 年通过省教育厅评估为幼儿园教师培养工作合格学校。

2015 年 9 月 10 日，上犹职业中等专业学校全体师生以崭新的面貌进驻黄埠镇新校区。

十一、文兴塔

文兴塔（即黑塔）位于东山镇滨江村（原水南村）南山山顶，始建于明代永乐年间，由当时的知县吴谦发动邑人募捐建造。为青砖砌成，六面七层楼阁式塔，塔身为黑褐色，砖叠涩出沿，外边长 2.62 米，对角线长 3.36 米，高约 17.5 米，第二层起每层真假窗相间，2002 年重修，目前保存完好。1983 年被列为县人民政府第一批文物保护单位。

文兴塔建成后，上犹境内的东山书院、永清书院、太傅书院及社学儒教相继蓬勃发展，蔚然文风、人才辈出，明、清两朝共出进士 31 人，还出现李临驯、蔡家玕两位翰林，出举人 68 人，出贡生 451 人。邑人还在文兴塔下建起"凤阁楼"，成为文人士大夫吟诗赋词的聚集场所。古塔见证了上犹人击壤而舞、追赶日月的史诗壮举。

十二、虾公形

虾公形位于石角头北 6.5 千米处，犹营公路北侧南下。黄启九于清乾隆年间自冷水径分居，于张姓"虾公形"墓穴后建房，因此得名。

十三、尖峰山

尖峰山是屹立在上犹县西部（原中稍公社）最高的一座山，海拔 868.2 米，是俯瞰犹崇两县全貌的最佳点之一，如果遇上风和日丽之时，在峰顶可看到遥远而美丽的赣州城。因此，一直以来，尖峰山都是中稍人的一种力量凝聚和精神象征的家园。

尖峰山是一处清幽的好去处，不仅风景优美而且空气清新，常年生长着许多名贵的草药材。如果赶上秋天，路边的硬饭籽泛着红光，还有猕猴桃、板栗、酸枣、拿（一种山果）等野果已经成熟，淡黄的和橙黄的一串连着一串，点缀在一片翠绿之中，这时你就能一饱口福。

站在尖峰山顶，清朝时建造的仙人庵遗迹仍然清晰可见，崇义县设置的护林防火瞭望台还可以为你遮风避雨。而1952年开辟的航空线基桩也还依稀可辨，徜徉在尖峰山峰顶，呼吸着清新的空气，享受着天然氧吧的沐浴，你会感到如沐春风、神清气爽。

十四、中稍石拱桥

东山镇中稍圩河畔有座200多年历史的石拱桥，它虽不显眼，但因其古老质朴，而又枫桥相依，自然和谐，使石拱桥魅力四射，县内外的观光者纷至沓来，游人如织。

这座石拱桥为大跨度单孔造型，总长39米，宽3.43米，高6米，桥拱跨度5.45米。全部是由整块长方条石、糯米汁、石灰汁、红糖混合浇灌而成，历经200多年沧桑，虽然桥面的石块松动了不少，但都被村民及时修缮好。本地朱、黄、钟姓三位村民捐资1000多元，在维持原貌的基础上，把陡峭杂乱的石级修成了平坦的台阶，使桥面更具人性化。此桥的建成和完好地保存，凝聚了本地数代乡民的辛勤和爱心、智慧和才干，它被列为上犹县一级重点文物保护单位。

在桥头堡有一棵古枫树，为石拱桥平添了一抹新绿，更显生机盎然。村民们休憩两岸，安居乐业，一派人与自然和谐相处的生态美景。她不仅给石拱桥增姿添色、锦上添花，还为石拱桥保驾护航。

十五、中稍圩

中稍圩是东山镇中稍村驻地，距县城14千米，位于中稍中部，中稍河和犹崇公路从西北通过。街道东西长120米，宽3米，驻有中小学、银行、卫生院等单位。因整个中稍地形似船（方言也叫艄），东端称艄口，西端叫艄尾。后演变为中稍。此地昔日为黄沙河坝，故又叫黄沙坝。

中稍圩是东邻南康，南连崇义，西接湖南，北毗遂川的交通要道。清同治元年，钟承春、钟承道、凌性先先后从广东兴宁迁此立居开店坊，那些经商销货、打锡补锅、挑担贩运、走亲访友的都喜欢到此歇脚。后来为方便两岸乡民的来往交通，由姓凌的店老板牵头出资建了一座石拱桥。

从此，黄沙坝人丁鼎盛，生意兴隆，物阜民丰，成为一个农产品交易地。

近几年，因土坯房改造，圩变骑楼变，人们建了砖混小洋楼，一座座小洋楼里传出了和谐、爽朗的笑声。

第十三节　社溪镇

上犹县社溪镇，是以社溪圩誉名而来。然而，又有多少人知道社溪地名的由来及演变史呢？

社溪，原名为"蛇溪"。

蛇溪圩，原址在现今罗屋墩的老圩。据传昔日开圩时，有一只老鹰抓住一条蛇从空中飞过，没有抓牢，这条蛇恰巧掉于圩上，因故，人们把此地称为蛇溪圩。因为圩址旁还有河流穿过，"蛇溪"可谓恰如其分。

在民间流传着这样的故事：清朝道光年间，有一天大雨倾盆，童、龙二江猛涨，田墩房屋被水淹，受灾民众竭尽全力，好不容易躲过一劫。

洪灾阵痛，教训尤深，乡里名望，倡议迁圩。清光绪二年（1876年），迁圩踞龙寨，新址旁有溪水，溪畔有几处社官庙，便因此命名为"社溪"。

旧社溪圩，有和平、胜利两条街道，街长约300米，宽6米，百余间店房，门面均为骑楼式。每月农历三、六、九日为圩日，周围三四十里内的群众，包含南康红岭孜上人，都来社溪赶集，市场繁荣，圩市热闹，摩肩接踵，摊贩满街。

中华人民共和国成立后，街市几经拓展，如今初具规模。旧街道已被列入改造议程，土木房改建钢砖楼，仍按骑楼式设计，保持旧式风格。街道已经延伸到旧铁器厂址，直至罗屋墩。

古陂墩已经是社溪圩新辟商街，南通油石、县城，西达安和、寺下。童川大桥的兴建通车形成了古陂墩与五股圳的连接纽带，为繁荣圩市，扩建楼房，起到了巨大的推动效应。

五股圩，昔日荒山黄土地，如今另有一番气派：社溪中学坐落于原荒岗上，如今是社溪镇义务教育最高学府之地。中学右侧是高山移民新村，高楼林立。中学左侧是新街，人们趣称为"蓝田街"，因为那里的居民多为原蓝田乡的百姓迁居而来。五股圳，文人们雅称为"五马归槽"。因为在原有山窝之地，政府建设了农贸市场。

旧社溪的柴岗上，昔日是柴木交易区、牛贩活动区。现今超市、酒楼、百货店云集，还有政府机关驻地，是当今社溪圩的中心，也是旧街与新街的交合地。

社溪圩，是社溪镇的政治、文化、医疗、商业、交通的中心，也是上犹的后花园。作为上犹县的北部重镇，社溪墟的明天将会更加辉煌灿烂。

一、圳背

圳背是进入严湖的门户，这里流传着这样一个故事：

有一位姓蓝的人，第一个来到圳背，造屋定居。因他姓蓝，且又先行到此，故此坑叫作"蓝坑"。后来蓝氏发了大财，时人称之为"蓝十万"。

但是后来，蓝氏家道日渐衰落，只得搬走。

尔后，又从严湖分迁过来方姓人家，他们首先考虑的是如何建村，同时不惜付出巨资，请来大批劳工，硬是在那虎形山的头面上，笔直地挖开一道又阔又深的壕沟，犹如刀劈，活脱脱地把那虎面撕劈成两半，随之又从村的上头至下头，一连开挖出九口水圹，这样又避风沙又抵洪灾；在最下圹也就是第九圹的出水处，筑一笔直圳沟，直接冲向那虎形山的咽喉，圹的两角从别处移来两株巨大的细杉松树，好比两把锋利的尖刀，向上直刺虎的下巴。至今这口圹还叫作细杉松圹。另外人们又在村的南面和北面，栽种了两排紧密相依的大松树，以堵水口，并把村西那个圆锥形山岗挖去顶部，构筑成蘑菇状，名为寨脑。

二、才女出太屋

太屋是严湖最为突出的庭院型自然村落之一，整个屋坊居住着一个完整的同时是全村最大的一个村民小组。村民们无论到村子的哪一个角落，都可不用带伞，串联的屋坊都可以遮风挡雨，可见其规模之大。

院内仅门楼便有八重，按顺序依次为大夫第、少尹第、宝善庐、司马第、文林祠、福禄堂、慎独斋、听天书屋。房屋有祭堂、客厅、茶房、居室、书斋、绣楼并各类作坊等，一应俱全。

太屋孕育出来的人，个个郎才女貌，能文能武，财主云集，钱财无数，远近闻名。

三、丰源

在社溪镇的东北方 5 千米外，有一个名不见经传的小山村——丰源，这里山清水秀，沃土肥田，物产丰富，民风淳朴。自古以来这里少有天灾，更无兵祸，世世代代的村民过着衣食无忧，悠然自乐的生活，像世外桃源。丰源，原名峰源，中华人民共和国成立后改名为丰源，含永远丰饶富足之意。据族谱记载，清康熙年间丰源廖氏始祖廖元亨从广东兴宁迁移至此，安家立业。

丰源的地形较奇特，入口窄，里面宽，群山环抱。山村总面积有 3 平方千米，有良田三四万亩。而村南的入口处却非常狭窄。左右两山对峙，相距才四五十米。左边的山叫石狮子山，威武雄壮；右边的山叫罴峰，挺拔险峻，两座山像两个巨人护着山村的安宁。

村的南北各有一座高峰。南面山峰古木繁茂，高与天接；北面山峰巨石突兀，直指蓝天。

北山脚下有一堵高宽各几十米的断崖。崖壁上流水潺潺，四季不断。每当春汛来临，山水暴涨，崖上就会出现巨大的瀑布，气势磅礴，蔚为壮观。用"飞流直下三千尺"来形容一点也不为过，先民们把这一现象说成是"龙吐水"。

千万年的水流冲刷，在断崖下形成了一个深潭，潭水清澈见底。潭中生活着各种山村特有的鱼类和蛙群。先民们说这里是龙藏身的"龙潭"。深潭的边上矗立着一个四五米高的大石球，浑圆光滑，像传说中的"龙珠"。有人说石球是从龙口里吐出来的，有人说是仙人从别处搬过来的。龙吐水、龙潭、龙珠完美地组合成丰源村永不枯竭的水之源头。

奇特的地貌、优良的生态环境，世代村民的勤劳造就了丰源的美丽与富饶。

四、古驿道

漫长的古驿道是社溪至紫阳、禾源、遂川的必经之路。社溪至今还有许多路段尚留古驿道的痕迹。旧时，为了方便雨天行走，防止路滑摔跤，人们将路基铺设了麻石石板，或者整齐地用一块块大小一样的蛋石并铺。古驿道打开了社溪与外界交流的大门，记录了岁月的风风雨雨。如今，同样见证了这段沧桑历史的蕉头的那棵大枫树，还依然守护在路旁，树龄已达 500 多年，树干直径已近 2 米，树杈中间还曾经长有一棵一米高的棕树与它一起相守。

五、江头村下马石

江头村的下马石，位于村的东南方，与老圩村小水坝岩下交界，至社溪圩 2 千米处，龙江河东岸岩石下旁。

清乾隆年间这里曾为南通老圩、宗山庙、下埠、龙华圹江、北兰田、乌溪、龙口、石子头、横市大圩的一条古驿道。传说当时的仔阳河（原名龙江河）经新江元村、兰田、江头岑下、岩石下注入童子江（寺下江），名为社溪合江口。

岩石下属江头村的水口，水口处有一地墩叫下马石。下马石地处岩石下，悬崖陡壁势如刀劈，地势十分险要。加之岩石下侧旁有一深潭，旋涡翻滚深不可测，但又是来往行人必经之处。凡是来往之人经过此地都提心吊胆，只有小心谨慎通过。所以，骑马、坐轿的人就更要下马、落轿，步行通过。久而久之，这段险地即成了千古流传的下马石。

六、方屋

江头村原名龙江村，1949 年以前属崇义控补区，早在元末明初时期，就已有多姓在此居住，如方、李、朱、郭、廖等。

刘姓二世祖普寿遵照祖训（逢头立基）于明代永乐年间从瑞金圹背携儿带女来到江头。见江头土地肥沃，水源充足，山川毓秀，适宜开基发展，成了江头村开基立业的开山组。

由于刘姓先祖厚道淳朴，礼仪仁慈，所以深受众人爱戴。每逢过年，族人只要杀了大猪或捕来了鱼都送他姓人家。一年复一年地过去，刘姓一年比一年富有。然而不知何故他姓总越来越贫苦。由于种种原因，他姓人口发展缓慢，生产生活也总跟不上。

有一天，方姓宗长说，刘家宗族的人对他们十分热情，他们要还人情，所以感到负担很重，打算趁早寻地立业。刘姓族长等反复劝阻，但方氏决然搬迁。推脱不下后刘姓长辈才接受。尔后方姓如愿搬迁至异地发展。为纪念方姓亲戚的仁义之举，后该地方仍叫方屋，至今属江头村方屋小组。

七、圹下康爷圩

严湖的康爷庵始建于元末明初，其规模之大确为少见，光占地就达 600 多平方米。高大的庵门坐北朝南，里面东西两头均设立菩萨座殿，立殿靠东为"康爷"位。其望身尤其高大，据说是用四人合围的大楠木雕刻而成，两侧各路神仙菩萨排立，井然有序。其坐台委实宽大，为后来的严湖大众剧团提供了宽敞的舞台，台下四根巨大的圆形木柱支撑的庵顶堂内可容纳近千人前来看戏。圹下这坵最大的田叫作康爷田，一直叫到现在。

八、蓝田埠

蓝田圩在社溪镇的北部，距镇 5 千米，本应属蓝田乡，后合并至社溪镇。

蓝田埠不是在蓝田街，古时没有街道，20 世纪 60 年代前的蓝田小学，后改为中学，中学撤销后，成立了一所上犹盛发苗木有限公司，这个地方都叫蓝田埠，一直沿用至今。

据说在古代这里住有 10 多户人家，大多数都靠染布过日子。染布的原料是栽在田里名蓝籽的植物，收获后，经过加工制成蓝色的染料，然后将白布染成蓝布，蓝布投入市坊后，人们称为蓝田布。之后，人们把"布"写成"埠"，因而得名蓝田埠。在蓝田埠往南 100 多米的羊头岗上，古时人称汉塘里，在民国初才建成了蓝田街，如今叫蓝田圩，逢一、四、七为圩日。

九、严湖

严湖，在唐朝末年由于荒芜，旧称"源芜"。

站在源芜的龙脑俯瞰而下，只见前面八方围山，中间低平处有一湖，湖中有座馒头岗，今天谓"寨脑"，犹如一叶帆船在湖中飘落。干枯的芦花随风起伏，白白茫茫一片。一条古"丝绸之路"从龙脑足下穿行而过，被来来往往的"油箩客"走得油光水滑。

十、沙墈村

"沙墈田中不见沙，山山坵坵种桂花。全国首批重点村，省地确数第一家。"（指种桂花、旅游、绿色农业发展基地）

沙墈村地处上犹县东部20千米处，驻地耕地多沙质土，故名沙墈村。该村民风淳朴，拥有自然和谐，风景秀丽的生态环境。现种植有桂花苗木10000亩，山下育苗1000多万株。

山上种有桂花100多万株，是目前全省山上种植桂花苗木面积最大的基地。每逢农历八月，桂子月中落，天香云外飘，是远近闻名的"桂花村"，也是全国首批美丽乡村创建试点村。

十一、狮子脑

狮子脑位于社溪圩西北2千米处，寺下河岸的田畈上有一块大岩石，后面有一大圆形土墩。该地形貌极像一头卧着的雄狮。因村子建在"狮子"头上，故名狮子脑。

那雄狮头部的嘴唇、舌头、牙齿逼真地展现在人们的视野里，过往游客参观后无不惊讶和赞叹。其右侧有两棵大樟树，恰似狮子的两只耳朵……

更有趣的是，童江水就从该狮子的喉咙流过，水下有一大洞，能容6个成年人牵着手齐头并进。水面下口上有水（进口有水），里面却无水（腹部无水）。当地人游泳时十有八九在该洞里玩耍过……

十二、石崇村

石崇村位于上犹县城东北部 26 千米处，距离社溪镇 5 千米，老犹营公路沿圩而过。

石崇村原名"石头背"，昔日也曾趣说为"石打背"。传说，古圩石头背圩东边有一条崎岖的羊肠小道沿山脚软坳进街，路过时不时会有小石头偶尔掉下，打人背上，故人们一度曾称其"石打背"。

相传很久很久以前，圩背那座山的山脉是神仙从湖南一直连着严湖、沿着石头背、再连着油石嶂随迁到此，即油石嶂落址时该山方落址此地。其山势陡峭，地质由变质砂岩板构成，地表为山地黄红壤。山上多灌杂林，山间主要有松、杉、竹及大面积油茶林。在陡峭的山顶上，这里曾经建有一哨棚，中华人民共和国成立前为土匪联络据点之一，中华人民共和国成立后也做过哨棚，至今仍留有踪迹。

十三、江头村

江头村位于上犹县东北部，东连大安，西临浒田，水与兰田相接，距社溪 2.5 千米处。江头村群山环绕，山川毓秀，土地肥沃，水源充足，宜林、宜果，油茶种植、五谷杂粮无所不可，茂密的香樟树遍布沿河两岸。村子就建在开阔的平原沙丘。

江头古村有十大姓。他们仍有各自专长技术，如铁匠、木匠、泥匠、理发、制衣、养猪、养鸭、养鸡、种橘，都成大户，生活幸福，红红火火。

十四、塘坑两山之趣说

"五子行孝"与棺材岭位于社溪镇西北部 7.5 千米处。塘坑村进坑通往油石嶂约 2 千米的山道上，有一地名叫"五子（指）行孝"，何谓也？

相传有一年的冬天，天气格外寒冷。碰巧，那年冬皇帝驾崩，举国上下，大雪纷飞，连绵不断，处处积雪甚厚。地面、山岗、房顶、树上……银装素裹，一片白茫茫的世界，称"江山发白，共悼吾皇"。

又说，当年在石崇一带，从塘坑通往油石山道必须经过这好几里路的长坑，故此，该坑中段曾设茶亭，供人歇脚、喝茶，至今仍称"茶亭下"。其北面一连五座山的山嘴，极像横伸的五个手指，朝南边伸出来，隔阻山道，正好对着南边的一座山。这山恰似一副巨大的棺材，至今仍称"棺材岭"。两山隔路照应，相辅相成。这正是天宫作美，葬"天子"于此，群山带白哀悼，五子更甚。

更为稀奇的是，雪后转晴，过了些天，漫天大雪逐渐融化，各处的地面也都干了，唯独这五子（指）山的雪却一点都没融化，且持续好长时间，过往行人见此情景都众说纷纭。可谓那"五子"实在孝道，按古训要七七四十九天方可脱孝。故此山名"五子行孝"流传至今。

此后，无论大小官员，骑马、坐轿者，过此段路骑马者要下马，坐轿者要下轿，步行过境，成千古佳话。

十五、铁帽山

唐坑村进坑西南 1.5 千米处，有一座黑褐色石山，形状恰似钢盔，故称"铁帽山"。

传说很久很久以前，村里原住居民中的长老为该山取名时曾经发生过争执。为使山名名副其实，号召村民用相同容积的粪箕，采集该山与周围邻山的泥土、山石分别来称重。结果该山的泥土、山石均比邻山重，遂称铁帽山。

直至 1956 年，因陡水建电站，很多人需移民，故胡姓自龙门迁居此地，当时有十来户，百十来个人在此山脚下建了一大屋场。

十六、童川

"媲美柳枝吐新绿，争食水鸟逐流泷。嬉笑码头浣纱女，闲静竹排捕鱼翁。"这首打油诗真实生动地描写了社溪人民的母亲河——童川的美丽景色和沿岸人民欢乐祥和的生活场景。

童川，即社溪河，古时叫"桐川"，源于两岸繁茂的油桐树。后来油桐树渐渐消失，遂易"桐"为"童"，"童川"一名沿用至今。

童川的流经范围自安和河下游的富湾至社溪镇与南康交界处的沙角湾，全长 15 千米。

童川发源于上犹县双溪乡，经双溪、寺下、安和，百转千回流到社溪镇，像玉带自北向南成"U"字形，将社溪镇的社溪圩三面环绕，然后与发源于紫阳乡的江头河汇合，一路南下流入南康的龙华江。

十七、新江

新江原来是一个行政村，现在合并为严湖村。

新江，原名腊岑，这里过去曾是国营新江林坊坊址所在地。新江林坊有几万亩国有林地，木材运不出去，外出都需步行，翻山越岭，悬崖陡壁。当时没能力修通公路，只有利用新江才能把木材运出去。可是江河乱石成堆，难以运输。后来国家投资把挡道河石炸开，人工清理，开出了一条新的江河运输通道，所以更名为新江。

新江是个山清水秀之地，更有特色的石斑鱼，由于它们生活在山泉水里，污染小，其味道鲜美无比。新江河段的石斑鱼很有名气，人们食用后，总是回味无穷。

新江河段有个叫装米井的地方更为神奇。装米井是长岭河流经新江的一个河潭，潭深五六米。

十八、龙埠村

上犹社溪集镇东南 1.5 千米处有一村庄，地域开阔，风景优美，良田千亩。紫阳河与寺下河汇集于村北，呈半圆形流经东山脚向南。村西有一高山，巍峨圆润，树木葱茏。山之左侧起伏跳跃而渐低，行之田陌之上则成九个土墩土岗，酷似行龙嬉舞于绿稼之中，因而该村得名龙埠村。

龙埠村原始居民皆姓舒。始祖礼七公于元延祐年间（1314—1320 年）从浙江奉化跋山涉水来到此地，见其地山川挺秀，林木葱茏，固挚家落藉于此，主基创业，至今已近 700 年，蔚成龙埠舒氏一大宗族。

十九、寨脑"石公火"

且说严湖寨脑，即现墩中那座独立而起的馒头岗，酷似船形，自古人们都说，在那船舱里居藏着"石公老爷"，同时在仙圹村水口也有"石公"，而这两处都常常有"石公火"走出。当然，也有人说寨脑是来自石人垇的水口"石公"。两种说法无从证实，但也是众所周知的事情。

第十四节　平富乡

一、高崇背

平富的信地村所辖的高崇背和碗窑坑分别距平富乡政府 13.5 千米和 11 千米。

高崇背的高山上蕴藏着大量的瓷土（高岭土）。地处信地下村的碗窑村因昔有陶瓷碗窑而得名，曾有"地下仍有陶瓷碎片，且花纹美丽，色泽鲜艳"的记载。

经景德镇陶瓷研究所的化验和产品的鉴定显示：高崇背的瓷土"品位高，质量好"，可以自己办瓷厂投产。

二、上信地

上信地是信地村靠西南山谷的一个小盆地，位于平富乡政府所在地（原名茶园，今属平富村辖）西北 14 千米处，东接营前，西邻五指峰，南毗崇义，北靠遂川。上信盆地四周原始森林茂密，人烟稀少，是一个世外桃源。上犹地名编志时，当地有居民 11 户，48 人系清乾隆二十八年（1763 年）随殷正财从川垇徙此。

三、上湾暖塘

上湾暖塘，当地又叫暖水湖，因上寨有一口塘的水温高于正常，故得名。

上湾暖塘由塘底冒出热气腾腾的水来，水温约 20 度左右。

上湾暖塘，东依群山为屏，南连余湾仔古村屋，西枕田埂仔梯田，北与燕子崖景区一山相隔，方圆二三千米，境内山明水秀，物华天宝。上寨河迂回曲折，穿村而过，奔腾澎湃注入棺材洞水库，为当地人民输送源源不绝的水力资源。

暖塘除了有得天独厚的温泉资源外，它气候温和，雨量均衡，土地肥沃，日照充足，盛产大米、木材、茶油、香菇、竹笋、茶叶、柑橘等，珍禽猛兽也时有可见，奇花异草芬芳斗艳，中华人民共和国成立初期曾一度为产钨矿场，矿工达到一千之众，地下稀有金属也蕴藏丰富。

四、上寨余湾仔

从号称南国重镇的营前往西，沿营崇公路行 12 千米，有一古老而美丽的村庄，这便是营前平富乡上寨的余湾仔。这里有群峰挺秀与云齐的高山；有"绿岭千重望眼迷"的青山林海；有"飞流直下三千尺，疑似银河落九天"的石隘口瀑布；有枯藤老树、浓荫蔽日的湿地峡谷；有波光粼粼，水平为镜的大垅仔；有层层梯田；有清澈见底，游鱼可数的水打埧溪流；有通往湘南桂东、五指峰、齐云山的羊肠古道。

余湾仔还有坐落有序、鳞次栉比的清代古民居。你可以悠闲地穿梭其间，穿越回那个遥远的年代，欣赏古时的花岗岩门框、门槛、石门墩，踏过青青石板桥，走进屋内厢房，屏风、宸桭、楼板皆雕龙画凤，装金饰银，浮雕石刻，匠心独具，工艺精湛；民居外景更有石砌围墙，各种地势弯弯曲曲，好似匹练又像龙游，数尊碣石（又叫甲石）历经沧桑依然器宇轩昂，傲视苍穹，蔚为壮观。

五、平富龙潭

平富龙潭（别名燕子崖）距平富乡政府 7 千米，位于两卡水西北方的峡谷里。崖石下有深沙河，相传是龙的巢穴。又因崖石上有岩洞，常栖石燕，故又名"燕子岩"。清末黄姓人家曾在此建过造纸棚，1974 年，鹅形林场建作业区，1980 年，县水电局建有小型水电站，2016 年，将其打造成内涵丰富的生态旅游景点。

说其是内涵丰富的生态旅游景点一点也不为夸张。从地质构造、地形地貌上看，它是属于发育完全的花岗岩质地；从地貌上看，自潭上的瀑布到潭面的垂直落差不少于 100 米。从高空垂直而下的水流把龙潭坚硬的花岗岩石底雕刻出了许多大小不一的光溜溜、滑荡荡的大锅、鼎锅和尾锅。最大的龙潭水直径四丈多，呈旋涡状日夜不停地冲刷着整个潭身。遇上雨季，河水暴涨，林场工人便借着高涨的河水，把砍伐的木头顺水漂流，林场工人把这个工作叫作"赶羊"。工人们手握"挽子"（竹篙）顺着汹涌的河水，跟着随水漂流的木头一直把它赶到陡水水库。

六、石龙颈

石龙颈位于平富乡庄坑村西北的小山坑中段。它东接庄前，西邻庄坑，南靠虎头，北界画眉龙。因村内溪水蜿蜒、石山延伸，形成龙形，故名石龙颈。清乾隆年间钟氏族人自老虎头迁此。此地距平富乡政府 3.5 千米。

石龙颈的山崖缝隙里长年生长着石斛、石苇、石仙桃、石蝴等草药。小溪边也长满了石菖蒲，它除了像兰花样的叶片非常芳香、鳞状根可以入药之外，还是麝鹿的主要食物，难怪"麝过深山草木香"。崖壁的凹处，有几处野生蜂的蜂巢，附近的居民借野生蜂聚居的优势，把自家的蜂箱也挂在石壁上，让饲养蜂与天然蜂混居在一起。

石龙颈龙口下有一深潭，龙口上方的瀑布恰似花果山水帘洞的水帘，水帘下有一石块，石板下有一个拱形的暗洞，洞的正后方有常年不枯的石泉。

风和日丽的日子，潭中的石斑鱼便悠闲自得地在潭周的石崖边觅食、嬉戏，尤其是它们侧着身子吸食石头上的苔藓时，宝石绿似的一线鱼鳞在光和水的折射下绿光闪闪，煞是好看。此时你的脑海里一定会浮现出"潭中鱼可百头许，皆若空游无所依"的奇妙意境来。

七、庄坑村

庄坑村位于平富圩北面 4 千米处，东连营前镇合河村，南接庄前，西临信地，北靠营前镇的新溪村。

庄坑村因土壤肥沃，有机质丰富，栽培出的生姜产量高，姜质细嫩，呈金黄色，味美可口而远近闻名，曾有不少外村人都称庄坑为"姜坑"。

1968年，庄坑村与当时的营前公社合河大队合并为"合河大队"，1978年改为庄坑大队，1984年恢复乡建制称平富乡庄坑村。

庄坑村人手巧，充分利用竹木资源编织箩筐、筬箕、篮子，制成方桌板凳；庄坑村人勤劳，庄坑盛产生姜、茶叶、脐橙、笋干、野生果、客家米酒等；庄坑村人质朴，村民每逢农历二、五、八日总要去赶一赶热闹的营前圩。

庄坑村地处四面青山环抱的山区之地，竹木郁郁葱葱，溪水清澈见底，民风淳朴。坑中有一条蜿蜒的小河，是一个有待开发的漂流旅游区。村内盛产金银花、鱼腥草、夏枯草、威灵仙、千里光、野菊花、金钱草、车前草等天然中药材；野猪、野鸡、石斑鱼、斗方蛇、乌梢蛇、银环蛇、眼镜蛇、芒鼠、麂子等野生动物也在这儿安家。境内有五显庙、灵水庙、古樟树等景点。

第十五节　寺下镇

寺下镇位于上犹县西北部，东临安和，南接油石、梅水，西连双溪、水岩，北顾紫阳。全镇国土面积96平方千米，占全县总面积的6.22%，下辖9个行政村、1个居委会、132个村民小组，现有人口1.8万人，有耕地9498亩、茶园268亩、林地9.7万亩。

境北一带原为崇义县的挖补地，1934年划归上犹县。

中华人民共和国成立前夕，寺下镇属寺下乡和陶朱乡，中华人民共和国成立初期属第四区，有寺下、生产、泥坑（原三合乡一部分）、珍珠四个乡，后合为寺下乡。1958年8月，寺下、陶朱两乡合并成立寺下公社，1961年8月，寺下公社划出原陶朱乡属地，成立陶朱公社，1964年8月，陶朱公社又并入寺下公社，1968年冬撤销安和公社，将黎明、联合、新建三个大队并入寺下公社，1972年9月恢复安和公社，这三个大队又划归安和公社。

一、罗公庙

古时候，一家中名为苏、罗、刘的三兄弟为大家做了许多好事，百姓感激他们在危难时刻保护一方平安，拯救了无数饥民，便把他们称为苏公、罗公、刘公，并在龙潭村上岗和下岗交界的地方修建了一座庙宇，塑了他们的身像供奉起来。因为当初造田种粮食罗公造的罗坑最大、田最多，所以，后来人为他们三兄弟建的庙叫"罗公庙"。

在罗公庙里供奉的菩萨中，刘公菩萨的头是歪的。传说有一天，人们正在收割粮食时，他们三人用法术驱使草人干活，自己却拿下各自的头颅当毽子踢着玩。母亲知道他们正在忙活，就去帮忙。去找他们时，只看见三个无头人在踢毽子，当时吓坏了。三兄弟发现母亲被吓着了，连忙把头安上，慌乱中刘公把头安歪了，所以，后来人们为刘公塑造身像时头也是歪的。

二、周屋

南宋绍兴十二年（1142年），周姓人从吉水泥田迁来寺下杨梅，后几经迁徙。明朝永乐年间，时任山东巡检的周可道告老返乡，在寺下泥溪口定居，后来周姓人家繁衍得越来越多，此地遂改成现在的名字——周屋。

周屋自古就有许多传说，至今还在流传。这些传说，有的讲得活灵活现，有的是一些名人传说，对教育和启迪后人起了一定的促进作用。

从周屋村观音阁后面至亭子下的老圩坪一共7个土墩，它们大小不同，远看似串珠，曰"七星"。村的东面高石壁下方有一小山窝，曰"凤凰窝"，窝南面有一石台，曰"凤凰台"；村西南面高冲山顶，有一鸡冠山石，曰"金鸡界"；村的西北方有一高耸山峰，曰"铁砧界"；村的东北方（紫阳乡下佐村横坑尾）有一高峰，曰"纹鼎界"。

三、寺下

寺下在宋朝时期原称"童子里"，以童子江为名。寺下名称的来由，据说是由当时的圩场演变而来。清光绪年间，童子里圩场的亭子下右岸，因遭遇特大洪水被毁。童子里圩场旧址现在被称为老圩场。老圩场是童子里地区农副产品的主要集散地，也是安和以外通向双溪、营前和遂川县左安圩的必经之地。老圩场往西至营前，往北至坪市、遂川县城草林圩，以及上犹也是一天路程。路过的人都会在这里歇上一晚。相传白云坳下建有一寺庙，名"白云寺"，过往客人常在此地歇脚问路，到此地逢圩的客人常会打听圩场还有多远，回答：不远，下去一里路就是。经长期语言演变，加上圩场在下，白云寺在上，古称寺下圩。

四、苏坑、罗坑、刘坑地名故事

传说，明末时期，寺下一个叫杨角里的小村子，住着一母三子的一户外来人家，兄弟三人名字分别叫苏、罗、刘，三兄弟都曾经受到高人指点，学习武术和法术。

当时因战乱频发，民不聊生，经常有人闯入寺下抢劫财物，甚至杀人放火。苏、罗、刘三兄弟凭得自身的法力和高超的武艺，一次次击退了前来抢劫的强盗，保护了村民。兄弟三人因此受到村民的敬仰和爱戴，名声也越传越远。

战乱带来了饥荒，很多人被饿死了。附近村子里的难民听说这三兄弟能保护村民，就都逃入杨角里来保命。消息越传越远，涌入杨角里的难民越来越多，存粮不多的杨角里村也出现了饥荒。情急之下，苏、罗、刘三兄弟决定施展法术，开田种粮，拯救饥民。兄弟三人展开比赛，每人开一条坑，第一天造田，第二天播种，第三天粮食就成熟收割。他们收了很多粮食，无数的难民因此而活了下来。至今，龙潭村仍有苏坑、罗坑、刘坑三个地名，这三条坑就是当年苏、罗、刘三兄弟造田种粮救饥民时开垦出来的坑田。

五、童子江（寺下河）

清代以前，寺下属童子里（"里"即现在的乡）。因河流经童子里，历史上曾称"童子江"，后改称寺下河。

童子江发源于双溪乡高洞村和莲塘村，汇于双溪圩，合称寺下河。发源于高洞村的叫右溪，发源于莲塘村的叫左溪。

寺下河流经寺下、安和、社溪三个乡镇，于社溪镇的老圩与紫阳河汇合流入南康龙华江，全长 54.4 千米，是上犹县境内的主要河流。现在河的上游建有石含、双溪口、珍珠、龙潭、杨梅等水电站，有利于灌溉和发电。

六、五马归槽

寺下镇宋坑村尾有一座隆起的山岗，叫五马归槽，也是寺下宋坑村、南坪村、双溪芦阳村的界山。此山由东北向西南引申，但唯有在宋坑看，其山势显得高峻挺拔，且美其名曰"五马归槽"。山岗的东南方有五座大小基本一致的小石峰围成一个大的簸箕形山窝，山窝面向东南，遥望梅岭嶂主峰，山窝的出口处有一道长年涌泉的水沟，酷似养马人给马饮水的马槽。

七、筑峰顶

双溪乡高洞村西南方石下村小组，北面有一座海拔 1200 多米的高山，双溪乡大石门村和寺下泥坑口周屋，远远望去酷似一扇高高筑起来的空中屏风。这条山脉自西北向东南走向，是江西、湖南两省的界山——齐云山的一个分支，从齐云山到紫阳的瓜子石大约有 250 千米之遥。山的北面是遂川县禾源、草林、南冈、杨芬、左安、高排等乡镇，南面是上犹的紫阳、寺下、双溪、金盆、五指峰等乡镇。

八、江东庙

寺下镇泥坑村的江东庙原来是寺下周屋村的家庙。

相传明朝年间，周屋村的开基人周可道官至山东巡按、都御史巡检，62 岁时告老还乡。朝廷念周可道的功绩，赐给了他千亩良田。这千亩良田东至杨梅，南到佛坳，西至杨力坳，北至珍珠杉坳。千亩良田的丈量需采取插草为界。现在江东庙的所在地在插草时曾作为周可道在泥坑的定居点。据传插草之时这里是一块空阔的平地，但插草一夜之后平地上竟升起了一座山，山的周围依然还是良田。民间传说这是仙家杨公特意从油石大、小元的三山背了一座山安放在插草的南角，目的是要周家另找居住地，让这里成为百家姓的居住地。后来，这座山被当地人称为塔子岭。直到现在，塔子岭的周围仍然是多家姓氏居住，而周家则另外选择了现在的周屋村繁衍发展。

周家因为塔子岭的缘故，另找了居住地，当初插草的地方就搭了一个棚子，立起了草火，供奉五谷神，后来在原地盖了一座土木结构的庙。因盖起来的庙是周府的府庙，所以它被命名为"周氏庙"。

清朝初期，泥坑一位何姓子弟何应成将周家告到了南安府，理由是神庙应是百姓所有，而不能作为一姓所有。何应成竟然告赢了。南安府太守认为庙堂是众人朝拜圣地，不能是某一姓之地。这座庙的位置正处旱坜何家住房的东边，庙的大门也正向东，何姓的堂名是"庐江堂"，所以，官府判这座庙的名字就叫江东庙。

第五章 崇义

第一节 崇义概述

崇义县建于明正德十二年（1517年）冬，取"崇尚礼义"之意；位于江西省西南边陲，章江源头，隶属赣州市；毗邻湘、粤两省，东连南康，南接大余和广东省仁化县，西接湖南省汝城、桂东两县，北邻上犹县；距省会驻地南昌市506千米，距赣州市97千米。县境东西长约73千米，南北宽约59千米。崇义县先后被评为全国重点林业县、全国山区综合开发示范县、全国绿化模范县、全国林业分类经营试点县、全国文化工作先进县、全国村民自治模范县、全国人口与计划生育工作先进县、中国魅力名县。2018年9月26日，崇义县荣获2018年"中国天然氧吧"创建地区称号；2018年10月，获得"2018年国家森林城市"荣誉称号；2018年12月，荣获第二批"国家生态文明建设示范市县"称号。

崇义县春秋战国时期先后属楚国、吴国、越国。秦统一后，属九江郡南壄县地。东汉改南壄县为南野县，崇义为其属地。三国吴嘉禾五年（236年），属南野县和南安（亦作安南）县地，隶南部都尉。晋太康元年（280年），改南安县为南康县，崇义属南野县和南康县地。南北朝陈属南野县和赣县地。隋开皇九年（589年），改南康郡为虔州，崇义隶虔州。唐朝属南康县和大庾县地，隶属虔州。五代十国时期属南康县、大庾县、上犹县地，隶昭信军。宋朝属南康县、大庾县、南安军地。元朝属南康、大庾、上犹等县地，隶南安路。明正德三年（1508年），由于连年大灾，民以野菜充饥，官府征税年年增加，民不聊生，官逼民反，致祖籍广东潮州的谢志山联合萧桂模等，在横水、长龙、文英、聂都、上堡、思顺等地举行起义。1513年，谢志山自称"盘王"并立年号官制。

明正德十二年（1517年），南京左佥都御史王守仁（字伯安，号阳明）统帅江西、湖南、福建、广东等八府一州的兵力，分十路进攻以谢志山为首的农民起义军，镇压谢志山农民起义后，析上犹的崇义、上堡、雁湖三里，南康的隆平、尚德二里，大庾的义安里建县。择定崇义里的横水设立县治，并以崇义里命名，县名为崇义，隶属南安府。正德十三年（1518年）四月初六，兴工筑县城，由南康县丞舒富督办筑城及部署卫署等事务。正德十四年（1519年）划入尚德里（又称大小挖补），县属疆土始定，改上犹过埠镇巡检司隶属崇义县为上堡巡检司，又设铅厂、长龙两个巡检司，并在文英设兵营。

明嘉靖二十九年（1550年），知县王廷为解决县城居民饮水问题，在县城东、西分别新建汲福井和惠民井。

清沿旧，清康熙二十二年（1683年）分乡、里。1912年，废府。1914年划江西为豫章、浔阳、庐陵、赣南四道，崇义县属赣南道。1926年，废道，县直隶于省。1932年全省分为13个行政区，崇义县属第十一行政区。1935年，全省缩改为8个行政区，崇义县属第四行政区。

1949年8月20日，崇义县解放，同时成立崇义县人民政府，隶属赣州分区。1949年9月，成立赣西南行政公署。1950年7月，改为赣西南人民行政公署，隶属赣西南行政区。1951年6月，撤销赣西南人民行政公署，成立赣州区专员公署，隶属赣州专区。1954年6月，撤销赣州区专员公署，成立赣南行政公署，隶属赣南行政区。1964年，改赣南行政公署为赣州地区专员公署。1968年，改赣州地区专员公署为赣州地区革命委员会。1978年，赣州地区革命委员会改为赣州地区行政公署，崇义县隶属赣州地区。1999年7月1日赣州撤地设市，崇义县隶属赣州市。

崇义县的行政区划历代多变。明代分里、乡，清初沿旧，清康熙二十二年（1683年）分乡、里。1930年分区、里、乡。1934年推行保甲制，分区、联保（后改乡、镇）、保、甲。苏区时期分区、乡。中华人民共和国成立后废除保甲制，分区、乡，崇义县设4个区、1个镇、15个乡。1958年11月12日，实行"人民公社"建制，崇义县设8个人民公社、1个垦殖场、155个生产大队、997个生产队。1982年12月，设立古亭镇。1984年设乡（镇）、村，"以社建乡，以大队建村"，崇义县划为17个乡、2个镇、153个村民委员会、3个居委会。

1987年1月6日，过埠乡改为镇的建制。

1988 年 12 月 10 日，撤销横水乡，其行政区域分别划归横水镇管辖。

1989 年 11 月 23 日，撤销扬眉乡，设立扬眉镇。

1990 年 5 月，乐洞乡高奢村划为高奢、高洞两个行政村。

1994 年 8 月 18 日，撤销长龙乡、关田乡、铅厂乡，设立长龙镇、关田镇、铅厂镇。

2000 年，崇义县辖 7 个镇、11 个乡，各乡镇如下：横水镇、古亭镇、过埠镇、扬眉镇、铅厂镇、关田镇、长龙镇、龙勾乡、茶滩乡、杰坝乡、金坑乡、思顺乡、麟潭乡、上堡乡、聂都乡、文英乡、乐洞乡、丰州乡。

2003 年 10 月 21 日，撤销茶滩乡，成建制划归横水镇管辖；撤销古亭镇，成建制划归丰州乡管辖。2003 年年底，崇义县 19.7 万人。

2004 年底，崇义县辖 6 镇 10 乡，共有 123 个村、5 个居委会。

2011 年，崇义县辖 6 个镇、10 个乡、6 个居民委员会、124 个行政村。各乡（镇）如下：横水镇、扬眉镇、过埠镇、铅厂镇、长龙镇、关田镇、龙勾乡、杰坝乡、金坑乡、思顺乡、麟潭乡、上堡乡、聂都乡、文英乡、乐洞乡、丰州乡。2020 年初，崇义县总人口 21.496 万，其中城镇人口 4.9184 万。

崇义县森林资源得天独厚。“九分山、半分田、半分道路、水面和庄园”，人均拥有林地 16.5 亩，活立木蓄积量 1023 万立方米，活立竹株数 5994 万株，森林覆盖率 88.3%。

崇义山峦起伏，风光旖旎，地势西高东低，南高北低，由西南向东北方向倾斜。山地（海拔 500 米以上）占 47.67%，丘陵（海拔 500 米以下）占 52.33%，千米以上的山峰有 232 座。西北部思顺乡的齐云山碧绿耸立，海拔 2061.3 米，为境内最高点，也是赣南最高的山；东部龙勾乡的兰坝，海拔 135 米，为境内最低点。

崇义山清水秀，全境大小河流 83 条，属长江流域赣江水系，控制流域面积 2206.27 平方千米，主要河流有三条：一是大江（麟潭江），二是小江（横水），三是扬用江（芦江）。

崇义境内山多田少，森林茂密，毛竹遍布，树种繁多，据查有 123 科、892 种，有“江西省绿色宝库”的美称，至今仍保留白垩纪和第四纪冰川后孑遗的单科、单属、单种树种——银杏（我国特产）。崇义气候温暖，适宜各种动物生存和繁衍。

第二节　风景名胜

崇义县自然、人文景观广布，有阳岭省级自然保护区、聂都溶洞群、上堡梯田等自然景观，以及王尔琢烈士墓、王阳明平茶寮碑等人文景观。2017 年，崇义县拥有 1 个国家级自然保护区、2 个省级自然保护区、1 个县级自然保护区，自然保护区面积 49.47 万亩；拥有阳明山、陡水湖 2 个国家级森林公园。

2019 年 3 月 6 日，中宣部、财政部、文化和旅游部、国家文物局确定第一批革命文物保护利用片区分县名单，崇义县属于中央苏区片区、湘赣片区。

一、阳明山国家森林公园

阳明山（原名阳岭）位于崇义县县城南郊，阳明山国家森林公园是国家AAAA 级风景区、全国农业旅游示范点、中国生态旅游实验区示范基地、江西省自然保护区，是一座以森林资源为主体的自然景观，位于崇义县城城区边缘处。公园总面积 6889.8 公顷，主峰海拔 1259.5 米，地势南高北低，南陡北缓，地貌复杂。山顶部和南部有多处悬崖峭壁及奇岩怪石，山谷间有瀑布曲流，形成树枝状的山泉水系，常年流水不断。阳明山古称观音山，后更名为阳岭。2017 年 1 月，经国家林业局（现为中华人民共和国国家林业和草原局）批准，阳岭国家森林公园正式更名为江西阳明山国家森林公园。

二、齐云山国家级自然保护区

齐云山（赣南第一高峰）主峰位于江西省崇义县思顺乡，离县城 45 千米，处赣湘边界，东至上十八垒，南至下十八垒，西至三丫石，北与上犹县交界。1997 年，江西省崇义县人民政府建立了齐云山县级自然保护区，2004 年被江西省人民政府批准为省级自然保护区，2012 年，齐云山自然保护区晋升为国家级自然保护区。

齐云山是诸广山脉的主峰，海拔 2061.3 米，山体由花岗岩组成，森林覆盖率高达 97.6%，山高地阔，特别是雨后初晴的早晨，万里长空碧蓝如洗，山下白雾水平如镜，无边无际。远处一个个山头，犹如万顷碧波中一个个小岛浮出海面。

三、七星望月度假村

七星望月度假村位于国家 AAAA 级森林公园腹心地带——陡水湖中心区，具体位于崇义县横水镇、杰坝乡境内，距崇义县城 15 千米，距赣州市 92 千米，是首批全国农业旅游示范点。这里有郁郁葱葱的原始森林，有波光浩渺、万顷清澈的百里湖光。

七星望月度假村码头位于月亮岛上，山顶设有游乐场。月亮岛与珍珠岛之间有大型水上运动场，并备有供游客冲浪的快艇和摩托艇。与月亮岛浮桥相连的是情侣岛，情侣岛上设有大型户外拓展运动场。情侣岛和火焰山相连的是吊桥。

七星望月度假村于 2004 年被列为首批全国农业旅游示范点，2009 年被评为江西省三星级农家旅馆、赣州市三星级农家饭庄，现开展有夜捕石鱼等活动。

四、君子谷野果世界

君子谷野果世界创建于 1995 年，位于罗霄山脉东南段的崇义县君子谷山区（麟潭、上堡、思顺、过埠四乡交汇处），距县城 30 千米，面积 5580 多亩，君子谷主要由野果保护区、野果种质资源圃、野生刺葡萄选优品系生态种植园、野果酒庄、农民学校、森林公园等组成。

君子谷收集和保护了中国南方大量的野果资源，中国南方亚热带的野生水果在这里几乎都能找到，是一个南方野果种子资源库，一个环境资源研究的科学平台，同时又是一座生态优美的野果酒庄，一家集科研、生产于一体的农业科技企业。

五、上堡客家梯田

上堡客家梯田位于崇义县西部齐云山国家级自然保护区内，距离崇义县城 50 千米，是中国最大的客家梯田，总面积达 3 万余亩。梯田依山势开建，连绵

上堡梯田

上堡梯田

数百亩，垂直高差近千米，又有零星村落点缀其间。在耕作期，泉水自山顶向下逐层灌溉，气象万千；到了收获期，五颜六色的农作物又给梯田增添了无限生机。这是客家人长期在自然环境中求生存、求发展的历史见证与文化遗产。周边风景有上堡整训旧址、亿年冰川遗迹、华仙峰、赤水仙茶场等。

崇义客家梯田以独特的土地利用系统和农业景观，通过联合国粮农组织评审，被正式认定为全球重要农业文化遗产。

上堡客家梯田风景区有华仙峰庵等名胜古迹，还有万丈山高山草园、赤水华仙峰、暖水温泉、水南客家民俗省级摄影文化基地等多处旅游景点以及上堡猎酒、红米粥、赤水仙茶等特产。

六、聂都溶洞

聂都溶洞位于崇义县城西南 52 千米处，由于地质构造的关系，岩洞星罗棋布，幽深莫测，千姿百态，颇具特色。聂都溶洞被列为江西省 24 个重点旅游景区之一，其中较大的有仙鹤岩、莲花岩、罗汉岩、狮子岩、吐云岩、出水岩、石燕岩。

七、植物基因库——赣南树木园

赣南树木园创建于 1976 年，为公益一类的科研事业单位，是一所自然环境优美的地方性树木园。园区坐落于上犹县和崇义县交界处的阳明湖国家森林公园内，全园总面积 12400 余亩，其中林地面积约 8700 亩，园中气候温和，植被茂盛，山水一体，秀色天成，既是一个独具魅力的旅游胜地，又是一个奥妙无穷的植物王国。凭借特有的湖泊生态环境及南岭山地优越的自然特征，赣南树木园在我国南方（赣州）生态屏障中发挥着重要的作用，是"植物多样性王国"及"古老孑遗植物避难所"的典型代表，是南方树种向北部地区引种栽培的重要中转站，被誉为"江南植物基因库"，是中国科学院"中国植物园联盟"成员单位，是全国、省、市科普教育基地，是江西农业大学、江西理工大学、江西财经大学等高校的教学实习基地，是中国林科院、中国科学院植物研究所等科研机构的科研合作基地。

八、古冰川遗迹

冰川遗迹是在冰川发生、发展和消亡过程中，直接形成的堆积物和地貌。目前，在崇义上堡乡、思顺乡发现了古冰川遗迹。这片区域处于华夏板块、南岭纬向构造带与罗霄经向构造带的结合地段，区域构造呈"⊥"形。区内地层露有新元古代震旦系至早古生代寒武系、奥陶系海相沉积变质岩系（浅变质）和晚古生代的泥盆系，并有少量第四纪松散堆积物沿冲沟水系或底洼（凹）地零星分布。

上堡乡赤水村古冰川遗址距崇义县城约 53 千米，冰川遗迹分布在赤水村玉庄河段，集中分布区约 150 米。

思顺乡齐云山村古冰川遗址距崇义县城约 51 千米，冰川遗迹分布在桶冈至三江河段，约有 300 米长。

据考证，这两处冰川遗迹山体主要是由燕山早期二长云母花岗岩构成的，是两三百万年前冰川时期遗留下来的古冰臼。据了解，在冰川侵蚀和搬运作用下，遗迹内有冰斗、角峰、U 形谷、刃脊、冰溜面、羊背石、冰蚀湖等多种冰蚀地貌。

九、文昌塔

崇义文昌塔位于县城东南部大龙山脉南端，于 2012 年 10 月 21 日正式动工兴建。经过近三年的努力，2015 年 5 月，文昌塔主体工程正式竣工，总投资2400 余万元。

文昌塔主体是一刹一身一座式，坐东朝西。塔共九层八面，为八角攒尖顶楼阁式宝塔，塔高 69.838 米。塔采用明代古塔风格并融入现代建筑工艺与现代建筑材料建造而成，主体为钢筋混凝土框架剪力墙结构，设计抗八级地震，内外用青砖包砌，层层建重檐翘角斗拱，古色古香。

文昌塔塔座共三层，为高台带耳三跑梯须弥座式。塔座总高 7 米，平面呈八角形，一层塔座边长 39 米。塔座第一层为七块 3×39 米的浮雕墙，依次雕有孔子圣迹图、王守仁与崇义、崇义八景、崇义六里、二十四节气等栩栩如生的大型浮雕图案。二层与三层塔座四周设有栏杆画版，遍刻古人诗词及配图。

文昌塔

文昌塔已成为崇义县城、近郊百姓休闲、健身、游玩的最佳去处。

十、崇义县博物馆

明正德十二年（1517年），著名思想家、哲学家、军事家、教育家王守仁展治世安民经略，奏请设立崇义县，开启了崇义的县治教化。崇义是王守仁的立县地、教化地，"知行合一"思想实践地，及"致良知"学说策源地。在王守仁奏设崇义500周年之际，为弘扬阳明文化、打造阳明城市品牌，当地于2015年开始建设崇义县博物馆。博物馆主要包含王阳明主题展览厅、自然与非遗厅两部分，其中，王阳明主题展览厅是主体，面积达3000多平方米，展厅借助丰富的文字资料、原籍图片、复原场景等形式展现王守仁辉煌的一生及精深的心学思想。目前，博物馆已经开馆，将成为世界传播、研究阳明文化的重要基地。

博物馆用4个篇章、10个单元、28个小展厅，全面深入地展示了王阳明哲学思想。展厅以文献资料为基础，场景画作为补充，声影光电为辅助，交互媒体为延伸，重点突出王阳明巡抚南赣的史实，让人们在丰富的文化元素及艺术创作中汲取知识营养，获得情感体验，提高精神境界。

崇义县博物馆以"知行合一、良知永恒"为整个设计的文化向导，按时间顺序展开讲述了阳明先生一生的主要事件，使王阳明"立德、立功、立言"的形象得到了充分体现，展示了其对后世的深远影响。

第三节　横水镇

明正德十二年（1517年），王守仁置崇义县，以横水为县治。1932年，始设保甲制，成立横水保联办事处（第一保），第一区署、稳下、石底河属第一保联。1939年至1943年3月，改保联为乡镇，更名为横水乡（后又易名为横水镇），下设12保。1941年，稳下、石底河划出，属铅厂乡，横水镇所辖10保、101甲，隶属第一区署。横水镇之名曾沿用极短时间，尔后，全县实行4大区、8大区时，横水镇各村以小乡制建立，隶属于横水（第一）区或横水乡。1958

年 7、8 月，小乡转为公社，横水与铅厂、茶滩隶属于红旗公社，后又更名为横水公社。1961 年 9 月 27 日，铅厂、茶滩被划出，成立公社，横水公社之名一直沿用至 1984 年。其间的 1968 年，原所属的城关大队、萝卜巷大队划出，因而横水公社拆置为城关镇（1975 年 12 月 20 日更名为横水镇）和横水公社。1984 年撤销公社，分设横水乡和横水镇。1989 年，横水乡并入横水镇。2005 年，茶滩乡并入横水镇。

横水镇地处崇义县中部，横水河两岸，东与上犹县、崇义县长龙镇接壤，南与铅厂镇毗邻，西与关田镇、过埠镇相邻，北与杰坝乡相连。

一、横水村落湖塔

清光绪年间，崇义县人在县城东侧横水镇横水村的落湖山顶上募建了一座塔，因山取名落湖塔，又名鹿葫古塔、老虎塔。

落湖塔坐南朝北，七层六面空筒式，青砖、石灰、黄泥浆砌，北面有一拱形砖门。塔面宽 1.8 米，高约 12 米，厚 0.8 米。1947 年塔顶坍塌，现残存五层。

2009 年，崇义县人民政府公布将落湖塔列为县级文物保护单位。

二、横水渔歌

横水镇东北约 500 米有一个很深的水潭，潭里群鱼或聚或散，悠游自在。过去有从上犹来的捕鱼人，他们一边摇着渔船一边唱歌，早晚歌声洋溢，显出一幅平和安泰的景象。横水渔歌是崇义古景之一。

三、凌云亭

明朝嘉靖年间崇义知县陈俊在横水镇建了一座凌云亭，它直耸在两峰之间，好像在空中楼阁里俯视群峰。

后来，继任知县王廷耀又派人修葺和看守凌云亭，以便往来的行人休憩。凌云亭也成为横水一处古景。

四、萝卜巷

崇义县横水镇北门河旁有个小客店，沿着客店门前路，一直可到上犹县。

明朝时崇义已有骡马运输。一天傍晚，一个上犹县来的骡夫赶着十多头骡子拉着货物来崇义城。卸了货，天黑了要住下。因骡子多，骡车大，加之怕骡子粪便难处理，城内没有一家店铺愿接纳他。没办法，他只好到城北河对岸落脚。

骡夫对路头店老板说："老板，借个地让我歇脚行吗？"

老板看看那些骡子也犯了难："这小店住人不难，可骡子和骡车……"汉子说："店前稻田骡子可溜达，店边空房骡子可过夜，你这是个现成的骡马店！"老板醒过神来，答应了。

打这以后，来来往往的骡马都在这路头店打住，店里生意越来越好。人们便把这店叫骡夫店，所在的巷道也就叫作骡夫巷。

后来，汽车出现，骡马运输少了，骡夫店生意萧条下来。但这里很适宜种萝卜，店家不开骡夫店改种萝卜了。这地方也就改名叫作萝卜巷了。

五、狗脚岭、朝天阁、先登岭

横水镇上营村西约3千米有陡峭险要的群山，山峦起伏，高的像熊，矮的像凶兕，幽林遍山，遮阴蔽日。一条窄窄的路曲曲折折，好像盘陀螺似的通到山坳，只有狗才能攀爬上去，所以叫作狗脚岭。

明万历七年（1579年），崇义知县吴江在扩修狗脚岭路时，在山坳里建造一座砖木结构的亭阁，因亭阁屹立在山顶上，所以叫作朝天阁。这岭因阁取名"朝天岭"。

明万历年间，崇义县县令施守宫为赞许当年王守仁那种捷足先登的无畏精神，又将狗脚岭取名"先登岭"。

清乾隆三十年（1765年）崇义知县罗洪钰捐出俸禄重修朝天阁，但现在朝天阁早已坍塌无存了。

六、牛角湾

乾隆年间，居住在铅厂、稳下的几户刘姓人家准备迁徙到横水密溪去，打算在杨屋寻块地方安居。他们离杨屋还有四五里路时，走累了，就坐下来休息。有个被大家尊称为胡子爹的白胡子老者，他四周巡视着，忽然高兴地站起来，说："我们就在这里安家吧。"

大家随着他指点的方向看去，只见四周是高山，杉树、松树、杂树、竹子密密匝匝，遮天盖日；中间是一块狭长的平坦地，虽是荒地，但开垦出来，有几百担谷田。一条几十丈阔的河从山脚下弯曲而流，河水碧绿碧绿。山清水秀，真正是个好地方。

胡子爹指着对面一座山说："那山像牛形，这告诉我们，只要像牛一样卖力气，就会有好日子过。"

大家商量了一阵，都认为到了杨屋还得找地方安顿，而这里上不着村、下不着店，是个无人管的地方，不如就在这里安家。他们在滩坝上盖起几间茅草房，每天起早摸黑，把滩坝开成了良田。过了十多年，大家都富足起来了。

村里有个牛屠夫，一天他举起铁锤对准一头牛的脑心正要敲下，不想那牛挣断牛绳跑走了，一直跑到胡子爹面前，双足跪下，俯首摇尾，叩头哀鸣，好像在求他救命。牛屠夫追过来，胡子爹挡住他，说："这牛通人性，你看它多可怜，就不要杀它了吧。"牛屠夫哪里肯依？胡子爹说："我买了它，免它一死，好吗？"牛屠夫这才答应，可是把价钱抬得很高，胡子爹拿不出那么多钱来。听说此事，刘氏家族众人赶来，大家把钱凑足给了屠夫。胡子爹在牛角上刻上"刘氏牛"三个字做记号，平常放它在滩坝里吃草，养得膘肥体壮。牛也知道感恩，白天给大家耕田，每日早晚都要在胡子爹门前逡巡一会儿。

过了几年，牛老死了，胡子爹把它埋葬在隔河的牛形山上。因为葬了牛角上刻了字的牛，人称那山为牛角山，他们住的村子就叫牛角湾。

七、天虹山僧人墓塔

明代，在横水镇密溪村天虹山里建有两座僧人墓塔，即二信僧人墓塔和源明僧人墓塔。

二信僧人墓塔建于明代，坐北朝南，花岗石砌筑，由塔座、塔身、宝盖组成，六边形，面宽 0.64 米，高 2.64 米。墓碑石上刻"天虹山呈上上天下二信和尚之台"，字迹模糊不清。

源明僧人墓塔坐东北朝西南，花岗石砌筑，由塔座、塔身、宝盖组成，六边形。面宽 0.64 米，高 2.5 米。塔正面青石碑上阴刻"明万历年间造于宝塔至，嗣曹洞正宗天虹山镇国堂第一代老和尚登塔宝座"。

2009 年，崇义县人民政府公布将二信僧人墓塔和源僧人墓塔列为县级文物保护单位。

八、天虹山寺

在横水镇密溪村杨屋东约 2 千米的山腰处有座寺庙。据传，寺庙修建期间三次出现天虹，因而取名天虹山寺，又名天虹山镇国寺。

该寺始建于明代，清顺治年间僧人静目改建；康熙二十八年（1689 年）被焚，康熙三十年（1691 年）重建；咸丰六年（1856 年）复遭兵燹，同治五年（1866 年）方丈源明再建。寺分前、中、后三殿，前殿有戏台、廊楼。天虹山寺全盛时期有僧众 99 人，寺产亦丰，山林田产百余亩。1922 年，寺庙又遭兵燹，大部分寺宇被毁，僧徒流散，仅存后殿。后殿占地面积 592 平方米。

2014 年 7 月，人们又在旧寺旁新建了大雄宝殿、僧房、放生池。

九、旗山

横水镇北约 500 米处有座旗山，人们又叫它独秀峰。此山巍峨起伏，像旗帜，旁边有像剑戟的峻嶒山峰。这是崇义古景之一。

旗山对面隔河有块平地，上面建有练兵校场，士卒们常常在那里演武练功。王守仁对练兵之事特别留意，每遇操练，就约上僚属屠乔、张戬一同观看，对兵士大加犒赏。

十、上营、中营、下营

明正德十二年（1517 年）十月，王守仁率兵挺进横水。

在王守仁的指挥下，都指挥佥事许清、知府邢珣、知县王天领兵赶至横水；守备指挥郏文、知府唐淳、知府季斅、县丞舒富从左溪进入横水；知府伍文定、知县张戬和王守仁也亲率兵士到了横水。

王守仁对各位官员说："虽然我们人多势众，但大意不得，随时都要防范来袭。我看，这么多兵员不能集中一处，分三个部分驻扎吧。"大家没有异议。

王守仁于是再派探子去选择三处便于联络和攻守相宜的地方驻军，最后选中了横水南边的今蒋屋、南边八里地的今腊树下和北边今横水镇做驻军军营。后来这三个地方就分别叫作上营、中营和下营。

明嘉靖三十一年（1552 年）的冬天，广东和平县岭冈的李文彪率兵又在这几个地方分扎三营。

如今的上营、中营不是单指几个屋场，而是包括几个自然村的地片的名称，而下营就是现在的崇义县城所在地。

十一、上营村豺狗坑

横水乡上营村蒋屋东南七里山隘口有个小村子，因为豺狗多，取名豺狗坑。

乾隆年间，郭氏家族从长龙迁到这里建村。有一天，郭大叔把家里的大水牛放进坑里吃草，晚上水牛没有归栏。郭大以为牛贪吃忘记回来了，哪知第二天晚上大水牛还是没回来，郭大叔便打了火把邀了几个人去找。到了豺狗坑，他们发现牛已死在深坑的草丛里，牛胸膛被掏空了，肠肚散落在四处。大家说，只有豺狗才是这么个吃法。

第二天，大家扛着鸟铳进坑打豺狗，却只寻到豺狗窝，窝里还有黄牛、野猪的残骸，不见豺狗的踪迹。从此，人们不敢轻易去这条坑里放牛，如果在那里放牛，也一定牵着牛看着它吃草，不敢让牛远离视线。

这就是"豺狗坑"村名的来历。

十二、上营村老营场

横水镇上营村在阳岭南面山麓。

明正德十二年（1517年）秋，王守仁的几路大军汇聚横水，分驻在横水上营、中营和下营。

上营军营建在阳岭小河边的一处宽阔平地里。这是一个大军营，驻扎着几路大军。军队的饮水、便溺历来是个大问题。这个地方有一条从阳岭流下来的溪流，是活水，洁净且终日不断，因此，驻扎的军队饮水方便不说，便溺也方便。帐篷搭起来后，行军营寨就建成了。年代久了，人们就叫这地方为老营场。

十三、水口村斋公坑

据说离横水水口村南边五六里的山坑口里，住了一户人家，家里只有父子俩，他们每天到山上打猎，把猎物拿到街上去卖，然后换回自己需要的生活用品，大家都称儿子为"打猎牯"。这对父子没有田土山岭，打猎又没个准数，饥一餐饱一餐，日子过得很紧巴。

过了三年，老父亲去世了，丢下"打猎牯"一个人。这样的人家穷得叮当响，40多岁了也娶不到老婆，过得孤苦伶仃。

一天，"打猎牯"上山打猎，发现一个石洞，里面是一个大石窟，堆满了金银珠宝，光芒耀眼。"打猎牯"兴冲冲地到山下村子里叫村民去装金银宝贝，他自己却分文不取。过了几天，大家上山去感谢他，才知道他当斋公了，就给他盖了一座庙。这个地方就叫作斋公坑。

十四、水口村浊水坑

横水镇水口村有个叫浊水坑的地方，位于三条小溪合流的水口以北3千米的山麓里。那里山深林密，茅草丛生，阴森怕人。

清康熙年间，张氏从广东兴宁迁到那里居住，几户人家靠耕田种地为生。每到八九月禾黄谷熟的时候，番薯、花生、薯子也可收归入仓了。可是这里野猪多，它们平日里满山巡游觅食，到了收割的时候，就下到田地里见什么吃什么，搅得田地乱糟糟的，把田水、溪水也搅浑了。因此，人们便把这个地方叫作浊水坑。

十五、阳岭

崇义县横水镇南面有座高山，山的南麓有一座庙，是唐朝咸通年间建的。因寺庙叫作观音寺，这座山也叫作观音山。观音寺掩隐在云雾之中，明朝崇祯年间重修时，人们改叫云隐寺。

明朝正德年间，王守仁奏请朝廷建了崇义县。人们为了纪念王守仁的伟绩，将观音山改叫阳岭，而云隐寺的名字没变。

十六、阳岭茶

相传很久以前，崇义县阳岭有一个孤儿，他3岁丧母，12岁丧父，人称茶童，虽守着茶山还是一贫如洗。

茶童整日劳累，难免贪睡，家中大公鸡黎明就会报晓。日中，大公鸡也会喔喔喔地叫，催他收工。

这一年清明过后，新茶开始上市。茶童挑着满满一担新制的茶叶赶到崇义圩上。他的茶叶色绿裹白，好似上面落了一层霜，是货真价实的上等阳岭白毛茶。几个茶贩按上等茶价抢购一空。谁料却因此惹怒了财主，财主趁茶童上山砍柴的时候，偷偷溜到他家，把准备好的毒药倒到茶壶里。茶童砍柴回来，口干舌燥，提起茶壶"咕嘟咕嘟"大喝一通。片刻，就毒发身亡了。公鸡吃了呕吐物也和茶童一同死去。茶童家的那块茶山被财主以抵债为由霸占了。

茶童死后，左邻右舍把他埋在屋后的山坡上，公鸡也埋在坟边。几年后的一天，突然从茶童坟地那边传来公鸡的啼叫，尖脆而清晰，高亢而嘹亮，惊动了醋睡的村人。一连几天都有这样的公鸡啼叫，人们甚感骇然，到那里寻找，却连鸡的影子都没看见，却见一株翠绿的茶树长在坟头上。

这奇异的现象传开了，越传越离奇。人们便把那茶树上的茶籽当作种子，撒播在阳岭上，阳岭因此有了成片茶林，阳岭茶还被列为贡茶。

十七、左溪村观音岩寺

清光绪二十七年（1901年），横水镇左溪村朱坑尾的千山顶上，建有观音窝庵，又叫观音岩寺。千山顶因庵改叫观音山。

据说这是清代举人古天球始建，该寺占地面积50平方米左右，寺内有古钟。

1952年，寺庙被毁，从此古寺成废墟，杂草丛生。1987年，居士曾照苏在废墟上搭起简易竹棚，恢复了香火。1997年，建起简易经堂、厨房、膳厅，塑有几十尊神像。2008年，集资4万多元修通了到寺庙门口的公路。2009年，拆除老寺，投资近20万元建起了大雄宝殿，基本恢复了旧寺原貌，观音岩寺建筑面积70多平方米。

十八、左溪村寨背

明正德十二年（1517年）九月，王守仁周密部署：南安府知府季敩从稳下、都指挥体统行事指挥使郏文从长河洞、赣州卫指挥余恩从牛角窟、南康县县丞舒富从长流坑，统领官兵按时进入左溪，每支部队各选地方建立军营，进攻左溪。左溪村寨背右边山顶建有一座大营寨。

到了清朝嘉庆年间，有郭氏家族由上犹迁到营寨山的后背立居。那里就叫作寨背。

十九、旗岭的石钟石鼓

县城北面的旗岭顶上，有一大块平地。大坪的边端有两块突兀而起的大石头，一块像寺庙里的神钟，一块像旧衙门口的堂鼓。据说在过去用石击之，"镗——镗——"之声震耳欲聋，"九溪十八洞"的人均能听见。

二十、崇义古城墙

崇义古城墙位于崇义县横水镇横水村章源中学内。明正德十二年（1517年），都御史王守仁委派南康县丞舒富、上犹典史李禄筑城池。现存城墙为南北走向，青砖砌筑，长 13 米，高 3.2 米，厚 3.8 米。占地面积 50 平方米。

2009 年，古城墙被崇义县人民政府列为县级文物保护单位。

第四节　茶滩乡

一、茶滩村

茶滩村茶滩圩西北方五六里处有三座高峰，上面林荫蔽日。古时候高峰里有人聚众结寨。这伙人不时下山骚扰村民，强拿强要。

有一年快过年了，这伙人提刀拿棒来到族长家，说要借些猪鱼鸭肉过年。族长知道，这回肯定又是有借无回。但是如果不借，这伙人就会软磨硬逼，让人不得安生。族长得罪不起，答应去各家凑钱凑物。

族长来到一个回家过年的族人家里。族人听完事情来龙去脉，思索了一会儿说："你老不必劳心，后天我给他们送上山去吧。"

第三天日头到顶了，族长见族人没有动静，不免着急起来。这时有十几个人背刀拿枪，挑着箩筐正从山上下来。族长想，一定是山上的人来要东西了。仔细一看，不对呀，领头的竟是自家那个族人。

那个族人走到族长面前说："他们被我们赶跑了，我们烧了寨子，缴了银两和赃物，每家都领些回去吧。"大家又高兴，又疑惑。

原来，那族人邀了十多个武艺高强的弟兄带了刀枪，趁夜围了山寨，准备大战。那些人原是欺软怕硬之徒，平日只敢欺负赤手空拳的村民，正好遇着个怕事的族长，便敢来强拿强要。但那些精壮汉子真刀真枪来了，几声吆喝吓得他们撒腿就跑，反而让这些村民拣了便宜。

那族人对大家说："若他们张口要我们就给，欲壑难填呀。现在总算安宁了！"大家都称赞他有胆识。从此村里一直都平安无事。

二、庙背董公庙

清乾隆年间，李姓人氏从上犹县搬到茶滩大密白屋西边二里的董公庙庙背住下。这里竹木茂盛，溪河纵横，水运便利。李姓人家因水取利搞起了排运，到唐江、赣州做竹木生意。

水运危险，稍不小心，葬身水底的事常有发生。于是他们在村前建了一座庙。这里人把康王唤作董公，说他是管江河水运的，所以，这庙就叫董公庙。

三、九鳅落湖

站在左溪坳看左溪，但见山峦起伏貌似九条泥鳅下河，此地人杰地灵，还流传着"九鳅落湖"的传说故事。

传说，有九条泥鳅又长又大，浑身绿苔。它们的洞穴很小，住得憋屈，就相约出去找一个宽敞的住处。那天它们来到茶滩圩西北七八里的地方，见那里有个洞很宽敞，旁边还有条小河，于是停下来。九条泥鳅先在水田里戏耍了一阵，渴了就一齐伸头就着山窝流来的泉水喝水，说不出的痛快。有这样可以随意游弋、自在喝水的地方，它们再也不想回自己的洞里去了。天长日久，它们变成了九座山，山头全朝向山窝，好像九条泥鳅落在湖里。

清康熙年间，上犹县龙门叶姓迁到这里，就依山形取名叫九鳅落湖。

四、观音堂

茶滩圩西南的河西岸有个很大的村落名叫观音堂。

相传，村子里有个叫陈阿婆的人，她27岁时丈夫去世，独自抚育一儿一女。不久，村子闹瘟疫，儿女染上疾病，最后都死了，只剩下她一个人。对于自己的悲惨命运，她没怨天，也没怨地，而是在家修身养性，对人行善。长此以往，村中人受陈阿婆的影响，也开始行善做好事。陈阿婆孑然一身，活到82岁。她的故事传开后，人们一说到这个村子，一般都说观音堂，从此观音堂成为村名。

五、茶亭坳古景

茶滩乡三坑村有座山叫茶亭坳，古时叫作茶瓶坳，是崇义和上犹的界山。老辈人说，古时坳上建有一个歇凉亭，但年久日深荒废了。

明朝嘉靖年间，崇义知县王廷耀常从这里经过，见峰峻山高，北望烟云像彤宫掩映，四时凉风习习。坳里空余亭迹，感慨甚多，就重修了亭子。这亭阁成为崇义古景之一。

六、金竹窝

茶滩三坑村金竹窝产竹子，这里的竹子做出来的土纸可谓张张上好，四角分明，纸面光洁，丝纹格外细密、柔韧，特别适合用来订本子和写字。

有一年，广东仁化城口街运来上千担江西的土纸。纸店老板要求高，一番测试后，都说："金竹窝里的金竹纸好！"

仁化城口也算是个大口岸，那里老板的称赞可谓一字千金，"金竹纸"由此出了名，连带地名也出了名。打那以后，大家忙时耕田，闲时"吃竹"，日子过得称心如意。

七、磨刀坑

相传五百多年以前，距崇义横水二十多里的磨刀坑是一个名叫刁永宁的人开辟，故名永宁村。后来为什么改叫"磨刀坑"呢？

据说四百多年以前，为了镇压崇义谢志山领导的农民起义军，明正德十二年（1517年）十月，王守仁派赣州府知府邢珣统领官兵，从上犹石人坑进军横水、桶冈起义军。当官兵行至茶瓶坳下的永宁村时，看天时尚早，邢珣下令勒马停止进军，休整部队，并要大家做好充分准备，以便冲杀。一声令下，士兵们个个解盔松甲，百千兵士在小河里刷剑磨刀，一时霍霍之声，响遍全坑。王守仁进军横水，终于取得了胜利，于是他们把永宁村改名为磨刀坑。

八、摇篮寨

茶滩稍坑南十里的山里莽林阴森，古时常有盗贼出没。

一天半夜，五六个贼人朝一个独门独户的人家走去。刚到屋边，突然铜铃声大作，十几个汉子围了上来一阵棒打，将贼人绑在树上。

原来，村人被抢怕了，决心收拾这伙贼人。他们在村中一棵大枫树上悬吊了一面铜钟，并在大树丫里支了一个树枝窝，派人轮流值夜，等贼人来了，值夜人就摇铃示警，大家一齐去捉拿。

以后，贼人再也不敢来这个村寨了，因为不遭贼了，也就无须摇铃了，大家像睡在摇篮里一样安稳熟睡到天光，村名由此叫作摇篮寨。

九、营盘子

茶滩有三坑，即南坑、朱坑和稍坑。古时，三坑坑深树密，人烟稀少，绿林人士多来这里安营扎寨。

明正德年间，稍坑西南十里的山坑里就有麦广明的营寨。

麦广明名声不大，但寨子建得坚实，厚墙粗木梁，里三层外三层，宛若铁打的营盘，号称营盘子。他手下有几十号人马，在这里经营了十多年。明正德十二年（1517年）秋冬，王守仁派赣州府知府邢珣统领官兵，从上犹石人坑进军横水、桶冈义军，麦广明的营盘也没能幸免。

营盘子寨没有了，地名却留到今天。

十、观音石背

茶滩稍坑东北十多里的地方有一尊奇石，近看远看都像观音菩萨。后来几个家族搬到观音石的背后建村住下来，村子也由此得名。

第五节 丰州乡

很久以前，崇义的丰州原名空州，原因是这个村庄被99座山峰团团围住，日光照不到底，一下雨就水汪汪。土地贫瘠，庄稼年年歉收，老百姓的家里长年累月空空如也，所以叫空州。住在这里的百姓都怨恨这99座山，期望有朝一日将它们夷为平地。

于是人们抢起锄头，拿起镰刀，清除杂草朽木，排走污泥油水，修整荒山，种上果树，平整耕地，栽下禾苗。一天天，一年年，人们披星戴月，顶风冒雪，勤耕不止，苦斗不息，汗水浸肥了贫瘠的土地，山上果实累累，田间谷粒闪光，空州不再是空空如也了。从此，空州便改名为丰州。

一、响郎中村

丰州乡桐梓村刘姓在乾隆年间就居住在距桐梓四里远的山坑里。

刘家有个人以医为业。他医术高明，医德更为人称颂。来求医买药的，贫也好富也好，有求必应，一请即来。他经常被请到很远的地方去医病，每次归来都是高高兴兴的。家人见了问："这样高兴，谢钱一定很丰厚吧？"他回答："有个病危的人，服了我的药就好了。人家拿一两银子来谢我，我怜惜他家贫穷，没有要。"家人说："你这么两手空空回来，还无所谓？"他笑着说："世间哪里有饿死的郎中？"

他的四儿子想跟他学医。他说："医病要以利人为德，制作丸散的药方不要看成是私密，而要广泛传人。你秉性不好，我怕你以私行医。"四儿子对天发了誓，他才答应教他。乡亲称赞他是"响郎中"。村子也随带有了名，叫作响郎中村。

二、飞来石

丰州乡白石村下新屋组背面的山岗上，有一块巨石，高约3米、宽约3.5米、厚约3.2米，石头底部和山岗豁然分开，似天外飞来之物，所以叫作飞来石。

这飞来石与87版电视剧《红楼梦》片头的那块石头酷似姐妹石，巍然屹立在海拔近千米的山岗上，令人叹为观止，被当地村民视为奇观。

三、马归槽

丰州乡白石村马归槽在白石坳西北五六里的地方，是一条小山坑。山坑的田地、小河、坑边散建着几栋泥墙屋，流水潺潺，野谷摇摇。登高看，有五座山岭像五匹马，马头伸向山坑。

百姓认为五匹马是仙马，都想来附近居住。于是湖南的廖姓人家来了，后来谢姓来了，李姓也来了。几姓人和乐相处，日子过得很是融洽。

四、寨头

丰州乡白石村寨头在深山里，距丰州圩就有40里，更不必说距县城、京城有多远了，是个山高皇帝远的地方。山里有盗贼，村人常受惊扰。

清康熙年间，广东乐昌迁来了廖姓的十多户人家，共有上百号人，他们不愿担惊受怕地度日，就在村后山上修筑栅栏建寨，设置瞭望哨，派后生轮流瞭望。该村后以"寨头"命名。

五、对子下村

明朝年间，福建永年县有李姓的两兄弟到远地去讨生活。一天，他们来到崇义丰州地界，见这里山清水秀，田地很多，就定居了下来。

弟弟有时外出谋生，归来时会先向兄长问安，好吃的必定先敬兄长，夜里陪兄长坐一会，讲些名山胜水、世外奇谈，使兄长忘记寂寞；天凉问冷暖，三餐问饥饱，有病侍床前，待兄如父。

兄长敦厚勤恳。有一年村里遭逢大饥荒，弟弟家日愁三餐，兄长便养着弟弟家，两家同饱同饥，不分彼此。有人对兄长说，你弟弟拖累你。兄长则说：我不顾他谁顾他？若依你所说，就无手足之情了。

后来，兄弟俩繁衍生息，子孙众多。乡邻称赞道，他俩是真"对子"。于是，他们居住的村子就叫作对子下。

六、白面石山

丰州乡丰州村有座大石山，通体白色，高立村后，人叫"白面石"，其外形好像一只白额老虎，在科学不发达的年代，这让当地人很害怕。奇怪的是，谢姓人居然不怕"虎"，还在这里建村子。

谢姓人表示，他们实在是出于无奈。谢家人想寻块僻静能避难的地方，但合意的住处早被人占了，只好在"老虎"石山下住下来。他们无灾无难平安过日，破了迷信说法。谢家人笑言，原来有石老虎守护，反而得以平安。

后来，小坑的彭姓、麓井的陈姓也搬了过来，这里越发热闹了。

七、丰州村般若寺

在丰州乡丰州村西北边丹霞地貌的天然岩洞中有个阔口岩洞，叫莲花洞。洞内有石燕栖居，所以又叫燕子岩、燕居岩。清朝时，有人在岩洞里建寺庙，取名燕居岩寺，又叫般若寺。清道光年间进行重修，僧人增至一百多人，寺资丰厚。

寺庙几经损毁，乡民仍以洞为寺，直至 2009 年 4 月重建。

八、古亭村

崇义大江从湖南益江向东流进丰州，再流 30 里到雁湖村。这里河面忽然平直宽阔起来，有 20 多丈宽，深不见底，且刚好是河湾，便于泊船，人们就在这里建了码头，集散货物。因水运繁盛，码头便热闹起来，岸边有船棚、房屋供船工及旅人歇脚和住宿。南来北往的人多了，逐渐形成了街市。人们用鹅卵石铺砌了街道，街上建了福建会馆和万寿宫。

街道尽头的凉桥上建了八角古亭，人们因亭取名，把此村叫古亭村。

九、金田

离丰州古亭老圩东南六里山麓里有邱姓家族居住，其家族历史悠久，是元朝初，从福建上杭辗转迁到这里的。

这里崇山峻岭，是避难的好地方。可是官府看中古亭河水运便利，邱姓居住的村又在河边，就命他们生产军粮。他们的田地和村子就叫军田。邱姓人家年年岁岁辛苦耕耘，打下的谷子就往河里运，日子不好过。

到了清康熙年间，战事渐少，朝廷撤了军田。不过，当地人照样要交田赋，粮食送往京城，这里便改叫京田。

后来人们又把这里改叫金田。有人猜测：莫非是有过那么一段年月，朝廷废了军粮和田赋，人们自打谷子自归仓，丘丘田亩成金子？

十、虎形庵

丰州乡虎形庵在丰州乡九岭刘屋西北 3.5 千米的虎形山上。

据说，这庵是王姓人建的。王姓人于清朝乾隆年间从九岭庵搬迁而来，受原居住地的九岭庵影响，他们在这儿也建了庵，以山取名叫虎形庵。

十一、九岭洞

传说，丰州原要建府都，99 只仙鹤奉命来踩平山岭。不料山中金鸡坏事，府都没建成，仙鹤只得返回天庭复命。99 只仙鹤里有一只恋着这地方，就私自往东北飞，飞到不远翅膀扇了九扇，九座山岭立起来。它在九岭之间落下来，形成了一个村落。后人称它为九岭洞。到了宋朝，罗姓、刘姓人来了。再到清朝，本地的梁姓人也来了。

十二、塘埠坳

古时，有一条驿道从湖南一直通到丰州雁湖北边十里地的山坳里，再通到关田，是双马过往的石砌驿道。

亭阁横跨山坳，两边有几间房子，专门接待过往车马，传递官方文书、军事谍报，盘查过往行人。它是一处军事设施，是驿站，也是陆塘的埠头。

后来塘埠撤了，连历史记忆都渐渐模糊了，但名字保留了下来。

十三、燕子岩

丰州燕子岩位于丰州乡丰州村寨家新老屋组，为一阔口丹霞地貌岩洞，面积约 500 平方米。洞口竹木成荫，洞上绿草如茵，环境分外幽静，因洞内有石燕栖居，故名燕子岩。

燕子岩顶部有两个茶杯大小的洞眼，传说一个会滴油，一个会滴盐。至今，两个洞眼依在，神奇的传说仍在民间流传。

十四、邱氏民居

邱氏民居位于崇义县丰州乡古亭村东 1 千米，建于清代，坐西南朝东北，砖土木结构，悬山顶，三厅六天井，面阔三间三横 42 米，进深 22 米，占地面积 924 平方米。正面有三个大门，中门内为前厅、前天井，两侧为二层厢房，后天井左右是书房，前、后天井均有过道连接次厅。左边横屋建有绣花楼，楼前余坪鹅卵石铺地，中间有一古井已被填堵。

2009 年，邱氏民居被崇义县人民政府列为县级文物保护单位。

十五、周氏民居

周氏民居位于崇义县丰州乡古亭村，建于清代，坐西朝东，砖土木结构，悬山顶，防火山墙，三厅四天井二明池，面宽三间二横 34.6 米，进深 26.3 米，占地面积 910 平方米。正面有三个大门，正厅天井两侧为厢房，后天井左右为书房，后壁灰雕"风月双清"四字和松、竹、花鸟、瑞兽、鲤鱼跃龙门等图案。

2009 年，周氏民居被崇义县人民政府列为县级文物保护单位。

十六、周氏宗祠

周氏宗祠位于崇义县丰州乡雁湖村新屋组，建于清代，坐东朝西，砖木结构，硬山顶，二进一天井，面阔三间 10 米，进深 30 米，占地 300 平方米。门楣上楷书"周氏宗祠"，前檐下每小块拼板均白底彩绘花鸟、人物等图案或诗词。

丰州乡周氏宗祠

2009年，周氏宗祠被崇义县人民政府列为县级文物保护单位。

第六节　关田镇

一、关田圩

宋元时期关田圩一带人烟稀少，山岭不高，树木不多，不能涵储地表水，田土常常受旱，所以叫作"旱田"。

但因这里地连文英、聂都、乐洞，路通南安府，是交通中枢。明朝末年田地被官府征收，改建税卡，乡绅不敢再多辩，赶紧叫农户来拔了田里禾苗，空出地来建税卡。年长月久，这地方就不叫旱田而叫作关田了。

二、马子塘

关田沙溪村桥头东南小溪汇口里有个马子潭，深不见底。水面澄清碧绿，静谧安详。

传说，有一日，原本是艳阳高照，忽然雷声大作，乌云翻滚，顿时大雨倾盆。一阵风呼啸而来，几个人看见潭水翻腾起来，不知是什么东西落在潭边的石板上，挣扎了几下就钻进潭里去了。

几个人很惊奇，说它像马，又长着两支角，簸箕嘴，核桃鼻孔。风停雨止，人们跑去一看，潭边石板上留着它跌扑下来时的印痕，果然是一匹马。从此人们叫此潭为马子潭。

清光绪年间朱姓从湖南迁来以后，这地名就演变为马子塘了。

三、乌仙洞

关田洞上村乌仙洞在石坳南面1千米的山窝里。它后山猫垴山山顶有巨大的乌石，叫作乌石崟。

不知何时，不知何人在乌仙洞附近建了一座庵庙，村名就改叫乌仙洞了。

四、渗腰石与关刀石

关田多奇石，渗腰石、关刀石就是其中两个。

传说，当地有学武的徒弟俩要出师了，师傅要在比武场测试两人的武艺。

比武坪上有两块小山样的石头。师傅说："比力气吧。"大徒弟运足气，将一块石头一挑，那石飞起来远远落在东南四里远的一个山顶的泉眼里，裂成两半，上下相吻合，泉水从吻口里渗出来。人们因石取名，把那小溪汇口处的村子叫作渗腰石。

小徒弟也不甘示弱，关刀一劈一挑，把另一块石头远远地送到西南二十里开外村子前面小河汇合的地方，被劈成关刀样。清嘉庆年间，从聂都南山迁来的罗姓人把村子取名叫关刀石。

五、大姑洞与小姑村

很久以前，关田圩甘老板专做米生意，店里有两个年轻帮工，女的叫大姑，男的叫张朗。两人都无父无母，认甘老板为义父。

甘老板见两人情投意合，择下吉日让他们成了婚。

张家在关田圩东北十里地的台岭山麓，四周是山，中间一块盆地，本地人叫盆地为"洞"，张朗家住在洞心里。大姑嫁到那里后，那地方就叫大姑洞。小夫妻勤耕苦作，把个家过得很红火。为感谢义父的大恩大德，后来他们把关田圩里没地的甘姓人接到大姑洞里安居。

甘老板的亲生女儿和大姑亲如姐妹，叫小姑。她说："我愿跟大姑相邻居住，好来往。"便嫁到离大姑洞四里地的山窝里。那里被叫作小姑村。

六、寺下

明朝年间，一个和尚来到关田下关走马丘北边一里地的小山上，只见四面环山，前不着村后不着店，很幽静。过了个把月，和尚在山上建了一座寺庙，寺里只有两个僧人。

清顺治年间，吉安的萧姓迁过来，族长说："我们就在寺庙下方住吧。"这里就被称为寺下。

七、租割洞

圆洞村关刀石南 1.5 千米许有个村子叫作租割洞，位于山窝脚下，原是聂都的地界，中华人民共和国成立后划给了关田。

早先，聂都一个地主在那里有一大片田，土地肥沃，年年能收一百多担谷子。这么多谷子让地主犯了难。这里离关刀石 3 里，关刀石离关田圩还有 20 里。一百多担谷，20 多里路，翻山过岭，脚力再健也要挑上几个月，工钱和一路食用就是一笔大数，划不来。

那地主干脆把田租给附近的甘姓人耕种。收割的时候，地主只消一把算盘、一本账簿，轻轻松松就把数算清楚了。折钱最好，不折钱的就让人家挑去卖了交钱给他，这样省事又省精神。

年年如此，成了规矩。这个地方就叫作租割洞。

八、靴形山

关田镇关田圩东北一里地，村后有一座山因像靴子而得名靴形山。相传，这靴子是紫霞大仙特意留在这里的。

紫霞大仙常常脱下仙靴做镇妖之物，自己打着赤脚，后人称他为赤脚大仙。他有仙术，可以变出许多仙靴来，不少地方都有他脱靴镇妖的故事。

九、镜尾村

关田镇镜尾村山幽水净，有许多关于神仙的故事。传说镜尾村黄泥丘西南四里的山坑里就住过黄胡子、白头发、八字须三位神仙。

他们悠闲超脱，常到乌仙洞、庵背、寺下游历，沿途观赏山水风光，闲了就在坑口大石板上下棋。黄胡子仙、白头发仙最爱对弈，八字须仙在旁吆喝，干着急，叫摇扇就摇扇，叫冲茶就冲茶。两个人占着棋盘，三五天才能决胜负。八字须仙熬不住，常常卧在石板上打盹。

可能是受这些传说故事的熏陶，年深月久，这里的人也变得悠闲自得起来，农闲时爱下象棋，日子过得像神仙。

十、沙溪桥

明嘉靖元年（1522年），在关田镇沙溪村南约500米处建了一座石拱桥，以地为名叫沙溪桥，又名泰安桥。

沙溪桥东北西南走向，是花岗石砌筑的单孔石拱桥。桥长26.4米，宽4.2米，高7米。桥两头有斜坡梯阶，桥面原有木构长廊三间，小青瓦顶，可避风雨。

2009年，沙溪桥被崇义县人民政府列为县级文物保护单位。

第七节　过埠镇

一、牌坊下

过埠镇高垒村庵下南边山麓有个村子叫作牌坊下。这里有座石牌坊，是为褒扬杨氏而建的。

杨氏17岁嫁到黄家，丈夫早亡，她卖身五年，替夫还债。县衙为褒奖她，特建牌坊一座立于村旁。村民便将村名唤作牌坊下。

二、白玉坑村

在过埠下黄背郑屋北边二里的一条山坑，旧时曾有过金矿，叫作金龙坑。那里的金矿虽说不多，可是成色好，很受欢迎。远近的人都到金龙坑来，白天锤凿声不断，晚上矿洞里烛火闪闪。

不知过了多少年，金子挖完了，到顺治年间徐姓从广东迁来的时候，只见白玉样的石头，哪见金矿？他们就将村名改叫了白玉坑。

三、留马迹

过埠镇高垒村东南 2 千米的一块石壁上有一个马蹄印，流传着一个仙马留迹的传说。

传说，有个仙人骑着马飘然来到那块大石头上观赏风景。仙人红须飘冉、童颜鹤发，那马四蹄矫健，马鬃纯白。

仙人降临，这里自然会成福地。村人一齐跪拜在地，求他留下。仙人环视众村人也不言语，只哈哈一笑，就翻身上马，拉紧缰绳，那马前蹄高抬，后脚一蹬，蹦到半空不见了，却在石板上留下了深深的马蹄印子。

村人望天长叹，从此，仙人再没光临过。这里便被称为留马迹。

四、棚下

过埠高垒棚下邱姓是老住户，康熙年间就从福建石槽下搬到古庵西南十里处安了家，他们以种地为生，世代耕作。

后来，他们见这里毛竹茂密，古木参天，邱氏派人到湖南学了做土纸、烘香菇的技艺，在山里建了纸棚和香菇棚。

他们做的土纸光洁、韧度强；香菇朵小喷香，格外好出手。谷子做口粮，土纸、香菇贴补家用，日子过得倒也不拮据。

五、铁木

很久以前，有一条小路直通西边 20 里的地方，有间打铁店，打铁师傅是于都人。他打的犁耙铁器钢火好，经久耐用。锻打刀斧尤其拿手，淬火功夫精湛，斩骨头能立断，刀刃上吹毛发，毛发立成二截。

有一天，深山里聚众的头领要他赶制十几把马刀。他很不情愿，但又不敢得罪他们。第二天人去店空，来不及出售的铁器也不见了。

过了几个月，人们在路头店外挖出了像坟墓一样的窖藏地，于是把这个地方叫作铁墓。因"墓"字为地名听着不妥，就将"墓"改成同音字"木"，叫铁木。

六、义湖

崇义县城 20 千米以西几个乡旧时属雁湖里（今过埠镇境内）。

雁湖里古时没有以文为业的人，但岁荐生陈言涉猎群书，跟随他习文的人很多，他曾建有书屋供大家读书，后来书屋倒塌了。

明朝嘉靖年间，崇义知县王廷耀重新修葺书屋，派人教读，以扬善来训导启蒙学生。这样慢慢地改变了旧时当地人的不良习俗。

陈言建馆便民教读是义举，所以，人们改雁湖为义湖。义湖夜读也是崇义的古景。

七、长湾村牛皮垅

牛皮垅在过埠镇上溯 20 多千米的长湾村，两旁石山壁立，崇义大江流贯其中。

江中怪石嶙峋，水位高低落差大，是个险滩。那里湍流激石，响若雷鸣。江左悬崖，瀑布挂空倾泻。沿崖上下，辟有搬运木材的小道，好像汉中栈道；江右凿石，作为沿江上下的通衢，可在那里游玩休憩，仰视瀑布，俯览浪花，坐听江涛，蔚为奇观。

2007 年，崇义牛鼻垅电力有限公司在那里筑坝建电站。2009 年电站蓄水后，牛皮垅险滩景观被淹没。

第八节　杰坝乡

一、金堂背

杰坝乡黄沙村西南 2 千米有个村子名叫金堂背。相传，古时有一位行脚僧人来到这里，见草木茂盛，山色滴翠，峰峦争秀，周围安静，就在这里建了一座硬山顶、人字山墙、砖木结构的经堂。经堂掩映在松竹间，正门门楣上写有"慈云显佑"四字。清乾隆年间，杨姓人从广东迁来，在经堂后面的山腰上建村，那村子就叫作经堂背。

后来，经堂背演变成金堂背。

二、社官湾

杰坝乡麻石村麻坑东北 3 千米处山湾里有两棵高大的水杉树，树干苍劲，树枝横伸，树荫如盖。它的前面是一大片梯田。

人们在树下盖了座社官庙，后来村名就叫社官湾。

三、麻石村仙鹅孵蛋

杰坝乡麻坑南面 3 千米的麻石村有个叫仙鹅孵蛋的地方。据传，那山上石岩下有个仙鹅窠。山里虫草多得是，没几天母鹅就会孵出一大堆小鹅来。山下住着一个人，每次上来他都能收获一群小鹅，可谓天降横财，日子过得很得意。

人们说，出仙鹅的地方一定是宝地，后来林姓搬来了，邹姓也搬来了。

年长月久，大仙鹅不孵小鹅了，成了一座山，山上长了草，生了树木。那个地方依山形取名为"仙鹅孵蛋"。

四、黄沙村山寨和寨顶子

清乾隆年间，林姓族人从福建迁到杰坝黄沙，选了四五里外的山下居住。

林姓有个在外经商的族人，带着妻子回家来。不料，从山坑口里蹿出几个蒙面人，搜走了他的所有钱，还把他的妻子抢走了。临走留下话："后天傍晚拿150 个银洋到这里来赎人。"

族长知道了，说："那些人的肚子是填不满的。我原想，他们不犯我们也就算了，今天犯到我们头上了，剿了他们！"

杰坝乡麻石村仙鹅孵蛋

第二天，族长带着十多个人尾随在经商族人后面，悄悄地把山顶围了，把头领杀了，救回了妇人。

林家族长说："我们把贼人都杀了，就分些族人住到这两处寨子里吧。"从此，山腰的村子叫山寨，山顶的村子叫寨顶子。

五、军田子

杰坝乡黄沙村往北 1.5 千米有一大片良田，良田中央住着清康熙年间由广东兴宁迁来的陈、熊、罗三姓人家。

一年春天的一天，一个军官模样的人骑着大马带着几个兵丁来到村里，把三姓人家聚在一起，宣布："从今年起，你们的田地归军营，是军田。谷子交到军库做军粮。"

从此，这里住了几个兵，管着陈、熊、罗三姓族人耕田、种地，他们变成了"兵家"的人，交粮纳税与县衙无关了。

因此，人们把这个地方叫作军田子。

六、举人坑

杰坝乡长潭村瓦窑潭东北有个举人坑。

在大山坑里，有八九个小村。坑里读书风气浓厚，出了不少读书人，有一年，居然有个人还中了举。就当时而言，这是全坑的喜事和荣耀。往后，村子里读书的人更多了，都指望能再中个举人，所以，村子就改名为举人坑了。

第九节　金坑乡

铅厂街与宝山交界的地方有座山，名叫铁屎岭。这里的铁屎（形似炉渣）足够铺一条崇义至大余的公路。哪来这么多的铁屎呢？

传说，古时候有一位仙人，云游四方。当他云游到崇义县与上犹营前交界的贫穷坑谷，看到那里常遭天灾人祸，民不聊生，到处是一片凄惨的景象。当云游到铅厂附近的铁屎岭时，又是另一番景象，看到那里山清水秀，林木茂盛，晚上漫山遍野发出点点金光。仙人顿时想到：此地满山是金，何不把它炼成金牛，赶往穷乡，普度芸芸众生。主意打定，他便在铁屎岭这块宝地上，日夜不停地炼起金牛来。他一铲一铲地把高山上的土石，放入宝炉中锻炼，用炼出来的金子制造金牛，剩下的残渣倒向一条深深的山谷，这样日复一日，年复一年，不知炼了多少年，高山被铲平了，山谷被残渣堆成了小山。金牛也终于炼成了。

金牛炼成后，仙人就想把它赶往穷乡去拯救老百姓于苦难中，但看到昔日郁郁葱葱的山峦，如今变成了废墟，又于心不忍。于是他想了几天几夜，终于想出了一个两全其美的办法：把金牛赶往贫困地方，到处撒遍金子，使那里的百姓摆脱贫困，然后再把金牛赶回来为该乡人们造福。办法想好了，为了把自己的主意告知当地百姓，便在石板上刻了一句话：金牛撒金到四方，功德告成便回乡。

仙人赶着金牛，夜行晓宿，匆匆前往贫穷坑谷。到了过埠，滔滔江水挡住去路，他好不容易找到一位老艄公，要求连夜摆渡。夜深风大，艄公虽然有些怨气，还是答应了。仙人看到老艄公衣衫褴褛面黄肌瘦，产生了恻隐之心。船到了对岸，老艄公问他要过渡钱，他说："没有带钱，我叫黄牛拉堆屎给你。"话音刚落，黄牛便"啪"地拉了堆屎在船上。老艄公气得浑身颤动，骂道："没良心的东西，你恩将仇报，真不是人！"一边骂一边用扫帚把牛屎扫到河里去并用水冲净。打扫完毕，抬头一看，赶牛翁已不见踪影，只好自认晦气，回家睡觉去了。

第二天早晨，老艄公起来撑船，远远看见船舷上有金灿灿的东西耀眼，走近一看，是一片纯金，仔细一想，嘿！这不是昨晚牛拉屎的地方吗？捡起一掂量，不多不少，正够摆渡钱。老艄公如梦方醒，恍然大悟，连连摇头叹息。于是，老艄公连忙追赶仙人。

老艄公追到天黑，到了与上犹营前交界的一条狭长的深坑里，路上碰到一个打柴晚归的后生，便问："老表！你可曾见到一位赶牛翁牵着黄牛从这里经过？""见了，天蒙蒙亮时还在这一带，后来就不见了。"老艄公说："你晓得吗？这是仙人牵的金牛，牛拉的屎都是金子。金牛留在你们坑里，这条坑就要变成金坑了！"从此这条深坑就叫金坑。后来，在金坑一带也真能淘到黄灿灿的金沙。

第十节　乐洞乡

乐洞原名落洞，境内山峰层叠，峰峦连绵。

乐洞乡离崇义县城72千米，南与广东仁化县长江镇相邻，西与南汝城县热水镇毗邻，东与聂都乡、北与文英乡交界，地僻人稀，是天、地、人都难管的地方。

乐洞乡山多田少，山地占总面积90%以上，多产松、杉、毛竹。土纸尤多，最多时年产可达四千担，远销国内外。因乐洞乡资源丰富，且人口少，所以，这里的人们生活比罗富裕。

1922年，在落洞河西岸弯曲地段建了百来米长、八米宽的圩场，于是人们就将落洞改为"乐洞"。

一、高奢村

在乐洞高奢石嵊子东南四里的半山岗上住着叶氏家族。他们宋末元初就从广东南雄迁来了，开基祖叫叶大朗。

据说，他们初到的时候，方圆十几里是茫茫深山，荒无人烟。叶大朗对家人说："我们南雄人口稠密，土地有限。而这里田土任你开，竹木任你砍，没人跟你争。"他们选择此地落脚，独占一方。后来叶氏根基厚实，就在大樟树兜下建了祠堂。村名也就叫作樟树下。

几百年下来，叶氏人越来越多了，大家耕田种地，上山打猎，进棚做纸，采香菇、摘木耳，家家富裕，日子过得比别人好，讲究高享受和奢侈。旁人说，樟树下人高奢了。于是村名改叫高奢。

二、黄潭陂

乐洞高奢叶屋人丁不断增多，到乾隆年间有人就迁了出来，另选石嵊子北边二里的山麓安了家。那里也很适宜居住。

人都说"头井二田"，用水比田土要紧。这村前有河，河里有一个狭长的水潭。他们在水潭里筑起一道水陂，叫作长潭陂。叫来叫去，不知何时叫成了"黄潭陂"。

三、锡家坑

清顺治年间，湖南腊山郑氏家族迁入居住在乐洞西四里的一个山腰里，以耕田为业，冬春进山挖竹笋，捡香菇和木耳，烘笋干。

有一年，有人在石壁山里挖竹笋挖到了矿石。懂行的人说那是锡砂矿，于是他们又多了一条致富门路。挖矿比挖竹笋挣钱多，挖得多了就挑到广东仁化去卖，能赚一笔钱。从此这里就叫作锡家坑。

四、李草湖村

乐洞陈洞曲尺丘西北三里，有个小村子住着李姓和曹姓。人口不多，两姓人家和和睦睦，相安无事。村名就叫李曹屋。

清朝年间，叶姓又从田担丘迁了进来。村名还叫"李曹屋"好像有点排外的意思，不合适，就改叫了"李草湖"。

五、缸瓦寨

清道光年间，乐洞龙归村有一个村子，那里的作物总是特别矮，不管怎样下肥就是长不高。收成也不好，大家的日子过得很紧巴。

此时，又有一户人家搬来了。那户人到地头踏看，反而欢喜起来："你们把金窝当废物，这满地都是宝。"原来这里的泥土是瓷土，所以农作物长不好，但却是烧砖瓦、制瓷缸的上好材料。

于是他们请来了砖瓦师傅，建了窑，烧出的器物成色好，远近的人都抢着买。村里人就靠烧缸瓦、瓷器富了家。从此这个村子就叫作缸瓦寨。

六、瓦子坪

一方水土养一方人，一点不假。乐洞青木村的几个小村场各有特色，梨树下产梨子，花椒垄有花椒，板下山锯杉板，而瓦子坪则烧砖瓦。

瓦子坪的人家姓周，是从广东园竹白泥塘迁来的。据说，在广东时他们就会做砖烧瓦，见这里的泥土也是瓷土，就建窑烧砖瓦。小小山腰里人丁兴旺，生活富裕。

七、叶氏宗祠

高奢叶氏宗祠位于崇义县乐洞乡高洞畲族村上湾组，清乾隆年间建，坐东南朝西北，砖土木结构，悬山顶，二进一天井，面阔三间 17.6 米，进深 20.3 米，占地面积 357 平方米。宗祠正面三个大门，中大门两侧门墩各置一抱鼓石，门楣悬挂"叶氏宗祠"木匾，门簪雕有花纹，门页彩绘门神，月梁两端及挑下雕有龙、花等图案，屋内设有卷棚。

2009 年，叶氏宗祠被崇义县人民政府列为县级文物保护单位。

第十一节　麟潭乡

一、军田排

麟潭乡鹅科村东北里把路路头有个村子，住着清雍正年间从福建迁来的张姓人。这里地势平坦宽阔，有很多田地，一条小溪穿村而流，旱涝保收。

张姓人头脑活络，有人靠田地升值成了富翁，家里金银无数，使奴唤婢，富庶一方，名声享誉乡邻。

人们把他门前那排田叫作"金田排"。但为何后来又被叫作军田就没人知道了。

二、大余坑

麟潭乡高车村有个大余坑，在高车官塘西边七八里的山坑里，坑面宽阔。原先不叫大余坑，而叫作"大姨坑"。

原来，村里尊老尽孝的风气盛行。有一家人没有生男丁，只有两个女儿。大女儿17岁了，外村几个富户来提亲，大女儿都不点头，最后选了本村的一户贫苦人家嫁了。她说："嫁远了，谁来照看我父母？"

妹妹也选了离家不远的一条小山坑的人家嫁了，说："单让姐姐来照顾父母，我心不忍，我也要分担一份。"

父母感动得涕泪双流。乡亲们尊敬她们，把大姐嫁的那个山坑叫"大姨坑"，妹妹嫁的地方叫"小姨坑"。叫了百十多年，不知何故叫成了大余坑。

三、苏州坝

很久以前，广东兴宁的张三郎到麟潭华山北边五里的狮形山麓建村。因为村后是狮形山，他觉得能沾狮子的雄威。

三郎靠打鱼捕虾为生，村子正好面对麟潭江湾里，湾里有片大沙坝，名叫狮形坝，坝上好泊船、好晒网。他将狮形坝说成了"苏州坝"，从此苏州坝的地名传开了。

四、大店

麟潭两杰村地势北高南低，是陈洞和浊水坑、小溪交汇的村子，黄姓人家在清乾隆年间从广东和平迁到这里，他们去麟潭圩、上堡圩、思顺圩买东西，几十里路，翻山过坳，道路崎岖，很不方便。

村里有人在自家厅堂里打一个货架，自家的木柜上放些坛坛罐罐，算是一间店铺，油盐酱醋、糖梅李果倒也齐备。这店方便，附近的人临时缺了什么，走几步路就买到了。这个地方常有湖南桂东、沙田和上犹营前的远客路过，有时在这里住宿。项目多了，店面大了，生意挺红火。人们把它叫作"大店"。

大店是地方的特色，后来连村名也叫了大店。

五、新坪

麟潭村坪盘山东南五里地小竹坑河弯曲的东边，有座龙王庙，是康熙年间由广东迁来的何姓族人建造的。庙旁有户人家有人当了千户，在府衙任职，管着一千一百多兵卒，权力很大。他在老家地坪上大动土木，建起了像模像样的楼阁房宇，人称"千户坪"。

千户坪叫了几百年，到1949年才改叫"新坪"。

六、红吊楼

麟潭石下南边有座铜锣岭，岭下有条山杰子小河。清乾隆年间上犹县营前罗姓人家见这里山幽地美、水源丰沛，离石下洞三里地，来去也便利，就在此定居。

罗姓族人原本有些根基，家底殷实，加上独得水土滋润，家家生的女孩子都长得水蜜桃样清秀，引得路人啧啧称赞。罗家专给这些女孩子盖了一栋吊脚楼，还漆上红色，格外漂亮。这样引人注目的楼阁，四近独一，村名就不叫铜锣岭了，改叫红吊楼。

七、华山寨

沿麟潭河溯流而上有道山岗，形似鲤鱼，距麟潭圩十华里，名叫华山寨。相传，古时这里是人烟稠密、繁华的地方，所以，至今那里仍留有石狮子和石墙基脚的痕迹。

原来，华山寨上居住着一百多户人家，全是一姓后裔，士、农、工、商各业兴旺，他们学文习武，样样精通。更神奇的是寨上喝用的泉水，人多增多，人少减少，取之不尽，用之不竭。

麟潭乡红吊楼

八、摇篮滩

麟潭支流梅水河流经高车官塘摇篮滩。那里河床原本窄小，河水越显湍急。偏偏河中心有三块巨石拦住水路，水击石头巨浪滔天，岸上看着都觉魂飞魄散，排工在石头中间穿行，摇摆不定，反觉得石头像摇篮一样转动。所以人称这里为摇篮滩。

九、太平岭

距离麟潭圩十四五里的左泉村有座山，是古时上堡通往崇义城的必经之路。山道难行，且常有蒙面强盗出没。

山里住着从广东兴宁搬来的陈姓人，有十多户，上百人。他们担心自家遭抢，又同情路人破财，有几个学了拳脚功夫的人便召集家族壮汉，巡走山间，遇见生面孔就严加盘问。

几年下来，盗贼绝了迹，男丁妇女也敢单走独行，这里从此太平了。陈家义士和商家旅人还集资砌了一条石阶曲径，穿行在陡岩峭壁里，盘行在邃谷深林中。人称这山为太平岭。

第十二节　龙勾乡

龙勾乡，因龙勾村的河流似农村老表磨粉时石磨上的"龙勾"而得名。1949 年 8 月，属扬眉区；1958 年，属扬眉公社；1961 年冬，从扬眉公社分出设立龙勾公社；1969 年，并入扬眉公社；1972 年，从扬眉公社分出恢复龙勾公社；1984 年，改为龙勾乡；2002 年冬，庙前、朱坊村合并为东山村，合坪、九龙村合并为合坪村，得名后沿用至今。

一、八角井

相传，王守仁镇压了横水、桶冈的起义军后，途经龙勾，看天色已晚，命令部队在良田村的芦江边上安营扎寨。因为怕芦江水被投毒，于是挖井取水，井就取名"八角井"。古井和地名一直流传至今。

二、九姑庙

龙勾石塘村南有条小河，河边有座九姑庙，是专门祭祀九姑的。

古时，龙勾有个九姑，家中贫苦，但施舍别人要胜过富人家。后来她的事迹传开了，被奉为楷模，百姓们都向她学习，后人为了祭拜她建了庙宇——九姑庙。

三、佛坳

龙勾乡寺里村西边四里的山坳里，原先住着雍正年间迁来的巷姓人家。后来，遂川县北乡的吴姓家族也迁来了。

吴姓是大族，族产宽裕，就在村里建了一座佛坛。佛坛也算堂皇，吴家人还从广东南雄大寺庙里请来一班僧人。这里也被称为佛坳。

四、谢家福树

早年间，龙勾乡合坪村的谢宪桂娶了赖氏，两人勤劳又善良。

有一天，他俩从田里干活刚回到家就听到鸟铳响，接着，只见两只白鹤跌落在坪院上。它们受了铳伤，一只断了一条腿，一只翅膀折了，匍匐在地上哀鸣。夫妇俩看了心痛，小心地将它们抱进屋来，给它们敷上草药，包好伤口。不到半个月，白鹤的伤好了，夫妻俩将白鹤放飞。

第二年的一天，有人看见那两只白鹤又飞到他家院坪上，在坪院上转了一圈就飞走了。没几天，谢家院坪上长出两株树苗，是两株香樟树。他俩想，莫非是白鹤来报恩，特地给他们送来两株香樟树。

他们精心照料两棵树，第二年，两棵香樟树就长了二丈高，第三年就开花结了果。满树香樟果，多得坠弯了树枝。他们的香樟又大又香，每年都能卖出好价钱。妇俩都活到了 90 多岁，他们临终前叮嘱子孙，莫忘了白鹤，要善待"摇钱树"。

直到如今，两棵香樟树还是干粗枝壮。白天大树能遮阳，晚上大树可乘凉。人们说，心善有好报，所以才有白鹤送来的谢家福树。

五、良田大兵营

龙勾乡良田村东北一里地的土岗里有个村子，地势平坦而宽阔，小溪长流不息，古代兵家曾在这里建过大兵营。良田大兵营有千号人马，里面军旗猎猎，兵士操练、作息纪律严明。

军令一代传一代，传到康熙年间，从上犹县迁到这里来的住户也跟着遵纪守法。

六、肖氏宗祠

肖氏宗祠位于崇义县龙勾乡合坪村，清乾隆年间建，坐北朝南，砖木结构，硬山顶，五岳朝天式防火墙，九井十八厅布局。面宽三间 27 米，进深 30 米，占地面积 810 平方米。三滴水牌楼大门，门楣上行书"图书世业"。

1992 年，肖氏宗祠被崇义县人民政府列为县级文物保护单位。

第十三节　聂都乡

相传，很久很久以前，聂都叫作孽都。

孽都原本是海，海岸住着广东人聂隆和江西人许逊。两个人同到阎山学法，是师兄弟。

有一日，两人在海里游泳。游着游着，聂隆化形成龙，上下蹿跳，波涛汹涌，腋下的龙鳞像爪耙，弄塌了海岸的山石，海面越来越宽。

许逊叫他不要肆意妄为，聂隆哪里肯听。许逊就不再认他为师弟，两人打了起来。打斗中，许逊力不从心，晕厥过去，聂隆趁机潜藏到海底。

海岸边有座仙鹤岩，里面栖息着两只仙鹤。聂隆施起水法，让水淹了岩洞，赶走了仙鹤，独霸了仙鹤岩。他在里面造了前、中、后三个大厅，每个厅用一根神柱顶着。后宫是龙王宝座和寝宫，他抖出龙王的威风，统帅这一带的虾兵蟹将，作孽无道。黎民百姓无不痛恨，把聂隆叫成孽龙。

许逊自知难敌孽龙，又回闾山拜吴猛为师，三年后学成回到江西，将孽龙斩杀，为民除害。

如今，仙鹤岩洞前的两块万斤巨石，洞内三根镇海神桩，里边无颈展翅的海鹰，后宫正中的龙王宝座，右侧的龙王寝宫，左侧七尺大汉剖腹的惨状，右厅参差的垂石，穹窿上各种水旗的结石，孽龙遁逃的巷道，历历在目，栩栩如生，仿佛是当年许逊降孽龙的遗迹。

一、九牛塘

传说，不知何年何代，也不知是哪个仙人赶着九条牛到聂都圩东边偏北的龙西村山顶上来吃草。仙人见牛儿吃得起劲，就去云游了。天上一日，人间千年。经过千年万年，它们变成了九座山头，一齐伸向村内同饮一塘水，被人称为九牛塘。

曾姓知道这里是神仙之地，清乾隆年间由上犹县营前迁到这里来定居。

二、店里

聂都乡白溪村店里离聂都圩西南15里，因该地曾设店，所以叫"店里"。黎姓在明洪武年间由乐洞迁入。这里山岭重叠，溪水纵横，山高林密，洞深岩邃，在太平的时候，是尧天乐土。

三、槽子

传说，有一回天兵天将打完仗，腾云驾雾要归天庭上去。有五匹战马飞到聂都沉井村王子塘北边略西十里的山谷时，怎么都不愿走了。领头的依了它们，但怕它们危害地方，就将他们变成山立在了那里。

五座小山由西向东一字排开，像五匹战马得胜归来，聚在一起来就槽，人称"五马归槽"，又叫"槽子"。

人们知道那是有仙气的地方，乾隆年间廖姓就到这里来建村子了。

四、夫人庙

清乾隆年间在聂都乡聂都村东南约 1 里处建有夫人庙。夫人庙为土木结构，前堂歇山顶，后殿悬山顶，面宽三间 16 米，进深 18.6 米，占地面积 298 平方米。两侧墙上嵌有七通石碑，分别为清道光七年（1827 年）重修章源桥护脚碑、道光十九年（1839 年）三修章源桥护脚碑、道光二十一年（1841 年）四修章源桥护脚碑、重修古路碑和三通重修夫人庙碑，字迹已经漫漶不清。1992 年，民间自发捐资修缮，对庙宇进行了重修。因处于河道旁边，在 2008 年和 2009 年的特大洪灾中，夫人庙房基遭受冲击。

2009 年，夫人庙被崇义县人民政府列为县级文物保护单位。

五、野猪洞

聂都河口村西边 2 里的山坑叫作野猪洞。因为常有野猪出没，村子有了名。一讲野猪村人就色变，因为他们都知道它的厉害。

但孔姓、周姓、张姓和刘姓族人不怕，偏在那里建村。道光年间，罗姓也来了。人多势众，办法也多，经过铳打、铁夹夹、陷阱捕、水碓吓，野猪不敢太放肆了。人们耕田的耕田，做纸的做纸，过着太平日子。

六、莲塘村

聂都圩西南边不远有个山间盆地，一马平川，有五六个村子，上千人在那里谋生活。

田墩里住着乾隆年间从沉井迁来的黎姓人。他们除了靠田地、山岭上的出产，还在村前一口气挖了七口水塘，养鱼、种藕。从此，这里就叫莲塘。

七、永镇坦东桥

清乾隆元年（1736年），在聂都乡龙西村九牛塘东南约8里处建有永镇坦东桥，又名潭东桥，是花岗石铺砌的单孔石拱桥，西北东南向，跨坦东水。

桥长13.6米，宽3.8米，高15米。桥基在崖陡壁10米高处与陡壁混为一体。桥南端6米处路边立有一块石碑，碑高1.15米，宽0.68米，厚0.11米，楷书阴刻横排，碑额"永镇坦东桥"，下方刻有捐助者姓名、金额，左侧竖刻落款"大清乾隆元年岁次丙辰春月"。

1992年，永镇坦东桥被崇义县人民政府列为县级文物保护单位。

八、南山

聂都圩东南约2里是连亘成片的大山，位在南边的叫南山。南山有上南山、中南山、下南山之分。它在大余、崇义二县之间，土地肥美，界连广东，层峦峻岭。山里出产锡矿。

九、章源桥

清乾隆十四年（1749年），聂都乡聂都村夫人庙前建成章源桥。章源桥东北西南向，横跨聂都河，是三孔石拱桥，桥长35.2米，宽4.3米。河中两金刚分水墩上各置一长0.9米、宽0.3米镇水兽。桥面两端各有4级总长5.2米的斜面台阶，两侧分列28根雕花石柱，柱间镶以栏板。

该桥曾经历四次保护性抢修。2009年7月3日，章源桥一孔桥拱被特大洪灾冲垮，2012年11月29日进行第五次抢修。修复后，桥两侧新建了厚德亭、章源亭、文化小广场和长廊。

十、祝圣寺

聂都乡聂都村沙溪洞建有祝圣寺，又名云峰寺。该寺由宋悦禅师开基、僧洞明所建。明朝万历年间僧云峰重建。清康熙十七年（1678 年）歧山大师再次修复，康熙二十年（1681 年）歧山大师建新殿（今址），康熙二十八年（1689 年）再建外殿。雍正以后，祝圣寺历遭天灾人祸，香火冷落，住持无人，寺宇破败，寺产荒芜。今前殿已毁，仅存后殿。建筑坐东朝西，土木结构，悬山顶，面宽三间 26.4 米，进深 17 米，占地面积 448.8 平方米。

1994 年，群众集资对祝圣寺进行了维修。1992 年，祝圣寺被崇义县人民政府列为县级文物保护单位。

十一、水楼

聂都乡聂都村有个三角街。明朝成化年间，吴、罗、周、张、黄五姓集资，陆续在这里建了楼阁，一共五座，连成了正方形形状。五座楼阁三面环水，所以称为水楼。东为黄氏水楼，南为罗氏水楼，西为吴氏水楼，北边是周氏水楼，张氏水楼建在中央，它们互相护卫。

据传水楼是为防御而建的，水楼有上中下三层，有内外两道墙。内墙是土墙，外墙全用麻石条砌成，高约 5 米，厚约 1.5 米，墙上设有枪眼及排水设施。水楼平时做贮粮之用，一旦有寇警，族人可以全部进入楼内躲避，还可凭借它抵御敌寇。

清光绪三十四年（1908 年）三月，广东兵匪窜扰聂都圩时，水楼全被烧毁。现在仅存有周姓水楼的基址及部分麻条石围墙。

十二、天井窝村

聂都乡小岭村大坪里北 1 里左右山上有一个天然窝陷的孔洞，好像是天井，村名因此叫天井窝。

天井窝最重要的是有钨矿，那是村子里十多户人家的财源。

十三、王公寨石林

石林位于离聂都圩1.5千米的王公寨，寨中有一地势较为平坦的石岗，面积2000平方米，岗内怪石嶙峋，成群矗立。那一片怪石奇岩，高的有三四米，低的仅尺许；有的像老虎，有的似石柱，有的如野马，有的似大象，高低不一，形状各异，雄伟奇特，似人似物，任人想象，当地人称之为石林。其中有一奇石，被称为"生命之门"，形象逼真，游览时别有一番情趣和感受，吸引了诸多游客到此观光、游览。

十四、五猴出洞村

在聂都沉塘坪石林组的山背后有五座依次递降的山峰，它们都像猴子，特别是那个头猴，眼睛、鼻子、嘴巴齐全。

传说有一天，随着一阵山风，不知道从哪里来了五只猴子，一路嬉戏玩耍，来到今天聂都到圩北沉塘坪石林小村子背后的山上，见山对面有成片野果树，便要去采摘。没想迎面来了一头狮子，挡住了它们的去路。猴子不敢前进站在那里，狮子也立着不走，狮猴僵持着。年深月久，就变成了五猴山和狮子山。人们称那山和山下的村子叫作"五猴出洞"。

十五、五猴引狮

五猴引狮在聂都坳坳下。该地有一石支脉，笔峰挺立，曲洞深沉。洞一边有五座逐级递降而且相连的山峰，由北向南，形似五猴蹲伏，名为"五猴出洞"。洞对面又有独立山峰一座，状如伏狮，由南向北，欲奔腾向前，名叫狮子峰。两边山峰遥遥相望，酷似相互戏耍，故名"五猴引狮"。

十六、吊饭坑

聂都竹洞村虽是高山林立，沟沟壑壑，但散落着十多个小村子，有一百多户人家，共数百口人。

那里的人吃苦耐劳，连西边五六里远的一个坑旮旯里都开了田。田地离家远，来去很费时间，他们就把饭篮带到田间。那里有棵古树，人们就把饭篮吊在树枝上，在树荫下吃饭歇息，悠然自乐。天长日久，人们便把那山坑叫作吊饭坑。

第十四节　铅厂镇

铅厂镇，因唐宋时期古代先民在此开山炼铁炼铅而得名。

1984 年，铅厂由铅厂公社改为铅厂乡；1994 年 9 月由乡改铅厂镇，得名后沿用至今。铅厂镇地处崇义县南部，东邻长龙镇，东南是大余荡坪村，南接大余县，西南为大余县浮江乡，西邻关田镇，西北与横水镇密溪村毗邻，北接横水镇，东北有阳岭风景区。下辖 8 个行政村，人口 1.1586 万，面积 152 平方千米，有畲族、汉族。铅厂镇是崇义县的经济强镇、生态大镇、文化名镇和工业重镇。

一、石罗

传说，铅厂镇有条河，四围山川纵横，千沟万壑，若连日遇雨，则山洪暴涨，冲毁桥梁，淹灭良田，摧倒房屋，人们叫苦不迭。

村里各姓头领聚在一起，最后商量出一个办法：沿河两岸筑石笼。人心齐石山移，村民砍竹的砍竹，编筐的编筐，在河岸边密密匝匝排起来，填满了石头，稳稳地安放在河岸上。一次洪水退去，大家一看，河岸无损，河水乖乖顺道而流。

石笼出了名，地名也就改叫了"石笼"。后来笼字去了竹头，改成"石罗"。

二、老虎石

铅厂街东边 8 里的地方有个村子，村子里有一块大石板，平平整整，光溜溜的。说也奇怪，每隔十天的清早，一头黄斑老虎就会从山上下来，吼叫三声，

铅厂镇老虎石

晃三次头，慢腾腾地躺卧在石板上。饿了，逮头牛充饥，渴了就在石边泥潭里喝水，直到傍晚才走，吓得各家各户大门紧闭，牛、猪不敢出。人们说，这块石头是老虎石，村子依石取名"老虎石"。

三、关刀坪村

铅厂圩往北 17 里有块四面高山围着的小盆地，盆地里有块酷似关羽的青龙偃月刀的坪地。这坪地有些来历：明正德十二年（1517 年），王守仁率兵来到这里，看地面平坦宽阔，抽出指挥刀插在地上，下令道："就在这里安营扎寨！"

人们说，王守仁的刀沾了"关羽刀"的灵气，能过五关斩六将，神威无比。说来也奇，部队撤退以后，王守仁插刀的地方幻成关公刀的样子。传说因关公刀在，匪贼不敢来犯，地方平静，这地方就取名"关刀坪"。

清乾隆年间，桅杆下黄姓迁到这里来定居，过得平平安安。

四、铅厂村

铅厂镇铅厂圩北面有座高耸的山岭，山麓里堆满了"铁屎"。这山的左边有座高峰叫作宝山，唐朝时期人们就在山里采集铅矿，将矿石运到现在的铅厂圩附近设厂炼铅，炼铅炉有 99 座。炼后的炉渣就堆积在圩北面高山的山麓里。所以，原来炼铅的地方就叫作铅厂。

铅厂村铁屎岭（铅厂村小屋及上街小组）为宋代冶铅遗址。现存提取铅后的矿渣堆积长约 2.5 千米，宽约 0.6 千米，堆积层最厚处约 10 米，分布在宝山至铅厂段公路两侧，面积约 1.5 平方千米。2009 年，铅厂村铁屎岭被崇义县人民政府列为县级文物保护单位。

第十五节　上堡乡

因明朝正德年间，此处为居险难攻的堡垒，故称"上堡隘"，简称上堡，后以隘名为乡名。

明朝正德十二年（1517年）至清朝，称崇义县归仁乡雁湖里上堡约；1927年，称崇义县上堡自治会；1930年，为第三区上堡自治会；1931年，为上堡里；1933年，为上堡联保办事处；1938年，为上堡乡公所；1941年，称崇义县上堡乡；1950年8月12日，设麟潭区赤穴乡、麟潭区正庄乡、麟潭区梅隔乡、麟潭区南溪乡、麟潭区真和乡；1955年4月20日，设麟潭区上堡乡、麟潭区赤穴乡、麟潭区良和乡、麟潭区正源乡、麟潭区梅隔乡；1956年12月，设麟潭区上堡乡、麟潭区正庄乡；1958年11月12日，称麟潭区上堡公社；1960年，下设18个生产队；1961年11月，设麟潭区上堡公社和麟潭区正庄公社；1962年，称麟潭区上堡公社；1965年称上堡公社；1984年为上堡乡，得名后沿用至今。

上堡乡位于崇义县西北，东与麟潭乡相邻，南界丰州乡，西与湖南省汝城县濠头乡和桂东县东洛乡毗邻，北与思顺乡为邻。

一、石狗丘

崇义县上堡乡赤水村前洞组的西北边，石坝河与茶坑河在这里交汇。交汇处的河边有一座巨石，顶上刻有一尊"盘瓠"雕像。雕像长68厘米、宽32厘米、厚11厘米，其头朝东尾向西，侧卧，仰天。它具人形脸，牛蹄脚，狮子尾。

它是曾经在赤水洞居住过的峯猺族的图腾物和祭祀物。现在的人不知它的来历和作用，只知道它雕在石头上，把它叫作"石狗子"。而它周围不断被淤泥堆积变成了稻田，它立在田里，于是人们把这丘稻田叫作"石狗丘"。

明正德年间，赤水峯猺族人逐渐被汉族同化。五六百年来他们的语言、服饰、风俗等民族特征逐渐消失，赤水峯猺族就此消亡。

二、丁家排

明朝正德十二年（1517年）十月底，王守仁亲率中军从今上堡赤水洞直逼思顺桶冈寨。他早探得在赤水洞里，蓝天凤安插了几座营寨，其中最强的是丁家寨，寨头是丁家族长，叫丁百万。

营寨建在赤水洞的狗脚岭上，有几十间土坯营房，丈多高的碉堡式围墙，大小兵丁无数。蓝天凤得知王守仁进攻桶冈，把丁家寨大部分兵丁调去坚守桶冈主寨，只剩下寨头丁百万和几百兵丁。王守仁的大部队对付几百号人轻而易举，大半天就荡平了赤水洞的几个寨子，把丁百万也杀了。

丁家剩下的人躲到岭头子藏身，在山窝里住茅屋，开垦出一些野田荒地以耕种谋生。丁家居住过的地方叫作丁家排。

三、赤水河

不知哪年哪月，上堡赤水山顶上飞来一男二女三位神仙。男的叫梁老尊仙，女的叫萧氏菩萨和颜氏菩萨。赤水山顶因此就叫华仙峰。

三个神仙见赤水地瘠人贫，生了怜悯之心，决意出手相助。一天，只听"轰"的一声，华仙峰顶飞出骑金马的神童和骑银马的仙姑。金马、银马落到赤水河上一块平整的大石板上，在石板上踏出了许多马蹄印。

梁老尊仙又一挥手，河岸边的大石壁瞬间裂开一个洞，神童、仙姑骑着马钻到洞里去了。忽的，隆隆隆几声响，石洞紧闭起来。

两岸的人循声寻来，见一河的仙鞋、仙鞍、仙龟、金条、银锭、珍珠、玛瑙，装在大大小小的马蹄印里。满河银光熠熠，金光灿灿。大家纷纷捡拾，说来也怪，那些宝贝好像有灵气，早已知道谁穷谁富，大块的飞到穷人手里，小点的给富人，而凶暴的人没法捡，任凭他摇拽锥挖，宝物却纹丝不动，拿不走。

四、江西门

清咸丰年间崇义知县何允濂在上堡通湖南的山坳里建了两座军事卡房，人称"江西门"。

一座于咸丰三年（1853 年）建在上堡乡均源村大蓼坑（时属湖南省桂东县永丰地）山坳。卡房由四百余块麻石砌成，有麻石条门框，高一丈二尺，宽约四尺五寸；门楣有石匾一块，镌刻"永丰隘"三个字，现仍存陈迹。

另一座卡房同样建于咸丰三年（1853 年），在正源石盆岭上方的小水坑坳里。小水坑坳现在叫大坳，是上堡和湖南桂东的分界地。卡房规模与大蓼坑卡房相似。因山高风大，只有五六尺高。在湖南那面的门楣上刻有"湖南门"三个字，在江西这面的门楣上刻有"江西门"三个字。

五、大寮坑

上堡西边均源村有座山叫作猴牯脑。山下一条大山谷，山谷里有块长条石，活像一条龙，人称卧龙石。

石边住着三个穷兄弟，一个矮笃笃，一个高仰仰，还有一个瘦精精。三人在卧龙石边搭了个茅草寮，靠挖蕨、萁过日子。人们把那地方叫作大寮坑。

六、良家洞

从上堡圩往西，转过一个山坳就是一个大村落。村里住着梁姓族人，村子依姓取名叫作梁家洞。良和河穿洞而过，两岸山林茂盛，梯田层叠，实实是个休养生息的好地方。

清朝道光年间，正井樟白山何姓也看中了这块风水宝地，就搬了进来。几年工夫，何姓人丁兴旺，家业发达，族中子弟何元璋还中了秀才，又捐了贡，人们叫他贡爷。贡爷在河边盖起一座深宅大院，将村子改名叫作良家洞。

七、裕后桥

清乾隆二十七年（1762年），在上堡村雨伞坑口原有一座石拱桥，叫作上堡水口桥，不知何年何因被毁。

清同治六年（1867年），上堡村李盈浩捐资在原桥址上重新建桥。新桥为花岗石砌筑、金刚分水桥墩的双孔石拱桥，桥长32米，宽5.5米，高7.5米。同治年间的崇义县县令周长森为此作了《上堡义士李盈浩再修石桥记》，并命名此桥为"裕后桥"。

1992年，崇义县人民政府将裕后桥列为县级文物保护单位。

上堡村双孔石拱桥

八、水北

清康熙三十年（1691年）前后，和嘉甲李姓住屋的前方有条良和河。过了河，有一块又宽又大的坪地。坪地上有一座社官庙，人们把这块地叫作社官坝。

起先，他们在坝上建了几间房子卖点香纸火烛和小山货。谁想生意越做越大，店房越建越多，到最后，居然有三四十间，形成了一座圩场。因地取名，这圩就叫社官坝圩。它是李姓独家所建，是一座姓氏圩。开始时买卖公平，生意兴隆，人们出于美好的期盼，又给它取了个雅名，叫作永兴圩。

李姓住在良和河的北面，人们叫那地方为水北。

九、小车

也不知是什么年月，五谷神打算在上堡龙潭的崖子寨建一座水碓油槽为乡民碾木梓。他挑来了两只石碾子放在河滩上，正要开建，却看见一个牧马老头赶着大大小小、黑黑白白的石头，从诸广山出来往龙潭里去。这老头是混龙精所变，他想赶石头去堵洞下的龙潭口，只要龙潭口一堵，上堡洞就会变成一个大海湖，他可以在那里尽情玩耍，哪管田地和房屋被淹。

五谷神使个定身法，一河的石头被定住不动了。混龙精一见慌了，他把马鞍一丢，马鞍立时变成一块大石头，那石就是马鞍石。马靴也被他丢在河道里，变成了两只石头鞋，他自己则变成一匹马钻进了石洞。五谷神追进石洞里，再没有见他们出来。

人们不知道五谷神到底有没有把油槽建起来，只知道那两只石碾子至今还留在崖子寨的山脚下，后来那地方就叫作"小车"。

十、新圩与老圩

清乾隆年间，上堡水北永兴圩街霸开始自定街规，自定税额，入市的粮油、山货不必说，小菜、柴火、瓜果也要收税。他们收税成瘾，就连从良和河漂运而过的木材，也说是经过了他们的地盘，要收税。

永兴圩街霸的肆虐引起上堡六甲人的震惊和公愤。嘉庆年间，六甲乡民共同商议，在离永兴圩不远处竹溪河边的苦竹坪，另建一座圩场。和嘉狮背富户李同亨出让苦竹坪上的良田，大家就把圩场建起来了。因是六甲乡民和睦共建，从初衷出发取名真和圩。人们习惯把它叫作新圩，而永兴圩就叫作老圩。

十一、水南龙形与金鸡洞

上堡水南何姓的先人从麟潭左泉匍棚下迁到南流立居，花钱立籍，还买下门前的十二担谷田做晒场。说也奇怪，每到秋收晒谷，就有两只金鸡到晒场上来吃谷子。

有一天，金鸡又来偷谷吃，何家梁氏祖婆抄起扫把就撵。见两只金鸡钻到晒场山丘脚下一个巨石下的洞里，不见了。梁氏祖婆暗中跟着金鸡进到石洞中查看，发现那块巨石外形原来就是活灵活现的金鸡，洞里还堆着许多金银珠宝。梁氏祖婆叫子孙们过来，一起筐挑手拿，忙了整整一夜。

后来，人们只见何家买了田庄又买土地，几年工夫就良田几千亩，田棚几十座，又是建祠堂，又是建大屋；办了私塾又办武馆，族里出了文秀才，又出武秀才。后来人们就把这个地方叫作龙形，那石洞叫金鸡洞。

十二、万长山

万长山位于上堡乡竹溪村埂头子东北约 12.5 千米处，东至水南村白竹头，南至水南村丰坪，西至赤水村茶坑坳，北至思顺乡三江村雪竹窝，面积约 9 平方千米，主峰海拔 1278.6 米。山高而平坦，其间有宽阔的崇义第三大草场，原名万丈山，因本地"丈、长"谐音，人们以讹传讹，演变为现今的名字。山中有合掌石、石牛栏等景点。

十三、诸广山

诸广山是罗霄山山脉南端的支脉，东与上犹、遂川县交界，南与大余岭接壤，西与湖南汝城、桂东县相连，北与万洋山毗邻，面积 2300 平方千米。它在上堡的一段是江西、湖南的界山，以天水为界，东属江西，西属湖南。

它的悬崖深谷是虎、豹、山羊的栖身之所，深山密林里猿猴成群结队。不知什么朝代，官府发文，宣布诸广山是一座禁山，不准人随便出入。不过，山高皇帝远，令禁而不止，历朝历代都有犯禁的人在山里进出，从未平静过。那里也演绎出许多故事。

十四、德丰桥

德丰桥位于崇义县上堡乡赤水村前洞组，清道光二十二年（1842）建，西北东南走向，跨赤水河，双孔石拱桥，花岗石砌筑，金刚分水墩，桥长 18.6 米、宽 4.2 米、高 5.3 米，单孔宽 7.2 米，拱顶厚 0.85 米，面积 78 平方米。桥两侧分立 8 根护栏柱，护栏高 1.05 米，厚 0.1 米，中有孔。2009 年，德丰桥被崇义县人民政府列为县级文物保护单位。

十五、龙潭桥

龙潭桥位于崇义县上堡乡上堡村仙背组回龙仙庵背龙潭，清同治四年（1865）李盈浩建造，南北走向，单孔石拱桥，花岗石砌筑，桥长 20 米、宽 3.7 米、高 7.8 米，孔宽 11.3 米，拱顶厚 0.7 米，护栏高 0.4 米、厚 0.25 米，面积 74 平方米。
2009 年，龙潭桥被崇义县人民政府列为县级文物保护单位。

十六、上堡整训黄土坳军营旧址

上堡整训黄土坳军营旧址位于崇义县上堡乡上堡村树下组。建筑建于清代，坐东北朝西南，砖土木结构，三厅三天井一后花池，面阔五间二横 33.94 米，进深 21.48 米，占地面积 729 平方米。
2009 年，上堡整训黄土坳军营旧址被崇义县人民政府列为县级文物保护单位。

十七、上堡整训水北军营旧址

上堡整训水北军营旧址位于崇义县上堡乡上堡村水北组。旧址包括李氏宗祠陇西堂、和乐堂。

陇西堂建于清康熙二十八年（1689年），坐东北朝西南，砖木结构，悬山顶，三进二天井，面阔三间12.65米，进深38.88米，占地面积491.8平方米。前面余坪竖立有四根旗杆石

和乐堂建于清康熙二十八年（1689年），坐东北朝西南，砖木结构，硬山顶，三进二天井一明池，面阔三间11.2米，进深45米，占地面积504平方米。

2009年，上堡整训水北军营旧址被崇义县人民政府列为县级文物保护单位。

十八、玉庄桥

玉庄桥位于崇义县上堡乡赤水村新庄组，建于清代，东北西南走向，跨玉庄河，桥长32米、宽4.2米、高7.6米，孔宽12.5米，拱顶厚0.7米，面积134平方米。桥原有桥碑，因玉庄大队建水轮泵发电站用作基石而毁。

2009年，玉庄桥被崇义县人民政府列为县级文物保护单位。

第十六节　思顺乡

思顺乡因"民心思顺"得名，简称思顺。1958年，成立思顺公社；1985年，改为思顺乡，得名后沿用至今。思顺乡地处崇义县西北边陲，东邻金坑乡，东南接过埠镇，南连麟潭乡，西与上堡乡毗邻，西北靠湖南，北与上犹县接壤。下辖8个行政村。

一、桶江平茶寮碑

思顺乡齐云山村桶江茶寮组深山里有一块独立的单体巨石，巨石上刻有明正德十二年（1517年）都察院左佥都御史、南赣巡抚王守仁的记功碑。平茶寮碑又叫纪功岩、碑记石。

岩石为五边形，正面平直，石高8.31米，宽6米，厚约2米。石上有八方

石刻，面积共计 13.45 平方米，其中面积最大的一方高 3.81 米、宽 1.85 米，共 17 行 318 字，正文由王守仁手书，记述了其亲督南赣官兵破横水、左溪，攻桶江，大战西山界的史实。随同征战的文武官员名字镌刻在正文之后。西侧面上部刻有"纪功岩"三个大字，东侧刻有王守仁草书诗二首。

1987 年，江西省人民政府将平茶寮碑列为省级文物保护单位。

二、三仙下棋

思顺乡南州村有个很奇异的地方，传说古时候，在那里隔三岔五会听到下棋时的"将——将——"吆喝声和轻悠悠的琴声。循声去找，却无人影，倒是有三块石头摆在那里，石面平展四方。

奇闻传出，轰动了四面八方，来看奇观的人络绎不绝。人们就把那个地方叫作"三仙下棋"。

三、对耳石

很早很早以前，有一天，思顺南洲大坝子东南七里处的河两岸忽然竖起了两块石头。那石头隔河相望，长得奇特，像人的耳朵。

这怪石怎会落在这里？其中有个来历，说是一对恋人，男的住在河这边，女的住在河那边。河面很宽阔，河水又深又急，两人往来很不方便。男的家里很穷，女的是富家女子，女方家不准两人见面。

两个人没法约会，整夜对河哭泣。他们的哭声感动了神仙，神仙对他们说："不要哭，明天在河两岸竖起两只石耳来，石耳连着你们的耳朵，有什么事，石耳会替你们传话。"

后来他俩通过石耳约好日子私奔了。这对有情人离开了，石耳还留在河边。于是，这石耳和村子都被称为对耳石。

四、茶寮

思顺乡齐云山村，曾经叫作桶冈村，村里有个叫茶寮的地方，那里高山峻岭，地处偏僻，山间寒凉，但土地肥沃，向来出产雀茶。雀茶味苦而气馥，村民用它的籽粒再种，种得遍地都是，取名茶寮仙茗。

茶寮周围是崇山绝壁，明朝正德年间，都御史王守仁在那里的一块独立的崖石上刻了诗赋。这些都成为崇义古景之一。

五、黄牛挨磨

思顺乡山院村营子高北边一里的地方有两座山，左边一座像黄牛，右边一座像磨石。两座山紧挨着，恰像黄牛拉磨一样。人们说，那叫黄牛挨磨。

嘉庆年间，广东和平县的黄氏家族迁到这里来，繁衍十几代不衰。

六、营子高

清康熙年间，广东乐昌洞水有一支刘姓家族迁到思顺圩西边五里。这个地方除了田园丰美，山上还出钨砂。刘家很快富了起来。人富了就有人眼红，族人们商议要自保，就在村子高处建起营房。房墙一尺五寸厚，很坚固，有三层房高，有铳眼垛子，族人轮番守营。

有一次，三更半夜，一伙强盗偷偷摸摸地想进入村子。营房楼里的人早就望见了，强盗还没进村，就听见一阵喊杀声，他们全部被刘家人捆绑了起来。原来，刘氏族人事先叫几十个后生躲在岔路口，带着棍棒、马刀出动，将他们围了个严严实实，一个不漏。从此，这里被称为营子高。

七、朝阳寺

明代中叶，僧人曾氏曾在思顺乡上峰村创建朝阳寺。1946 年，上犹清湖罗氏进行了维修。朝阳寺坐西南朝东北，砖土木结构，悬山顶，面阔七间 28.6 米，进深 15 米，占地面积 429 平方米。挑楼上悬挂着 1927 年铸造的铁钟一口。

2009 年，朝阳寺被崇义县人民政府列为县级文物保护单位。

八、大王洞

思顺圩往东走 5 千米的山腰有一块坡地，四周高山，围成一个盆地。这里千沟万壑，川谷迭连，地形复杂、险要。很早以前，这里来了一伙人占山为王，领头的横眉竖眼，喽啰们唤他大王。本地人把小盆地叫作"洞"，所以，此地又叫大王洞。

后来，大王和一伙人不知何时走了。到 20 世纪土地革命时期，山里又热闹起来。

九、佛坳

清乾隆年间，南康唐江卢屋村一支卢氏族人来到思顺圩北一处山坳住了下来。

那山坳在小溪东山窝里，出村或进村都得经过它，常有人来往。卢家就在小溪东山窝里建了一座小亭供人歇脚。不知什么时候，不知是谁在歇脚亭墙上供了一尊木雕菩萨神像。大家干脆把这亭子叫作佛坳。叫来叫去，连村子的名字也叫作佛坳了。

十、何屋湾

明正德十二年（1517 年）十月底，王守仁的部下知府邢珣、都司许清等领兵会合四营，共结为一大营，分哨起营，辗转来到思顺。见这里东北高西南低，石牙头山余脉横亘在此，有个狭长的谷地，思顺河缓缓而流。他们到河西岸弯曲处——那里有几栋大住宅探看，发现都是四扇三间泥坯屋，屋间的路面铺了河卵石，院墙间用马头墙间隔，还有一口古井。

此地是南安府西北要冲，又是通往湖南的要道，叫作何屋湾，住的全是何氏族人。何景端率族人踊跃从军，充当向导先锋，他的三个儿子左右护卫王守仁。

镇压农民起义军时何氏族人功劳显著，阵亡的族人很多。后来王守仁奏请朝廷旌表，并赐四周山场永远作为祭资。

十一、牛形岭下

清乾隆年间，思顺圩背何屋湾人丁越来越多，住屋拥挤起来。于是他们计划把一部分族人迁居，看到思顺圩东南二里的一座山麓形状像一头牛，认为牛形最保耕牛，当下就决定部分族人迁居这座山。住下以后人畜平安，丰衣足食。这地方就叫作牛形岭下。

十二、水源山寺

清光绪末年，有个和尚是茶滩人，人们叫他李斋。有一天，他来到思顺圩北面水源山山腰里一户人家化斋。

这户人家很善良好客，妇人端出满满一蒲勺米要往他化缘袋里装，李斋拒绝了，说想要在这里建一座庙。李斋拆了这户人家的杉皮茅草屋，建起了一栋土墙庙宇。经堂、膳房、僧房俱全。寺庙依地取名叫水源山寺。李斋做了住持，让这家人在庵里做杂务。寺庙兴盛了几十年。

十三、桶冈秀竹

思顺乡齐云山村桶冈距崇义县城西40千米，那里山窟崆峒，深不可测。深山野地出产秀竹，一种叫猫竹，一种叫笙竹，翘然挺拔，凤仪堂堂。

桶冈秀竹也是崇义古景之一。

十四、黄泥龟

桶江村何屋南面4千米处有个小村子，村子的山坡上有个乌龟墩，村名就叫黄泥龟。

传说，这龟原是活物，在村子的水口里趴着，守住村子的人气、财气。多少年来，村里天旱旱不着，下雨涝不着，风调雨顺，六畜平安。也不知是哪年哪月，据说这龟想看看山外的世界，就爬到山顶上去了。谁知山上没有水，日头又火辣，渴得它滚落在山坡里，再也动弹不得，千万年后慢慢化成了一个黄土墩。

十五、狮子岩

思顺乡桶江村奇岩怪石很多，桶江村何屋西北 1.5 千米的一个小村子左边的那个岩洞就很特别，像一头狮子大张着口，气势逼人。

有一年秋天，后山野猪出没，毁坏庄稼。有人到狮子岩里诉说此事。说来也怪，后来多少年，地里的作物都丝毫无损，再也没有野猪来捣乱。这下狮子岩出了名，村子也就叫作狮子岩。

因为"狮子"保村子，清光绪年间冬瓜坪的巫姓人家也迁到这里来定居了。

十六、雪竹窝

思顺乡桶江村山高地冷。距何屋 3.5 千米的一处山窝里，长着成片成片的毛竹。要是数月冰雪不化，房檐上的冰凌能有几尺长，山窝里的竹子也结满了冰，坠得竹枝弯弯，人们称那里为雪竹窝。

十七、军庄子

思顺乡下南心村军庄子这个村子有大片的田地。传说不知何朝何代，一些兵士驻扎在这里。这些兵士脱了军衣、盔甲，建房子、修水渠，平整了全部土地，不像是来操练和打仗的。领头的说，官府派他们来耕田种地，这片土地归他们耕种，专门种军粮。人们叫他们为军田兵，村庄叫作军庄子。

十八、碓砻

湖南桂东县延守陈家迁到思顺中新地北边二里的山腰里居住。那里杉树参天，竹子茂密。他们农忙耕田，农闲砍树斫竹，每天都不得闲，砻米踏碓的事只有晚上做，直到三更半夜才能歇息。

村里有个木匠很精明，他组织几户人家到村旁小溪里筑拦河石坝。石坝水冲击水车转，水车轴带动木碓舂臼里的米，省时省事。这水碓成夜咚咚响，吓得野兽都不敢下山。

水碓一物两用出了名，村民干脆把村名取作碓垄。碓和砻是相配的，不知何时人们把碓垄改叫了"碓砻"。

十九、高桥

清乾隆年间，在思顺乡新地村西北 4.5 千米处建有一座石拱桥，桥很高，因而取名高桥。高桥南北走向，横跨新地河，是花岗石构筑的单孔石拱桥。桥长 14.6 米，宽 4.5 米，高 9 米，孔宽 10.6 米，拱顶厚 0.66 米。

2009 年，高桥被崇义县人民政府列为县级文物保护单位。

二十、上鼓石、下鼓石

思顺乡中新地村东北约 3.5 千米处有一条小溪，从山谷里顺流而下，遇着悬崖峭壁就形成丈多宽的瀑布。瀑布直击下面潭中嶙峋怪石，轰隆作响，河水再下流三里的山腰又有一处，人称响鼓石。

响鼓石像敲鼓一样，终日不绝，声传两三里，这样，虎狼凶兽远避，人畜安全。同治年间，思顺山院游姓人家迁居响鼓石上方，把这里叫作上响鼓石，三里外的那处叫下响鼓石。

二十一、牛栏山

思顺乡新地村南边有一座白旗山，主峰西侧危峰层叠，四面高峰围成一个盆地，牛羊都难以攀爬，仿佛天生的牛栏。在这里，人们不用担心耕牛走失。这里因此得名牛栏山。

二十二、下新地

下新地属新地村，位于新地河下游，在中新地西南四里的十字路口上。

明正德十二年（1517 年），官兵辗转开进思顺，穿过乌地，然后进入上新地、中新地、下新地，准备围攻桶冈峒，再与知府唐淳、指挥余恩、谢昶等率领的军士合势夹击。下新地地势平坦宽阔，官军就在这里驻军建营。

后来官兵撤离，这里在经历过几十年的动乱后恢复了平静，广东和平的利姓家族迁了过来。人们在清光绪年间曾辟建圩场，取名新地圩，有十多间店房，可惜后来荒废了。

二十三、糯米石

思顺乡长江村象形北 2.5 千米的山坳里有个村子，清乾隆年间赖姓从龙南迁到这里。

这里土地肥沃，又是冷水田，最适宜栽种糯稻，禾苗可长到半人高，谷粒饱满，产量高。村前有块石头，形状像老鼠，人称老鼠石。因担心老鼠偷吃粮食，村人把老鼠石改叫糯米石。

二十四、长江村乌地

明正德十二年（1517 年），王守仁的部下赣州府知府邢珣与都司许清、指挥谢昶、姚玺、知县王天与四部官兵辗转开进思顺，从思顺北行 30 多里到了九龙洞。那天下着雨，不知是哪个官员随口念出一句诗来："九龙洞里龙高飞，留得洞穴成乌地。"自此以后，人们把九龙洞改叫乌地。

二十五、积笔桥

清乾隆五十七年（1792 年），思顺乡长江村建了一座石拱桥，因地取名长江石桥，又名积笔桥。

石桥南北向，横跨长江河，是花岗石砌筑的单孔石桥，长 11.5 米，宽 3.4 米，高 6.3 米。

1992 年，积笔桥被崇义县人民政府列为县级文物保护单位。

二十六、下湾何氏宗祠

下湾何氏宗祠位于崇义县思顺乡思顺村下湾组，建于清代。坐东南朝西北，砖木结构，悬山顶，二厅一天井，面宽三间9.4米，进深24米，余坪宽6米，占地面积282平方米。由前厅、天井、后厅组成。前面三个门，中大门门楣楷书"何氏宗祠"，两侧拱形小门额分别楷书"辅左""弼右"，悬挑及屋内构件雕有瑞兽、花鸟、龙等图案，前厅设有藻井，天井两边柱上各有一个狮子滚球木雕，上厅神位周边及两侧小门上部或浮雕或镂雕双龙戏珠、花鸟、麒麟等图案，神位上雕有两根龙柱，雕法工艺精湛，栩栩如生。祠坪前左侧建有门楼，砖石结构，硬山顶，花岗石门框，后面为拱形门，门楼长6.2米，宽4.7米，占地面积29平方米。

2009年，下湾何氏宗祠被崇义县人民政府列为县级文物保护单位。

二十七、中湾何氏宗祠

中湾何氏宗祠位于崇义县思顺乡思顺村中湾组，建于清代。坐西南朝东北，砖木结构，悬山顶，二进一天井，面宽三间7.2米，进深23.2米，余坪宽13.6米，占地面积265平方米。由前厅、天井、后厅组成。前面三个门，中大门门楣楷书"何氏宗祠"，悬挑构件雕有瑞兽、花鸟等图案，防火山墙上绘有人物、树木、花草图案，写有诗词。后厅天井两侧开有拱形小门。檐阶、前面余坪河卵石铺地。祠前左侧梁上悬挂一口清康熙年间铸造的铁钟。祠坪前左侧建有门楼，砖石结构，硬山顶，花岗石门框，后面为拱形门，门楼长6.1米，宽4.5米，占地面积27.45平方米。

2009年，中湾何氏宗祠被崇义县人民政府列为县级文物保护单位。

第十七节　文英乡

一、谭官下

文英乡古木村南边2千米的地方有片山谷地，山坳里有条小溪。有人在溪河里用水车取水，地名就叫车子坳。

这里住着清康熙年间从福建迁来的谭姓族人。道光年间，族里出了一个读书人，居然还当了官。他们便把车子坳的村名改成了"谭官下"。

二、庵子垴

文英乡古选村南4千米有个庵子垴，这地方一脚踏二省，与湖南省交界，很偏僻。村后山顶上有一块单独的石头，像一个静默站着的人。村子里的王姓人把它看成神石，在神石旁建了一座小庵，取名石神庵。

道光年间，古选张姓人慕名而来，在黄斋河南侧山麓的山谷里安居。村名取名庵子垴。

三、黄斋村

文英乡古选村有一条河穿流上中下三个村子。明朝末年，广东始兴王姓人搬迁到河边三个村两旁的山谷里定居，合称王斋村。后来，改称上黄斋、中黄斋、下黄斋，合称黄斋村，那河叫作黄斋河。

四、圳子背恩泽桥

文英乡水头村圳子背有一座双孔石拱桥——恩泽桥，由义门陈氏第112世孙陈国伟所建。桥长约20米，宽约4米，单孔长5～6米，用长条麻石花岗岩砌成。

据了解，陈氏家族迁居圳子背，传至陈国伟时家族男丁有一百多人。为方便族人出行，陈国伟出资兴建此桥。双孔石拱桥原名失考，后人为铭记先人的恩德，将桥定名为恩泽桥。

五、老圩坝

崇义县县城西南55千米，水头河和茅花河两河夹泾处是山间谷地，名叫大元子。

大元子东北 500 米的田塅里曾是明朝正德年间崇义建县后所设军事机构——文英营的所在地。因有文英营，乾隆年间，黄姓从广东迁入，逐渐形成了街市。后来在它的附近建了新的一字形圩场，它被称为"老圩坝"。

六、西门口

明正德十二年（1517 年），王守仁平定了横水、密溪、桶冈后，为地方治安，他曾在聂都的文英（当时文英属聂都）留驻兵丁 200 名。到了清朝顺治年间，清廷开始在此地设军营，名"文英营"，管辖江西崇义以及与营地相距 30 里的百担圩连界的湖广郴州桂阳县、韶州仁化县一大片地区。

文英营是座很大的军事营堡，有西南北三门，四周筑有坚固的围墙和碉堡。后来营堡圮废，只存西门。

何姓人由乐洞迁入文英后，在西门门口居住，村子名就叫作西门口。

第十八节　扬眉镇

扬眉镇因驻地街北面有座形似眉毛的小山脉向东延伸，蜿蜒曲折，约有1500 米，由此得名"扬眉"。

元朝，扬眉属南唐县隆平里，属南安路。明正德十二年（1517 年），属崇义县隆平里，属南安府。清光绪二十一年（1895 年），属崇义县崇教乡，属南安府。1938 年，崇义县分为 4 区，扬眉设区，辖扬眉、长龙、龙勾 3 乡；1941年，崇义撤区，扬眉区改为扬眉乡。1949 年 8 月 20 日，扬眉设区，辖扬眉、长龙、龙勾 3 乡。1952 年 12 月 22 日，崇义县划为 8 区，扬眉区为崇义第二区。1958 年 11 月 12 日，扬眉区改为扬眉公社。1974 年 8 月 9 日，扬眉公社划分为扬眉、长龙、龙勾 3 公社。1984 年 5 月 1 日，扬眉公社改为扬眉乡。1989 年11 月 23 日，扬眉乡撤乡建镇，得名后沿用至今。

一、八连坳村

清乾隆年间，安远县古岭有支叶氏家族一路迁徙，想找个适宜的地方安家。一天，他们离开扬眉镇三百丘往北，走出里把远的地方，当家的叫停歇脚。他左瞄右看思索了好一会儿，说："我看就在这里好。"

家人听他解释说："你们看，这地方四周是山，围得饱满，一连八个山头好比八仙守护。这是盆地洞府。"

于是叶家在县衙里登了黄册入了籍，安安生生耕田种地，生活十分安逸。他们以地形为村名，就叫八连坳。

二、华芦岗村

扬眉镇樟背东面2千米处扬眉江南岸，河谷平坦，低山高丘，有粮田千亩。据传，张姓在这里建村后，出租收利，每年收地租达万箩谷。因村子处在土岗上，人称万箩岗。

也许是嫌"万箩岗"张扬显富吧，后来村名被改成了华芦岗。

三、寨下

明朝崇祯年间，扬眉镇南石村下东南不远的寨下组，住着几十户张姓人家，共一两百人，村子里流传着一个故事。

据说，村中有个张翁，在村中一间糖坊当雇工。因为人诚恳，被东家看重，成了富豪。

一日，他家来了一个讨饭的。张翁给饭、给肉、给酒，叫他坐下食用。讨饭的说要跟张翁同席吃饭，张翁答应了。讨饭的盘脚坐在凳子上，大口大口地嚼肉，好酒不停杯，吃相很难看。还问张翁："你不嫌弃我这样的讨饭人吧？"张翁说："因为贫穷才讨饭，我也曾从贫中来，为何会嫌弃你？看你也不是一贯讨饭的人，不过一时失了营生罢了。"讨饭的人听了很感动，实话相告："后山山寨梁大鼻要来打劫你家，我是他的先锋，派到你家探底。你将财物暗暗迁走藏起来吧。"后来，梁大鼻没有来打劫。

张翁慈善待人的佳话传颂一时，慈善待人也成为张家的家训。

四、万寿宫

清光绪年间，扬眉镇当地富豪邓茂梁发动 28 姓人组成"二十八会"，筹资在扬眉圩建造万寿宫，用来摆放皇帝万寿牌。宫里有临摹宋代理学家朱熹字迹的两块题匾，一块题写"忠孝神仙"，一块题写"功牟退之"。宫里还建有戏台。

万寿宫在民国时期做过区、乡公所，还办过学堂。1965 年被改建成供销社职工宿舍。

五、扬眉寺村

清雍正年间，扬眉镇扬眉村山脚下建造了一座庙宇，叫作康王庙，又叫关帝庙，距今将近三百年了。

建庙后，有人在庙旁卖香烛，摆饮食摊。最早在庙附近开的是家做糕饼生意的广泰店。由于人气逐渐旺盛，来这里做生意、定居的人越来越多，渐渐形成了村落，人称扬眉寺村。

六、庙下

扬眉镇中坑口张屋坝东北 500 米处有个村子，叫庙下。

传说，古时人们只种玉米、大豆和番薯，不种稻子，因为没有谷种。村里有一条河，水流湍急。据说，神农在天狗全身粘满谷粒，派它到这里送种子。谁料天狗被淹死了。神农急忙作法，让狗尾翘起，露出水面，以便保存狗尾上的谷种。人们得了谷种，栽在地里长出了水稻。

民以食为天，为感谢神农，村民在村子上边的山岗上盖了座神农祠，村子就取名叫庙下了。

第十九节　长龙镇

一、金牛庵

长龙镇大摆村里大摆河两岸经常崩塌，形成崩江潭。崩江潭往北五六里地的山坑山势奇特，山地漫布，沟壑交错。

据说，曾经有人看到过一头黄灿灿的小牛在沟壑里游荡，然后慢腾腾地钻进石洞里去了。那人寻迹前去，并没有发现石洞，只看到一块无缝无隙的石壁。

这人回村一说，人人称奇，都说那是金牛。肖姓人听说后，认为那是块宝地，就在金牛钻洞的地方建了一座庵，叫作金牛庵。

二、小摆旺子坑

清雍正年间，张姓人家从广东兴宁县迁到长龙小摆离东阳排南边半里远的地方定居。

那里竹子多，张姓族人在山坑里建了土纸棚。他们有特别的技艺，做的土纸与别处的不同，能染成黄色，裁成烧纸大小，一小捆一小捆用竹壳包了出售，方便使用。生活好过，人丁兴旺，他们为讨吉利，干脆把村名改为"旺子坑"。

三、长龙村老街

明朝景泰年间，郭姓从遂川县和上犹县营前迁到离今长龙圩南边 400 米处居住。崇义建县后，曾于明正德十四年（1519 年）借用民房设立长龙巡检司司署。当时长龙属尚德里，距崇义县治 30 千米，无山溪阻隔，便于管理。

万历四十三年（1615 年），长龙巡检司司署移到江头村，江头村时属隆平里。而长龙司司署衙做了长龙乡约所。不久，江头村遭遇山洪暴发，司署被洪水冲毁，于清康熙年间重新移回到长龙旧址，仍叫长龙巡检司。

借用民房做官衙不成体统。隆平里、尚德里两里的乡绅钟麟、郭显谟、邹嘉孟、周章训、郭谦等人慨然倡议修建衙署，而邓、黄二姓又共同捐出扬眉寺在隆平的基地为基址。

此地人烟原本稠密，又有了官衙，人气更旺了，就形成了圩市。1974年，人们在它不远处建了新圩场，原来那老圩市就叫"老街"。

第二十节　非物质文化遗产

一、三节龙

三节龙（江西省第四批非物质文化遗产）是光绪年间便盛行在崇义县关田镇田心村的一种民间灯彩，至2013年已有一百多年的历史。当地农民把这种三节龙称为"泥鳅沾灰"，形容三节龙舞动起来犹如肥短的泥鳅沾了香灰一般活蹦乱跳。三节龙比较突出的特点是：龙由3节组成，分龙头、龙身、龙尾三部分，由红绸串成，龙头上绘有八仙、灶神等图案。4人执牌灯，牌灯上写明姓氏堂名。3个舞龙者站在仅有0.64平方米的八仙桌上，动作分为两种：桌上舞龙和地面舞龙（桌上舞龙有腾云驾雾、高车摇水、穿龙、团龙、左右舞龙；地面舞龙有举龙、参拜、龙摆尾、左右舞龙、行步舞龙、正面舞龙、穿龙）。3人轻捷自如地腾挪跳跃，舞动龙身，穿插翻飞。

至2013年，三节龙已有30年没有耍过了，这种濒临失传的客家民间灯彩，迫切需要加以保护。

二、龙灯

龙灯（江西省第三批非物质文化遗产），以其工艺奇特、造型生动而赢得爱好者们的肯定。崇义所制的龙灯畅销邻近50多个乡镇，当地扎制的龙灯上、下颚较长，龙口大，虎牙突出，口含彩珠，能灵活转动，龙须富有弹性，龙眼圆，龙角饱满，龙头内一般都设两支以上的烛灯插孔，龙身一般是单数，现多以五节、七节为主，七节俗称鹅公龙，五节俗称虾公龙。

金龙闹春庆元宵流程为接龙、参神开厅、舞龙、腾龙、献龙酒和送龙，是扬眉镇的传统文化活动。每年春节过后，扬眉镇村村舞龙，祈祷新的一年国泰民安、风调雨顺。扬眉舞龙时间一般是从正月初六开始，正月十六结束。

三、崇义米酒

崇义米酒为江西省第三批非物质文化遗产。米酒是祖先最早酿制的酒种，几千年来一直受到人们的青睐，其香味浓郁、酒味甘醇、风味独特。据考证，崇义自有人类活动始就存在酿酒历史。在民国时期，县城及圩镇都有私人开设酒店，出售水酒及少量烧酒。逢年过节、婚庆寿诞等红白喜事，人们都会在席上摆上酿造的米酒。

四、崇义黄姜豆腐

崇义黄姜豆腐（江西省第三批非物质文化遗产）是思顺乡境内的一种传统手工技艺，由思顺乡李姓家族祖传留下，以本地产的优质黄豆为主要原料，经清洗、去壳、浸泡、磨浆、去渣、烧制豆浆、熬好酸姜水，然后加水连续烧开三次，边烧边游，用的豆腐脑用勺舀出，用小方块布代替模具单独包成的一个个小四方形豆腐，经紧压后再一块块拆开，然后用被誉为姜中上品、药中黄金的黄姜熬水下锅煮十分钟后制成。其色金黄、质细嫩、蛋白质含量较高。

黄姜豆腐是崇义有三百多年历史的传统食品，具有较高的营养价值。

五、舞春牛

崇义舞春牛的习俗起源于明末清初，距今已有几百年的历史了。舞春牛已被列入江西省第三批非物质文化遗产。

最早的舞春牛活动是在每年的立春时节，村民们自发来到河边，由人装扮成河神，在河上装灯彩，各家各户把"河神"请回自己的家中，在家中的牛栏、猪圈等处前进行参拜，以求一年太平、五谷丰登。

明朝正德年间，唐姓从湖南迁入崇义上堡乡，同时带入了这一古俗。后来，此风俗在当地民间流行。人们组织春牛队，以"春牛"为角色，把曾经严肃的政事活动——皇帝和各级官员每年仲春时举行的耕作礼，演变成诙谐活泼的、具有闹春特色的歌舞活动，所以人们把这种闹春歌舞活动叫作舞春牛。

清雍正年间，唐姓人根据本地的社会现象，从内容到形式对舞春牛进行了改造和加工，配以渔、樵、耕、读等角色反映农家生活，还加入了以说唱为主的《八仙》《白蛇传》《断桥会》《刘海砍樵》等项目，以增强剧戏性。

随着时代的发展，上堡乡的舞春牛风俗也在不断演变和发展。春牛词改编了新内容，用以歌颂新社会、新生活。

六、竹洞畲族山歌

竹洞畲族山歌为江西省第三批非物质文化遗产。聂都乡竹洞畲族村，占村总人口 80% 以上的畲族同胞和汉族的客家人在竹洞这块神奇的土地上繁衍。大约在 500 多年前，唱腔独特、节奏明快、韵味悠长的畲族山歌便唱响在竹洞村的田头地角、山坑溪旁，是人们在生产、生活中，为抒发感情而传唱的歌谣。竹洞畲族山歌以独唱或对唱的形式出现，内容以表现劳动与爱情生活为主，音调高扬，声音绵长响亮，真声假声灵活运用，独具个性。竹洞畲族山歌用客家话兼粤语演唱，基本是四句七字体，第一、二句押韵，三、四句相对随意；用口口相传的传统曲调，唱时往往即兴即情，脱口而出，情缠意绵；唱腔丰富多彩，节奏自由又富于变化。

竹洞畲族山歌是曲艺园中的一朵艳丽奇葩，它源于古代民歌，伴随畲族先民从高山地区迁徙而来，可以说是歌随人走，流传八方。

第六章 大余

第一节 大余县城

大余县地处江西省的西南边缘，大庾岭北麓，章江上游。东北与南康区相连，东南与信丰县接壤，西北与崇义县毗邻，南界广东省南雄市，西界广东省仁化县。

一、大余县城

大余县原名大庾县，因居南岭（五岭）之东的大庾岭横亘县境而得名。

大余县有条大庾岭商道，这是古代由中原通往广东乃至海上的主要商业通道。唐先天元年（712年），左拾遗张九龄奏请凿修梅岭驿道。开元四年（716年），唐玄宗下诏命其为修路使臣开凿大庾岭路。张九龄依山设计驿道，组织千人凿山伐石，用时3年，开凿梅关隘口，铺设路面，开辟"坦坦而方五轨"的驿道。

西汉、宋、元、明时期，大余先后建了九座城垣，明、清时区划八坊十五隘，史称"九城八坊十五隘"。

"九城"是指庾将军城、老城、水城、峰山城、小溪城、新田城、凤凰城、杨梅城和九所里城。

"八坊"是指城东坊、城西坊、河一坊、东外坊、管界坊、孝友坊、河南东坊和河南西坊（其今属都在南安镇区划）。

"十五隘"是指灵潭隘（今黄龙镇部分）、佛子隘（今黄龙镇、青龙镇及左拨镇部分）、赤江隘（今青龙镇部分）、双坑隘（今青龙镇和池江镇部分）、龙华隘（今新城镇部分）、宰屋隘（今新城镇和樟斗镇部分）、樟兜隘（今池江镇、樟斗镇、左拨镇和青龙镇部分）、云山隘（今左拨镇部分）、浮江隘（今浮江乡）、梅岭隘（今南安镇部分）、游仙隘（今吉村镇部分）、吉村隘（今吉村镇部分）、沙村隘（今吉村镇沙村圩周围）、内良隘（今内良乡辖）和右源隘（今吉村镇右源村和河洞乡辖）。

二、历史幽远的横浦关

横浦关是大余最早的地名。

横浦是秦汉至隋唐时期，大余县城附近章江航运的一个大码头。横浦关废弃后，横浦之名也历数百年未见载于史册。到明成化年间张弼任南安知府重修横浦桥时，才重见其名。张弼在《东海文集》卷二《重修横浦桥记》中提道："横浦桥，及南安之襟喉，天下之通道也。其初无考。"即便是在数百年前都无法考证横浦的历史，况乎于今？但是，历史告诉我们一个事实：横浦就在大余。

三、赣南最早建制——南壄（野）县

南壄（野）县，江西古县名。约设置于秦汉交际之时，废于隋平陈之后。秦汉时期的辖地范围包括现赣州市 18 个县（市、区）及粤北的南雄、始兴等地。

《陈书卷一·高祖本纪》中记载：（梁）大宝元年（550 年）正月，高祖（陈霸先）从始兴出发，在大庾岭扎营。蔡路养自南康发兵在南野驻扎，依山傍水筑起四座城抵御高祖。高祖出战，大败蔡路养，蔡路养脱身逃走，高祖进驻南康。湘东王秉承皇帝旨意，任命高祖为员外散骑常侍、持节明威将军、交州刺史，改封为南野县伯。

所以，在陈朝时期，南野县地就归属岭南的安远郡管辖了，只不过没有另设新县而已。隋平陈后，南野县的历史宣告终结，安远郡也被撤销，一个新县——大庾县正式登上历史舞台。

南安府城，即今大余县城。过去，府城由老城与水城两座砖砌城池和一座横浦桥组成，"双城对峙，一水中流"，成为一道优美风景线，"横浦垂虹"也成为古南安府的十景之一。

第二节　南安镇

南安镇位于县境中部，古称横浦，因"地接岭南，人安物阜"而名南安，历来为南安军、南安路、南安府和大余县治所在地。交通网络通达，323国道自东向西穿过，往东经南康市通赣州，往南越梅岭达广东韶关。新建梅关大桥、坝上桥、中大桥，加上原建的靖安桥、中山桥、解放桥，县城内共有6座大桥沟通南北两城，交通十分便利。

梅岭即大庾岭，是大庾岭的别称。

梅岭地名的由来历史悠久，历来就有两种说法：其一，因越族将领梅绢而名；其二，因岭上梅树而名。两种传说都赋予梅岭历史与现实意义。

相传，在秦末轰轰烈烈的反秦战争中，有一支出自"浈水之上"台岭的越民军队，在首领梅绢的率领下，跟随番阳县令"番君"吴芮征战于鄱阳湖、长江中下游区域，策应各路诸侯反抗暴秦。陈胜、吴广被杀后，吴芮先是归附项羽，在灭秦征战中功绩卓著，被封为衡阳王，吴芮的部将梅绢则以"军功多"被封为"十万户侯"。汉高祖元年（前206年）四月，西楚霸王项羽下令各分封诸侯结束军事行动，撤兵回各自封地。是年，梅绢率部属回到了阔别多年的台岭。

可惜，安居的日子没过多久，"楚汉战争"爆发。梅绢随吴芮站到刘邦一边，被刘邦封为大将，历经4年战火，援助刘邦歼灭了项羽。战争结束后，吴芮被刘邦改封为长沙王，梅绢乃以赫赫战功受封为"十万户侯"，食台岭以南诸邑。汉高祖六年（前200年），梅绢奉命征讨南越国，因中埋伏战死沙场，遗体葬在台岭。为了纪念梅绢，越民在山下建"梅将军祠"，并把台岭改称为梅岭。梅绢的两个儿子把守的关隘则分别被称为"大梅关""小梅关"。

《粤中见闻》云："越勾践子孙，更姓梅，散居沅湘。秦并六国，越复称王，梅绢从之至南海家焉。居民因呼台岭为梅岭，已而归番阳令吴芮。其后叙功封台侯，子孙多移居曲江、浈阳。"知名学者何光岳在《南蛮源流史》中记到："梅岭之名，则以梅绢始也……当秦并六国，越复称王，自皋乡逾零陵至于南海，绢从之，筑城浈水上，奉其王居之，而绢于台岭家焉。越人重绢之贤，因称是岭曰梅岭。"所以，清代戏曲理论家、文学家李调元认为，梅岭之所以称梅岭，并非岭上有梅（指梅树或梅花），而是"其姓为梅，复从梅里（皋乡梅里在今安徽省绩溪县，是梅绢的故居地），至以台山为梅岭，犹之乎以皋乡为梅里也"。

到了三国东吴时期，梅岭又因吴将领陆凯的《赠范晔》赏梅诗而名闻天下。陆凯是三吴名将、大都督陆逊的家族子侄，于吴赤乌五年（242年）奉令统军征伐珠崖（今雷州半岛）、儋耳（今海南岛）等地，途经梅岭时见岭上梅花傲雪凝霜，含苞待放，花香扑鼻，就即境赋诗一首赏梅诗，诗云："折花逢驿使，寄与陇头人。江南无所有，聊赠一枝春。"将诗作当作书信，和当场采摘的梅花交给驿使，嘱托驿使送达在长安的好友范晔那里。范晔在长安收到陆凯的信物，万分高兴，逢人便介绍这首清新朴质、饱含深厚友情的吟梅诗。长安文人争相传吟、欣赏。于是"一枝春"就成了梅花的别称。

如今，大余对梅岭及大庾岭两个地名可互用，地名意义相同。

第三节　新城镇

新城镇位于大余县境东北部，是大余县主要产粮区之一，主种水稻，兼种花生、油菜、红薯、大豆、烟叶、甘蔗、荸荠、蔬菜、瓜果等。

新城历史悠久，据有关出土文物考证，早在新石器时代，这里就有人居住。明正德十二年（1517年）始筑峰山城，清雍正元年（1723年）修关路并埠头。乾隆五年（1740年）建通衢风雨亭，后名新城。因其历史、文化、经济在赣南颇负盛名，也被誉为赣南四大名镇之一。

大余"南扼交广，北拒湖湘"，形势险要，为古代兵家所必争，素有江西"南大门"之称。而新城在军事上对大余而言，又具有特殊的意义。

一、周敦颐后裔留守周屋村

周屋村位于赣南四大名镇之一的大余县新城镇，地处章江岸边，山灵水秀，是一个古老的村落。这里原名叫新义都，缘何得来"周屋"？这自然与宋儒家理学祖师周敦颐分不开。

据史料记载，周敦颐的后人周本成公偶游梅国大余，恋梅国山水之灵秀，遂选择新义都定居，新义都处章江之滨，远处杉峰、樟峰对峙，近处地势平坦、土地肥沃，周氏族人，耕读进取，致力开拓，人盛财旺，渐成屋场，被人称为"周屋"，慢慢"周屋"逐步取代了"新义都"这个地名。

说到周敦颐，又不由让人要朗诵他那千古名作——《爱莲说》。文章短短119个字，歌颂了莲花坚贞的品格，也是周敦颐洁身自爱的高洁人格的写照，传颂着他的理学思想。文中"出淤泥而不染，濯清涟而不妖"的佳句，更是成为历代官吏和学子为人处世的座右铭。

千百年来，周屋村的周氏族人恪遵祖先训诲，秉承理学思想，耕读进取，致力开拓。至清朝乾隆年间，正值宗族鼎兴时期，周氏家族财力雄厚，为缅怀先祖，祈俸祖恩，建起了充分体现理学思想、理学文化的周公濂溪堂和周屋宗祠。宗祠内古壁画、诗词、对联等历史文化瑰宝宛如金律，至今规范着村民的言行。而宗祠外的荷花池，则以"出淤泥而不染"的古训警示、勉励周氏族人。目前由周屋周氏总祠发展起来的人口达5500多，居住在周屋村的人口达3500多。就是这样一个大村，中华人民共和国成立后70多年来，从未发生一起刑事案件，多次被评为"安全村""文明村"。

今天，周屋村大力发展乡村旅游经济，村庄整洁漂亮，村民热情好客，建设了村民广场、太极广场、莲花池等设施。漫步在周屋村的巷道中，人们总能感受到理学道源的意境。历经岁月沧桑，理学思想、理学文化在周屋村长盛不衰，族人用理学精髓激励后人，奋发耕读，致使人才辈出。

二、巷口古村与水口古塔

巷口村位于大余县与赣州市南康区交界处的新城镇东南部，原名港口圩。据了解，明朝成化年间，章江河运经过村旁，此地设有码头和驿站，还在这里建有圩场故称港口圩。来往的船只停靠在这里，商人在圩场交易。后来因书写"港"与"巷"字形相似演变成巷口。

在巷口村的水口山与南康交界处的古驿道旁，有一座位于新城镇与赣州市南康区浮石乡交界处的水口塔——藏古塔，距章江600米。因其建造在水口山中，故名水口塔。清乾隆七年（1743 年），由新城的庠生周礼及乡绅、民众捐资兴建。塔为七层六边形楼阁式青砖结构塔，基座由四层红石条砌成，塔底层边长 2.87 米，塔高 24 米。底层东南面有一扇用红石条砌的拱门，门高 1.61 米、宽 0.81 米，拱门上方嵌有石匾一块，字迹已模糊。塔中空，内径 2.4 米、外径 5.76 米。塔各层砖叠涩出檐，塔内每层顶部都有 3 根叠木，六面皆有三层砖砌齿纹，各面均设圆锥形门窗。现塔身剥落严重。1983 年，水口塔被列为大余县重点文物保护单位。

第四节　池江镇

池江镇位于大余县境东部，赣州地区良种场驻镇内。

通过实施新农村建设，涌现了一批集产业发展与休闲娱乐为一体的示范点（新江村的土围里、塘埠湾、布前，池江村的瑶背上、高屋等），农村与农民的生产、生活环境得到明显改善。

一、杨梅村与杨梅古城

杨梅原为城，现名村，杨梅王氏尊王必泰为始祖。王必泰原居江西吉水带源（今吉安青原区）王士明的第十四代孙，其父王钢在南宋末年曾随文天祥"勤王"。王必泰生于元成宗元贞元年（1295 年），到元泰定二年（1325 年）31 岁时，"南游大庾，见下双里（杨梅乡）山环水绕，土地开旷而肥美，可以长子孙开福祚，辟草莱以居正焉"。

杨梅城是大余"南安九城"建在乡村的最大的城堡，也是存留至今保存尚好的最后一座古城。

杨梅城的始建得益于明代南赣巡抚王守仁"奏允"才建的。杨梅王氏有青壮年参选民兵，得到王守仁的赏识，曾屯兵于杨梅，在杨梅建筑了进军的军事城堡。王守仁制定的"南赣乡约"在杨梅得到了较好的贯彻落实，使杨梅的村风、民风得到了极大改观。《杨梅城池记》记载了杨梅城与王守仁不可不说的缘

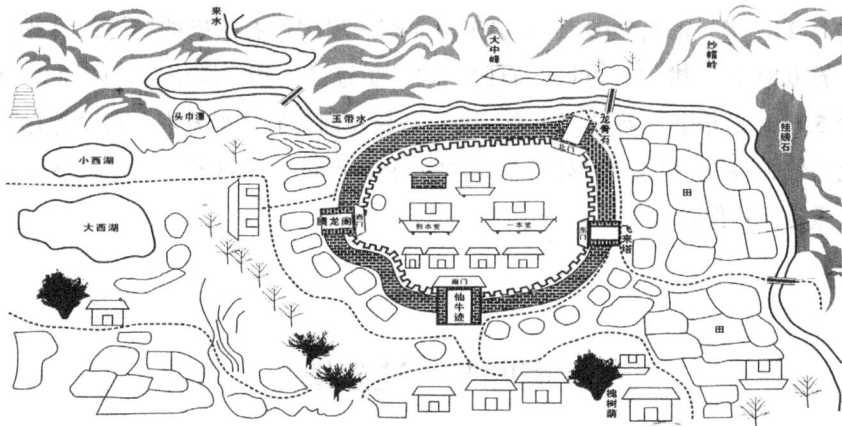

杨梅古城城池图

杨梅古城墙

分："庾邑杨梅，王氏聚族而居，衣冠礼教之乡也。明阳明王公治赣南时奏允建城，王氏爱砌石甃砖，坚为雉堞，外有绕水，籍以为池，壮哉！"由此可见，杨梅城的修筑体现了王守仁"乡民自卫、防御匪患"的治理方略。古城的四面城墙自建成以来历经沧桑，除了肩负御敌任务外，还兼具防洪等多方面的重要使命。

杨梅城始建于嘉靖四十四年（1565 年）。杨梅城因城形而名。建成后的杨梅城形为椭圆形，状似杨梅果，故改原地名"下双里"为"杨梅"，杨梅城也由此得名。

第五节　樟斗镇

樟斗镇位于大余县东北部，镇境内水利、矿产、森林资源丰富，建有跃进小（二）型水库 1 座，中型发电站 1 个，总装机容量 840 千瓦，年发电量 250 万千瓦时，可灌溉樟斗、池江、新城三镇 3.2 万余亩农田；蕴藏丰富的钨、铜、锡等有色金属矿产资源；山多林密，森林资源丰富，山地面积达 12 万亩，盛产松、杉、杂木和毛竹，珍贵木材有香樟、楠木、檫树。

第六节　青龙镇

青龙镇位于大余县境东部，境内有龙洞里中型水库 1 座、小（二）型水库 6 座、塘坝 145 处，可利用水面 2600 余亩，具有发展水产养殖的天然优势。除"四大家鱼"（指青鱼、草鱼、鲢鱼、鳙鱼）养殖外，还发展了"江西三红一鲫"（江西省兴国县的兴国红鲤、婺源县的荷包红鲤、万安县的玻璃红鲤并称"江西三红"。"一鲫"是指萍乡红鲫，江西省萍乡市特产，全国农产品地理标志）、黄鳝、甲鱼等特种水产养殖，年水产量 586.6 吨。

一、王守仁与赤江村

在大余县青龙镇有一赤江村，赤江原名青龙铺，该地方设有圩场，又称青龙圩。赤江村依山靠水，农民以种地为生，是个典型的中国式乡村。村子本身平淡无奇，却因和明代著名的哲学家、思想家、政治家和军事家王守仁有因缘关系而为世人所熟知，扬名海内外。

二、青龙圩由来的传说

明朝嘉靖年间，在南安府大庾县章江北岸青龙铺码头旁边（今赤江村老圩上）地域有朱、钟两姓出资建的一座圩场，名"青龙圩"。每逢圩期（一、四、七），四面八方都有人把物资运到这里进行交易，圩场繁荣兴旺。

相传，清朝道光年间，朱、钟二姓征收税赋太重，如购买一双鞋就得买三只，其中一只为纳税。此现象引起众多商人和群众的不满。于是，在清道光二十五年（1845年），大庾县双坑隘有位姓余的绅士，联合周边里隘的刘、王、李、罗、黄、周、肖、曾、陈九大姓中的绅士们，采用集资金、赈捐工的方式在距青龙圩二里的黄潭寨另立一圩场，取名为"黄潭圩"。可黄潭圩开市几个月下来，买卖一直冷落萧条，绅士们为此很是发愁。

正巧，有一日，赣州有一位著名的堪舆大师前往南安府衙门，途经黄潭圩，余绅士见了大师立即上前拜会，向大师请教策略。大师重新择日开市，但开市时辰未定，只嘱需出现"戴铁帽""马骑人"和"蛇打鼓"后才可鸣锣放炮宣布开市。

却说到了吉日，绅士们组织39人的乐队早早地等候在黄潭圩街上，已时刚到，巧遇一位将要分家的年轻人从锅炉店买来一口铁锅，用头顶着回家路过中街，人们叫嚷着"'戴铁帽'的来了"。不一会儿，木器行的木匠驮着一只木马经过，被人看见说："'马骑人'到了。"又过了一个时辰，只见黄潭圩上空一只老鹰抓着一条蛇，缓缓飞过。众人大声嚷着：打老鹰！老鹰受惊，一松爪，蛇正好落在菜行街上那面大鼓上，发出"咚咚咚"的声响。"蛇打鼓"也终于出现了。与此同时，人们击鼓放炮宣布开市。

自此以后，黄潭圩热闹非凡，繁荣昌盛。而青龙圩的贸易日渐冷落，慢慢无人问津，不久就被废除了。由于众人买卖物资都往黄潭圩赶，久而久之就习惯称黄潭圩为青龙圩，后来建制时也随之称为青龙。

第七节　黄龙镇

黄龙镇位于大余县境中部，镇办企业有林场、果场、红砖厂等，村办企业有林场、榨油厂和碾米厂等。1995年长胜、灵潭等村实行招商办场，与外地个私业主联合经营红砖等建材生产，取得较好经济效益。

镇内有始建于南唐的丫山灵岩寺，该寺现属县级重点文物保护单位。

一、千年古村大合村

大合村位于黄龙镇东南部与青龙镇交界处的青龙岗（卵岭）脚下，是座古老的村庄，村落形成于宋代。据《钟氏族谱》记载：宋熙宁二年（1069年）王安石推行新法，当时身为御史的钟友文兄弟上奏反对王安石变法，触怒龙颜，遭宋神宗贬斥，兄弟相继"去官归田"。宋徽宗上台后，支持蔡京、童贯等人围剿"元祐党"，钟友文兄弟以及他们的子孙面临灭顶之灾，劫运难逃，遭受株连，全部落难。无奈，他们进行了空前的大迁徙，纷纷往外迁徙，先是钟友文裔孙钟开先迁到虔州黄金，若干年后其子钟觉全（大合钟氏开基祖）迁南安大石村，因该地以大石多而得名。后来朱熹在此地建有一书院讲《大学》而称大学。至1948年，青龙乡与黄龙乡合并为双龙乡，大学属双龙乡。1951年双龙乡分开，大学改为第二区活龙乡。因活与合同音，故名大合。

二、大龙村：一个回归自然的村庄

大龙村位于黄龙镇西北部，历史悠远，古时就以宗教活动和游览胜地闻名遐迩，南唐始建的江南名刹灵岩古寺就坐落在此。

相传，晋朝有聂姓少年误食龙蛋，变成一条大孽龙，常兴风作浪，危害百姓。春天农民求雨不得，禾苗枯黄；而秋天求晴不保，作物常为洪水所淹，使附近百姓饱受干旱、洪水之苦。孽龙扬言要把江西变成汪洋大海，当时许逊（道号许真君）拜吴猛为师，并经骊山老母点化收度成仙，将孽龙降服，从此孽龙安分守己，再不敢兴风作浪，乖乖卧于山谷，卧龙谷和大龙村由此而得名。

三、叶敦村的由来与李氏宗祠

叶敦村是个古老的村庄。相传，村落的形成与南宋末年抗元英雄文天祥有关系。文天祥，南宋吉州庐陵（今江西吉安）人。瑞宗德祐元年（1275 年），身为右丞相的文天祥奉诏勤王，在赣州、南安等军招聚义兵抵御元军，率军收复江西州、县多处；景炎二年（1277 年），因寡不敌众，退往广东海丰五坡岭；祥兴元年（1278 年）文天祥被俘。

文天祥被俘后，元军将他押至广州囚禁并进行劝降，遭到严词拒绝。最后，元兵决定把文天祥从广州押往大都（今北京）。途经英德、韶州、雄州，越过梅岭再到南安军大庾县城。他追求"尽节"的同时，还希望得到"善终"，归葬故土。他估算从南安开始绝食，行至七八天，到家乡吉州就会饿死，忠骨也就可埋故里。越过梅岭当天他就开始绝食，并在南安军大庾城因所写下一首慷慨激越的《南安军》，阐明了他的想法："梅花南北路，风雨湿征衣。出岭谁同出？归乡如不归！山河千古在，城郭一时非。饥死真吾志，梦中行采薇。"

当时，有一些与文天祥一起从广东海丰五坡岭败散下来的旧部一直扮成百姓护送文天祥到了南安军大庾县城，其中一位叫李景山的，曾是文天祥的忠实部将。文天祥从大庾东山大码头押上船后，李景山沿江追赶，对着船上的文天祥洒泪话别："丞相去显大节，客自此埋名矣。"在追了 30 里水路后，选择在峡口一带章江边先搭棚隐居。李景山立基建房所在有一种阔叶大树，河水退却后在河畔留下许多淤泥，树叶落下能在淤泥上立起，故人们称此地为叶蹾。后谐音演变为叶敦，叶敦村因此得名。

叶敦村有座保存完好的清代古建筑——李氏宗祠。李氏宗祠坐南朝北，位于黄龙镇叶敦村，清道光九年（1829 年），由李越以及族人合资重建，砖木

黄龙镇叶敦李氏宗祠

结构，马头风火墙，外观硬山顶青瓦房，抬梁式建筑。宗祠总长 27.90 米，宽 17.10 米，总面积 477.09 平方米，分上下两厅，上厅进深 10 米，宽 10.80 米，建有轩顶一座。厅中间有一座天井，天井长 8 米，宽 4.60 米，二举屋架。厅正立面有大门一扇，门额书"李氏宗祠"四个金色大字，设半圆顶偏门两扇，左偏门门额书"兰桂"二字，右偏门门额书"腾芳"二字。大门两侧有抱鼓石一对，进入大门为一戏台，宽 6.4 米，进深 6.2 米，面积 39.68 平方米。下厅屋顶建有六角藻井一座，门厅建有轩顶一座，天井两侧各有侧门一扇。整个建筑是由 38 根木柱对称排列支撑起来，造型精美，风格协调，雕梁画栋。

李氏宗祠大门口还立有四对青石功名柱：第一对刻"乾隆元年丙辰，恩科中式举人李越立"；第二对刻"同治甲戌科考选，岁进士李居岐立"；第三对刻"光绪拾陆年庚寅，恩科考选岁进士李庚香立"；第四对阴刻"光绪戊申年优增贡生，奉政大夫李安周立"。李氏宗祠曾进行过多次维修，现为县内保存较好的宗祠之一。2008 年 10 月，李氏宗祠被赣州市政府列为赣州市不可移动文物保护单位；2011 年 7 月，被列为大余县文物保护单位。

四、灵潭村的传说

黄龙镇灵潭村位于黄龙镇中西部，离县城 4 千米，驻靠椅丘。村中主要有李、颜、刘、黄、卢等姓氏人家。

灵潭村村名由来有两则传说故事：一是从丫山（大龙山）下来的孽龙入水后到了章江，来到一个又宽又深的峡口潭中潜伏，并开始在这一带兴风作浪，时常发大水，淹没农田、庄稼和房屋，当地人深受其苦。因忌讳皇家用字"龙"，那时没人敢叫龙潭，遂称作灵潭（客家方言"龙"和"灵"谐音），所以也就有了灵潭这个地名。二是传说在元朝时，章江水流至峡口不远处河道有个大弯，弯里有处水潭，潭里有很多鱼，当地有位姓林的渔翁经常在那个水潭打鱼，而且把水潭用木桩围为己有，时间长了人们就把此潭称林潭，因"林"与"灵"谐音，后来演变成灵潭而得村名。

第八节　左拔镇

左拔镇位于大余县境北部，距县城 26.5 千米，东连樟斗镇，南邻青龙镇，西南接黄龙镇，西北与崇义县长龙乡、扬眉镇为界，总面积 99.76 平方千米。

一、"平阳第"曹氏围屋

在左拔镇云山村山区小盆地围屋里聚居着一群曹氏客家人。根据史料记载，现居住在围屋附近的村民是西汉名将曹参及北宋丞相曹彬的后裔。其中曹参后代的集居地统称"平阳第"，而左拔曹氏"平阳第"被当地人称为"曹氏围屋"。

左拔"曹氏围屋"始建于明嘉靖四十年（1561 年），距今有近 500 年的历史。它集家、祠、堡于一体，围屋采用土木石结构，以夯土版筑，或用泥土制成土砖来砌墙承重，以木作梁并盖以青瓦。其基脚采用石料和青砖砌实。在土木石等建筑材料中，泥土是客家建筑的主体，是其最基本的材料。建筑外貌没有复杂的装饰，仅以巨大的尺度、完善的防御体系，构成一种固若金汤的坞堡。居住在围屋内的曹氏宗族，其开基祖曹允信是曹参第 64 代裔孙。

南宋咸淳年间，北宋丞相曹彬的第 16 世孙曹桂，从河北省灵寿县远涉南迁，先迁安徽省池州府的贵池县（今池州市贵池区），后有曹桂的第八世孙曹有宽授任"南郡"太守，入籍南安府大庚定居。明宣德年间，曹有宽长子曹允信，初居大庚县佛子隘的燕子窝（现青龙镇平岗村内），后前往铜盘山（左泊旧名）打猎，觉得此地颇佳，便迁至铜盘山立基。明正德四年（1509 年），曹允信开始建祠堂，后来人口繁衍，又设立了分祠堂，规模不断扩大。明嘉靖年间，为了防止外人和深山猛兽的侵扰，曹氏宗族又在建筑群外设置了围墙，外围有 3 米高的干打垒围墙，围成不规则的圆形，总面积达 5 万平方米，建筑面积 4 万平方米。围内有 40 个院子、500 间房。院围有正门和后门两个门，正门朝向西北。进正门为一长 180 米、宽 3.55 米的主巷道，尽头为总祠堂。总祠堂大厅面积 170 余平方米，内有 6 根主柱，有一天井。总祠堂两侧各有一条 58 米长的横巷道，横巷道两端各有一条 90 米长的纵巷道，与主巷道平行的还有一条二米多宽的纵向巷道。主巷道两侧各有 3 条 1 至 1.5 米宽的横巷道，横巷道内各有 3

至 5 个独立大院，有大门、院内前后厅。房屋为青砖高墙木结构，硬山式瓦顶，墙高 4 米多。围内还有 4 个分祠堂，两眼八角水井，巷道皆为卵石铺筑口。建筑群内巷道纵横交错，各建筑体主次分明，总体看形似八卦。

曹氏围屋是典型的赣南客家传统建筑，这些建筑雕梁画栋，风格典雅宏大，各种雕饰惟妙惟肖，栩栩如生，展现了客家人祖先的精湛技艺和独特的艺术审美观念，是具有较高的历史、文化、科学、艺术、社会、经济价值的珍贵文物。2011 年 7 月，曹氏围屋被列为大余县文物保护单位。2014 年 11 月，经住房和城乡建设部、文化部、国家文物局、财政部、国土资源部、农业部、国家旅游局七部委评审，云山村入选第三批中国传统村落名录。

二、云山庵与云山茶

云山位于左拔镇云山村，距大余县城约 34 千米，面积约 12 平方千米，主峰海拔 1275.6 米，因其山峰高耸入云而得名。云山是大余与崇义的县界山，东、南属大余县，北、西属崇义县，山体面积约 12 平方千米。云山山脉处于两省四县交界处，有"鸡鸣听赣湘二省，狗吠惊醒余崇犹"之称，是省际、县际的分水岭。山中曾建有寺庙，名"云山庵"，始建于唐代，是大余最早建成的寺庙之一。

云山顶峰西下几十米有一汪清泉，当地人称"山牛塘"。以前山牛常在泉水中嬉闹，把泉水弄得浑兮兮的，故名。云山植被以毛竹为主，灌木次之，山上多杜鹃花（别名映山红），枝虬苍劲，经年不衰。每年春夏，漫山遍岭，杜鹃盛开，红艳艳的似燃烧的火焰。山上有沙参、石猴、石苇、石皮、灵芝、胆草、百合、杜仲、还魂草等药材资源，产云山名茶。春夏登顶，可观云海，云雾绕腾，景色宜人。

关于云山庵和云山茶，有一个美丽的传说。相传，晋末一公主外出散心经过云山，见到此处"峰起突兀，高接霄汉，朝夕云雾不绝，竹树荫翳，禽鸟飞鸣……"的美景，便决意不再回宫。皇帝无奈，便派人在此修建一座庙宇，并御笔题名叫仙娘殿（后称云山庵）。尼姑过百，旧时湖南汝城、江西大余、崇义等地方圆数百里的人纷至沓来。公主亲手在殿边栽种茶树，制作茶叶。云山茶藏灵蕴秀，有一种独特的石苔香味。

第九节　吉村镇

吉村镇位于大余县境西部，是全县水产养殖业面积最大的乡镇，养殖面积7826 亩，其中池塘289 亩、水库（含油罗口水库）7531 亩，年水产量 887.6 吨。

一、中村军事舞蹈——旁牌舞

吉村镇中村康氏族人至今传承着一种舞蹈叫旁牌舞，该舞蹈深受人们的喜爱。旁牌舞是抗倭名将戚继光部将钟仪凤创造的练兵和实战中的战斗队形、战术动作。

明朝万历年间，吉村人康明生放木排到南京投戚继光营下，到浙江、江苏等前方参加抗倭战争，在军营里拜武艺高强的抗倭英雄老乡大庾大学（今大合）村人钟仪凤为师。钟仪凤根据戚继光大兵团练兵、车、骑、步三军协同作战训练的经验创造出集表演和武术健身于一体的旁牌舞，并悉心传授给老乡康明生。后康明生抗倭结束归来后，将旁牌舞定为族人必须学习的健身和表演技艺，在康氏宗族中世代相传，至今已有 400 余年的历史。如今，每逢端午、中秋、春节、元宵等重大节日，吉村镇中村康氏族人都会聚集在宗祠、厅厦隆重举行旁牌舞表演。

经过 400 多年的演绎编排，旁牌舞成为集武术健身和表演观赏于一体的一种军事舞蹈。表演所使用的道器是明朝时期的实战冷兵器，有防御性兵器和进攻性兵器两种。防御性兵器由旁牌、圆形盾牌、燕尾形盾牌组成，进攻性兵器由刀、棍、枪、斧、钩镰、双铜、花耙等组成。

旁牌舞形象和艺术地再现了戚继光的军事战术谋略和戚家军英勇善战、灵活克敌的战斗精神，具有较强的强身健体、表演观赏价值及军事史料价值，充分展示了明代抗倭英雄戚继光的队伍对敌作战的激烈场景，是现今存世不多的古代武舞原生态表演的"活化石"。2013 年，大余县吉村镇中村康氏旁牌舞被列入江西省第四批省级非物质文化遗产名录。

二、游仙村名的由来

一个传说也许成就一个地名，一个地名必然承载人们的某种愿望。大余县吉村镇游仙这个地名就来源于一个美丽的传说。

唐代张九龄在大余梅关开凿古驿道以后，赣江西道的南安好不热闹，成了"海上丝绸之路"的陆路节点，有了"商贾如云、货物如雨、万人践履、冬无寒土"的繁华盛景。如此人间繁华，天上住着的神仙也不忍错过。相传八仙中的铁拐李爱好云游天下，何仙姑就向他推荐了美丽的梅岭。于是铁拐李腾云驾雾来到了梅岭上空，看到了梅岭的繁华。没想正当他聚精会神地欣赏美景之时，一阵龙卷风猛扑过来，铁拐李慌乱之中不小心撞上了一块巨石——将军石，直跌下来，重重地摔在了梅岭南麓大庾境内横昭附近井头的一棵银杏树下，昏迷了过去。

这时，居住在井头的一户阮姓人家的妇女砍柴回家路过这里，发现了铁拐李昏倒在大树旁，就背着铁拐李回家并将他安顿下来。当铁拐李苏醒后，得知救助自己的这户人家缺少食油，为感谢这家人，他就告诉阮姓人家："你们在井头挖口深五尺、宽两尺的井，再用红布把井壁和井底擦干净，食油自然就有了。"这妇女的儿子阮小二忙告诉附近几户人家，果真挖出了一口出油井。

铁拐李告诫大家这井里的油不怕不够吃，人多了自然会多，但千万不能贪心，这样才能确保子子孙孙都有油吃。这时大家才知道这位被救的并不是凡人而是神仙。当时人们也不知道铁拐李是哪路神仙，只知道他为村子里解决了食油问题，就叫他"油仙"，甚至把这块地方也叫作了"油仙"。

又过了好几年，村中有个好吃懒做的年轻人打起了油井的主意，想弄油去换钱，嫌出油量太少，就把井里的出油口凿大，这一凿，井就再也不出油了。

也许是因为油井不出油了，也许是人们觉得这个"油仙"名字有点俗，不知从什么时候起，"油仙"就成了"游仙"，并一直流传至今。

第十节　浮江乡

浮江乡位于大余县境西北部，距县城 9 千米，东南连梅关镇，东北和崇义县铅厂镇相邻，西南接吉村镇，总面积 131.8 平方千米。

一、浮江吕屋九井十八厅

浮江吕屋九井十八厅位于大余县浮江乡浮江村，始建于清朝乾隆十九年（1754 年），砖木结构风火墙，硬山顶青瓦房，立基祖为吕元璋。

二、西华山

西华山位于大余县城西 5 千米浮江乡境内，海拔 827.8 米，是赣南四大名山之一。古时，山上古木参天，瀑布飞流，风光绮丽，景色迷人。明代书法家张弼游览西华山，为山间美景所吸引，流连忘返，留下的赞美诗句："参差树影青云上，远近泉声白石间。"

西华山名字的由来，同样有着文化传说的趣味。相传，早在南唐保大年间，山中建有一寺院，因寺院里藏有唐玄奘西行取得的精华经文，故名为西华寺，因寺名而取山名，也就有了西华山这个地名。

令西华山这个地名闻名于世、蜚声海内外的却是因钨。钨是一种有色金属，也是重要的战略金属，钨矿在古代被称为"重石"。1781 年，瑞典化学家卡尔·威廉·舍耶尔发现白钨矿，1783 年，西班牙人德普尔亚发现黑钨矿，并命名了该元素。

西华山所在的大余县素有"世界钨都"之美誉，西华山则是"世界钨都"中最为璀璨的"明珠"。宋代时，西华山的观音岩、大水坑、正桥头、牛婆坑一带就有人开始采炼锡矿。当时，虽然这种坚硬的黑石随处可见，但人们却不知是珍贵的钨矿石。直到清光绪八年（1882 年），大余县城天主教福音堂德籍牧师邬利亨乘轿上西华山游览，发现所到之处，皆是乌黑发亮的石头。邬利亨甚感奇怪，于是就拣了几块带回教堂。后来他携石回国，经鉴定，发现此矿石含有稀有金属——钨。

邬利亨返回大余后，便以修建花园为名，暗使教徒上山拣取，并以低价收购，装船经广州、香港，运回德国。不久，邬利亨为独占钨矿资源，私行开采，背着当地政府，用 500 银圆从西华山庆云寺妙园和尚手中买下山权。这样，邬利亨就明目张胆地在西华山掠夺钨矿石了。

到了清光绪三十一年（1905 年），大余县人邱开梅、张永熹到南京西江优级学堂（前中央大学）读书，携西华山矿石请学堂化验室化验鉴定，始知为钨。此时巧逢南安、赣州、吉安、宁都道道台俞明震来大余巡视，得知西华山产出钨矿和山权被卖之事，便命南安府和大余县（大庾县）收回。经与邬利亨多次交涉，才以一千余两银赎回了山权。

历史不断地赋予这座独特的名山光辉和荣耀。1930 年冬，苏区银行投资开办了"中华钨砂公司"，由公司收购钨砂。

1949 年 8 月 16 日，大余县解放，中国人民解放军某师的军代表接管了西华山工程处。1951 年，西华山工程处改称大华管理处，1952 年，易名为西华山钨矿，为中央企业。西华山钨矿，作为中国境内首次发现、首先开采的钨矿，为中国革命和新中国经济建设做出了突出贡献。

斗转星移，随着矿石资源的日渐枯竭，这座闻名世界采钨史的名山逐渐失去往日风采。近年来，大余县已经启动了西华山国家级矿山公园的申报建设工作，将西华山开发为集地质科学考察、探险求知、地坑神游于一体的钨都文化景区，其宏大而复杂的采矿坑道系统——"地下迷宫"堪称矿业文化的经典。褪去百余年的历史厚重，西华山必将焕发出新的光彩。

三、三江口原始森林

三江口原始森林位于大余县城西北 23 千米的洪水寨南源山中，海拔400～900 米，属省级森林公园，约 5 千米长，总面积 1200 万平方米。进入三江口林区，可见古木参天，浓荫蔽日，沿途峰峦叠嶂，沟壑纵横，且多处瀑布错落其间，山上既有美丽的白鹇，又有珍贵的獐、鹿等野生动物资源。河谷多大青石，其外观像牛、像猪，形态各异。林区全年气候凉爽宜人，平均气温15.6℃，是天然的避暑胜地。

第十一节　内良乡

内良乡位于大余县境西部边缘，距县城 49.2 千米。东接吉村镇，南连河洞乡，西与广东省仁化县接壤，北界崇义县聂都乡，总面积 114.82 平方千米。

内良圩镇通过实施"引农造镇，移民聚居"工程建设，兴建了乡企业大楼、供销大楼、卫生院门诊大楼，拆除旧店面 2800 平方米，完成内良大道角弯路段的拆迁，内良新桥、中心坝人行桥及邮电所十字路口的建设改造，新建商、居两用房 216 套，基本形成"一河两岸""目"字形的圩镇规划格局，圩镇内设有高山蔬菜和香菇两个农产品专业市场，圩镇人口达到 1100 余人。

山不在高，有仙则名。在大余县内良乡李洞畲族自治村，有一山体俊秀挺拔，属罗霄山脉南端，海拔为 1383.83 米，是五岭之一大庾岭的主峰——天华山，因地处赣、粤、湘三省交界处，故素有"一山望三省"之称。天华山因其山脊形似伐木工使用的扛木，又俗称"扛木岭"。

天华山得天独厚，自然资源丰富，山体层次分明，山底是平常树林，中段是毛竹林，再往上是低矮灌木林。山上各种动物如野猪、野兔、竹鼠、麂子、刺猬、白鹇不时出没于密林深处，人们称此山为"天宝物华之山"，相传天华山地名的得来正是源于此。

天华山山高林密，植被物产丰富，每年都有很多采药人上山采药。天华山山腰以上常年云雾绕腾，怪石随处可见，到山顶就是高山草甸。这里天然野趣，景色宜人。魅力的天华山越来越受到登山爱好者的喜爱，整个攀登的过程不会很险，相对较为平坦，可以轻松地从山脚攀登到山顶。登上山顶，清风拂面，触手摘云，举目远眺，玉带环绕青山，美景尽收眼底，如同进入仙境。

第十二节　河洞乡

河洞乡位于大余县境西南部边缘，距县城 43.8 千米，东连吉村镇，西、南与广东省仁化县长江镇及南雄市百顺镇、澜河镇、帽子峰林场交界，北接内良乡，总面积 92.34 平方千米。

一、河洞村

河洞村位于大余县西南边陲的山区，原名董公龙。

河洞村山美水美，有大自然赐予的美好景象——河洞温泉度假村和章江源头第一漂。河洞温泉度假村位于河洞村热水。因山前常年从沙底涌冒温泉，故其名"热水"，常年水温在 35℃～42℃。当地民间歌谣曰："河洞热水真奇怪，仙人烧水不用柴。"温泉水质富含硫化物，长期沐浴，可治多种关节炎和皮肤病。

二、纸乡古村——高坪

高坪位于大余县西南边陲，与广东省仁化县交界，俗有"一脚踏两省"之称。因村庄处在高山地带，且门前有一空坪得名高坪。"汉代功臣第，唐朝宰相家"的肖氏后裔居住于此。高坪是大余县最古老的村落之一。古村依山而建，四面环山，风景秀丽，至今村落后还生长着五棵树龄超千年的巨杉。古杉树高 20 余米，胸径达 1.3 米。这五株绿色寿星，以古、怪、奇、俊的特点各自形成自己特有的景观，将古树自然景观和古村人文景观融为一体，为高坪增添异彩，形成了一道靓丽的风景线。

三、高坪石寨与大庾第二条古驿道

在大余县河洞乡高坪村的崇山峻岭中，"隐居"着一座古石寨。该石寨保存较好，是迄今为止在赣南地区发现的唯一石寨民居，至今很少有人知道它。在《南安府志》《大余县志》及相关历史资料中，人们也均未发现有关此山寨较详细的记载。因此，该古石寨建于什么年代难以考究。河洞人各有其说，有说山寨是明、清时期官方用以驻兵的，有说是绿林军住的，也有说是占山为王的贼匪流寇的，还有说是地主用来躲强盗的。石寨村中一位 90 多岁的谭姓老人说的算是较有根据：高坪石寨历来居住的都是谭氏家族人。谭氏源于广东南雄白云，在明代嘉靖年间迁入高坪定居，是入住河洞地区较早的一支姓氏。迁入后谭氏族人凭借着家族的力量和较强的经济积蓄，开荒垦地，繁衍生息，并充分利用当地的石材、木材等资源修建起了一座依山势而筑、坚实牢固的宜居村寨。石寨房屋利用当时石材砌地基、筑石墙，十分坚固，具有较好的防御功能。从石寨的建筑特点看，其古朴大气，坚实耐用，是山乡民众劳动智慧的结晶。

值得一提的是，以高坪石拱桥为中心点，三个方向的均有石砌古驿道，曲折延伸，有的古道驿路路面宽敞，保存较好。地处大山深处的古驿道，或许就是南安大余与岭南地区往来的第二条古驿道。古代战乱频繁，中原人口大量南迁，涌入岭南及东南亚地区，大余的梅关驿道便成为中原通往岭南地区的极其重要的官道。因官道盘查严密，加上地方税收官员的腐败，梅关驿道一度成为地方腐败的重灾区，民间货物一旦受到官府的严厉盘查，极有可能人财两空。如果梅关驿道受到战乱或其他不可抗拒因素的影响，民间交往就会受到严重的冲击。

明朝正德年间，王守仁巡抚南赣，实行了一系列安民、抚民的措施，民众休养生息，社会趋于平稳，经济再现繁荣，从而导致一批又一批的逃离战乱的流民又不断地涌入南赣各地定居。由于当时梅关驿道的便利，因而造成了运输往来频繁，驿道不堪重负。同时关卡检查严格，因此，出现了大量逃税漏税、走私贩私的贸易交流。所以，地处河洞高坪的驿道应运而生，且有与梅关驿道并驾齐驱之势。从梅关驿道的接岭桥来看，其与河洞高坪的石拱桥宽度一样，均为3米宽。相对于大余梅关驿道来说，如果梅关驿道是国道，那么高坪驿道则是省道。再者，元、明、清三朝基本上是实行禁海政策的，唯独广州港一直对外开放，从未受到禁海政策的影响，所以，南安大余出现第二条古驿道便是情理之中的事了。

第七章　信丰

第一节　嘉定镇

嘉定镇位于信丰县的偏西北部，是赣南信丰县的县治所在。唐永淳元年（682年）分南康县东南地置南安县，是为信丰县建县之始。唐天宝元年（742年），诏改天下县名相同者，因县名与福建南安县同名，采访使韩朝宗遂奏改名信丰县。信丰县"县北三十里有廪山，丰崇如廪，县以此山得名"，县治俗称为信丰城。1939年，国民政府实行"新县制"，以城东有嘉定桥而改信丰城为嘉定镇。

信丰建县1300余年来，县治嘉定镇（信丰城）历经沧桑，饱染风霜，至今仍留下许许多多美丽的传说和动人的故事。这里不妨撷取数则，以飨读者。

"塔高凡九级，每一级另间一小级，实高十八级也。凌霄矗空，通省无与伦比"。（载旧《信丰县志》）近人称宝塔为大圣塔，为江南现存最高宋塔，被誉为"江南第一塔"。

南宋嘉定三年（1210年），县令万亿为防水患与巩固城防，改土城墙为砖石城墙，建有拱日、禾丰、民信、朝天、清平、安定等六城门。60多年后，县令罗椅又将城墙修葺一新。这位"与士民延见如亲人"的名宦，在城墙最高处建览秀亭（亦名四望亭），宴请乡绅嘉宾，咏诗与民同乐。诗云："燕贺初成百尺台，一新粉堞更周回。水流东北交虹去，山自西南拥翠来。瓦缝参差千户密，市城翕聚六门开。宾俦眺望从今始，佳气随风入酒杯。"

南宋理宗宝庆二年（1226年），声名卓著的大宋提刑官、杰出的法医学家宋慈，最初出道入仕是到信丰县府任主簿。刚刚上任的宋慈便露出锋芒，以明察秋毫的敏锐眼光、缜密严谨的逻辑推断，连破信丰几起积年命案，为民洗冤，以致全县轰动，人人惊叹其断案能力。

明代中叶，朝廷调集西南官兵驻信丰城剿匪，城内通行西南官话，成为进出县城的语言通行证。久而久之，在信丰城形成了西南官话的方言孤岛，与周边的客家方言大相径庭。

明万历年间（1573—1620年），县人甘士价（号紫亭，曾任大理寺左少卿）倾囊而出改建嘉定桥为石墩木梁桥，与人共建"求仁仓"，贮谷千担，以备荒赈济。此外，还有甘母吴氏教诲士价勿忘贫寒少年时受无良屠户的欺侮，应严惩其恶行，但不得冤杀无辜的传说。

清顺治、康熙年间，谷山高僧日御和尚，继募捐修建下西门外竹桥河桥，更名慧应桥后，又主持重修嘉定桥。日御和尚凭着高尚的品德、过人的智慧，辛苦化缘，感天动地，促使商家富户捐款，修桥造福大众，功德无量。

清嘉庆三年（1798年），知县徐鹤龄亲临十字街南横巷视察被烧毁的黄家大屋灾情，探询到"猪井"被填的阴谋，当即下令复开"猪井"，并在井旁建一消防池，供市民用水和消防。因井旁有朱屋巷，改"猪井"为"朱井"，从此那块地方就叫作朱井头。

……

讲不完过去的故事，道不尽昔日的传说，嘉定镇将来的故事，必将更加精彩！

一、大圣寺塔

雄伟的信丰大圣寺塔，建在县城桃江和西江（竹桥河）两河交汇处，明代《江西通志》说它"凌霄矗空，通省无与伦比"。古塔呈六面，为穿壁绕平座楼阁式砖塔，塔膛有明暗层之分，称九层十八级，高度为51.78米。塔顶盖有残存下来生铁铸成的三分之一覆盆，塔身全用黄泥糯米浆砌青砖，原浆勾缝。在人们的信仰中，建塔于江畔，可镇水妖而不致洪水泛滥，也可起到为来往舟船导航的作用。这种导航，自然不是现代的航标灯一类，而是古代人们利用地形地物的标志性导航，做到"舟船入港无危颠"。

二、嘉定桥

嘉定桥位于信丰县城东面，横跨桃江东西两岸，是信丰县最早建立横跨桃江的一座大桥。

关于这座桥的由来和变迁，《信丰县志》有翔实的记载。北宋景德年间（1004—1008年）县令倪千里开始建桥，初名"平政桥"，距今千年。南宋淳熙年间，县令赵师侠重修，改名为"桃江桥"；南宋嘉定十七年（1224年），桥被洪水冲毁，县令张煜在原址上重修新桥，以当时宋宁宗赵扩的年号"嘉定"而定名为"嘉定桥"。

三、天一宫

天一宫，位于嘉定镇水北村，北距信丰城约1000米。

明嘉靖十年（1531年），江西丰城人喻时（祖籍河南光州）乡试中举后，辗转来到信丰，住在城北天一宫（也称北宫），开始教学生涯，并在这里绘制了《古今形胜之图》。喻时于嘉靖十七年（1538年）32岁时荣登戊戌科进士。

《古今形胜之图》右下角有几行字："依统志集此图，欲便于学者览史，易知天下形胜，古今要害之地。其有治邑，原无典故者，不克尽列。信丰北宫编集。"应该说，绘图的目的，既"便于学者览史"，也为了教学之需。例如，在图中鄱阳湖条之旁记载"我太祖败伪汉陈友谅于康山"；在福州条下有"宋端宗避元即位此"；在广州条下有"香山县文天祥过伶仃洋此"；等等。

该图的左下角也有一列字："嘉靖乙卯（1555年）孟冬金沙书院重刻。"这说明，在此图绘于"信丰北宫"20年后，由福建省海澄县的海沧金沙书院翻刻。

四、信丰八景

"信丰八景"肇始于何时，无从稽考，但诗咏"信丰八景"，王纶最早。在众多高士大儒留下的"信丰八景"诗作中，又以王纶为最。

信丰八景之一花园早春在嘉定镇花园村，距县城1500米。花园前倚南山，

嘉定桥

《古今形胜之图》

桃江环绕，良田千顷，背山向阳，桃红柳绿，花卉果蔬最先成熟。

信丰八景之一竹桥夕照在城西竹桥河（西江）上，两岸竹丛掩映，旧时跨河有石墩木梁廊桥，名竹桥。每当夕阳西坠，晚霞落照，河桥相映，碧波洞天。

信丰八景之一东禅寺在水东村原水东小学址。寺里铜钟大如车轮，每当拂晓，晨曦初露，寺内和尚撞钟，钟声清晰洪亮，响彻长空，缭绕盘旋于县境数十里。

信丰八景之一西湖夜月在城外沙窝里"肖家大塘"，雅号"西湖"。每逢夕阳既末，玉兔初升，月光如泻，湖中泛银，婵娟倒映，如镶宝镜，令人心旷神怡，逸趣无穷。

信丰八景之一七星滩声在城南桃江上游七里村，距县城 3.5 千米。江面烟波浩渺，河床巨石纵横，每当涨潮时分，狂风鼓浪，乱石穿孔，涛声四起，回荡远近，如雷轰喷雪，沉牛奔马。

信丰八景之一五团仙迹在县城北山塘村口，旧时可见五块大石蹲居河中，形如棋子。相传是神仙下棋遗留的棋子，颇具灵性，能水涨石浮，水落石沉。

信丰八景之一谷山积翠在城西大阿镇谷山村。谷山层峦叠嶂，岚黛欲滴，望之若翠浪摇风。山有草名"翠云"，其叶夹在书中翠莹久不萎退。

信丰八景之一桃水拖蓝在县城东南里许。此处水面开阔，水势潆洄，两岸古木葱茏，倒映河中，清澈江水被染成蔚蓝色，蜿蜒而下的桃江，拖蓝流淌，诗意盎然。

五、水阁塘与小胜园

在信丰县城，有两个地名是以典型的江南园林为名的，一个是水阁塘，一个是小胜园。前者因后来改造成农贸市场，自然妇孺皆知，后者则只有附近居民才识。

六、东禅晓钟

嘉定镇山塘村有一个袖珍自然村钟井，前临桃江河，十几户人家，百十号人口，甘、张二姓杂居。村边桃江河的一个深潭叫钟井潭。钟井因钟得名。

信丰县城水东的东禅寺，建于北宋元丰二年（1079年），西傍桃江，东望企岭。东禅寺殿堂巍峨，规模恢宏，寺内钟楼有铜钟铁鼓，大如车轮，并列左右。每当晨曦初露之时，僧人击鼓撞钟诵经，钟声悠扬。洪亮浑厚的钟声，飞向城郭谯楼、市井荒村、朱门蓬户、斗室深巷，报告新的一天的到来，成为数十里方圆内人们生活节律的时间信息，"东禅晓钟"遂成信丰八景之一。

七、朱井头

信丰县城大同路（巷）的南端那一块地方，历来被称为"朱井头"。旧《信丰县志》有记载："十字街南横巷古井——旧井久塞，嘉庆三年（1798年）复开，土名：朱井头。"

八、刘婆井

信丰县城下西门（清平门）外竹桥河西约500米处，有一个叫乌家岭的屋场。该屋场东头有一口泉水清冽甘甜的水井，大家都称之为"牛婆井"。其实，该井的正名叫"刘婆井"。刘婆井至今已有近千年历史，由于数百年后，当地居民不清楚"刘婆井"称谓的由来，一代代人听音称谓，久而久之，便谐音讹称之为"牛婆井"了。

九、慧应桥

信丰县城下西门外500多米有座竹桥，此桥构成了信丰桃江八景之一的"竹桥夕照"。其实，竹桥并非由竹子构建而成，而是因为两岸多竹而名。为此，竹桥所在的那一段西河，众人习惯称之为竹桥河。竹桥始建于明成化年间，于清顺治年间改名为"慧应桥"。

县城西10千米处有座谷山。在唐贞观年间，谷山首建全县第一座寺庙——宝月寺。宝月寺名播遐迩，香火旺盛，四方僧尼竞相入住，兴旺时僧尼多达百余人。到了宋神宗时期，有位叫慧应的高僧任宝月寺的住持方丈。慧应法师除了佛学高深、广慈博爱、积德行善外，还非常有孝心，将其耄耋高龄的母亲刘氏接到身边奉养。他对母亲悉心照料，冬温夏清，孝敬有加。

清顺治、康熙年间，日御和尚成了宝月寺的住持方丈。日御是位机敏过人、勤奋敬业，关心民众疾苦，热心公益事业的高僧。他饱读经书，写得一手好字。他对先辈住持慧应大师十分崇敬，将其奉为楷模和偶像。

顺治六年（1649 年），竹桥毁于兵火。原过竹桥进出城的百姓要绕四五里路的大弯，给生活和生产带来诸多不便。日御和尚时常进城化缘，和沿路百姓关系融洽，他了解竹桥河上无桥给百姓带来的不便，非常着急，尤其听说有孩童因图方便凫水进城而不幸溺亡，大为伤心，于是决心化缘募捐重修竹桥。日御和尚的义举和古道热肠赢得了竹桥河两岸百姓的热烈拥护和大力支持，城乡民众纷纷解囊，踊跃捐款献料。不出一个月，重修竹桥工程就顺利开工。

顺治十八年（1661 年），日御和尚化缘募捐重修的竹桥竣工。落成庆典有好几百民众和官员参加，日御和尚和知县共同剪彩。日御和尚为纪念崇敬的先辈住主持慧应法师，勉励和教化百姓学习和发扬慧应法师富有孝心、广慈博爱、惠及大众的精神，特建议将竹桥更名为"慧应桥"。

从此以后，官府文人雅称竹桥为"慧应桥"，而民间大都还是习惯称之为"竹桥"。

十、五团仙迹

"五团仙迹"为信丰桃江八景之一。旧《信丰县志》（1824 年续修）有载："五团仙迹"距县治北 1 千米，近西岸有大石五蹲踞水中。旧传仙迹，颇诞。新《信丰县志》（1985 年版）则载为："五团仙迹——城郊东北约 1 千米处桃江西岸有五团蹲居水中的大石，民间流传为仙人遗留的棋子，能水涨石浮，水落石沉。1982 年，信丰糖厂在此建水泵房时，五团大石俱被炸毁。"

明代王纶《咏桃江八景·五团仙迹》云："五团仙迹太荒唐，舟转如何见保光。尘幻有凫归王子，洞深无犬吠刘郎。鹤游天外人三世，鸾跨池边月一方。欲向蓬邱问消息，碧云弱水两茫茫。"王纶诗中起首一句就开门见山，一针见血地指出："五团仙迹太荒唐。"荒唐自有荒唐的妙处，荒唐令人不信，荒唐令人质疑，荒唐令人猜测，荒唐令人遐想，于是从中生出无穷无尽的美妙来！

第二节　西牛镇

西牛镇位于信丰县北部，距县城约 10 千米，东靠赣州市赣县区王母渡镇，南接信丰县嘉定镇，西毗大阿、油山镇，北邻赣州市南康区龙回镇、赣县区阳埠乡。于 2001 年 5 月由西牛乡、星村乡、黄泥乡合并而成，镇域总面积 234 平方千米。共管辖 33 个村，4 个居委会，486 个村民小组，13500 户，62000 人。105 国道、京九铁路、赣粤高速公路和正在修建的赣深高铁穿境而过，素有信丰"北大门"之称。

西牛镇域地势西北高、东南低，多为丘陵，东北部和西北部群山环绕，层峦叠嶂。最高峰天华山，主峰海拔 748.5 米，最低点五羊村乌漾滩，海拔 135 米。西牛圩为镇政府所在地。古时候周围山岭树木繁茂，曾有犀牛出没，故名犀牛。建圩于明代，原名长岗圩，清乾隆年间改新牛圩。中华人民共和国成立前为犀牛圩。

西牛镇森林资源丰富。森林植被保存良好，森林覆盖率达 80%。有山地面积 13314.2 公顷，山地种植柑橘、脐橙、沙田柚等 433 公顷。称得上是"春有百花秋有果，夏有凉风冬有雪"的好地方。

西牛镇水利资源丰富。境内有中型水库 1 座，小（一）型水库 1 座，小（二）型水库 20 多座，山塘 633 座，有效灌溉面积 2702 公顷。

西牛镇旅游资源丰富。西牛镇人文、自然景观众多，有雄伟神奇的名山——天华山，有碧波荡漾的名水——中村水库，有山水画廊般的曾屋、石头塘蔬菜示范基地。这里有朱德"信丰整纪"旧址、陈毅创办红军干部学校旧址等红色古迹。革命烈士曾人超、曾纪财，社会贤达邱道东，名师蓝光中，画家许汝霖等，都是西牛镇的骄傲。牛颈古石拱桥、双溪女人型王氏古墓、中村大屋里古石碑等，印证了西牛镇悠久的历史、灿烂的文化。

西牛镇人民有朴素善良、勤劳诚信、包容好客的优秀品质，民风淳朴谦和、民俗传统多彩，有许多动人的民间传说和趣闻轶事。

一、黄氏宗祠

位于西牛镇百兰村周坪屋场的黄氏宗祠，距西牛镇政府约 12 千米，在土地革命战争时期曾是红二十二军干部学校的校址。黄氏宗祠坐西北朝东南，其结构严谨，布局合理，气势恢宏，蔚然壮观，是黄泥黄姓最大的古宗祠。

二、石井村

石井村位于西牛镇北部，距西牛圩 7 千米，村委会驻岭仔上自然村。全村地势由东南向西北倾斜，属丘陵地带。豪基口水库渠道穿过此村，以石壁水井及石井里自然村得名。辖 16 个村民小组，9 个自然村。

到了宋元时期，陆续有人从北方迁徙到此筑村定居，人们用青麻条石打成圆形箍砌在清泉的周围，给水井做了井沿，这就成了三口石井。据说，这就是石井村村名的由来。

三、鹅公头

鹅公头位于西牛镇铺前村，坐东北向西南，距西牛圩约 4 千米。此处是一座高耸挺拔的石头山，山上长着长年累月长不大的松树和一些杂树，那重重石缝罅隙中长满了映山红，每当春夏之交，漫山遍野的映山红盛开，瞬时成了花的海洋，好看极了。

四、虎岗村

虎岗村位于西牛镇东北部，距西牛圩 5 千米，地处丘陵地带，由东南向西北倾斜。虎岗北靠邓屋岭、田岭、桐梓岭一脉山系，山高沟深，林木茂密。

红二十二军干部学校旧址——黄氏宗祠

石井村的三口井

鹅公头

五、石头塘村

石头塘村位于西牛镇东南部，距西牛圩10千米。村前有一口五六亩水面的水塘，因其水面露出嶙峋奇石而得名石头塘。有关石头塘的来历，还有一则美丽动人的传说。

这则传说的主角是东晋著名道士许逊，又叫许真君，字敬之，东晋豫章（今江西省南昌市）人。相传，他曾镇龙斩蛟，为民除害，道法很高，声名远播，当时有许多人想做许真君的徒弟，向他学习道法，他被众弟子尊称为"净明教教主"。北宋徽宗年间，南昌西山建有万寿宫，以此来永久性地纪念他。

如今的石头塘到了冬天水干时，露出的石头体积很大，有的像牛，有的像羊，有的像猪，还有的像仙女，从不同角度看其形状又不一样，大自然的鬼斧神工真让人佩服，使人陶醉。

六、官场背

明朝巡抚浙江都御史、大理寺正卿甘士价（jie，读"阶"音），字维藩，号紫亭，信丰县嘉定镇人。甘士价自幼发奋攻读，希望有朝一日考取功名，光宗耀祖，好报答父老乡亲。

官场背屋场位于西牛镇石头塘村的北部，距西牛圩10.5千米。此屋场原名榕树下，后取名"官场背"。

七、老城屋

老城屋位于西牛镇黄泥圩旁，村庄砌围墙似城，故名老城屋。透过这高大坚固的老墙，仿佛看见一座座深宅大院，一条条幽静通道，以及这里曾有过的繁华和人们安宁的生活。

如今，人们还可以看见当年遗留下来的一面面城墙，仿佛在诉说着那个带有传奇色彩的建城故事。

第三节　大阿镇

大阿镇位于信丰县西北部，东临嘉定镇，北靠西牛镇；西接油山镇，南连正平镇，距县城 13 千米。总面积 96 平方千米，辖 18 个行政村、243 个村民小组，总人口 5.1 万。西江河、信池公路自西向东贯穿全境，水利发达，交通便利。

大阿镇名源于大小窝，名称的寓意为：大阿大大小小 99 个窝，只要你勤劳、勇敢，就能找到"金鸭婆"，就会有数不尽的财富，就能过上幸福美满的生活。大窝，衍至大阿，故以大阿命名。

大阿镇以农业经济著称，享有"江南第一牛市""中国草菇之乡""中国最大水半夏种植基地""江南优质稻种植基地"等诸多美誉。

大阿镇内有谷山森林公园、清澈的西江河等丰富的旅游资源，有省级非物质文化遗产保护项目——大阿子孙龙，有古老的邹氏宗祠等古建筑。

一、谷山

谷山群峰连绵，峰翠岗绿，有的像观音，有的像笔架，有的如雏鹰，气势雄伟，景象万千。

谷山在大阿圩东南约 3 千米处，山临谷水，故名。主峰海拔 547.8 米，属信丰主要名山之一。旧《信丰县志》载，山顶有池，产五色鲤。明朝日御和尚写有《谷山志》。谷山古寺于 1962 年被拆除，寺旁产翠云草。

"谷山积翠"为信丰八景之一。据《信丰县志》（1985 年版）载：在县西大阿乡，距县城 10 千米，峰峦堆螺，望之如翠浪摇风。山有草名翠云，其叶夹书翠莹久不萎退。

如今，谷山森林公园将以地更绿、山更秀、水更清、天更蓝的崭新面貌展现在世人面前，这里将成为人们理想的休闲娱乐的圣地，更是人们养生康体的好去处。

谷山

二、将军岭

将军岭位于大阿镇芜峰村，在大阿圩北 3 千米黄泥公路东侧山脚下。这里曾经是一个美丽富有、人口密集、人才辈出、显赫一时的村庄。

三、庙前屋场

庙前屋场属大阿镇禾西村，位于大阿圩西 6 千米公路交叉口的古庙前，故名。从始祖郭尧同定基建房以来，已有 450 余年历史。因人口繁衍发展迅速，庙前已成为大阿镇较大的屋场之一，素有"莲塘府，庙前城"的美誉。

庙前屋场起初名为会众岭，是庙前的后龙山，几百年前，这里是通往大阿、油山、正平、九渡的中心地段，也是信丰前往南雄、龙南、大余的必经之路。会众岭地势较高，有利于瞭望周围情况，是兵家必争之要冲，加上古时候争山、争地等民事纠纷较多，姓氏聚众械斗时有发生，这里成了会众力量之地，故名会众岭。始祖郭尧同定基建房时，就在会众岭的山脚下。

四、八角塘

八角塘村民小组位于大阿镇阿南村，距大阿圩 1.5 千米，坐落在西江河南岸八角形状的池塘边，故名。八角塘原是一口水塘的名字，水塘面积很大，周围有 3 个屋场绕塘而建，而八角塘这个屋场是唯一以水塘名为屋场名的。

为了保护八角塘的水质，村民们在水塘周边种了很多柳树、樟梨树等。形成了一个天然的生态游乐场，是一个游玩的好景点。

五、划水塘

划水塘位于大阿镇明星村东北部茶溪河东岸田塅中。距大阿圩 5 千米，因村前大水塘划过龙船而得名。

以前，每年端午节那天，划水塘边上鼓声震天，爆竹动地，龙舟竞渡，万众欢腾；岸上人头攒动，水泄不通，欢声笑语，热闹非凡。在多艘龙舟中，人们会看到一艘龙舟与众不同，划船手们穿着印有"心齐山移"的黄马甲，如壮士出征。

六、禾锹陂

禾锹陂位于大阿圩西 5 千米信油公路边。旁边有个原叫五眼桥的屋场，因筑了闻名遐迩的禾锹陂，改名为禾锹陂，后演变为禾秋陂。

禾锹陂始建年月已无从得知，据明代嘉靖元年（1522 年）《赣州府志》载，信丰时有灌田 50 亩以上水陂 26 座，其中就有禾锹陂。中华人民共和国成立后，信丰县水利局对清同治九年（1870 年）记载的 50 座水陂中灌田 60 亩以上的 18 处陂址进行考察，唯有禾锹陂幸存。也就是说，禾锹陂是信丰历经 500 年风吹雨打、洪流冲击，但未被毁掉的绝无仅有的一座大型水陂。

禾锹陂规模宏大，陂长 75 米，高 2.5 米，宽 2.2 米，主圳长 5000 多米。陂体用石灰砂浆加红糖、糯米砌条石而成，基础深厚，坚固异常，充分展现了古代高超的建筑工艺。禾锹陂在当时生产力原始落后的情况下，可谓是一项浩大繁艰的工程。由此，数百年来，信丰民间流传着一句著名俗语："工程大过禾锹陂！"用来形象地感叹某某工程的浩繁与艰难。

大阿历为信丰县内仓廪之地，而西江低浅流缓，难解两岸缺水易旱之弊。于是，当地 10 多个村庄的郭、邹、罗、刘、高、郑、魏、蔡 8 姓村民联合投资投劳筑陂，一为"防旱魃"，二为"上保国赋，下给家食"。陂成后，历代"灌荫本坊田畴九千余石"，合 2250 亩。并由 8 姓受益村民推举乡绅领头组建"陂会"，制定合约和管理条例，世代相传。数百年来从未发生过大的纷争，村民们旱涝保收，获益匪浅。

七、吕屋

吕屋位于大阿圩东 2.5 千米公路南侧田畈中，乃全村姓吕的大屋场，是数百年来在大阿及周边乡镇传承的省级非物质文化遗产保护项目"大阿子孙龙"的发祥地。

所谓子孙龙，就是以自然村（屋场）氏族为单位，利用"灯彩龙"活动形式，于春节后开展的庆贺灯节、欢度元宵的大型民间社火民俗活动。与一般"舞龙灯"祈求风调雨顺、五谷丰登不同的是，其被赋予了更独特、更深邃的祈求氏族团结强盛，子嗣繁衍长盛不衰，人丁兴旺发达的内涵。

据《吕氏族谱》记载，子孙龙是明朝嘉靖年间（1522—1566年）由大阿吕氏"登"字辈的长子吕登龙倡导发起的。

第四节　油山镇

油山镇，可以用一句话来概括：红色的历史，绿色的风光。

油山镇位于信丰县西北隅，东临西牛镇、大阿镇，南连正平镇，西与广东省南雄市孔江乡交界，北与大余县池江镇、赣州市南康区龙回镇接壤。全镇总面积159平方千米，辖8个行政村，136个村民小组，5530户，20889人。镇政府驻油山圩，距信丰县城26千米。

油山，古名叫犹山，后来人们才把它叫作油山。

油山自然风光旖旎秀美。据史书载，清代孔毓炎是孔子南支的后裔，他的祖先孔温宪因避兵乱于公元824年在油山峰西南边的小村庄定居。孔毓炎曾写过一首描写油山的诗："油山如画翠连天，树染青云草染烟。百尺松杉倚屏列，一庭佳气荫阶前。"油山的秀美风光可见一斑。

油山历史悠久、文化灿烂。史存文化中，有明嘉靖元年（1522年）举人、南康知府、后官至京师翰林的张纯《犹山》诗："油山地脉东，花木四时春。古石留仙迹，清泉浴佛身。禅心开老衲，怀抱散幽人。绝顶凭高眺，烟霞近紫宸。"有项英深入浅出编写的游击战术歌诀，有陈毅的《赣南游击词》《哭阮贺》，有蔡会文诗三首等。在遍及镇村的民俗文化中，憨厚的山歌、民器演奏等，体现得更有特色、更有魅力，已成为油山一张靓丽的文化名片。

为改变油山贫穷落后的面貌，1957年，这里开始建设赣南第一座中型水库——走马垄水库；1958年，赣州地区在油山创办江西共产主义劳动大学油山分校。

为丰富油山人民的文化生活，1961年，油山垦殖场创办全县农村第一个电影队；1963 年，电影《独立大队》在油山拍摄；2013 年 3 月，"红色油山艺术剧团"成立，为宣传红色文化做出了贡献。

油山镇山有山色，水有水韵，丰富的旅游资源是油山镇的宝贵财富，将这座历史底蕴深厚、文化积淀丰富的红色山镇装扮得分外厚重、秀美与妖娆。

一、兴隆村

兴隆村，依山傍水，风景秀丽，村庄不大，名气不小，皆因它旖旎的自然风光。

兴隆村位于油山镇南边，与正平镇九渡圩邻靠，村委会驻大野湖。地势西北高，东南低。水上明珠——走马垄水库主干渠由北向东从中部流过，大阿至九渡公路经过村南。属丘陵地带，以古兴隆圩命名。兴隆村共 13 个村民小组。

二、走马垄

风光旖旎、景色如画的走马垄位于油山镇兴隆村及老屋下村境内。走马垄水库建于 1958 年，建在赣江水系桃江一级支流西河水上，距信丰县城 30 千米，是赣州地区兴建的第一座中型水库。水库居桃江支流西河上游，西河发源于油山镇油山村猪牯坪。长年不断的深山潺潺溪水，经上下坪、槽里、黄坑口顺流而下，至老屋下村流入水库。

三、曲塘陂

在油山镇兴隆村，有个自然村叫曲塘陂，位于油山圩南部 8.5 千米与正平镇九渡坝上交界处的小溪旁山脚下。它因村旁西河上有一座古代石陂叫曲塘陂而得名。

曲塘陂不仅是鱼米之乡，还是旅游胜地。曲塘陂的河水溅起朵朵浪花，宛如一条银色的绸缎，"哗哗哗"的流水声犹如拨弄琴弦，驻足静听，甚是悦耳。天气晴好，常见游人在此休闲、纳凉、戏水和拍照。

曲塘陂常年碧水长流，得益于油山山峰起伏，古树参天，它既是曲塘陂水

兴隆村风光

曲塘陂

的主要来源，更是曲塘陂水的一道天然绿色屏障。曲塘陂村民对水源非常重视，不仅禁止捕鱼，而且禁止将生活垃圾倒入河中，加强对水源的保护意识，从而确保了曲塘陂水质安全。

四、滴水垄

滴水垄位于油山镇坑口村潭塘坑，距油山圩 10 千米。一小溪自西向东流入走马垄水库。山坑小溪有一深潭，这一垄地带常年有滴水声响，故名滴水垄。

第五节　正平镇

一、九渡圩

九渡位于正平镇西部 12 千米处。地势西北高，东南低，属丘陵地带。信雄公路穿过境内南部。据《信丰县志》（1985 年版）载：九渡圩，始建于明代，农历二、五、八为圩日。圩周围九山环绕，中有一小溪，形似九龙渡水，故名九渡水。明朝时为神岗堡，清道光年间改名九渡水，中华人民共和国成立后改名九渡圩。

九渡圩地处正平、油山、大阿三镇交界处，且又与广东省南雄市的界址镇、乌迳镇和孔江乡接壤，边际贸易往来自古都比较活跃，加上其辐射 4 万多人口，每逢圩日，集市熙熙攘攘，摩肩接踵，好一派繁华、热闹景象。当地有一句戏言说，即使你挑一担石头到圩上卖都会被抢着买完。

二、木公寨

木公寨地处正平镇西部的中坝村，距正平镇 26 千米，是一座与广东省南雄市交界的山，主峰海拔 789.5 米。木公寨以山势险峻、风光独特闻名。

九渡水

木公寨奇石

三、仙济岩

仙济岩位于正平镇仙济岩村（原庙背村），谷山南麓，距正平圩8千米。为明代成化年间（1465—1487年）县令高风建造，整个岩窟被分隔成14间大小不一的石窟，有大雄宝殿、观音佛堂等，因岩石上有水蓉亭立，初名芙蓉岩，明万历二年（1574年），方国友率众修葺，仍称芙蓉岩。清康熙五十五年（1716年），廖氏族人捐资重修后，改称仙济岩。

1919年，人们还在院墙东侧建一牌坊式山门，气势雄伟，山门嵌有"仙济岩"的石匾。仙济岩佛龛依岩而建，连成庙宇，围以墙院，结构精妙，浑然天成。这里古木虬藤，山峦叠翠，泉水飞溅，景色清幽，是信丰县游览胜景之一。1983年3月，该岩被批准列为县级文物保护单位。

四、白马山

白马山屹立于正平镇正平村区域的正北面，距正平圩2.5千米。据《信丰县志》（1985年版）载："白马，又叫白马寨，在正平圩北面2.5千米处，山形似骏马，山顶处有一大白石，古有庙（已废）。主峰海拔469米。"

白马山上松苍杉翠，林荫浓郁，山中鸟声啾啾，山涧泉水叮咚。那蜿蜒崎岖的山路两旁层峦叠嶂，险峻逶迤。站在山巅举目远眺，正平境内尽收眼底。

白马山寺庙已倒塌，但寺庙的遗址依稀可见。如今白马山是登高望远、旅游观光的好地方。

五、太平山

正平镇潭口村的南部有一座山，主峰海拔约600米，距正平圩3.5千米。这座山原名皇连寨，后改名叫太平山。

六、大官前

大官前位于正平镇中坝村偏西的山脚下，距正平圩19.5千米。大官前屋场背靠着大青山，面对着连绵起伏的群山，群山山麓有蜿蜒曲折、日夜奔腾不息的中坝河。村庄山清水秀，风光旖旎。

由于古代的人不注重水利建设，宝花潭门前的中坝河改了道，慢慢地改到对面山脚下去了。由于河水中泥沙淤积，宝花潭这个大河湾被长年累月的淤泥填塞得好像一口大池塘，所以，人们又根据其河湾的形状，将宝花潭这个不知叫了多少年代的村名，改成宝花塘。

七、梨坑村

梨坑，原称犁坑，梨坑村位于正平镇中部偏北，距正平圩 7.5 千米，地势西高东低，属丘陵地带。

第六节　小河镇

一、志和圩

志和圩位于小河镇的西部，距小河圩 3 千米，是志和村委会的驻地，紧靠县境西部的万隆乡。

值得一提的是，志和圩及其周边的村庄有较深厚的文化底蕴，村民特别喜好文化娱乐，故在志和圩建有一个戏台。该戏台建于 1897 年，高约 2 米，5 米见方，独立成体，背面靠庙，其他三面是空的，戏台靠 8 根大木柱支撑，可以过往行人。几乎每逢圩日，这里都有古文、灯子戏、木偶剧等演出。特别是逢年过节，更是好戏连台，给村民们带来欢乐，促进了圩场繁荣。可惜这座堪称信丰最早的戏台，因破旧于 1971 年被拆除。

志和圩的创立，对小河地区的经济繁荣、商贸发展、文化活跃、居民生活便利以及王、李两姓矛盾的缓和化解，都发挥了积极的作用。改革开放后，小河人民在建设小康社会的共同目标的引领下，破除各种陋习，王、李两姓也笑泯恩怨，各姓村民更加团结、和睦、幸福。

二、老屋里

老屋里位于小河镇塘背村东部的小山脚下，距小河圩 1.5 千米。建村历史悠久，故名老屋里。此屋场建有王氏宗祠、义仓等。

三、老茶亭

石潭陂老茶亭位于小河镇十村村西北部小山坡的大路边，距小河圩 8 千米。茶亭坐西北朝东南，形似一间长方形的土屋，高约 5 米，长约 5 米，宽约 4 米，占地面积约 20 平方米。这座老茶亭年代久远，是过路客歇脚、遮风避雨的好地方。

四、王氏义仓

修建义仓是旧时各地民间储粮备荒的一种善举，隋唐已有。清乾隆年间，清王朝多次诏令地方设立民间仓储制度，各地纷纷响应，强宗望族相继兴建义仓，后来成为各地望族大户储粮备荒、赈灾济民的一种社会习俗。

如今，小河王氏义仓的旧址依然存在，不过经过沧桑岁月的洗礼，显得苍黄古老，斑驳陆离。但令人欣慰的是，小河王氏家族带头弘扬中华民族传统美德，济贫助学、尊老敬老，热心社会公益事业和慈善活动。

五、牛尾寨

牛尾寨在小河圩南 8 千米的地方，南北走向。东靠赖公坑，南临罗坑林区，西连上山仔村，北与首卢寨相接。因山似牛尾巴状，且建有寨，故名。牛尾寨面积约 1 平方千米，主峰海拔 450 米。这里山高林密，常年绿树成荫，山腰泉水淙淙，风景无比幽雅。

王氏义仓旧址

牛尾寨

第七节　万隆乡

万隆，信丰县西南边陲的一个小乡。东连小河镇，南接崇仙乡，西邻广东省南雄市，北靠正平镇，国土面积 119 平方千米，共 2.7 万余人，距县城 25 千米。

万隆古称"万龙"，得名于其辖区内层峦叠嶂并且水系发达，似万龙奔涌，后为辟邪改为"万隆"，取"隆"字有"万载兴隆"之意。

坝仔圩河是桃江的源头之一。作为万隆境内最大的河流，坝仔圩河一直哺育着这片土地上的子民，使得当地连年风调雨顺，五谷丰登。百姓不曾受过水灾之苦。正因如此，当时人们筹资在坝仔圩河上修建了一座拱桥，设四孔溢洪，使得南北畅通，人们往来便利，货物交易顺畅，自然两岸的经济也愈加繁荣。

为使这种兴隆的景象长长久久，人们便顺应民意将"万龙"更名为"万隆"，寓"万载兴隆"之意。万隆圩位于马子岗高东南边，始建于清朝末年，三面建有凉亭，背面建有戏台，每逢农历三、六、九日为圩日。

万隆是个典型的低山丘陵地形，其地质大多是由变质岩组成的高丘陵。万隆的丹霞地貌极具特色，人称"小丹霞"，是当地十分著名的自然景观。特别是寨上村的铁石寨，形似卧狮，十分逼真，深受各地游客喜爱。

万隆乡历史悠久，文化底蕴深厚。有寨上红石文化民俗村，有被列为第五批中国传统村落的李庄上龙自然村，村落景色秀丽，环境宜人，气候湿润清凉。古屋、古祠堂、古牌匾众多，让人肃然起敬，千年古银杏叶黄果硕，煞是喜人。非物质文化遗产有"瑞狮引龙""双狮""万隆石雕"等。禾江村的"谢冬节"在赣南当属独一无二，颇具特色和意味。铁石寨的太平军营遗址、寨上村田龙里的红军标语旧址，像一本历史教科书向世人述说着当年在这里发生的故事。风光秀丽的五渡港水库是旅游度假的绝好去处。

一、铁石寨

铁石寨是一座山，位于万隆乡寨上村岗仔高，在万隆圩的北面，距万隆圩 2.5 千米，面积 2000 多亩。它威武峥嵘，闻名遐迩。

铁石寨雄踞赣粤两省交界之地，山体都是紫色页岩地，石块呈紫褐色，且地形奇异险峻，远眺铁石寨，山形酷似一头巨大的雄狮躺卧，因此，人们又称其"铁狮寨"。

二、禾江村

禾江村，位于万隆乡西南部，距万隆圩15千米，是信丰县与广东省交界的山村之一。原名讹江，后演变为禾江。

禾江村文化底蕴深厚，谢冬节、瑞狮引龙等传统民俗文化传承至今。

在万隆乡禾江村，立冬节气之后要过上一个谢冬节，是在立冬的吉庆气氛中衍生的一个特有的民俗活动，时间在每年农历十月十四至十六日。这项民俗活动流传已有数百年之久，在赣南当属独一无二，颇具特色和意味。

据传，禾江村李氏由李庄村分支迁徙而来，初始只有很少的几户，如今已经发展到7个村民小组，670户人家，2740人。禾江李氏追本溯源，认为族人在此人丁兴旺，是得到了祖公保佑。为了感谢和纪念最初来本地定居的李氏先人，也为庆祝人们辛苦一年取得的丰硕成果，禾江李氏族人便于每年的农历十月十五日邀亲戚相聚，置办酒席，主宾尽欢。慢慢地此习俗就演变成了一个节日，这就是谢冬节。通过举办别开生面的系列活动，谢天地，酬宾朋，以"感谢"为寓意，感恩祖先，庆祝丰收，感恩冬临，并祈求来年风调雨顺，幸福安康。

三、寨上村

寨上村，位于万隆乡北部，距万隆圩2.5千米，是万隆乡北大门，辖区内层峦叠嶂，景色秀丽。远近闻名的天然风景区铁石寨坐落于该村，以它为代表，寨上村被称为红石文化民俗村。

寨上村，原名寨下，因与其他地方重名，1983年更名为寨上。土地面积10.5平方千米，辖6个村小组，398户，1560人。

寨上村红石文化历史悠久。从清朝开始，当地村民就用红石建屋砌墙、垒堰修渠、打石磨、凿石槽和制石门、石窗、石地板、石台阶、石门槛等，代代

铁石寨

寨上红石文化民俗村

相传。如今村内还保留有红石屋、红石墙、红石板路等诸多红石建筑。红石文化已经深深地融入村民的生产生活之中。

远近闻名的"铁石寨"（当地人也称"铁狮寨"）坐落于该村。该村的村民数百年来就地取材，将铁石寨的红砂石作为生产生活材料。目前，寨上村现有保存较完好的清乾隆年间古宗祠2座，以红石为建材的民房百余栋，古井4口，较为著名的有驻马泉（又名珍珠泉、红军泉），石拱桥6座。同时，还保存了较多完整的特色民居，以及很多古旧的用红石凿制的石门、石门墩、石窗、石地板、石台阶、石门槛、石门楣等装饰物；石凳、石桌、石磨、石水缸、石槽、石擂钵等生活用具；石哑铃、石锁等健身器材。这些红石遗存物较完整地反映了寨上村先民的生产与生活状况。

寨上，是岁月打磨出来的红石文化村。铁石寨和客家民俗村都具有较大的开发价值。铁石寨山上的奇石异景及历史遗址，令人流连忘返。为打造铁石寨旅游景点，弘扬万隆红石文化，把寨上村打造成红石民俗文化景区，现建红石牌坊一座，修缮古建筑两处，建成红石博物馆一个，同步建成红石休闲广场、红石文化长廊，铺设红石磨便道等。

四、上龙古村落

上龙是个自然村落，有51户人家，278人。位于万隆乡西南部的李庄村，与广东省南雄市界址、坪田镇相邻，距万隆圩17千米，距信丰县城约43千米。2018年12月，被列入第五批中国传统村落名录。

上龙，是一个蕴含传统文化的古村落，坐落在山环水抱、茂林修竹之中，属低山丘陵地貌，主要种植水稻。全村均为叶姓，从广东省南雄县坪田（现南雄市坪田镇）迁入已15代，清康熙年间建有宗祠，属汉族客家民系。这里山林风光景色秀丽，环境宜人，气候湿润清凉，有着和谐自然的生态环境，保存较完整的村舍建筑风貌和良好的民俗民风传承。

走进上龙，一排排错落有致的古屋映入眼帘，这里蕴藏着丰富的历史信息和文化景观，是中国农耕文明留下的宝贵遗产。来到清叶氏古祠堂，翰林院牌匾立在前方，不由得让人肃然起敬。叶氏祖厅门上悬挂着的两块清代油彩贡生牌匾，凝结着历史的记忆，展示着浓厚的文化底蕴，散发着浓浓的书香文墨气息。

上龙村周围山上的松树、杉树、毛竹资源十分丰富，是上龙环境秀美的重要原因。此外，山上有许多质地坚硬的荷树、柏树，又多枫树和银杏。特别是400多年历史的古樟树更具特色，吸引了许多游客。上龙还是古银杏生长之地。据统计，上龙有古银杏20多棵，最老的已有千年历史。金秋时节，叶黄果硕，树树秋声，与广东银杏之乡坪田杏林景区相连成片，一年四季，吸引不少游客。

上龙村有舞香火龙的传统习俗，它起源于清朝末年，至今已有100多年的历史。上龙香火龙，香与火是其魅力所在，点点香火构成的火龙，金光闪烁，驱动起来流星追月，给人一种腾云驾雾的感觉，整个香火龙仿佛被注入了生命。每年正月的十一至十五日上龙都要举行舞香火龙闹元宵活动。

上龙的传统美食——推浆米果，用优质大米在水中浸泡，然后采用传统石磨磨成米浆，在锅中加热成糊状，后包馅、蒸熟。味道独特，备受村民喜爱。还有麻糍、黄元米果、米酒、炸豆腐、汤皮等，也是风味独特，人见人爱。

上龙村悠久的传统历史文化和优美的自然风景，以及传统古村落的魅力，吸引着众多游客。

第八节　崇仙乡

崇仙，是信丰县的一个边远山区乡。位于信丰县西南部，东邻铁石口镇、小江镇，南连全南县龙下乡，西毗全南县社迳乡，西北与广东省南雄市新龙乡接壤，北接万隆乡。总面积141平方千米，2.3万人，距县城53千米。

崇仙以崇仙圩得名。

崇仙乡是典型的边远山区小乡，山多地少。境内峰峦起伏，青山连绵。崇仙圩始建于清乾隆年间，是信丰县西南临近全南县的边陲圩场，历史在这里留下了许多自然人文景观，如千年银杏、古榕树、古罗汉松、美丽的黄柏山、崇仙革命烈士陵园、观音塘红色文化陈列馆等。

崇仙乡历史悠久、人文底蕴厚重，在漫长的历史长河中，文物古迹留存较多，如红军召开军人大会旧址、棉毛坳红军战斗遗址、天竺寺遗址等。一些名胜古迹随处可见，如老龙村老龙寨钟氏古宗祠，建筑错落有致，规模宏大，飞檐翘角，具有江南建筑的风格；位于桥头圩在清康熙年间兴建的真君大小庙宇，古色古香。崇仙历史文化内容丰富，多姿多彩，特色鲜明，在传承文明，服务经济、社会发展中起到了重要作用。

一、黄柏山

黄柏山是一座巍峨、神奇的山，它位于崇仙乡东南面，距崇仙圩 12 千米。相传山上盛产黄柏草，故名黄柏山。黄柏山顶峰海拔 755.2 米，是信丰境内第七高峰。

二、罗塘村

罗塘村位于崇仙乡西北端，与广东省南雄市坪田管理区和信丰县的万隆乡樟树前村小组接壤，是一个边远山区村，距崇仙圩 10 千米。村委会驻罗塘圩，因此而得名。

罗塘村，现存两处珍贵遗址，一是棉毛坳红军战斗遗址，一是罗塘防空哨所。

三、西水村

西水村位于崇仙乡西北方向，距崇仙圩 1.5 千米。村委会驻下只屋。以地处桃江河西而得名。

西水村历史悠久，有着浓厚的革命氛围。第二次国内革命战争时期，信丰地区著名的"西水保卫战"就发生在这里。现在的叶屋，很多人家的门上都挂着一块烈属光荣牌子，这也是这个村子荣誉的象征。

叶屋村口，有一棵有近千年历史的大榕树。这棵大榕树树干粗壮，树冠巨大，远远望去就像一把张开的巨伞，又像一个温和慈祥的母亲，把村庄庇佑在她的怀抱。

崇仙圩

黄柏山

第九节　小江镇

一、案山水阁

案山水阁位于小江圩南 4 千米处的 105 国道东山脚下，在谢氏围屋北的燕水河边。古时该处山高林密，古树遮天蔽日，驿道上光线晦暗，故名"暗山"，后谐音易名为"案山"。

案山水阁历经数百年风雨沧桑，至今依然完好，实为难得。其作为清代古建筑，具有很高的研究和观赏价值，弥足珍贵，是当之无愧的文物瑰宝。

二、香山

香山，位于安西镇、虎山乡和小江镇之间，卓然而立，宛如一朵盛开的巨莲。20 平方千米的石英砂岩峰林，被花岗岩底座牢牢托起，仙风道骨，一山独秀。

清康熙五十八年（1719 年）《信丰县志》载："香山，在县南八十里，峰九十有九，小溪十八，产异药，有鹰石、三天门、绵香石、蜡烛石、龙湫诸胜。石仓志云，昔人见百鹤翔集，各止一峰，其一盘旋无所止，群飞去。巅有哀道人岩。"

亿万年的地壳运动，天工造化，使香山神奇异常。明万历十九年（1591 年），信丰名宿俞琳（字声甫，官永宁教谕）解组归田后，策杖游香山。他在《香山图序》中写道："与山僧偕行，寻其胜概，第见其水自岭层而折，不窃凝瀑布泉不过是焉。其石有类人者，有类物者，有类飞者，有类立者。"香山怪石林立，群峰崔巍，被古人提炼为"香山十景"：五子扶桑、鹰立山顶、观音坐禅、求子中窝、石兔望月、羽士进章、石窟龙潭、仙人三洞、矗天蜡烛、龙头天香。

2017 年，香山被批准列为江西省地质公园，迎来了开发建设的黄金时期。巍巍香山，四季如画，春披一蓑烟雨，夏看十里桃花，秋赏三秋桂子，冬钓一江寒雪。香山天日吞吐，云霞清幽，已成为人们心目中的休闲旅游胜地。

三、三公石

三公石也叫三峰石，在小江圩西南 9 千米的新店村和罗结村境内，与龙南县交界。东西走向，面积约 1 平方千米，主峰海拔 517.2 米。因山顶有三块直立高耸的巨石而得名。

三公石是信丰境内富有代表性的丹霞地貌区。区内山水奇特，峰峦险峻，有浑然天成的阴、阳石和形态怪异的山溪石。其间绝大部分是山地石崖，巨石林立。特别是山顶那三块高耸入云的巨石，犹如三位神仙顶天立地。

山顶那三块巨石被当作三位神仙的化身，称作"三公石"，并在三公石西北半里地的天堂山上建了一座庙，立了"福""禄""寿"三位神仙塑像，顶礼膜拜，永久祭祀。

第十节　铁石口镇

一、极富村

极富村位于铁石口镇西部，村委会建在老极富圩附近，距铁石口圩 2 千米，村以极富圩而名。极富圩始建于清同治年间（1862—1874 年），以"土地极肥沃，物产极丰富"而得名。该圩又名"席铺圩"，圩场并不大，住有近百户，500 人左右。

一个小小的圩场，竟然以"极富"来命名，真是罕见。极富圩也好，极富村也罢，从古到今，是否名副其实，能否担当得起这个村（圩）名？

先来看看极富村的地理环境：该村（圩）西靠山岭，秀丽的桃江河水从西边流入，沿着村南边的平缓地流至东边的铁石口圩，然后转向北弯成圆弧形，又往西流出约 1.5 千米再向北而去，天然形成了一个完美的马鞍形河道，围绕着富饶的河套极富坝。极富坝阳光充足，气候温润，雨量丰沛，确实使冲积而成的土地极其肥沃。有人戏谑说，插根筷子在极富坝的土里都能生根发芽。极富坝上无论种什么农作物，都能高产丰收。

再说该村的物产，不只有水稻，还有甘蔗、花生、大豆、白萝卜、西瓜、芝麻等诸多经济作物，无一不是优质高产。其中享誉海内外的红瓜子是信丰"三宝"之首，无怪说物产丰富之极。

此外，该村及周边的细车、高桥等村，有种植席草和编织草席的传统。男女老少均会编织草席。编织草席成为当地家家户户的农闲手工业。极富圩之所以又名席铺圩，就是因为该圩是大批量的草席的集散地。经销商大量涌入席铺圩，将草席远销到周边的县市甚至广东、福建，草席市场的繁荣，拉动了当地经济的发展，给极富村村民们带来了丰厚的收入。

由于上述缘由，该村（圩）被冠名为"极富"也就顺理成章，实不为过。

1939 年，国民政府实行乡镇制，由于极富圩的原因，当时设立了极富乡（现在的铁石口镇）。蒋经国主政赣南时，为解决信丰、全南两县的森林纠纷，于 1940 年亲自到实地调查，看到当地的教育现状，当即指示陪同的信丰县县长，由政府出资在极富圩附近兴建"信丰县极富中心国民小学"一所。

占地 20 亩的信丰县极富中心国民小学如期建成，是座坐西朝东的四合院，成为当时铁石口片区唯一一所县立国民完全小学。该校建成后，为极富乡培养了大批优秀人才，为当地社会发展做出了积极贡献。直至今日，该校依旧存在。

二、长远村

长远村位于铁石口镇西北部，南连极富村，西靠小河镇，东边隔江是大塘埠。村委会驻高岭，距铁石口圩 6 千米。南北呈带状的长远坝是一块极其美丽、富饶的冲积平原。秀丽的桃江河从东边潺潺流过，西边山岭白云绕顶，岚烟缥缈，散落在坝上的大大小小的村庄错落有致，绿树环绕，炊烟袅袅。坝上大片的庄稼，四季繁荣丰茂。坝上的村民特别勤劳能干，善良纯朴。坝上真是山歌唤早，渔舟唱晚，风景如画，平和安宁的人间仙境。

长远村的物产极其丰富，除了稻谷之外，各类经济作物品种繁多：西瓜、甘蔗、大豆、芝麻、红薯等不一而足，无物不丰。尤其值得当地人自豪和外人称道的是，那里有两样红色传统产品，品质极优，享誉中外，那就是红瓜子和红蔗糖。两种产品由于都带有喜气，被人们赞为长远的"红双喜"。

三、清规庙

清规庙坐落在上莲塘屋背。上莲塘位于铁石口圩南 1.5 千米下莲塘上方，故名。清规庙是为祭祀明朝中叶著名的赣南农民起义领袖赖清规而建的。

四、手端木偶戏

物华天宝的铁石口是信丰南部的工业重镇，这里不仅资源和物产丰富，而且历史文化底蕴相当深厚。数百年来风靡的手端木偶戏，便是铁石口人丰富文娱活动的有力佐证。

手端木偶戏在当地俗称为"端戏子"或"蚊帐戏"。它在木偶戏三种形式中属布袋木偶戏的一种。作为古老的民间戏曲形态，戏曲文化的历史有多长，它的历史就有多长。木偶戏是由艺人操作木偶表演故事的一种戏曲形式，从以铁石口为核心的周边乡镇手端木偶戏的表演形态、唱腔来看，其与广东、福建漳州的木偶戏基本相符，可以认定信丰的手端木偶戏应该是在明、清时代由广东和福建漳州传播过来的，已有数百年的历史了。

手端木偶戏在信丰传承的历史进程中，逐步形成了自己的鲜明特点。

一是精干。演艺人精干到只有一人，为此被称为"戏王"，又叫"小王班"。艺人独自一人挑担游走，联系演出。尤其是表演，无论是生、旦、净、末、丑的表演动作，还是不同声气的说唱都由他一人操作，整个演出过程中的乐器伴奏也是他一人同时操作。整场演出各种技艺出自一人，确实匪夷所思，令人难以置信。所有的道具、乐器、戏台精简到"一担挑"，其中包括戏箱一只，用来盛放全部各种角色的木偶、乐器；活动戏架一套；由幕帏构成的戏包一个及一张约 40 厘米高的短凳和活动戏，这些东西均可拆卸放在挑担上。

二是便宜。对农民来说，手端木偶戏是最经济、最实惠、最便宜的文化娱乐消费，村村请得起，家庭办喜事最受欢迎。

三是剧目丰富。手端木偶戏的演出剧目极其丰富，大大超过了其他剧种戏班。从古代神话到经典名著，从民间传说到城乡故事，无所不包，多达好几百个，其中《西游记》《水浒传》《天仙配》等都是长期保留剧目。还有艺人根据各个时期的形势需要及当地的奇闻轶事创作编演的新剧目，因贴近生活，特别受欢迎。

手端木偶的木偶头是用实木雕刻而成的，如鸡蛋大小，头内中空，方便手指插入内空操作表演动作。身子是用布缝制成如手掌大小的布套，不同人物采用不同颜色、花样的布料缝成，以表明其身份特征。布套有两个封口的袖子，表演时大拇指和其他三指分别插入袖子做表演动作。

手端木偶戏传入信丰后，以铁石口为中心向四周乡镇辐射传播。铁石口当代著名手端木偶戏艺人有江背的赖九香、长远的张卿忠和温盛寿、高桥的刘洪垣以及大塘埠的徐相崽（温盛寿的徒弟）等。

手端木偶戏风靡铁石片区及周边数百年，曾经为丰富当地村民的文化生活做出了很大贡献，现已被列为江西省非物质文化遗产保护项目，代表性传承人为刘洪垣。

第十一节　大塘埠镇

一、石门迳

石门迳位于大塘埠镇光甫村，地属山区，境内山峰起伏，形似石门，故名。中华人民共和国成立后，信丰至安西、虎山的公路修通，此处是通往安西、虎山的必经之路。

石门迳由两块巨大的石壁并立，上压一块大石，形似一个巨大的石门，古驿道就穿门而过。当地民间传说这陡峭的门状石壁，一阴一阳，原是两夫妻化石而成。两口子白天分开，予人过门通行。夜晚合璧，封锁门道，以保一方安宁。千百年来，石门迳不仅目睹了信丰到安西、虎山、安远、定南再到广东的过往商贾行人，更见证了无数惊天动地的历史风云。

二、沛东新圩

沛东新圩位于大塘埠圩西北 4 千米的山坡上，是沛东村委会的所在地。沛东村以施姓为主，施姓在大塘埠属第一大姓。

沛东设圩之前，那里的村民大都赴大塘埠圩。大塘埠圩是个繁华的圩场，是明朝嘉靖年间（1522—1566 年）由官府设在大塘的驿铺发展起来的，茶肆酒楼、饭店客栈、杂货布庄甚至赌场烟馆应有尽有。但是圩上居住的主要是傅姓族人，人多势众。在长期的交往中，傅姓与当地的另两大姓徐姓及施姓，经常为争地盘、争利益等发生摩擦，甚至械斗，导致势力范围划地为界。于是，沛东的施姓族人于清朝末年，决定在新圩高屋场设立新圩。一来该村人口众多，居住集中，加上周边的牛口、樟塘村及桃江西岸的小河数村，方圆 5 里足有万余人口；二来当地物产丰富，红白萝卜、甘蔗、西瓜、四季蔬菜及家禽家畜，样样富足。为了和大塘埠圩对抗，还特意将逢圩日定为和大塘埠圩一样，逢农历三、六、九日，以分散人流、物流，削减大塘埠圩的繁华。

三、金钟山

金钟山位于大塘埠圩南偏西 4 千米处，西北走向。东靠 105 国道，南连七星田，西临桃江，北接黄竹迳。面积 12 平方千米。主峰海拔 430.8 米。因古时山顶寺庙有金钟而得名。

四、莲池

莲池地处大塘埠镇西南部，距大塘埠圩约 5.5 千米。位于金钟山西麓、桃江东岸的莲池土地肥沃，气候温润，风景秀丽。那里的村民勤劳、俭朴、善良，民风淳朴。那里的习俗纯正优良，其中数百年来传承至今的"吃新节"更是他们自己热爱、外人称道的好习俗。

吃新节又叫尝新节，即每年新的稻谷成熟了，即将收割，村民们满怀喜悦的心情，像庆贺节日似的，吃尝新稻谷做出来的米饭和新米加工成的各种美食糕点。莲池吃新节的活动主要是为了祭祀祖宗，缅怀先人；准备"双抢"（抢收、抢种）；愉悦心情，交朋结友，联络感情。

第十二节　安西镇

安西镇，位于信丰县东南部，是赣南脐橙的发源地。其东北邻古陂镇，东靠安远县江头乡，南接虎山乡，西连小江、大塘埠镇，距县城 27 千米。据信丰县志记载，宋元时期，安西一带叫安乐乡。1958 年以前叫"安息"。

1958 年，有人认为"安息"这一地名显得死气沉沉，不合时宜，建议改为安西。就这样安西一名沿用至今。

安西镇是赣南脐橙的发源地。1970 年 11 月，袁守根赴湖南邵阳地区园艺场调购温州蜜柑种苗，带回"华盛顿脐橙"幼苗 152 株，"罗伯逊脐橙"幼苗 4 株，定植于安西桐梓岗，作为脐橙母本园。由于独特的地理环境和气候条件，安西脐橙果形好、品质佳，多次在脐橙节上获得"脐橙王"称号。安西脐橙越种越多、越种越好，成为重要的脐橙出口基地，享誉华夏，名扬四海。安西脐橙使信丰县成为"中国脐橙之乡"，如今安西脐橙已成了赣南脐橙的金字招牌。

安西镇历史悠久，文化底蕴深厚，镇内现存的主要名胜古迹有位于岗背村的海螺寨寺，位于热水村中部的热水湖，位于茶芜村西部的镇龙寺、龟湖大桥等。

一、热水村

热水村，位于安西镇东南部，与安远县的新龙乡交界，与虎山乡的小寨村、土仔坳村为邻。距安西圩 9 千米。辖 36 个村民小组，是个大村。

热水村得名于此处有一热水温泉，又名热水湖，是信丰县著名的一处温泉。温泉平均水温 50℃左右，因含有二氧化硫，经常沐浴，可治皮肤病，当地人都习惯在此沐浴。

2001 年，热水村、龟湖村、东坑村合并为热水村。该村自然景观有热水湖、五马归朝、七星落地、东坑迳等。其中，七星落地是指热水湖周边的七座小山头。相传天上有七个仙女发现了温泉，便下凡到此沐浴，由于贪玩误了时辰，衣服也顾不上穿，便匆匆返回天庭，她们散落在热水湖四周的衣服便成了七座小山头，像七片花瓣将热水湖置于中心位置，人们便把这七座小山头叫作"七星落地"。此外，该村还有大振桥、康王神庙、真君庙、五谷神庙、马蹄坝功名碑、陈婆寨、仙人圳等人文景观。

该村东坑组有一株罗汉松，据专家测定，已有700多年树龄，为国家一级保护名贵树种。

二、马蹄坝

热水村有个小小的自然村落，名叫马蹄坝。马蹄坝在安西圩东南7.5千米的山脚下，村后的大山树木茂盛，呈马蹄形向两旁延伸，几十栋民宅散落在它的怀抱中。村前是一片开阔的大坝，马蹄坝由此得名。

马蹄坝，是一个美丽且文化底蕴深厚的村庄。走进马蹄坝，首先映入眼帘的便是那些参差不齐的麻石功名碑，让人顿生敬意，这些功名碑，记载了马蹄坝先人一段值得炫耀的历史。在清朝统治的近300年间，马蹄坝共有5人在京城国子监读书，俗称太学生。热水村这种荒蛮偏僻之地，出了那么多读书郎，是一件了不起的事，不敢说名贤迭出，至少是人文蔚起吧。

三、仙人圳

仙人圳是一条古老的水渠，位于安西镇热水村的东坑峡谷，又称东坑迳。

在热水村的东坑迳，有一条石阶小道沿山而上，小道的内侧有一条水圳，常年水流不息。在这陡峭的石壁山上，古时候谁能挖出这样一条水圳？当地村民说，这条水圳是仙人开挖的，叫仙人圳。

四、田垅畲族村

田垅村位于安西镇东南部，距信丰县城35千米，现有15个自然村，21个村民小组，478户，1967人。其中畲族249户，996人，占全村人口的51.44%。2017年3月，该村被国家民族事务委员会评为"中国少数民族特色村寨"。

田垅畲族村的先辈们于明朝洪武年间（1368—1398年）从福建古木督迁至

此地，迄今已有 600 多年历史。田垅村是赣州南部畲族的主要发祥地之一。

畲族先人在安西镇田垅开基立业，与当地客家人唇齿相依，互相融合。村内民族风情、农耕文化、婚丧礼仪、畲族服饰等畲族传统文化底蕴深厚，保存有完整的宗祠、族谱、祖堂、祖墓、古榕树、古山寨等文物和马灯舞、竹竿舞、耍龙灯、唱山歌、打麻糍等民俗，以及传统劳动工具和生活用器。该村还保留着畲族传统刺绣、彩带、服饰加工等，逢年过节，部分畲族妇女穿上色彩缤纷、做工精美的"凤凰装"出入村寨，成了一道亮丽的风景。

五、仙牛迹

仙牛迹，是香山一处山坳的名字。

安西镇与虎山乡、小江镇交界处有座大山，名叫香山。香山的山腰有条崎岖小路，是安西通往小江的必经之道。半山腰上有口泉水，是人们挑担歇肩饮水之处，泉水的石壁上，有两个牛脚印，据传是神牛留下的，故此山坳叫"仙牛迹"。

仙人、神牛不再有，神牛脚印却永远留在香山山坳的小道上，让一代又一代人观赏、惊讶、回味、传说。后人就把这山坳叫作"仙牛迹"。

六、稳陂村

位于安西镇东部的上迳村，生态资源和人文资源均非常丰富，森林覆盖率高达 85%，河连山延绵的森林，深山里的老狮喷水瀑布，境内有中型水库——上迳水库。在上迳水库尾有一个小小的自然村落——稳陂，该村落在安西圩东偏北 10 千米的水库尾山脚下，13 户，80 多人。刘氏从河连山迁至此地已 16 代。

稳陂村还保留有一处近百年历史的手工榨油坊。20 世纪 80 年代前，附近的农户大多在此榨油，包括茶油、桐油、花生油。

第十三节　虎山乡

虎山乡，位于信丰县东南部，距县城 51 千米，东邻安远县鹤子镇、新龙乡，南接定南县岭北镇，是信丰县名副其实的边远山区乡。虎山乡内有一山峰叫虎山崬，主峰海拔 1015.7 米，为全县最高点，虎山乡因此而得名。

据传，虎山乡虎山村原腊石小组岔路口有一方石刻指路牌，左边刻"腊石"，右边刻"湖山"，并非"虎山"。虎山崬脚下有一个村小组名为"石岸前"。根据这些线索和当地的地形地貌推断，虎山崬周围应该是湖岸之村，有湖水，有高山，因此命名为"湖山"。另有一说法，从山脚下看虎山的外形像一把水壶，故得名"壶山"，后山中出现老虎，发生过老虎吃人事件，于是人们将"壶山"叫成"虎山"。

一、玉带桥

玉带桥，位于虎山乡中心村围高南侧约 500 米处的虎山河上，建于清乾隆五年（1740 年），是座长 81.45 米，三拱两墩的石拱廊桥。桥建在崇山峻岭之中，横跨湍急的虎山河，依水势而筑，将桥建成弧形，设计独特罕见，犹似一条跨河的玉带，造型非常漂亮。

玉带桥为当地富翁余凤岐集资建造，曾名"凤岐桥"。

二、龙州村

龙州村，位于虎山乡西北部，这里历史悠久，山清水秀，人杰地灵。该村东南面有巍峨挺拔的全县最高山峰虎山崬，西北面是风光秀丽的香山，奔流不止的虎山河则蜿蜒而下，贯穿全境。

三、隘高村

隘高村位于虎山乡南部，村委会驻隘高圩。隘高圩位于信丰县城南偏东 51

千米的山隘中，高踞虎山河谷之畔的山坡上，揽腰为圩，形同隘口，故称隘高。隘高圩始建于清道光年间，原名隘上圩，1940年改名为隘高圩，为虎山乡人民政府驻地。

隘高村处于三县交界，与定南县的龙头圩、安远县的鹤子圩互通往来，互相影响。

四、古城村

古城村，位于虎山乡东南角，由鹅叫、古城两村合并而成。距乡镇府所在地隘高圩4.5千米。

在古城村，还有一个与玉带桥有关的传说。相传玉带桥修建者余凤岐当时耗尽家财修桥，工程被迫停工，他叫人打制了一副铁镣铐将自己锁上，从龙州村沿虎山河一路往上游乞讨，背上贴上告示——谁能以完成玉带桥剩余工程所需银子买下他身上的镣铐，他就终身给这人当奴。传说故事中说是路边一个善良的寡妇将这副镣铐买下，其实是古城村排高屋场的刘庭财将这副镣铐买下，付足了银两，又将余凤岐送回玉带桥工地，使玉带桥最终顺利竣工，留下佳话。

与古城村合并的鹅叫村也有来历。古时，鹅叫村有一条通往广东的驿道，驿道两边有些供过往行人落脚休息和住宿的客栈，这些客栈的老板和当地村民都喜欢养鹅，每当天明时分，鹅群鸣叫，提醒过往旅客早起，鹅叫声粗犷豪放，此起彼伏，压倒了公鸡打鸣的声音，因而得名鹅叫村。

五、叫子岩

叫子岩，位于虎山乡古城村与定南县岭北镇龙头村交界处。这里四面群山环抱，森林茂盛。只见山与山之间形成的岩石层高约100多米，形态各异，鬼斧神工。山泉水从岩石层上方倾泻而下，就像一条银带从天空中飘下，泉水四溅，银光闪闪。每逢雨季，叫子岩上方水流很大，形成一个大瀑布，场面蔚为壮观，让人陶醉其中，不禁想起李白《望庐山瀑布》中"飞流直下三千尺，疑是银河落九天"的动人诗句。

玉带桥

叫子岩

第十四节　古陂镇

古陂镇是信丰县的东部大镇，距县城 26 千米。辖 15 个村，2 个居委会，302 个村民小组，4.3 万人。以驻地古陂圩为镇名。

古陂不古，但赫赫有名。

说古陂不古，是因为古陂建圩较晚。据乾隆十六年（1751 年）的《信丰县志》记载，信丰各圩场中并无古陂圩。而在其后清同治九年（1870 年）续修的《信丰县志》的圩补遗中才有"古陂圩，县东五十里"的记载。又据 1986 年版的《江西省信丰县地名志》记载：古陂圩，始建于清同治年间（1862—1874 年），所以说，古陂圩比起本县其他诸多始建于明代的圩场来说，应属于年轻的后起之秀。

古陂建圩虽晚，但古陂镇辖区诸堡历史悠久。据康熙五十八年（1719 年）的《信丰县志》记载，全县四十堡，河东十二堡中就有百结堡、杨坊堡、余村堡和石背堡属于现今古陂镇的管辖区域。

古陂赫赫有名，并非夸大其词。"自古英雄出少年"，古陂正因为年轻，所以充满活力，创新发展，以致成为后来居上者。古陂建圩晚，但起点高，发展快。仅仅数十年，到清末民初，古陂就因为其水陆交通便利，规模恢宏，街市整齐，商贾云集，贸易发达，经济繁荣，文化活跃和居民诚信热忱而享誉南赣大地，名列赣南各大圩场前茅。有"头唐江（南康）、二古陂（信丰）"之说，在赣南民间广为传播。

旧时的古陂繁荣昌盛，当下的古陂也享有三个国家级盛誉：一是古陂的金盆山为国家级森林公园。金盆山林场 2014 年被评为"全国十佳"林场，2017 年获"中国最美林场"称号。二是古陂的传统社火舞蹈"犁狮""席狮"2011 年被批准为国家级非物质文化遗产保护项目。三是古陂为国家级现代农业示范区核心区域。

一、石背村

石背村位于古陂镇南部，距古陂圩约 30 千米，距西边的金盆山圩 7.5 千米。与安远县、信丰县新田镇接壤。地势由东南向西北倾斜，属山区，群山连绵。村委会驻石背圩。

石背是江西、广东、福建"三省通地"的一个战略要地、兵防关隘。那里山深林密，地势险峻。

二、太平畲族村

太平畲族村位于古陂镇西南部，距古陂圩5千米。村委会驻太平圩，辖18个村民小组，约2500人，是信丰县4个畲族村之一。该村属丘陵区，有1.2万余亩山林。

太平畲族村原叫铜鼓村（现为村民小组），因为那里有条铜鼓坑。

第十五节　大桥镇

一、青光村营下

大桥镇青光村营下村民小组，地处莲花山麓，系镇政府所在地。为什么叫"营下"？1986年版《江西省信丰县地名志》载："据传此地为古兵营，故名。"

莲花山雄视禾溪（大桥古名）谷地，为金盆山出入之咽喉要道，也是信丰至安远古驿道的必经之地，古代军队在此设兵营驻守，有史可稽。

大桥镇东南面的金盆山石背村，据现有文献记载，宋代以来为"石背堡"，是宋代、元代信丰七十二堡之一、明朝中期建圩，原名长河峒。由于它临近三省边界，不便政府治理，因此流民、流寇异常活跃。

明宣德七年（1432年），长期活跃在闽粤赣三省的会昌流寇朱南郑、刘伯昂，以石背作为巢穴，兴起动乱。于是，福建、广东、江西九司会请征剿，联合三省的力量来征剿朱南郑和刘伯昂，他们的军队就驻扎在禾溪（今大桥，下同）。这是关于大桥设营驻军的最早记载。

明成化年间（1465—1487年），金盆山石口为乱民巢穴，滋扰地方。成化二十三年（1487 年），政府军大举征伐石口之盗。"石口之役，征兵万余，逗留吾邑且半载。"这时驻军在大桥莲花山麓，此地距石口仅 5 千米。

当年的石口，现已淹没在风光旖旎的龙井水库库底，明代弥漫肃杀之气的兵营所在地，后来成了闻名遐迩的赣南大桥煤矿矿部，而兵营下面的村庄——营下，则是这片土地上唯一能唤起人们战争硝烟记忆的地名。

二、竹村村

大桥镇竹村村，是个有 1400 年历史的古村。山川秀丽的竹村，许多地名被赋予了文化内涵。竹村袁氏耕读传家，人文荟萃，提炼并冠名了许多名胜景点，以文记之，以诗吟之，并刊之于族谱。

竹村《袁氏七修族谱》（1716 年）中便刊有"竹村八景"。

竹村的一山一水，都有历史典故和文化传承，"竹村八景"，人文流芳，虽大多湮没在岁月的长河中，但其告诉后人一个道理：爱护生态环境比什么都重要。

三、杉树坑

大桥镇青光村，有个叫杉树坑的地方，有个奇特景观，山上溪水下流的溪水沟长达几千米，上、下两段水流哗哗响，唯独中间一段干旱，真是奇怪。

四、大堂花鼓

竹村、新村是信丰民间小戏大堂花鼓的核心传承地。大堂花鼓属于花鼓戏戏种，由于该小戏的表演场所都是在各村的祠堂或大（众）厅堂，故名大堂花鼓。

大堂花鼓曾经流传信丰全县，但主要集中在南北穿境而过的桃江河以东的河东片。尤其在古陂、大桥、新田等乡镇最为盛行。

为了更好地保护、传承和发展民间小戏剧大堂花鼓，目前，大堂花鼓已被列为江西省省级非物质文化遗产保护项目。

第十六节　新田镇

新田镇位于信丰县东部，东邻安远县版石镇、龙布镇，南接信丰县古陂镇金盆山，西依信丰县大桥镇，北与赣县韩坊镇、小垅乡交界，地属山区，总面积 242 平方千米，距信丰县城 44 千米。

有记载新田巡检司从明朝正统年间（1436 年）至万历五年（1577 年）共有 20 任巡检。新田圩、新田镇都以古代为新田巡检司驻地而得名。

新田镇是一个秀水青山、民风淳朴、至今仍秉持浓重中原客家文化的古镇。居民属客家民系，主要是近代自广东梅州、五华、兴宁等地迁入，世代聚居，习俗相传，形成其特有的客家风情。这里人文厚重，有江西文坛翘楚、清代声震文坛的新田铜锣丘以黄世诚为代表的"黄三世"，有明代陈胡氏墓、明代曹王氏墓、古驿道、古石碑、古村落、古宗祠等众多文物。境内百石村，便是中央红军长征开始后打响第一仗（百石战斗）的地方，村内有红三军团临时指挥部、红军营房、战壕等遗址，有红军标语、洪超师长烈士墓等革命文物。新田境内还有新田战场遗址、金鸡战场遗址等，都是其厚重历史的见证。这里还走出了一位共和国开国少将——童国贵。

新田镇自然风光迷人，有得天独厚的客家文化积淀，有山清水秀的自然人文景观。例如仙人洞、天子嶂、凤凰山、里罗山、谢圣娘娘庙、甘露寺、龙凤山等，可以让你领略新田镇的秀美，感悟新田镇厚重的历史和深厚的文化底蕴。

一、百石村

百石村，位于新田镇西北部，东临下江村、欧古村，南连大桥镇新塘村，西靠赣县韩坊镇水口村，北毗赣县韩坊镇迳里村、塘坑村。以村委会驻地百石圩命名。距镇政府所在地新田圩 25 千米。

百石是个古村落，有个古老的百石圩，因建在多石头的山岗上，故名百石圩。明清时期赣县韩坊通往广东兴宁、梅州的古驿道从此经过。明末清初百石圩上百间伙店住满南来北往的商人和肩担客，可见当时圩场的繁荣。

百石村青山含翠，气候景色宜人，森林覆盖率 95%，原始森林面积 1 万多亩。有名贵的山珍——红菇、野香菇、木耳等。百石村内自然矿产资源丰富，有稀土、钨矿、萤石、铁矿、石灰石、花岗岩、钼等。

二、仙人洞

新田镇下江村罗峰头半山腰有一处奇特的自然景观——仙人洞。它位于新田镇西北部，距新田圩 13 千米。

仙人洞是自然形成的岩洞。洞内天然分为一间一间的石室，石室互相连接，每间大小不等、形状不一、形态复杂。沿着岩洞之中崎岖不平的通道前进，宛如走进一个清净地界。仙人洞外洞高约 3 米，宽 2 米不等，长约 700 米，洞内有大量奇幻多姿、玲珑剔透的石幔、石笋、石钟乳，形状奇特，别有谐趣，还居住着大量的蝙蝠（石燕），蔚为壮观。传说，该洞原先直通安远境内，长达 5 千米。第一间石室人可站立进入，从第二间开始只能爬着进入，现在可以进入最里面的是第七间。仙人洞极为古奥，为信丰县山洞之最。洞前群山环抱，溪水依绕，树木葱茏，雅静幽若，为山洞增加了不少情趣。

仙人洞内有大量的石燕，因而也有人称其为"石燕洞"。洞内现在筑有石台石凳，供游人休息。

三、金鸡村

金鸡村位于新田镇中部，距镇政府所在地 6.5 千米，以金鸡圩为名。金鸡圩，因南侧山岭似雄鸡状，故名。这里地处三江合流之处，群山环抱，阡陌交错，风景独好。

金鸡村历史久远，文化底蕴深厚。作为清代北上南下的驿站，金鸡圩很早就有了商号店铺。该村是新田镇的区域中心，也是新田镇的经济、教育和文化中心。辖区内有新田中学、中心小学、幼儿园、国营金鸡林场、林业派出所、农商银行、新田卫生院金鸡分院等企事业单位。

四、天子峥

天子峥是一片大山的统称，也是这片大山的主峰。天子峥位于新田镇欧古村的西北面，距新田镇政府所在地 11 千米，主峰海拔 848.7 米。这里树木茂盛，层峦叠嶂，山峰一座接着一座，就像一条长龙，连绵不绝。山中树木葱郁，四季常青，而在这峰海树林之间，天子峥像一把撑开的伞，周围有七条山脉，山脉之间夹峙了七条长坑，范围覆盖了周边三县许多乡镇。

五、铜锣丘村

铜锣丘村，位于新田镇中部，距新田镇政府所在地 5 千米。

村庄建在铜锣状的田中间，因此得名铜锣丘。该村水清水秀，民风淳朴，历史厚重，文化底蕴深厚。始建于明朝洪武二年（1369 年）的大埠头黄氏宗祠，是赣南最大的宗祠，它历史悠久，规模宏大，建筑独特，2015 年被列为江西省重点文物保护单位。

六、鹤子坑

鹤子坑在新田圩西北 6 千米金鸡河北岸山脚下。那里依山傍水，风景秀丽。特别是山上奇石林立，闻名遐迩，吸引了许多文人雅士前来观赏。

七、库背村淹湘

淹湘，是新田镇库背村的一个自然小村落。位于新田圩东 5 千米，坪寻公路北山坑里，两小溪斜贯该村注入新田河。全村 33 户，200 人左右。村前田墈易遭山洪淹没。山洪来时，村前一片汪洋，故名"淹湘"。

第八章 安远

第一节 安远概述

安远县位于江西省南部，东毗会昌、寻乌县，南邻定南县，西连信丰县，北接于都、赣县。全县占地面积2375平方千米，县政府驻地欣山镇。2021年，全县设有8镇10乡，152个行政村，16个居委会，1863个村民小组。

安远县历史悠久，源远流长，是千年古县。因有濂江水之清，安远又别号濂江。县名因境内有安远水而得。

安远县地处南岭山脉的延续地带，最高点塘村乡阴刀子山，海拔1194.4米；最低点长沙乡光明村浮石，海拔180米。

县内有两条主干河流，分别为濂江河与镇江河。以县中偏南部九龙嶂为分水岭，构成了南北两大水系，南面镇江河属珠江水系，北面濂江河属长江水系。安远县文化底蕴深厚，独具特色。安远是"中国采茶戏艺术之乡"，是国家非物质文化遗产赣南采茶戏的发源地，是全国第五、江西省首个"中国楹联之乡"。安远是客家人聚居地，客家文化源远流长。安远文物古迹甚多，最负盛名的有建于宋绍圣四年（1097年）的无为寺塔，建于清道光二十二年（1842年）的赣南最大客家方型围屋东生围，建于清顺治九年（1652年）的永镇廊桥，均为国家重点文物保护单位。

安远县内主要景点还有莲花岩、龙泉湖、永清岩、燕岩、书香公园等。县内乡村旅游、温泉旅游、红色旅游等资源丰富，别具魅力。

第二节　凤山乡

一、凤山乡概述

凤山乡位于安远县南部，离县城 11 千米，西邻新龙乡、南连镇岗乡、东与三百山镇接壤、北与欣山镇交界，坐落在九龙嶂南麓，镇江河西岸的冲积平地上。凤山乡政府驻地凤山村，凤山圩设在乡政府西部盆地，居处地势平坦。

凤山秋冬季节北风很猛，始称风山。1944 年与平安乡分乡时易称凤山，寓意山沟里出凤凰。1931 年形成自然镇。

凤山是安远县南部第一乡，也是东江源头第一乡，辖 5 村 1 居委会，人口 1.3 万多。1982 年出土的新石器晚期文物证明，四千多年前，凤山就有人类活动。梁大同十年（544 年）置县时属南乡，明朝属南水乡龙安堡，1944 年正式命名为凤山乡。凤山乡主产紫薯、烟叶、红蜜薯、脐橙、甜柚等。

二、赖屋岗

赖屋岗坐落在安远县城南面 11 千米处，站在九龙山南面山脚下的一块平级的坡地（岗板）上可以俯瞰整个凤山乡，方圆 5 平方千米有岗背、石灰屋、老屋下、桅杆下、新屋下、马路下、岔路亭、大水塘 8 个自然村。

明末清初，赖姓开基祖赖仕经举家从县城的赖屋坪迁居于此，慢慢拓展繁衍成现在 8 个自然村，共 3000 多人。这块没有名字的土地因赖姓居住，又是在一块岗板上，遂被人称为赖屋岗。赖屋岗主产紫薯、烟叶、红蜜薯、脐橙、甜柚等，是闻名全县的鱼米之乡、瓜果之乡。

民间舞蹈车马灯更是这里闪亮的名片。

凤山是安远通往广东等沿海地区的主要通道。在过去，当地农民都是肩挑茶叶、晒烟、茶油等农产品，翻越与长宁（今寻乌县）交界的三百山，前往平远、兴宁、梅县等地，卖完便挑着食盐或买些日用百货返乡，在集市及山区走村串巷叫卖，以获取丰厚的利润。赖屋岗的子孙也有不少人加入了挑夫和小商贩的行列。走出去的赖屋岗人，带回来的不仅仅是财富，更带回来了全新的思想理念、先进的技术和文化。车马灯就是其中最典型的范例。他们大胆采用当地流行的赣南采茶戏和舞龙舞狮的"番火龙"的步法，融入采茶音乐，加入吉祥喜庆的辞令，逐步发展成为有基本舞蹈程式的民间舞蹈——赖屋岗车马灯。

三、大山村唐窝

唐窝地处安远县凤山乡大山村，在凤山圩东面 1 千米的小山窝内，东倚大片高山峻岭。明泰昌年间，唐姓从邑内濂江峰背迁入，因居住的都是唐姓而叫唐窝。

唐窝位于安远县城、大坝头、凤山圩三角区的中间地带，是南乡一片与大坝头的中转要冲，也是县城到大坝头（大坝头当时是红军的一个军工厂）的一条捷径，只是更为陡峭而已。唐窝东南西三面被山环绕，山连着山，直至东江源头三百山的腹地，北方对着一片小平原，再前边就是镇江河。

四、三伯公庙

三伯公庙位于凤山乡大山村东风湖内。因庙里供奉着陈均望、杨均庭、胡均启 3 位英雄，在安远，"伯公"是对已逝英雄的敬称，遂称三伯公庙。

三伯公庙，也叫陈杨胡公庙，当地人叫陈大伯公庙。

相传，很久以前，陈均望、杨均庭、胡均启 3 位英雄因痛恨当朝的一些权贵和地主富农欺压百姓，3 人商量联合起来劫富济贫，把劫来的钱物分给当地的贫穷百姓，深得当地百姓的拥护。

由于三公劫富济贫、为当地百姓寻医问药做了很多好事，深得百姓拥戴，所以，百姓在山中建庙一座，以祭祀之用。

五、石口

石口村位于凤山圩西南部凤山盆地南端河谷平畈地带，距凤山圩西南 4 千米。村南山岗脚下、河滩原系森林，西侧河岸多石壁，河水由此出口，遂称为石口。约在 1545 年，卢姓由福建徙此立籍。

石口村东面是本乡的井坵村小黄山，南面是镇岗乡的罗山村、赖塘村，西面是九龙嶂，北面是本乡的凤山村。石口村有石口圩、石陂头、杨梅塘、龙屋、下龙、旱坝桥、石口7个自然村。有560多户，共2700人。

在石口村，有安远县现存最大的客家宗祠——卢氏宗祠。2013年2月被列为县级文物保护单位，其保护范围为宗祠四周20米。

石口村卢氏宗祠坐落于安远县凤山乡石口村，始建于明嘉靖十七年（1538年），为应嘉靖十五年（1536年）"帝允民间联宗立庙之旨意"，由宗贤公旧宅改为祭堂，供奉祖先神位。

六、井坵

井坵村位于凤山乡西南部丘陵河谷地带，因村前有一深潭，水面圆似井口，谐音称为井坵。原井坵村有泥洋、井坵、田心、成大斜4个自然村，原来的小黄山村现已并入井坵村。

井坵在凤山圩南偏西3千米的山脚下，清康熙初年，刘姓从近村上屋仔迁至此地。

第三节　车头镇

一、车头镇概述

车头镇位于安远县中偏西部，东南接欣山镇，西接新龙乡及信丰县，北与版石镇接壤。车头镇坐落在寻坪线上，距离安远县城10千米。车头镇以驻地车头圩命名，车头圩位于欣山镇西北10千米处，濂江河东岸，公路西侧平地上，居车头镇中偏北部。相传，昔时沿河装了数十架水车，圩镇坐落在河滩头，所以取名车头；又有说法称西南园岭寨延伸临河，取名寨头，后谐音为车头。

车头镇境内景点有省级文物保护单位莲花岩，县级文物保护单位红色名胜永兴山，宋代文物龙头古桥，佛教圣地竹枯寨、净业寺、乘龙山、万应山、古秀山等十多座寺庙和永兴书院、永兴山庵，还有官溪石榴坑原始生态自然林保护区。

二、车头村

车头村位于欣山镇西北 10 千米处，濂江河东岸，居车头镇中偏北部，安信（丰）公路贯穿境内，系车头镇驻地。在 2001 年撤乡并镇中，把当时的兴地村、莲花村、跃进村、黄陂村并入到车头村。如今的车头村是安远第一大村。

三、田螺坑

田螺坑位于车头圩南偏西 1 千米处的山脚下，是车头镇车头村的一个自然村庄，距县城 12 千米，西靠圆岭寨，南、东、北分别是本村的石鼓坑、东村、社下湾几个自然村。田螺坑地形并不像田螺，田螺这个称呼也不高雅，那么，"田螺坑"的地名是如何得来的呢？据说与一则传说有关。

人们常说"蛇吃蛇，蛎吃蛎，田螺吃老蟹"，老蟹有 8 条腿，两个大钳，而田螺却没有手脚，只有一个圆锥形的外壳，老蟹怎么会被田螺吃掉呢？

相传，在很久以前，田螺和老蟹是好朋友。它们同在水中生活，又同在稻田里寻找各自的食物。可是后来，老蟹的胃口越来越大。为了得到更多的食物，它便蛮不讲理地强抢田螺的食物，弄得田螺又怕又恼，一有动静就缩到壳里去了。

一天，老蟹看到田螺又肥又嫩的身子，便起了歹心，想把田螺吃掉，它碍于情面，不好当面下手，于是暗暗想了一个计策。它对田螺说："田螺老弟，我们经常在一起，从来没有比赛过，明天我们来比一比爬山吧，哪个输给了谁，哪个就让谁吃了。"老蟹心里想的是：田螺一没有手，二没有脚，走起路来既离不了烂泥又离不了水，老是那样磨磨蹭蹭，不要说爬不过我，就是让你到了山上，不渴死也会累死。这样，不是正好成了我的美餐吗？田螺也看出了老蟹的险恶用心，也在心里琢磨：让它咬死不如跟它拼命，比就比吧！它们就选定了山头，开始比赛。

老蟹一上岸，就用 8 条腿使劲地爬，很快就爬到老远老远的地方去了。而田螺一上岸，因为没有水，马上就爬不动了，只好蹲在路边哭泣。恰好路过此地的观音娘娘看见了，就问："你为什么跑到岸上来呢？"田螺便将老蟹想用比赛爬山、企图把它吃掉的诡计一一说了。观音娘娘听后心里非常气愤，便施法相助。不一会儿就下起了大雨，田螺就顺着雨水一步一步地往山上爬，爬了三天三夜，雨也下了三天三夜，田螺终于爬上了山顶。可是，老蟹却洋洋得意地说："田螺老弟，我只用半天工夫就上来了，你呢？跑了三天三夜，该认输了吧？"田螺却说："慢着！任何比赛都是三局两胜，现在比了上山，下一步就来比一比下山吧。"老蟹心想：反正你也比不过我，下山就下山，难道还会输给你不成？不由分说，老蟹拔腿就走，横冲直撞，好不利索，不到一刻工夫，就爬了好几丈远。这时，田螺却将身子一缩，骨碌骨碌很快就从山顶滚到了山脚下。而老蟹只能一步步向下爬，从天明爬到天黑，弄得口渴肚饥。当它爬到山下水田时，早已筋疲力尽，累个半死。老蟹由于劳累过度，一蹶不振，从此再也无法寻找食物，慢慢地饿死了。老蟹死了以后，躯体逐渐腐烂，正好成了田螺的美餐。

四、莲花岩

莲花岩位于车头镇莲花村（现已并入车头村）东南面莲花山峡谷中。莲花岩现已被列为县级文物保护单位，是远近闻名的游览胜地。

明隆庆年间，知县周昶命僧明惠募建新佛寺，并题"莲岩洞天"和赋诗二首记之。1957 年，莲花岩被列为省级文物保护单位。后因焚毁而撤销，1981 年群众集资重建。

莲花岩藏在林竹茂盛幽深处，进山，穿过一个门上大书"莲花岩"3 个字的月洞门，眼前忽然出现一个幽深的山谷，满谷翠竹摇曳，古木参天，浓荫里传来潺潺泉流声。

五、官溪

官溪村位于车头镇东北部丘陵溪谷地带，在车头圩北东 5 千米山谷内，小溪北侧山脚。

莲花岩正门

官溪村村部

1368 年，叶姓由虔云上三乡迁此，因村侧有一条小溪流过，初名为溪背，后叶姓某人升官任里长，古时以当官为荣，因此易称为官溪。

六、永兴山禅庵

永兴山，又名隐几山，坐落在安远县中部的车头镇官溪村东面海拔 800 米的永兴山官溪嶂半崇上。相传，清朝叶永兴（有说叫叶明宗），官溪人，隐于隐几山修真炼气，谢绝尘缘。清康熙三十年（1691 年），一夕坐化得道，后人即于其坐化处，建庙祀之，冠以其名。

中华人民共和国成立后改为麻风病病人居住地。

自古以来，禅庵殿堂内都是左钟右鼓，为何这永兴山禅庵右边却不设置大鼓呢？这里有一个传说。

相传乾隆年间，有一知县特地慕名前来游览永兴山禅庵，进得殿堂来，他跟其他香客一样，走到神台前点烛烧香，然后三跪三拜。谁知当他拜完第三下时，全身像是被钉在拜毡上一样，即使他使尽全身力气，也无法站起来。他感到奇怪，于是在内心寻找自己是否有冒犯佛祖的行为，左思右想就是找不出原因。最后，他低下头发现自己脚上穿着一双牛皮鞋，才大彻大悟，佛祖是吃素的，我却穿着牛皮鞋，所以自己站不起来。但当他抬起头往右侧梁上看时，见梁下放置一面牛皮大鼓时，随即脱口而出："那鼓皮不也是牛皮做的吗？"话音刚落，只听"砰"的一声，大鼓破了。此时，知县也能站起来了。自发生这件事后，永兴山禅庵就再也不在右厢梁上设置大鼓了。

七、吊马岭古驿道

吊马岭古驿道位于车头镇龙头村天灯下西北边的山脊上，吊马岭古驿道是中华人民共和国成立前安远通往信丰，乃至通往江西省府的主干道。

驿道有 300 多级石阶（现完好率 80%），石阶全部用黄金石、青岗石等河石铺设，有些陡峭的地方用了桐油石灰进行浆砌，最险处往下看悬崖高不可测，昂首仰望则有一块巨石悬在头顶百米高处。从远处望去，此石头酷似一只马头吊在悬崖边，石阶路从马头下过，因此，人们称此山为"吊马岭"。这里古时不仅是天灯下和土箬平民百姓进山砍柴的出入之所，也是来往客商或官府大员去往省城的必经之道和兵家的必争之地。

八、龙头街

龙头四面环山，属于西北面山高、东南面山低的河谷丘陵地带。从村庄内往四边山顶望去，能看到山峰隐隐约约像 5 条巨龙伸出头向村庄探望。所以，古志上记载这里"可望五支山峰，如五龙伸头探谷"，据说这就是龙头地名的由来。

龙头位于车头镇北偏西部，东面邻官溪村，南连车头村、南屏村，西北接信丰县的金盆山、安西，东北接版石。

约 1148 年，刘姓从广东兴宁徙此立籍，龙头居民散落在一块长形盆地边沿，自然就形成了一条街道，叫龙头街。龙头街是鹅卵石街，承载着厚重的历史。据安远县《驿盐志》记载："安远无驿有盐，附以铺舍，则亦驿之属也……县西北三十里至龙头铺，龙头铺，在龙头堡，有公馆，在铺前。"明隆庆年间，知县周昶曾住龙头公馆，游莲花岩洞，过源华山，赋诗《题龙头公馆》《过源华山》。古代赣州通往安远的古驿道经过龙头堡，龙头有座古驿站，建在河东驿道上。驿站楼基础为石结构，上部为砖木结构，楼门前铺有台阶，楼下是凉亭，还有一对圆石柱支撑着门楼，门楼南面石额上镶刻着行书"龙头驿站" 4 个字。后来，当地人在驿站楼两边建民居，形成了龙头铺，后称龙头街。

第四节　蔡坊乡

一、蔡坊乡概述

蔡坊乡位于安远县中偏北部，重石圩南偏东 16 千米处，溪谷北侧山下。东北邻天心镇，西连版石镇和重石乡，南接高云山乡，距县城 35 千米。

蔡坊乡以乡人民政府驻地蔡坊圩命名。昔日由蔡姓拓基，遂称蔡坊。1979

年，陈、张、谢、温、何姓相继迁入居住。辖 9 个行政村，51 个村民小组，42 个自然村。

二、渡江排

渡江排在蔡坊圩以北 3 千米的山区溪谷地带，距县城 36 千米。渡江排四面被大山包围着，山谷里有一条很大的河流，是当地居民的母亲河。村民在河岸两边居住和生活，依靠这条河生产、生活。相传很久以前，在一个看似安静祥和的夜晚，村里的村民还在沉睡中，一场大雨却悄然来临。上半夜平安无事，下半夜的时候突然狂风呼啸，电闪雷鸣，紧接着降下暴雨。有的村民从睡梦中惊醒，却不以为意，继续沉睡；有的村民在狂风暴雨中望着窗外感叹这雨下得太大了，不要连续下大雨才好，不然庄稼淹了今年的收成就没了。

第二天，大家起床，雨仍然在下，早醒起来的农妇忙着准备洗衣做饭，看到窗外大雨在哗哗落下，担心自家的庄稼被淹了，赶忙叫醒熟睡的丈夫。陆续醒来的村民也纷纷穿着蓑衣走出家门，走到自家田间地头查看水势，田间的排水设施是否还完好，是否能承受住雨水的冲击。可是大雨连绵数天根本没有停下的势头，俗话说，易涨易退山溪水，河水急速上涨，水流湍急。村长看着河水上涨这么快，这才有了危机感，于是召集村民商量办法，防止河水上涨，以防淹没庄稼，然后决定搬运泥土和石头来加固河堤。

可是 10 天过去了，大雨仍然没有减弱的势头。在第 11 天傍晚的时候，河堤承受不住湍急的水流被冲垮，庄稼被河水淹没，居住在河边的村民也受到了波及，房子被上涨的河水慢慢吞噬。村长想，这样下去，村子迟早也会被淹没，只好动员村民去隔壁的村庄暂时躲避，等到雨停下，河水退去的时候再回来。于是，村民们都忙碌起来，砍来毛竹，搬来木头制作竹排和木筏子。渡河用的竹排木筏子很快制作完成了，村民纷纷带着粮食、衣物等乘坐竹排渡过河去对岸村子躲避。

几天之后，大雨停了，湍急的河水也慢慢退去，经过所有村民商量，觉得危险已经过去了，可以回去了，于是大家便返回重建家园。为了纪念这次用竹排渡河的事，有个村民表示，不如这里改叫渡河排吧。这时有人说渡的哪里是河，分明是江，这个村民一听觉得也是，遂改名为渡江排。

渡江排

另有传说，山洪猛涨后，淹没了田墩，唯有村中一个突起的土墩未浸，犹如轻舟渡江，遂起名为渡江排。

三、枫树坪

枫树坪，顾名思义，是个绿树成荫、好山好水的好地方。这个地方曾经有过成片的参天大枫树，同时也流传着村里刘老爷不欺生、不嫌贫、帮助异乡老者的故事。

传说枫树坪北面的山下有一片草坪，旁边有户刘姓大户人家，儿孙满堂，其乐融融。某年秋天的一个傍晚，刘府管家陈大爷刚关好大门转身准备进屋吃饭，突然听到屋外有敲门声，开门一看，只见来了一个老头，衣衫褴褛，病容满面。他在刘老爷家门口徘徊良久，似进非进。刘家管家看到这个情况，也不敢贸然领进家来，只好马上报告给刘老爷。

刘老爷生性善良、好客，平日里也乐于助人，村里村外都是出了名的，这次也不欺生、不嫌贫，更不怕老头脏兮兮的，便把老头迎进家中，问寒问暖，并热上饭菜、端上酒肉，殷勤款待。深夜，老头病重，痛苦呻吟。刘老爷被惊醒，急忙穿衣起来探视，老头的惨痛之状目不忍睹。刘老爷命管家连夜进城请名医为其治病，并且当面叮嘱医生，只要能治好病，尽管抓药，不要在乎金钱多少，经常安排下人抓药、煎药、喂药，有时还亲自动手。如此日复一日，不是亲人，胜似亲人。

不久，老头病愈欲行。临行前告诉店主："我姓杜，广东韶关人，云游到此，不料身患重病，生命垂危，幸被相救，现身无分文，唯有枫树种子相送。"刘老爷当即嘱咐管家当夜就埋于草坪之中，并浇上水助其生长。老头又言道："时值金秋，秋高气爽，不日即能看到枫树林矣，好人终有好报。"老头走后，管家每日到草坪浇水，枫树长势喜人，若干年后就已成林，景色宜人。一传十，十传百，观赏者络绎不绝。于是，有人称此处为枫树山。

数年后，枫树山发展迅速，周边好多村民看到枫树山风景好，便搬来定居。年复一年，这里成了一个大村庄，慢慢地，店铺一家家开起来，现在是店铺毗连，客商云集，日益繁华。尤其是每年秋天，枫叶变红，层林尽染，林果飘香，到处鸟翔蝉鸣，很是壮观。村民们经常到枫树下乘凉休息，枫树下自然形成了一个大坪，因此人们将此地改名为枫树坪。

四、仕湖村

蔡坊乡仕湖村原名为四湖村，因有四个湖而得名，后来为什么改为仕湖村呢？这里还有一个故事。在蔡坊南边连绵起伏的山峦中有一个盆地，日积月累形成了湖。湖水清澈甘甜，景色宜人，自古赴京赶考的学子均乘船经过此地。

相传很多年以前，四湖村是以南边的一个湖为中心的。一天，有一个渔夫在南湖中打鱼，以前都是早早就有鱼被捕上船来，可是这天却迟迟没有一条鱼落网。渔夫心里很不痛快，只好双手合十默默念叨：老天可怜，我生平也没有做过恶事，小鱼小虾我全部放回湖里。请求老天可怜可怜我，赐我一些鱼儿给家中的妻儿度日。

这时，万里无云的天空响起了一声惊雷，渔夫吓了一跳。渔夫心想：可能今天不适合打鱼，还是早早收网回家另寻生计吧。谁知，就在渔夫收网的时候，只见网上有一条三尺见长、一尺见宽、金光闪闪的鱼。

渔夫高兴得不得了，心里想着可以将此鱼炖煮给妻儿饱食一餐，兴高采烈地收网跑回家中。渔夫把这鱼放养在家中的大水缸中，只等妻子回来煮食，自己便去田里做农活了。

等到午饭时间，却没有吃到妻子送来的鱼。渔夫骂道："你这妇人，缘何不把今天捕的鱼煮来吃，只吃这青菜？"谁知妻子却哭将起来，说道："我跟儿子一同回家，岂料儿子口渴去水缸喝水，之后就双眼发直对我说，'母亲，这是一条神鱼，千万不能煮食，否则全村的人都将受到上天的惩罚，只有将它放生到另外一个湖里，全村人才能富贵连绵，生生不息'。说完，儿子就口吐白沫，到现在还在家里昏睡不醒呢。"

渔夫一听，大叫一声"不好"，哪里还有心思再干农活，慌忙跑回家中，只见家里围满了村民，都想看看这渔夫捕捞的神鱼。渔夫赶忙把今天捕鱼的经过跟大家一说，村里最有威望的老者说要把这神鱼放生到北边的湖水中，大家一致同意。从此，村民们每年都可以看到那神鱼的后代经过重重险关，跳跃着逆流而上跑到最北边，也是最高的湖水中。

有一次，一个进京赶考的学子看到神鱼的后代通体红灿灿，在阳光的照射下金光闪闪，却一直逆流而上，闯过无数险关最后却一跃到最高的北湖中，被它们这种身处逆境却始终坚持不懈的精神感动不已。本来有些懈怠的学子，马上振奋精神，在四湖村稍作休息，便踏上了进京赶考之旅。在路途中虽然也经过重重险关，可是一想到四湖村的神鱼，便又振奋精神，逆流而上，终于考取功名。学子衣锦还乡之时，便把这四湖村更名为仕湖村，寓意为希望年年进京赶考的学子都像这神鱼一样在逆境中也永不放弃，一举考取功名，踏上仕途，为家乡争光。

五、老好村

老好村位于版石镇南偏东部丘陵山谷地带，宽谷西侧山脚，距版石圩 5 千米，是蔡坊乡的第一个行政村。约 1588 年陈姓由邑内重石上坪迁入，始居老屋，开枝散叶繁衍后移居新屋。移居新屋后人丁一直不旺，众云"还是老屋好"，由此得名老好。

第五节　双芫乡

一、双芫乡概述

双芫乡位于安远县北部，东与龙布镇相连，北与塘村乡接壤，西与赣县区交界，南与信丰县毗邻。总面积 100 平方千米，辖 7 个行政村，67 个村民小组，均为汉族。

双芫原多桑树，建圩后取名桑园圩，中华人民共和国成立后谐音雅化为今名。乡以驻地双芫圩而得名。

现在的固营村看起来很平常，但它曾是龙布片的"商贾驿站"。固营村因其距离原另外 5 个村中心——塘村、上林、阳光、双芫、刀坑均是 5 千米左右，因而在历史上被称为龙布的"北五中心"。

约 1412 年，朱姓族人从瑞金迁入固营村居住，族人取根基稳固，固定安营之意，遂取名为固营。而后刘、谢等姓氏族人也逐渐迁入，壮大了村庄规模。目前朱姓仍是固营村内的第一大姓，约占全村人口的 80%。最早落居的朱氏家族将鱼形屋的建筑风格带到了当地。所谓鱼形屋，即房屋依地形建成如鱼状，后受周边乡镇文化及当地环境气候的影响，村子里的人更多地建起了四角楼。固营村的建筑在龙布独树一帜。

二、湖坑

湖坑因四面是山，加之犹如盆地状，屋侧形成了很多泉水湖。最大的一个湖是由村子东北、东南及西北 3 个方向的小溪汇聚而成的，然后弧环南出，犹如一个装水的宝盒，故而得名。

据传，古时候有一位老人经过此地，发现此处地形奇特，姿态各异。其中，老屋里地势独特，位于中间，面积最大。当年赖姓在此开基立业，认为"田螺"需污水才能养肥，寓意在此开基能够开枝散叶、人丁财盛，家族才能不断壮大，故将此处命名为污坑。但后来总嫌"污"字含义不佳，便谐音改名乌坑。后人为了区别于塘村乌坪之乌，遂改名湖坑。

三、虎爪上

"津润双溪咏雅阁，槎浮仙境入桃园。"这是对双芫乡津槎村的真实写照。在这个美丽的地方，有一个小村庄叫虎爪上。

清乾隆五年（1740 年），朱姓由近村固营迁入此地开基。虎爪上在双芫圩北面 3.5 千米的山嘴上，后山像虎，山嘴像爪，朱姓开基的地方刚好在山嘴爪上这个位置，因此称为虎爪上。

据当地老人介绍，虎爪上这个地名的由来还有另外的说法。相传，此地名与"虎、爪"二字有关。虎爪上位于山脚，后靠一座气势雄伟的大山，呈一只猛虎下山之势，又似运动员在起跑线上准备冲刺之态。中间一座山是虎头，目视前方，左右两座山像虎的两只前爪。村民的房子就建在右爪上，故名虎爪上。

据村里老人介绍，当地居民的祖先为了给子孙谋求更大的发展空间，从固营迁移至此。由于靠近大山，村里时常受到野兽的袭扰。一日，山里突然窜出一只毛色黑黄相间的大老虎，偷食家畜，被田间劳作的村民发现。大家拿起手中锄头、柴刀等工具勇敢地与老虎搏斗，族长乃天生神力，手持泥耙，一耙过去，正中虎身，最后在众人的协助下成功地把这只老虎打成重伤。

正当族长欲举起泥耙想要了结老虎的性命时，老虎竟然眼中含泪，露出乞求的眼神。族长转念一想，近年来村里多有野兽扰民，这虎乃是百兽之王，何不留它性命，让它镇守在此，守护一方的安宁。于是，他怒目而视，大声地说："孽障，念你乃百兽之王，今且饶你一命，你可否愿为我族人震慑山中野兽，以免家畜被野兽袭扰？"那老虎竟然听懂了此番言语，点了点头，挣扎着起身卧于山脚。族长怕它再次行凶，将手中的泥耙置于它身后。后来，老虎和泥耙变成了两座大山，人们把形似泥耙的山叫泥耙嶂，形似老虎的山叫虎形峯。自此，村里没有受过野兽的袭扰，村民安居乐业，一生祥和。

四、石下

石下小组在双芫圩北面 300 米处，小溪北侧山脚下。据记载，约 1764 年，朱姓由近村湾点迁入，距离双芫圩 250 米左右，石下属双芫乡双芫村，村后有石头山，石头山形似一块豆腐，朱姓在石头山的下面开基，因此而得名石下。

这个石头山还有些来历。

相传很久以前，天上有一个专门给玉皇大帝做豆腐的神仙，天天为玉皇大帝做豆腐，很是单调乏味，他总想到凡间走一走。只是碍于天规，不能私自下凡。这一天，他挑着豆腐经过南天门，见守门的金刚在打瞌睡，真是天赐良机，顿生下凡之意，就偷偷跑出南天门。向下一看，正好看到山边一个好看的湖，景色优美，鸟语花香，树影婆娑，他竟不顾天条，摇身一变，变成一个小后生，驾起祥云，一会儿就降落在湖边。

刚好，湖边一个老头在钓鱼，看到这个陌生人，便上前问道："你从哪里来，叫什么名字？"他脑子一动，答道："我叫阿发，孤身一人住在山的那边，刚到山里砍柴，口渴了便走到这里喝水。"老头看其衣服破旧，甚是可怜，就说："你住到我屋里去吧，我屋里只有两位老人在家，无儿无女，十分冷清。"阿发高兴地说："那我就做你的儿子吧！"老头好不欢喜，高兴地把阿发领回家。就这样，阿发与老人夫妇生活在一起，倒也幸福自在，从此，阿发再也不想回天上去了，仍然做豆腐度日。

天上一日，地上一年。阿发在凡间过了一年半，最终，他私自下凡的事被玉皇大帝知道了，玉帝下令天将去把他捉回。一天黄昏，阿发砍完柴，打算回家。突然，天空电闪雷鸣，阿发知道不好，天将一定是来捉拿他回天庭的，就连忙奔跑回家。二老见其慌慌张张地跑回来，问他出了什么事？阿发眼泪汪汪，不能言语。这时，天将已闯进院子，两位老人吓得昏倒在地。阿发跑到湖边，回头看了看两位老人，叹了口气，纵身冲向天空。只听"轰"的一声响，从他的豆腐篮子里掉下一块豆腐，变成一座石头山。

后来，朱姓由近村湾点迁入，到这个地方住的人多了起来，便设立村小组，叫石下小组。

五、合头

合头村位于双芫乡西北部山区谷地。北接赣县区，西界信丰，境内南麓有尖峰，尖峰昔系石寮与合头两处共辖，龙脉共头，故称合头。

合头村距离县城 75 千米，到赣州中心城区 72 千米，是 219 省道建成后出境的重要通道之一。

六、店下无水的传说

店下是双芫乡合头村的一个自然村落，与赣县区接壤。古时候村后山上有一条古道，是安远出入赣县的主要通道，行人往来频繁，便有人在山坳口开了间小店方便过往行人，店虽小生意倒也红火，山下的村庄便称为"店下"。店下自然村不大，也就四五十户人家，100 多口人。村口有一条清澈的小溪，曲曲弯弯，终年不绝。说来也怪，这条小溪流到店下，竟然隐形匿迹，只露出沙砾堆积干涸的河床。而一过店下，小溪便又恢复生机，汩汩淙淙，向东流去。为什么小溪流经店下这段河床就没有水了呢？后人经考证，店下这段河床是因砂砾堆积较厚，小溪流到店下就慢慢渗透到了砂砾层下面，经过店下这段河床后又渗出来的缘故。

第六节　天心镇

一、天心镇概述

天心镇位于安远县北东缘。相传，明始置未必圩，后遇某地理先生说"未必"二字名不正，言不顺，建议改名为天心圩。又传，曾有流星陨落至此，因此取名天星，"星"与"心"谐音演化而成。

二、九缸十八锅

九缸十八锅位于安远县北部天心镇心怀和孔目两村交界处燕子岩的山顶上。

燕子岩的山顶就像被修整过一样，地下大大小小形似大缸的石臼有上百个之多，还有100余处形似水缸、铁锅且大小不一的天然洞穴布满山顶。有的缸缸相连，有的锅缸相通，大缸套小缸，小缸套大锅，深浅不一。

关于这一奇特的自然景观，当地有很多传说。有些老人说这是一种神秘的自然力量留下的一些标志性的建筑符号，称为"九缸十八锅"。

也有传说在很久以前，这里曾经是观音下凡宴请十八罗汉时炒菜做饭的大锅，也有人称之为"生龙口"。传说虽然没有科学依据，但是九缸十八锅的名称却由此而来。

经有关地质学家考证，这一奇特自然景观与内蒙古大青山和广东两地的九缸十八锅十分相似，都属于丹霞地貌，是古代冰川作用的结果，也是江西省罕见的地质文化遗产。这些像缸或锅一样的坑洞镶嵌在花岗岩里。实际上，燕子岩山顶古代冰川作用产生的冰臼又与其他河床、河谷内的冰臼不同，这种被称为九缸十八锅的冰臼远比其他冰臼要光滑，从外面看起来更像缸或锅，并且不少冰臼是相通的，这种现象在江西省其他地方甚少出现。其中有一口大缸，缸的底部有一个开口，这个开口恰恰与来时的路是相通的，如此巧妙的"设计"真是让人对大自然的鬼斧神工叹为观止。

如今，九缸十八锅和燕子岩都被当地政府开发，打造为旅游景点，也是安远县的主要旅游景点之一，开通了直达山顶的旅游公路，并与安远至长沙公路相接，每年接待游客几千人。

三、五龙

天心镇五龙村位于天心镇中部低丘宽谷地带，以境内五龙片村得名。因原五龙片村有大龙、小龙、上龙、下龙、山下龙 5 个自然村，因此取名为五龙。

五龙村 1949 年前属天心乡第五保，中华人民共和国成立之初属五龙乡五龙村，1958 年属天心公社五龙、龙丰大队，1964 年合并为五龙大队。五龙村是个古老的村落，约 1372 年就开始有人居住。在五龙村有两个远近闻名的景观，一个是文物景观，另一个是自然景观。

文物景观是一处至今仍保存完好的清康熙年间的古浮雕。浮雕是在该村祠堂外的墙壁上，浮雕旁边有一块石碑，注明浮雕完工的年份是清康熙庚寅年（1710 年）冬。浮雕的发现，对研究我国清代风俗人情、艺术风格和建筑雕刻史均有一定价值。

自然景观是一对"公婆榕树"。经过专家鉴定，该对"公婆榕树"树龄长达 310 年。据当地村民介绍，此对榕树栽种于 1704 年春，由村民钟全秋从孔目村买来两棵树苗，并请嶂脑村一位孤寡老人栽种，其间共花费 3 个大银圆。从栽种至今，"公婆榕树"历经了 310 多个春秋，见证了五龙村的历史变迁，历经沧桑却风采依旧，枝繁叶茂，深得五龙村村民的喜爱。

四、崇坑

崇坑位于安远县东缘。崇坑是崇坑村和南坑村的统称，原设崇坑乡，现已并入天心镇。

崇坑地处山间谷地，境内山岭纵横、沟谷交错而得名，当地通常山俗称崇，谷地叫坑，因此得名崇坑。

第七节　长沙乡

一、长沙乡概述

长沙乡位于安远县北部。长沙乡也拥有悠久的历史文化资源，如越国世家宗祠、筼筜牌坊、福兴山、长沙蚊帐戏及三口人类古遗址等。

二、筼筜

筼筜村位于水东圩西南 2 千米处，濂江河北侧小山下，距县城 65 千米，濂江河从村中穿越而过。据记载，1220 年，钟姓族人由兴国县竹坝徙此立籍。因村址呈圆形，原名"员当"，后人为了纪念祖地兴国县竹坝，在村旁多植竹，遂名筼筜。

有诗云："清风一榻水云边，不独柳眠竹亦眠。束得古书来作枕，梦中熟记筼筜篇。"筼筜村有越国世家、德辉远扬祠堂等 9 座古宗祠及筼筜码头古渡口遗址，是一个历史文化底蕴较为深厚的村落。

三、石壁湖

在长沙乡小山村东南侧有座石壁山，山下地势较低，四面山石环绕呈湖状，因此得名石壁湖。石壁湖位于水东圩（长沙圩）西面 1.5 千米平地上，距安远县城 67 千米。约 1610 年，钟姓从筼筜村迁居于此，系清代名儒钟元铉的故里。

钟元铉于明崇祯十二年（1636 年）生于一个世代为官的士大夫的书香家庭，卒于清康熙四十九年（1710 年），享年 71 岁。

钟元铉字土雅，号东皋子，晚年自号留田山人，乡众称石湖先生，筼筜村人，邑庠生，祀乡贤，清代诗人，著有《易经统约》《石湖草常诗文集》，并作有许多书画。

越国世家笕笪村

石壁湖小山村

四、小山村三口

三口位于长沙乡西部丘陵山谷地带平地上。因三条山谷（石箩峰、石龙坳、流沙嶂三条山谷）至此汇口，称为三口。

很早以前，三口就有人类生活的印记。1994年1月，在三口村东侧的南山坡上发现了古人类遗址，该山坡低平，为黄土岗台地，下有小河。出土石饼3件，其中长梯形2件、长条形1件。经考证为新石器晚期人类古遗址，距今4000余年。

第八节　重石乡

一、重石乡概述

重石乡位于安远县北部，距离县城40千米。相传，古时有一位仙女肩挑二石，行至莲塘遇农家父女，便弃石遁形，弹指间二石化作石山屹立于此。其一称乌石寨，时人借神石无量之意，取名重石，并沿用至今。圩建于清朝中前期，农历三、六、九日为圩日。公社因驻地而得名。

二、野鸭屋

野鸭屋是人们对重石乡大坑自然村的另一个称呼。大坑位于安远县重石乡西南处，濂江河西岸低丘溪谷地带，古时溪谷称之为坑，因此溪谷长且面积大而得名。

据传，在重石圩南2千米的大坑，人们养的鸭子从小到大都不用去看管，全部散养也能长得很好，也就是当地人说的"打野放"。

原来，这个地方地势宽阔，并且长年有水流，水草长得很茂盛，水田中的小鱼、小虾米和田螺也比较多，特别适合养鸭。后来，人们就把这个地方叫野鸭屋。

三、槐树下

在濂江河东岸山下，离重石圩东面1千米的地方，有个小村庄叫槐树下。这个地方原叫赖屋，1524年，赖姓从龙布上林迁入。后来为什么改名为槐树下呢？

以前的赖屋人口不多，只有十几户人家。村中有棵大槐树，很高、很粗，族里的人都说这是祖上传下的宝物，谁也不敢动它。

那时候的赖屋组缺水。族人吃水都要到很远的河边（山那边）去担水，来回要跑几十里山路。干旱时，不要说田浇不上水，人吃水也非常困难。所以赖屋的姑娘都想往外嫁，外村的姑娘就更不敢嫁过来了。

一天，村中一个姓赖的大户人家请来了一个教书先生。这位先生虽然岁数不小，但人挺精神，熟读诗书，村中人都很敬重他。看到他年高体弱还要自己担水，就主动帮他挑水。遇到干旱时，村民们宁肯自己没水吃，也要把水挑给先生。忽然有一天，先生把村民召集起来，对他们说："我心中有一个秘密，看到大家对我那么好，我如果再不说出来，也对不起大家。你们这地方不是没有水吗？那棵大槐树的地方是块宝地，你们把它连根拔起，就会有泉水冒出。这是我师父临死前告诉我的。他再三告诫我，不能告诉别人，一旦告诉别人，我就活到头了。今天我告诉了你们，明天你们把树拔起，泉水出来的时刻就是我的死期。我死后没有什么别的要求，只是想让你们逢年过节在我坟头上烧几张纸。"说完，就甩袖走了，关起书房，再也不肯出来。

村民们很感动，就按那位教书先生的话去做，动员村中所有年轻力壮的小伙子拔起了大槐树。果然，有一股泉水冒了出来。此时教书先生躺在床上，脸色发白，奄奄一息，村民们无不伤心落泪。

后来，村民们在泉水四周用石头围砌成了一口井，取名梅花井。梅花井里的泉水源源不断，别的地方大旱，它照样满盈。村民们用它来浇田浇地、洗衣做饭，从此再也不用到很远的地方去担水了。

为了纪念这位先生，也因为泉水在槐树下面，所以这个村改名叫槐树下。

四、水叫坑

水叫坑在重石圩东南2.5千米处的浅谷内，是重石乡黄坑村的一个自然村。

1724年，廖姓由黄坑围搬至此地居住，在宅旁有一条小溪，溪水流淌会发出鸣叫声。

相传廖姓祖辈最初到达水叫坑时，就发现水叫坑时常有水鸣声，但又找不到发出声音的原因。水叫坑与黄坑围一山相隔，是位于牛形山西南的狭长形小山谷，水土丰饶，当地人称山谷为坑，之后便以此为这个富饶的浅谷命名。

水叫坑虽然与黄坑围只有一山相隔，要去黄坑围却比较远，需要绕山而行才能到达。也因为这种无法解释的水鸣声多少令人感到不安，所以，最初只有极少数人选择在水叫坑安居。在此地安居的人，人丁不旺，一直过得不是很顺利，也未出过什么叫得出名的人物。

明成化年间，水叫坑的居民们决定改变这种状况。当时的人们认为溪水鸣叫大概和什么妖孽有关，就想用东西镇住它。经四处请教后，村民在水叫坑东南的山顶上建造了水叫坑塔。

建塔后，在水叫坑居住的廖姓人丁逐渐兴旺起来了，但溪水流淌发出的鸣叫声依然存在。

五、乌石寨

乌石寨素有"仙人寨"之称，位于重石乡青龙村，在安远至重石公路旁。乌石寨系孤立的乌黑石山，山顶筑寨，海拔280米。此地原本为小山丘，山上有许多野果，附近的小孩子都喜欢去那里摘野果吃。

据传，有一天，附近村庄的一个孩子去乌石寨采野果后，一直没有回来。傍晚时分，等不到孩子回家的父亲便叫上隔壁的几个年轻人一起进山寻找。然而，这些进山寻找的人也一个都没有回来。这时，村民们慌了，都说山里有妖怪，人可能是被妖怪抓走吃了。从此，村民们再也不敢上山摘野果了。

一个月后，在大家渐渐淡忘这件事时，村庄里又有一个人在种地的时候失踪了。村民们去地里寻找时，发现他种地的锄头还在地里，人却不见了。这次，大家更慌了。于是，村民们一起凑钱请来了一位道士，希望道士能够帮他们除妖。道士在了解情况后，带着村里的壮年人一起进山除妖。

进山后，在道士的带领下，村民们找到了妖怪的山洞。一条蛇妖从洞口窜了出来，道士冲了上去，与蛇妖打了起来。正在道士与蛇妖斗得难舍难分之时，又一条蛇妖从洞口窜出，将道士打伤。眼看道士要输，道士便带着村民且战且退，但最终也只有两个人逃了回来。那位道士因伤势严重医治无效，后来也死了。从此以后，每隔几天村里便会有一人失踪，村民们惶惶不安，不知道如何是好。

恰在此时有一位仙人挑了一担黑色的石头从此处经过。仙人想喝口水歇息一下，却发现村里家家门户紧闭、村民人心惶惶，好奇之下便向村民问其缘由。了解到此地有蛇妖作乱后，仙人便答应村民替他们除妖。仙人来到山上与蛇妖大战了一场，将蛇妖打伤，两条蛇妖不敌，欲分头逃窜，仙人从担里取出两块黑色的石头，砸向了两条蛇妖。石头飞出后越变越大，变成了两座大山，将蛇妖压死在了山底下。

蛇妖被铲除后，仙人便飘然而去。村民们为纪念仙人，在大山上建了一座寺庙。因此山山体乌黑，由仙人黑色的石头所变，村民们便称此山为乌石山。

后来，各地战乱四起，村民们为逃避战乱，在山上建立了一座寨子，遂取名为乌石寨。

六、秧脚下

秧脚下属于重石乡重石村。

原来秧脚下这片田非常贫瘠，不适合种庄稼，更不适合种水稻。后来这里被改造成农田，且土地肥沃，习惯用来育秧，而用来育秧的田当地人称为秧脚田。

传说，秧脚下这个小地方曾经出过一个很有学问的先生，姓赖，村里的人都喊他赖先生。赖先生熟读四书五经，通晓天文地理，称得上博古通今。赖先生这样有学问，仕途却不佳，多次参加科举考试，都名落孙山。眼看做官没有指望了，他就在村里办起了一所私塾，以教书为业。常言道"名师出高徒"，赖先生自己满腹经纶，他教的学生也个个知书达理，学识出众。其中有一名学生绝顶聪明，赖先生特别器重他。

有一年，皇帝在全国选拔人才，这个学生考了第三名。回到家里，不但亲戚朋友都来祝贺，就连地方上的大小官员，也一个个赶来巴结奉承。这个学生功成名就后，没有忘记教他学问的先生，在进京任职前，特意到赖先生家向先生辞行。赖先生看到自己的得意门生就要进京当官，心里有种说不出的高兴，他对学生说："当了大官也不要忘了养育你的这片土地，不要忘了村里的百姓。"这个学生在赴京路上望着贫瘠的土地和在田间劳作的村民，暗暗决心，一定要为村里做点什么。

在京任职后的第三年，这个学生无意中认识了一位种植庄稼的能人，在一次交谈中他了解到一种改善贫瘠土壤的方法。后来这个学生回到村里，将方法告诉了赖先生。赖先生大喜，第二天便在自家的田里实验起来，后来收成果然有所增加，于是，赖先生将这个方法推广了出去。经过长年的改善，慢慢地，这里就变成了一片肥沃的水田。村民们又选择了一片土地最肥沃的水田培育水稻秧苗，作为秧脚田。后来秧脚田附近便被称为秧脚下，寓意着秧田润土，是为丰收之地。

七、官布

官布村位于重石乡中偏西部。

官布村有个官布围，在村部南面 2 千米濂江河西岸岗坂上，筑有土围。古时社会治安较乱，匪患多，村民大多选择地势高处筑围，居高临下，易守难攻。外围墙一般比较厚，有二尺余宽，有利于保护围内居民的生命财产安全。官布围因地势高，树木少，涵养不了水源，一直比较干旱，居民深受缺水的困扰，生产生活极为不便。当地人把官布围比喻为一块干燥的布，官布围简称为干布围，因"干布"二字有失体面，古时以做官为荣，后被雅化为"官布围"。约1554 年，廖姓从邑内长河迁入。

第九节　塘村乡

一、塘村乡概述

塘村乡位于安远县北缘，因塘村地处白兔西北 5 千米宽谷西侧山间盆地，形同池塘，故被称为塘村。境内资源丰富，风景宜人，有凤日山风景区等。

二、龙庄

龙庄村位于塘村乡东部丘陵河谷地带，距乡中心 7.8 千米，境内片村下庄昔属龙布公社，各取一字遂取名为龙庄。龙庄村有围垇脑、水圳、大湾、畔田、茶园、下庄、溪背、彭坑、夏满、园峰脑、里屋、社官脑等自然村。

三、白兔

塘村乡白兔村位于塘村乡南部山区谷地，距县城 65 千米，以境内片村白兔命名，安于（都）公路经此地。

相传，约 1544 年，有一人名赖富一，因家境不顺想择基而居。一天，当他走到塘村境内，天空中忽然闪过一道红光，云端里跳出两只小白兔，一只落在此地，这里遂称为白兔，也有人称大白兔。赖富一认为是得到了仙人的指引，于是选择在此居住；另一只白兔越岭落在山的另一边，称为小白兔村，现在两村已合并为一个村了。

白兔村是安远有名的文化村，村里建起了"和谐舞台"，还创办了文艺培训班。这些都要归功于白兔村一位痴迷于传统艺术的民间艺人——尧文禄。

尧文禄，1953 年出生，他从小喜爱文艺，尤其对乐器非常感兴趣，只要听到笛子、二胡响，他便会手舞足蹈，听得入迷。在他 20 岁那年，尧文禄自带干粮，走了几十千米的山路，来到安远县剧团拜师学艺，老师看他心诚志坚，便答应让他留在剧团，边打杂边学艺。

剧团杂事很多，尧文禄起早贪黑边做事边学习。他不仅学会了二胡、笛子、唢呐等乐器的演奏技巧，而且对采茶戏、马灯戏、茶篮灯、瑞龙、大堂音乐等传统民间文艺也样样精通。

学成回来后，尧文禄在村里组建了生产队业余剧团。

如今，尧文禄的学生不仅遍布塘村乡和安远县其他乡镇，甚至还有来自于都、赣县等周边县的。在他教过的学生中，有 126 人考上了音乐院校。可以说，他不仅实现了孩子们的梦想，也实现了自己最初的梦想。

四、下马石的传说

下马石在白兔东 2 千米小溪东岸的山脚下，村北有块突出的巨石形似蛤蟆，称为蛤蟆石，后人又为何称之为下马石呢？

相传，清光绪年间有个从于都来的风水先生，骑着马，经过蛤蟆石，想下马休息一下。于是，风水先生翻身下马，把马放在旁边吃草，他坐在蛤蟆石上休息。

休息过后，风水先生接着赶路，他骑上马，可是怎么赶，马却不肯再走了，只有他下马，马才肯上路。风水先生感到十分纳闷，他只得牵着马，边走边向前方古道上方向仰望，不看不知道，一看吓一跳：只见村头古道东西两侧山形如翼，正前方则大岭为屏，古道边参天古树交集形成拱卫状，又恰似掌扇。看到这风水，他默默掐指一算，连声说："了不得！了不得！马有灵性，人当敬之。"风水先生发现这里是龙经常出没的地方。于是，告诫村人：凡路过此地者，骑马的要下马，坐轿的要下轿。

人们并没有把风水先生的话当真。后来有人骑马经过这里，没有下马，结果意外地从马背上摔了下来，折断了两根肋骨。再后来有人坐轿经过这里，没有下轿，轿夫看到前面脚下明明是块石头，结果却踩了空，连人带轿滚落到旁边冰冷的水田里，狼狈不堪。这些事情一传十，十传百，人们这时才想起风水先生说过的话来。

从此以后，知道的人经过这里，再也不敢不下马，再也不敢不下轿了。为了让不明就里的外来过客知晓，有好事者，在蛤蟆石边上立了一块下马石木牌子，用以告诫经过这里的路人。这就是下马石的由来。

后来又有传说，说是这块蛤蟆石成精了，有灵性，要求过往行人下马。天庭听说此事后，派雷神处理了这块成精的蛤蟆石，现在的蛤蟆石已没有了灵性，却成了大家茶余饭后的谈资。

龙庄村下马石

下马石桥

第十节　龙布镇

一、龙布镇概述

龙布镇位于安远县北部。

龙布镇历史悠久，景点繁多：早在4000多年前就有人在这里居住，新村村发现了新石器遗址，宋朝所建的永清岩是省级重点风景名胜区，迳背村有康熙年间的古桥，龙布村有乾隆年间崇庆第楼牌坊，水清山奇的七星寨是一个旅游休闲胜地。

二、西山

西山村坐落在龙布圩往西3千米外的大山脚下，一条清清的河水绕着村前向东流去。

西山古木参天、荆棘丛生。相传，当时有一人名叫黄公，居住在邻村碛面，是一个懂天文、识地理的书生。他给塞山的舅公蒙员外管理账目，早出晚归。一次，蒙员外走亲戚时一个人很晚回家，在途经大山森林处被狼嚎虎啸声吓得得了一场大病，却不知是黄公安排的。黄公随即向舅公蒙员外提出搬迁至塞山居住，蒙员外考虑到外甥早出晚归的确凶险，就将一切账目理清之后，在荆棘丛生的塞山脚下搭建一间茅屋给外甥。后来，黄公结婚生下9个儿子，人财两旺，因为茅屋坐落在西方，此地遂改名西山。

三、营尾

营尾，又叫营尾山。营尾山蕴藏着我国重要的矿产资源——钨。

山中在发现有钨砂后，附近的培头、下山、中邦、迳背等地，有不少人开始大量开采。一年四季，络绎不绝。山洞（俗叫垅）挖了一个又一个，把整个营尾山掏得山上山下到处是坑洞。

直到20世纪中后期，安远县成立了安远钨矿，国家才统一管理开采。由于新单位有组织管理，有新技术、新设备等，开采钨砂效益才有所提高。营尾山属安远钨矿的一个开采矿区，从此，这里再度焕发了青春，为国家建设贡献出了大量的优质钨。

四、牛面脑

牛面脑位于龙布镇偏西南 11 千米处，东与迳背村相邻，南接版石镇安信村，西北与本村卓屋坳脑连接。这里山清水秀，一条小溪自村前而过，因其地形独特，酷似牛面而得名。

相传，从前有位放牛的老汉，每天傍晚天黑前赶着牛群到小溪饮水时，总是多出一头牛，而当饮完水往回赶时，多出的那头牛又一晃就不见了，一年四季天天如此。老汉觉得十分奇怪，认为此牛肯定是头"神牛"，就想方设法地要抓住它。这年秋天，正好小溪边种的南瓜已成熟。当"神牛"再次出现在溪边饮水时，老汉顺手抱起一个十多斤重的大南瓜，照准"神牛"的头狠狠砸了下去。只见"神牛"吼声震天，两角金光闪闪，一个劲儿地直拱河滩。不一会儿，一只牛角折断，却拱出了一个一米见方的湾坑，坑里直冒泉水。这时，只剩一只角的"神牛"腾空而起，而湾坑里的泉水四季长流，为村里人畜用水提供了便利。

后来，人们为了纪念这头"神牛"，故把此湾坑命名为牛面脑。

第十一节　浮槎乡

一、浮槎乡概述

浮槎乡位于安远县北部。浮搓乡以境内片村浮槎命名。由于地处古河道冲积地段，水土流失，段内现浮板木筏之状，故名。

二、长河村

长河村是浮槎乡第一大村，该村房屋规划整齐，民风豪放，历史底蕴深厚。村内参天古树保护良好，分布于村落河道旁及村落内部，与民宅和气共存，是村民聚会、休闲的好场所。

长河村最为出名的是长河古塔。古塔位于长河村南面河背的石排嶂尾部，东接石碛下小溪与涯仔嶂崎脉对望、荷树坳相映，西连石排嶂和尖尾脑高峰，南接沾塘段脑的石龙，北面直连长河，以古塔为中心构成了长河东南面之屏障。

第十二节　高云山乡

一、高云山乡概述

高云山乡位于安远县中偏东部。

高云山乡地势东南高西北低，耸立在中部的竹篙崀，将沙含、上濂隔成两个天然小区域。高云山乡有丰富的水电资源，据统计，总发电量已达 10000 千瓦。

高云山风光秀丽、景色宜人，有风景旖旎的九井瀑布、天作塘和竹篙崀等，还有人文气息厚重的官铺瓦桥高云山中学、高云山小学。

二、官铺村

据老人们说，高云山乡官铺村村名的来历很有意思。相传，此村原名为王寡妇村，清乾隆初年，刘姓先祖迁入，并与王寡妇结为夫妇。后来，朝中的国舅关希武路过这里，见这里土肥草美，企图占为己有。刘姓先祖便赴京求刘墉相助，刘墉阻止了关希武，并且送给村里两盏宫灯，悬挂庄前，用以表示这里乃是内官宅第，任何人不得侵占。村名从此带了"官"字。

至于"铺"字的来历。据说，明朝初期，当各地移民蜂拥而至时，富户被

高云山风光

高云山学校

安排在自然条件较好的"上岗子"，他们可以建造高房大屋，安家落户不成问题。穷人大多在"下洼子"落脚，搭个窝铺以避风寒。铺，也就是窝铺的简称。官铺也就是刘姓初创时期得来的地名了。

三、黄坑

高云山乡圩岗村黄坑自然村位于安远县城的东北角，全部是姓蓝的畲族居民。

黄坑是安远县唯一的少数民族聚居地。畲族是中国典型的散居民族之一，自称"山哈"。唐代居住在福建、广东、江西三交界地区。"畲"意为刀耕火种，指的是畲族的生产方式。

清初，王姓由近村大祡下迁此，取名王坑，后讹为黄坑。据说，县城蓝姓一先人常来这里砍竹子，削成扁担后挑出大山去卖。久而久之他慢慢和当地人熟悉了，就借了村头一块地搭了一个茅棚做饭放工具。若干年后，一家人就在这里定居了下来。又若干年后，王姓人相继搬离黄坑，蓝姓先人便一户一户来到了这里，终于成了这块土地的主人。

第十三节　孔田镇

一、孔田镇概述

孔田镇位于安远县南部、国家风景名胜区三百山脚下、镇江河畔，是安远县南部的中心乡镇。孔田镇有宁定高速公路途经该镇，国道纵贯全镇，交通方便，信息灵通，云集赣、粤、闽三省之商贾，汇集定南、寻乌、龙川等七县之货物，贸易往来非常活跃，自古称之为"赣南四大名镇"之一。

孔田镇人文古迹众多。下魏火烧围、孔田村丹林围等著名客家围屋和天华山祇园寺、南一山寺庙、伯公坳佛堂。南乡大堂音乐被列为江西省非物质文化遗产。新塘村还有温泉。

二、太平圩

孔田镇太平圩始建于 1608 年。太平圩位于孔田圩北面 2 千米，公路西侧田墈上。当年李姓家族从现孔田镇下魏村的庭丁组搬到太平建圩，当时还是拔了水稻青苗建幢开圩的。开圩伊始，李、方两姓人数最多，所以，当时有一句笑谈叫"李半圩、方一角、姓魏闲落座"。当时赴圩的人多由两省（广东、江西）五县（龙川、安远、定南、信丰、寻乌）的人组成，一日赴圩三日烊。太平圩当时为"赣南四大圩坊"之一，民间所称四大圩坊分别为头唐江（南康）、二古坡（信丰）、三安瑞（信丰）、四太平（安远）。太平圩云集闽粤赣三省七县农民、客商前来经商买卖，是柑桔、水果、茶叶、仔猪等农副土特产品的主要集散地。

现在的太平圩已经与周边的古岭村、坳下村合并，统称太平村，全村共有19 个村民小组，是孔田镇名副其实的第一大村。

第十四节　鹤子镇

鹤子镇位于安远县西南部。明万历年间建圩，河中有白色石英石墩数个，形似鹤，故名，镇以驻地名。

20 世纪 80 年代初，鹤子镇有一大批经商人士走出国门，到越南、缅甸、老挝等地收购金线莲，加工后销往国内外，鹤子镇成为全国金线莲的集散地。安远县鹤子镇是最早大力发掘金线莲价值并将其做成产业的乡镇，是名副其实的中国金线莲之乡、世界金线莲主产地。

金线莲

鹤子镇人民政府

第十五节　欣山镇

一、欣山镇概述

欣山镇位于安远县中南部，是一个已有1300多年历史的古镇，现为安远县城所在地，是全县政治、经济、文化、信息中心，镇政府在解放路。

欣山镇人文底蕴深厚，名胜古迹众多：有建于宋代的千年古塔——无为寺塔、休闲胜地——龙泉山森林公园、采茶戏发源地——九龙山，还有革命烈士陵园。

二、修田村

修田村位于欣山镇中偏南部，南为丘陵，北为平缓地带。南宋时杜姓由泰和县迁入，始称安乐里，因于此垦荒修造良田，更名为修田岗。因杜姓首居修田，所以修田村里大多数村民都姓杜。

第十六节　新龙乡

新龙乡位于安远县中部偏西南。新龙乡是县内重点稀土产地、主要林区。著名风景区有九龙嶂、江头礤瀑布和名胜古迹永镇桥等。

第十七节　镇岗乡

一、镇岗乡概述

镇岗乡位于安远县南部。

传说，清嘉庆年间，镇岗建圩之前，山岗上树木成荫，但按乡土习俗，此地无“圩胆”，不准建圩。于是，刘氏遣人在晚间从上魏圩“盗”来“圩胆”埋在岗上，以镇守此岗，“镇岗”由此得名，且沿用至今。“圩胆”一说，经询问安远本土从事客家文化研究者，告知此乃祖辈世代流传下来的民间故事，故事中不让建圩者以此岗无“圩胆”抵之，刘氏以虚拟形式从上魏村“盗”来，类似斗智、斗法的一种民俗现象而已。

二、老围村

镇岗乡老围村是江西省第一批省级历史文化名村。

老围村位于镇岗圩东北 1.5 千米田畴中。老围是相对两座新围而言的名字。其实，老围、新围共有 3 座，且都有名字，老围叫东生围，新围叫尊三围、磐安围。老围东生围乃父亲所建，新围磐安围、尊三围乃他的两个儿子所建。

老围（东生围），建于清道光二十二年（1842 年），由当地二品武功将陈朗庭所建，外观气势雄伟，内部结构完整，是赣南境内保存最完整、面积（约 1 万平方米）最大的客家围屋之一。

据说，磐安围与尊三围是陈朗庭的两个儿子所建。前者位于河坝一侧，后者矗于田畴之中。两围与东生围呈三足鼎立之势，互相独立，又互为遥望，时时传递着家族的问候与关注，当然也包含老主人希望这个家族形成鼎足之势、江山永固的深意。

三、东生围

东生围俗称老围，镇岗乡老围村也是因此而得名。东生围东靠近镇樟公路，南距镇岗圩 0.5 千米，西邻安定公路和镇江河，是安远县众多围屋中极具代表性、规模最大且保存最完整的客家围屋。

关于东生围，一直流传着一个古老的故事。1788 年，镇岗孙屋一户富贵人家生了一个千金，长大后聪明伶俐，如花似玉，却偏偏嫁给了一个门不当户不对、家境贫寒而且头上长满癞痢的人，此人名叫陈朗庭。婚后，女子每次回娘家，父母总是偷偷地把一些金银珠宝放到泔水桶下面，让她挑着桶回家，希望她像在娘家那样过上富足的日子。孙家姑娘让丈夫用金银财宝购置家产。陈朗庭虽不曾上学，但天资聪明，悟性高，又有妻家的帮扶，经过几年的奋斗，改变了贫苦的生活，过上了好日子，成了有田有地的人。尽管生活变好了，但他们仍然勤俭持家，不奢不侈。陈朗庭非常感谢岳父，于1842年建造围屋，历时25年，1867年建成，以他岳父之名"东生"来命名此围屋，雕刻在围屋正中大门门额上。

陈朗庭经常帮助别人，曾有几次当地遭遇了旱灾，粮食歉收，他每天用18口锅煮粥施舍灾民。遇到战乱，他就让附近的村民躲进东生围，使村民得以保全性命。后来，难民中流传这样一句话，"有女要嫁东生围，吃穿不愁又无危"。

东生围建筑规模巨大，宏伟壮观，坚固结实，布局科学合理，设计美观大方，是赣南客家人典型的代表性建筑，是具有地方特色的遗迹，于1993年被列为县级文物保护单位，2000年被列为省级文物保护单位。

第十八节 三百山镇

一、三百山镇概述

三百山镇位于安远县东南部，三百山镇是寻乌、定南、安远三县通衢，周边乡镇商品集散地，近年来声名大噪。

三百山镇位于风光旖旎的国家级风景名胜区三百山脚下，是香港同胞饮用水东江的源头所在地，誉称"东江源头第一镇"。虎岗村分布有温泉群，是我国至今唯一水火同源的温泉，是全省第二大天然温泉群，建有温泉旅游度假山庄、热泉河四星级酒店等，现属三百山国家森林公园重点景区。

二、虎岗村

据传，很久以前，三百山镇虎岗村是一片原始森林，虎狼出没，蛇蝎遍地。现在的温泉区原来是一个大湖，人们称之为烧水塘。

相传，村里有一对男女，男的叫龚宝，年方十九，英俊憨厚，因父母早逝，穷困潦倒；女的叫卢花，年方十八，长得如花似玉，家庭宽裕，父母视为掌上明珠。两家人同饮一口井水，经常在同一块地耕作，和睦相处，日子久了，这对年轻男女两情相悦。但是女方父母极力反对，说龚宝家庭贫穷，无依无靠，若把女儿许配给他，会害了女儿终身。两个年轻人得不到父母的支持，只好背着父母和旁人，在外吐露衷肠。

有一年，刚过春节，春寒料峭，他们两个人在烧水塘中划船嬉戏。忽然乌云密布，狂风大作，即刻下起了倾盆大雨，山洪暴发，湖水水位高涨。正当两人惊恐万分求救无助时，一棵碗口粗的杉树在湖中竖起，两人连忙抱住杉树，把船系在杉树上。到了午夜时分，风雨停止了，两人才划船上岸，两个年轻人已十分困倦，相互依偎在湖边。这时，人们也打着火把来寻找他们，找了很久也没找到。祸不单行，此时岸上虎啸狼嚎，龚宝打起精神背着卢花东躲西藏。龚宝发现躲不掉饿虎，就把卢花藏进草丛，自己出去后，被虎狼吞食。卢花被乡亲们救出后，昏厥了七天七夜，醒来时知道心上人已不在人世，痛不欲生，誓要与龚宝在一起，于是偷偷来到湖边，纵身一跃，跳入湖中。

后来，玉皇大帝知道了这个事，让葬身虎腹的龚宝化身为人身虎头的虎王，形成虎头峰，镇守一方，威慑群兽，保乡间平安。从此，人们称该地为虎岗。

三、火烧咀

在三百山镇唐屋村水口背，有一个名叫"火烧咀"的地方。这个看上去有些奇怪的名字，背后却有着一段传奇的故事。

明朝初期，唐屋村水口背还只是一个不知名的村子。生活在那里的人们日出而作，日落而息，日子过得平淡安稳。但平静的生活总会被打破。村子里有户姓唐的人家，娶了个儿媳妇刘氏，刘氏不久就怀孕了。按照村子里面的习俗，媳妇不能待在男方家里生孩子，必须回娘家生，否则就会触犯村子的习俗。可五六个月过去了，刘氏却不听劝，执意要留在夫家，丝毫没有回娘家的意思。族长认为这是件大事，因为村子里从来就没人敢打破习俗。为此，他带人好几次上门劝说刘氏，皆被拒之门外。看到刘氏不听劝告，族长动怒了，扬言要把刘氏驱逐出村庄。

一天晚上，族长召集了一帮村里的壮年人，点燃火把向唐家走去。刘氏得知消息，连忙收拾行李离开家。可是一个身怀六甲的女子怎么跑得过一群血气方刚的壮年呢？刘氏拼命跑，跑到通往邻村的木桥便再也跑不动了。她紧张地往后看，发现族长带领的人快要追到木桥了。刘氏向上天祈祷。刘氏刚祈祷完，天空就开始风起云涌，乌云密布，突然一道闪电划过，传来一阵惊天的雷声。随着一声巨响，木桥断成两截，燃起了熊熊的大火，断了族长一行人的路。刘氏平安脱险，朝娘家而去。数月之后，刘氏顺利生下一个男娃。男娃非常争气，天资聪慧，勤奋好学，长大成人后考取了功名，光宗耀祖。

从此，这个故事就流传了下来，后来修建的木桥就改名为火烧桥，桥所在的三面环沟的地方就叫火烧咀。岁月经年，木桥现在已经换成了石桥，而火烧咀的地名一直延续至今。

四、咀下

关于三百山镇咀下的地名来历有这样的故事。相传，很久以前，村里出了个恶霸，他经常欺压百姓，无恶不作，弄得民不聊生。老百姓盼望能出现救星来拯救他们逃出苦海。

有一年，连续100多天未降下一滴雨，干得河水断流，水田龟裂，植物枯死。老百姓的生活本来就不好，又遇上大旱，真可谓雪上加霜。可说来也奇怪，镇东北方向的村庄里有一棵槐树，不但不受干旱的影响，反而长势良好，枝繁叶茂，青翠欲滴。让人更觉奇怪的是：有人见树皮中隐约有人马的图案。这之后，老百姓私下里传言，有一支神兵正在槐树内孕育，一旦成熟，它们将破皮而出，百姓们将在救星的带领下打跑恶霸，过上安定、祥和的日子。

这一传言被恶霸得知，他一边派人去查找即将面世的救星，一边派人将这里所有的树木砍掉。槐树被砍后，鲜血直冒。剖开树干，其内果然有还未成型的树人、树马。等恶霸的人走后，周围老百姓赶来，看到倒下的槐树，放声痛哭。

这槐树流出的血把山地都染红了，这里的土壤至今仍是红色。该村庄紧挨着树林，其地势比树林低，因此"血水"就往低处常年渗透，像一眼流不完的泉水。咀下由此而得名。

五、三百山

辞海记载："东江，珠江支流，东源寻乌水，西源九曲河，均出自江西南部的安远。"《二十五史·明史》云："安远府南有三百坑水，下流入广东龙川县。"民间也有歌谣唱道："江西九十九条河，只有一条通博罗。"这条河就是由三百山坑水汇集而成的镇江河。镇江河出境后，流经定南的九曲河，进入广东的龙川县，汇成了珠江的支流——东江，成为香港同胞的饮用水。这条流经广东博罗汇入东江流进香港的河就发源于安远的三百山。

三百山名称由来的说法有两种：一种说法是清代以前，山民们为躲避战乱，他们分别在三百山的 330 个山头搭建了 330 个山寮，在那里垦荒种田，得以安居，因而得名。另一种说法是，在晋朝，在当地有三位高人名叫陈均望、杨均庭（一说杨剑）、胡均启（一说胡山），三人从小拜师学武术。他们生活的年代又是战乱时期，所以他们三人就用所学之术，帮助当地百姓免受土匪、强盗的侵犯。由于三公为当地百姓做了很多好事，深得百姓拥戴，在他们得道成仙之后，当地老百姓就在东风湖边上建了一座庙，以作祭祀之用，取名为"三伯公庙"，将山名也改为"三伯公山"，又因为在安远方言中的"伯"和"百"读音相同，所以此山就叫三百山。

第十九节　版石镇

版石镇位于安远县中部偏西。

版石镇素有安远县的"北大门"之称，是安远县的工业重镇，境内版石工业园有企业 20 余家。版石镇客家文化底蕴深厚，民风淳朴，人文荟萃，2002年成立了全省首家乡镇楹联学会，成为"楹联名镇"。

三百山

三百山云海

第九章　龙南

第一节　龙南概述

龙南县（现为龙南市）位于江西省最南端，赣州市南部，贡水支流桃江上游。东邻定南县，西靠全南县，北毗信丰县，南接广东省和平、连平县。全县国土总面积 1646.1 平方千米，辖 9 镇 5 乡 1 林场，总人口 32.1 万。县政府驻地龙南镇。

龙南地势西南高、东北低，山多平地少。最低海拔 190 米，最高海拔 1430 米。主要河流有桃江、渥江、濂江、洒江、太平江。野生动物有陆生脊椎动物 81 科 25 属 300 余种。国家一级保护野生动物有黄腹角雉、豹、云豹、白颈长尾雉、金斑喙凤蝶 5 种；国家二级保护野生动物有金猫、小灵猫、大灵猫、穿山甲、豺、水鹿、鬣羚、白鹇、鹰 9 种。野生植物有 19 属 42 种，珍稀植物种类有 21 种。国家一级重点保护植物有伯乐树、水松、水杉、香果树、南方红豆杉和银杏；国家二级重点保护植物有粗齿桫椤、半枫柯、观光木等。省重点保护植物有 80 种，兰科植物有 60 余种。龙南森林覆盖率 81.10%。

龙南有国家级自然保护区、国家级森林公园九连山，省级风景名胜区有小武当山、龙头瀑布风景区、程龙杨梅千年古树群、桃江窑头河畔等 20 多处；有国家级重点文物保护单位关西围、燕翼围客家围屋；有文塔、罗坝塔、关西塔 3 个古塔；有古城楼、木节形古墓、太平古桥、蛇子嵊古驿道；有夹湖、关西、玉石岩新石器时代遗址，玉石仙岩名人遗迹，东南"工合"龙南指导站旧址等。

第二节　街道

一、龙南古城

据虔州史料记载：龙南县城自953年设县治至今，历经了千年的漫长岁月，成为赣粤边际一座历史悠久的古城。因古时交通主要以水路为主，龙南绕城而过的桃江、渥江汇合后流入贡江，经赣江直通长江。那时，货船、客船穿梭往返，水路便捷，龙南县城便成为赣州南部经济、文化、教育、商贸的中心。县城地处渥江和桃江汇合处的"犁头咀"——龙洲码头，三面临水，树木葱茏，风光绚丽。

龙南古县城之秀美，确实名不虚传。明代思想家、教育家王守仁曾对龙南古城赋诗赞曰："清清河水映帆篷，万山松柏唤英雄。旗红草翠墙瓦紫，古城嵌在画图中。"

二、玉石岩

玉石岩又称为玉石仙岩，属省级文物保护单位。玉石仙岩是龙南县古八景之一，地处龙南古城的北面郊区，岩身系石灰石构成，石峰峻峭耸立，在阳光的直射下灿若白玉，分外耀眼，故称玉石仙岩。千百年来，玉石仙岩都是龙南县重要的旅游胜地。

大自然的鬼斧神工，把玉石岩劈成上下两岩。历史上，上岩半腰处有个大溶洞，洞内宽敞，达数百平方米。相传洞里曾经显现过仙女的身影。仙女下凡，云游岩洞，在洞内行走，留下了巨大的仙女脚迹。传说中，仙女的脚迹就是玉迹，所以，自古以来，溶洞一直被称为玉迹洞。

976—997年，北宋第二位皇帝宋太宗，为了推行他的文治德政，亲自为龙南县赐经书120卷。龙南官署把皇帝赐予的经书视为一宝，为精心收藏皇帝赐书，教化后人，龙南官署决定把经书藏于玉迹洞，并把玉迹洞改为玉迹寺。宋英宗继位后，又亲笔为玉迹寺藏书阁题名，将玉迹寺改为普和寺，称普和寺藏书阁。

1094 年，龙南进士钟仙游览玉石岩，在普和寺藏书阁小住，他感怀玉石岩的新奇胜景，流连忘返，很是高兴，挥笔写道："万石结丛林，萦回鸟道深；山高云漠漠，洞古绿阴阴；壁拥虬龙篆，崖悬钟鼓音；不须愁日暮，胜景且追寻。"此诗属玉石岩为后人留下的最早的一首诗。1225 年，出生在龙南县新兴堡乌柏坝的唐景辉，时年 24 岁，被县署派驻玉石岩上岩的普和寺藏书阁，以传道并看管藏书为业。唐景辉以寺院为家，诵传经典，独省其身。

明朝万历年间，龙南知县王继孝，为扩展玉石岩天然旅游胜地，又建亭筑坊，增加了人文景观，刻写了"洞里乾坤""天开图画"和"玉岩胜景"等景点题名。据史料记载，明末，龙南县府还专为玉石岩立志，遗憾的是，《玉石岩志》今已失传。

三、白沙坝

"西河银底"是龙南的旧八景之一。在龙南古县城与桃江乡之间的桃江河上，横跨着一座大桥，叫石路桥（桃江大桥），石路桥底下的上下河段河床较高，河宽水浅，水流湍急。在阳光、月光或在万家灯火的照射下，万点银光闪耀。桃江居县城之西，故称西河，人们将此奇异景象称为"西河银底"。石路桥往上约百米，就是白沙坝。20 世纪 70 年代，白沙坝靠河的这边，是好几十米宽的金银沙滩，沙滩呈缓坡向下延伸到河床之中，沙水相间，微波澹澹。沙滩往上延绵好几里，堤岸上柳树、杞树浓荫蔽日。桃水或银浪奔流，或平如水镜，风景如画里一般。龙南八景中的"桃川夕照"，描述的可能就是这里了。

四、矮桥头

翻开龙南县地名志，玉岩乡（现属龙南镇）的地名或景点多这样写道：玉石岩，位于矮桥头北 3.5 千米处；龙头滩，位于矮桥头北 12 千米处；石峡山，位于矮桥东偏北 8 千米处……矮桥头是龙南县原玉岩乡各个地方的地理参照点。

矮桥头地处渥江河东岸，与龙南古县城隔江相望，过去是玉岩乡水东村部的驻地。这段河上曾经有两座木桥与古县城相通，上桥为高桥，接上东门。比较上桥，下游桥修得比较矮，桥下有个大码头，因此得名"矮桥头"。

矮桥做得扎实平稳，桥板面也更宽更平。矮桥一头靠近古县城的东门，又名朝阳门，是古代官员进出的主要城门；一头连通着很宽的石阶古路。从赣州府来龙南的官员，无论是从龙迳水路上来，经洒口过渡，走下杨坊古道进县城的，还是从蛇仔嵊崇古驿道进县城的，最终多是从这矮桥头过桥，进东门入城。朝阳门有旭日东升、前景光明等含义。

时过境迁，今日的矮桥头早已没有了过去的喧嚣。对岸的古城和下游的青青河岸，都已成了繁华的新街区。但大码头连着上面鸭麻街的河岸，却侥幸保存下了原有的古街旧貌，成了后人参观和研究历史不可多得的自然景观和人文景观。

五、东门河背

龙南老县城有座东门，又称朝阳门。朝阳门临渥江河，河对岸从解放桥头以上，到矮桥头以下这段地方，称为东门河背。居住在东门河背的基本上是五姓杂人，其实不止五姓，较大的姓有胡、王、徐、叶，夹杂有梁、廖、汤、谢等姓氏。住处相互隔得不远，如果扯开嗓门大声喊，或许能够听得见。

屋场的左边有条较宽的石阶路，路左边是菜园，右边是谢屋。谢屋的门楼斜向河边，石门框，高门槛，显得端庄大气。顺大门进去，是长方形的天井，周边麻条石精致镶嵌，天井尽头有圆拱门，进入里面是上厅、下厅，还有后厅，边上的房子住着三四户人家。里面环境比任何地方都整洁，从不见有人争吵过。

六、古榕树下

龙南古城下东门对岸，解放桥的下游，耸立着一棵古榕树，听老人们讲，古树活了近400年了，岸边的主干昂向高空，树枝叶早把古街上好几户人家的屋顶遮盖了；河边的主干则横着向河中伸展，树枝叶快要到达河中央了。

站在桥上看，古榕树犹如一位非常慈祥的老人，伸开右手，笑容可掬地迎来送往。这解放桥好像是专为人们欣赏古榕树搭建的平台，不论是从桥上观树，还是在树下看桥，景致都美不胜收。

从解放桥桥头往下是条古街，古街过去非常繁荣。紧挨着古榕树下方是一大码头，清一色的麻条石砌成，有好几米宽，是县城周边少有的大码头。

七、鼓楼旧事

龙南古城东面临渥江河，过去有三座大城门，分别是上东门、东门和下东门。

上东门又名拱翠门，城门顶上建有鼓楼，楼内置有大鼓，用于报时。远远望去，斗拱飞檐，如金龙腾云，飞凤在天。

鼓楼南面不远处，曾有一座东山寺，清晨寺里钟声悠扬。"东山晓钟"是龙南八景之一；夜幕降临时鼓楼擂鼓报时。晨钟暮鼓，碧树映江，船只偶尔划来，荡漾清波，更显诗情画意。

随着旧王朝的衰落消亡，大鼓也渐渐没了声息，渐渐地，鼓架瘫倒，大鼓裂缝，人们只好将其放置在城墙角落，不再有人问津。后来鼓楼竟成了乞丐们遮风挡雨的"家"。

八、槐花树下

在龙南古县城的西北面，老建筑公司与老检察院这段地方，古时候曾经有棵好几百年的槐花树，长在这里的岁月久了，成了地理标志，人们便把这里叫作槐花树下。

九、黄道生老街

老街又叫大街，是龙南县城仅存的一条保存最完好的古街。整条街不长也不宽，长不到一里，宽不足两车道。街道两旁斑驳的骑楼见证了老街当年的繁华与喧嚣。骑楼是土木结构，高为二至三层，门窗上黑褐色的木雕古色古香，刻满了岁月留下的印痕。老街店铺的木门很有特色，是由一块块木板竖立并排而成的，里面再加上一道门闩，这就是许多人对老街最深的印象。

黄道生原是当初老街闻名遐迩的一家商号，至于其是做何种营生的早已无人知晓，后人习惯把老街称为"黄道生"，一直流传至今。徜徉在老街，踏着脚下被岁月打磨得不成样子的方砖，会不由得感怀起黄道生往昔的繁荣和世事的沧桑。

十、解放桥头

话说龙南古县城，1000 多年前南唐建县时，仅是一个圩场。宋朝开始筑城，历经元、明、清三个朝代，屡经废兴。民国以后，只有拆毁记录，再无修建记载。

在古县城东面，曾经有好几座城门：上东门、东门、下东门和下豆行门等，其中人们赶圩进出县城，经过的主要城门还是下东门。下东门临渥江河，过去由人行木桥连接两岸或依靠船渡进出。

1949 年 8 月 19 日，政府部门将梧生桥更名为解放桥。20 世纪 60 年代初的一个端午节，天下大雨，河水暴涨，人们拥挤在桥上看龙船，把桥栏给压垮了。随后洪水漫上桥面，一座精美的桥梁随即化为乌有。政府随后用了两年多的时间，在原桥址建起了龙南首座钢筋水泥大桥，称解放桥。至今解放桥仍横跨在渥江两岸，完好地保持着当年的雄姿。

十一、犁头嘴码头

犁头嘴是龙南县城一座古老的码头，毗邻浩瀚的桃江。桃江，是赣南一条重要的河流，在龙南段古称西河。桃江汇渥江、濂江之源，集洒江、太平江之流，滔滔江水往东北方向一路奔流，注入贡水。

龙南于南唐保大十一年（953 年）建县，迄今已有千余年的历史。古老的县城仿照赣州府城池的规模辟有东南西北四座城门，四周建有高大的城墙，固若金汤。城门为拱形，城砖早已被无情的风雨打磨成青褐色，但仍不失当年的恢宏壮观。

犁头嘴本属于古城墙的一部分，也是从桃江水路进入县城的通道。犁头嘴名字的来由已无从考究了，也许是其位置状若农人耕作用的犁铧，客家先民们便将其趣称为犁头嘴，一直沿袭至今。

十二、利屋门庭

龙南古县城过去有许多城门，其中有座上西门，城门前面曾经有座西山道观，"西山晚月"就是龙南的八景之一。可惜现在城门、道观已荡然无存了，唯有一块刻着古人手迹"西山观"的石碑还镶嵌在龙南进修学校的围墙上，仿佛在向人们诉说往事。

上西门前面，经过进修学校门前有条老石阶路，往前走不远，是大片空地，有些菜土，还有很多水塘。塘岸上的柳树在春风吹拂下，婀娜娇媚。与城里的喧哗拥挤相比，真是洞天福地。

水塘岸边的村庄，是新生村利屋。前面空坪凹进，建有一座仿竹门庭。门庭边缘是齐腰高的石墙相连形成的围园，里面石墙砌成大小不等的格状方块，是当初的花圃。

十三、城隍庙

老武装部隔壁，过去是人民礼堂，最早是非常著名的城隍庙。过去县令新上任，要先到城隍庙拜谒。原龙南城隍庙门口有副长对联，吓倒过一些贪官污吏：

> 尔平生所做何事？谋人财，谋人业，奸污人妻女，挑唆人争讼，是不是，扪扪心来。
> 我这里饶过那个？追尔魂，摄尔魄，剪除尔羽翼，灭绝尔后裔，怕不怕，睁睁眼看。

据考证，龙南城隍庙创建于南宋嘉定年间，距今已有790多年的历史，其间历经废兴。

龙南城隍庙曾奉祀过如知县陈泰、祭酒唐国忠等好几十人，但细细究读县史，大部分都是附祀，真正祀城隍庙的有两位：王继孝和马镇。

王、马两人，一文一武，纵观县史，业绩功勋，他们为最，古人把他们奉祀城隍庙，是深思熟虑了的。

第三节 龙南镇

龙南镇地处龙南县境的东北部，东与里仁镇、东坑镇接壤，南与东江乡、渡江镇毗邻，西隔桃江水与桃江乡相望，北与全南县龙下乡连接，属龙南县城所在地，是全县政治、经济和文化中心。

龙南镇面积89.6平方千米，有11万人口，下辖9个行政村，9个社区居委会。桃江、渥江和濂江在镇内相汇，形成冲积小平原，过去大面积种植水稻，得益于丰沛的河水灌溉，旱涝保收，是稻米粮仓，也是鱼米之乡。

龙南城始筑于宋朝，后屡经修筑完善，成为一座非常完美的古城，现在南门古城楼还保存完好，展现出古老的雄姿。

龙南镇遍布众多著名景点：城内有太史第、大刘屋等著名的古祠堂。古代流传的龙南八景，龙南镇占有六景半（桃江河中的龙头雪浪与对岸的桃江乡共有），其中著名的玉石仙岩是江西省重点文物保护单位，玉虚洞里有众多的古人石刻真迹，包括王守仁的诗词名作。著名人物有江西解元黄英镇等。

一、都陂

从龙南老县城往五里山，翻过五里山的两道坡，在下坡左边的河岸观望：河水潺潺，江湾青青。江流往下不远，一道堤坝横江，形成宽阔的瀑布，银浪奔腾，昼夜不息，很是壮观。陂下岩石凸露，岩石长年经河水溶蚀，形成千百层页状，犹如页页史书，记载着往事。这堤坝就是龙南著名的都陂。

中华人民共和国成立后，都陂被更名为"新都"。1987年，一场洪水将存在400多年的古老都陂化为乌有，政府在原陂上游新建了一座水泥石陂。

二、金钩牧笛

龙南镇金钩社区王屋，原名金钩牧笛村。这富有诗意的名称缘于村子不远处渥江河畔那几十棵古榉树，其中有一些老树树心已经腐朽，树皮表层分布着大小不一的树洞，风一吹，便听得声音四起，酷似牧笛发出，久之名声传扬，成为当地一道景观，被列入"龙南八景"。

三、车子坝

龙南镇回龙村，现更名为龙腾新村，地处龙南火车站至龙南县城半途中。该村四面环山，一条小河穿村而过，是个风景秀丽的好去处。

回龙村还曾有过两个别名：车子坝和贼子坝。这又是怎么回事呢？

原来，很久以前，回龙村因旱灾频繁，灌溉困难，在这里落户的客家人并不多。后来，当地官府大兴水利，在河流西侧装置了很多水车，水车夜以继日地转动，生活用水和农田灌溉问题都得到了缓解。随后，凌、刘、石、钟、赖、徐、康、程、廖、蓝（畲族）十姓人氏纷纷迁往此地，一时人丁旺盛，而此地也慢慢有了车子坝的别称。

四、虎岩村

龙南镇东南方向约3千米处，有一个名叫虎岩的地方。据说这里曾经层峦叠嶂，山高林密，不仅野猪、獐、麂众多，更有华南虎昼伏夜出，伺机偷袭家禽家畜。

五、新屋下

龙南镇虎岩村有一个名叫新屋下的村落，虽破败荒芜近200年，其传奇故事却一直流传至今。

虎岩新屋下系龙南开基始祖凌必升第十一代子孙凌辉创建。至清乾隆中叶，村落人丁兴旺，繁盛一时。最令人称道的是，这一时期村里连续考取了18个文武秀才，每逢县城圩日，新屋下便鱼贯抬出18顶轿子，浩浩荡荡，奔赴县城，成为当时的一大奇观。

六、竹山围

龙南县城溯渥江而上约2千米，在五里山对面，有一个名叫虎岩的小地方。此地山峦岩峣，草木繁茂，从前常有虎豹出入。虎岩有座竹山，山上黄竹遍野，四季常青；在山的背后、江的东岸之间，有一座不大的围屋，它就是"竹山围"，也叫山背。

竹山围的开基始祖，是凌必升十一世孙凌辉，其父凌志义此前一直居住在虎岩牛角龙。乾隆年间，凌辉和其兄凌祥做生意发迹，凌祥在龙南县城南门安了家，凌辉则自立门户，另建竹山围，举家搬离了牛角龙。

据说，凌辉小时候非常聪慧。有一年，牛角龙有家小店取名叫"样样有"，不曾想因此惹恼了邻姓的几个赌徒，他们相约出难题刁难店主，然后借机搅黄小店。这天，赌徒们来到店里，声称要买"高过天""深比海""硬似钢"和"软如棉"。店主慌了，又不敢还嘴，躲进店内厢房急得团团转。赌徒们越发得意，捶桌子翻凳子，扬言再不出来就要砸店。店主小孙子火速告知凌辉，只见凌辉不慌不忙，对赌徒说要东西可以，不过要付定金，一样一百吊。赌徒自恃胜券在握，付了定金，还签字画押写了保证书。一切完毕，只见凌辉背着手，摇头晃脑地说："父母恩情高过天，朋友情谊深比海。兄弟不和硬似钢，夫妻恩爱软如棉。"说完，他调皮地两手一摊，说了一声"这些都卖给你"，抓起定金、保证书头也不回地走了。

七、烟园围

龙南镇红岩村有一座烟园围，为杨坊唐氏家族所有，开基至今已有700余年。

烟园围在龙南客家围屋中属于很有建筑特色的一座，也是围屋中最年轻的一座。从前，此地盛产烟，这座围屋的四周均为烟地，围屋因此而得名。围屋成长方形，中间留有一个较大的长方形院落。院内宽敞，阳光充足，鹅卵石铺就大院地面，面积有2000多平方米，夏季时适宜在此地晒烟。

八、大罗村

龙南镇大罗村，相传因用大竹笋装石头沉江筑渥江河水陂而得名。

大罗村下辖嘉吉、翼龙、江下、榕树下、新坪、老围、大树下、老陈排8个自然村，地处渥江河下流，属河流冲积平原。渥江河发源于武当镇石下雪山嶂西麓仙人塘，经武当、南亨、临塘、东江、虎岩流入新都、大罗，经犁头咀汇入桃江河，河流全长 50 千米，集流经地域溪流之水汇合成干流，水源充沛，千百年川流不息。据《龙南县志》记载："此河源远流长，两岸土地肥沃，资源丰富。"河流几经改道，几经冲刷，在新都、大罗一带形成特有的丘陵盆地河流冲积小平原，土地平整、肥沃，这在农业生产相当落后的农耕社会，是不可多得的基础，为当地居民提供了极大的、丰富的物质财富。

九、榕树下

龙南县公安大楼背后，是一片荒芜的空地，空地往前是较高的台地，上面有很宽阔的水塘。东面空坪上有座古祠堂，在水塘的映衬下，格外突出：砖墙飞檐，立柱斗拱，建得精致，显得庄重大气。大门上方挂有"进士"的金字牌匾，两边贴有"榕叶千载秀，树根万丈深"的对联。

祠堂后有棵榕树，不过六七十年树龄，约一米多粗，树身长到三四米处枝权伸展开来，形成一片浓荫，有一枝树权竟长着女贞树树叶。这榕树当初是一棵女贞树，尾身断了，形成树洞，飞鸟将榕树种子带入树洞，发芽生长，根须渐渐接入地面，形成树身，天长日久，把女贞树全身包裹了。女贞树也顽强，能在严丝合缝的包围中挤出一条枝权来，算是奇事。

十、大王屋

大王屋，地处龙南镇红杨村下杨坊，居桃江河畔之北，又名老王屋。据王氏族人介绍，王氏始祖仓下房派六世孙廷伟从赣县移居龙南镇东门河背，是王氏仓下房派龙南的开基祖。清康熙年间，其中一支由虎岩分房迁入老王屋。

相传，从前王氏家族有一后生，因父母亡故，打小依靠哥嫂、乡亲生活。由于家境不好，一家人日子过得非常贫困窘迫，后生成年后远走他乡讨生活。后生不辞辛劳，打杂、帮工样样都做，后被好心人介绍去了一商号做学徒。后生一做就是几年，粗茶淡饭从不计较，又因手脚勤快、头脑灵活，做了老板贴身伙计，跟随老板走南闯北，闯荡江湖，打拼商场，深得老板多年商场打拼之精髓。后生做人一团和气，处事雷厉风行，敢作敢当，精明强干，深得老板赏识，每有重大事项、大宗交易必跟随老板左右，相佐相扶。

多年之后，老板生意越做越大，商号越开越多，苦于分身乏术，便把其中的一些商号交由后生去管理，后生受此重任后，更是不敢掉以轻心，兢兢业业，事必躬亲。在后生的精心操持下，其经手的商号生意蒸蒸日上。老板爱才心切，每到年关总是格外相待。后生渐有积蓄，便生思乡之情，一日向老板告假，后生手提一只竹筒，一路风尘回到家中，相见兄嫂、乡亲。后生在家中盘桓多日，了却思乡之苦，终放不下手中的营生，向兄嫂、乡亲告别，临走之时留下提来的竹筒。兄嫂起初不以为意，终免不了好奇之心，打开竹筒，大吃一惊，竹筒里装满了价值万贯的金银细软和一纸信笺。后生兄长按照信笺之言，用这笔钱财建了一座围屋。这便是大王屋围的来历，后人又将大王屋围叫作大王屋，大王屋地名由此而来。

十一、弹子寨

弹子寨在龙南老县城的北面，距县城约二里路，濂江与桃江在此交汇，和龙州村的竹洲坝隔江相望。

龙南县城周边被青山环绕，好似一只金盆。在这宽阔的盆中，突立起一座小山，峙立江边。山石嶙峋，四壁峭拔，色青如黛，真是上天赐下的美景胜地。

十二、崩岗下

龙南镇龙腾社区的龙岗村小组，又叫崩岗下。

龙岗村小组背后有座名叫慈云山的斋庵，恰好坐落在一条名叫蛇形埂的山脉的"蛇头"上。斋庵周围树高林密，溪水潺潺，可谓风景秀丽、别有洞天。

十三、蛇子嶂岽

蛇子嶂岽原是一座关隘，地处龙南古县城的东北方向，距古县城20多里路程，系玉岩乡（现属龙南镇）龙陂村辖地。古县志记载："嶂奇峰插天，峻岭重叠，上下十里，山顶迭石为嶂，以数十人守之，千军难越。"

蛇子嵊崇在临近崇顶还有二三里路程处，道路修在了山脊上，像一条长蛇，弯弯曲曲向上延伸，蛇子嵊崇的名称可能就是这样来的。

通往蛇子嵊崇的古驿道，是古时候通赣州府的主要官道，道路用水坑中的石头铺成，有一米多宽，比较平整，沿途筑有好几座石拱桥，至今还在用。

十四、雁塔与文塔

龙南镇马头岭下龙全公路旁的山岭上有一座文塔，在崇山峻岭之间显得尤为古朴、庄重。

清同治年间，龙南县城曾进行一次较大规模的扩城，据说是用剩余的银两修建的这座文塔。

关于这座文塔，不能不提及另外一座与之相关的雁塔。因为在文塔之前，桃江边还有一座塔，这就是雁塔，修建的年代是明代。雁塔位于离龙南县城约2千米的五公山，五公山分为五条山脉，又名五马山，形同排列整齐的雁阵。雁塔的名字也就由此而来，这也是著名的古龙南八景之一——雁塔朝烟的所在地。

十五、塔下村

塔下村是龙南镇金都社区辖区内的一个小村庄，距龙南古县城约2千米，地处桃江河东岸，龙全公路边的五公山下，因山上建有一座文塔，故将山下周边称为塔下。

但见五公山群山交错，连绵不见尽头。山间树木郁郁葱葱，路边山花烂漫，闻着这清新气息，顿觉心旷神怡。听人讲，几十年前这山中有山牛出没，野猪、麂子等野兽更多。百年以前，这里还是原始森林，虎豹伤人的事常有发生。

文塔山脚下的塔下村，据《龙南地名志》记载：陈姓人在明朝末年从外地迁来此地定居，鼎盛时有好几百人，后来桃江河水东侵改道，将大片田园冲毁，许多人只好陆续迁往他处谋生去了，现在居住着200多人。

结婚闹洞房，在过去各个地方都是非常普遍的风俗，但唯独塔下村陈姓人不兴闹洞房，据说是因发生过血的沉痛教训，促使他们彻底革除了这种习俗。

十六、塔下担杆爪

传说神仙看中了龙南金盆宝地，但嫌有石峡山缺口，便在深夜担来一担玉石，想要填补，不料金鸡报晓，神仙心头一惊，担杆断了，两头玉石化作了两座玉石仙岩，一只担杆爪飞落在了金钩村塔下桃江河边上，成了一块巨石。

远观巨石，圆圆扁扁的，真有点像担杆爪的样子，近前测量，直径有 14 米多，高出江面约 8 米，算来重有 300 多吨，这样的担杆爪，可载入吉尼斯世界纪录。

巨石一边靠岸，更多的一边突兀立在水中，深不可测。江水流经此域，形成宽阔江湾，碧水澄清，对岸荫翳的翠竹佳树，倒映在河镜中，上下天江，美景难以描述。

石顶上犹如大平台，略微倾斜，长有许多野姜，枝叶常年青翠。在岸边石壁上，筑有一无字碑，一人来高。

十七、龙洲总管庙

龙南老县城东门渥江河对面的龙洲，有一座远近闻名的"总管庙"，相传这座庙是为纪念元代张总管而建造的。

元朝初年，龙南的渥江河春夏雨季洪水常常淹没龙洲一带，致使民房倒塌，农田被淹，每年渥江洪灾总会让龙洲百姓承受很多苦难。过去的渥江使龙洲"大雨大灾，小雨小灾，无雨旱灾"的现象持续不断，龙洲变成了"十年就有九年荒"的苦难贫穷之地。

当时的县衙决定修筑一条河堤，于是筹集银两，组织千余民工日夜筑堤。可是堤坝刚刚修好，洪水一来又被冲垮，一连修了几次都被洪水冲垮。原来这里正是龙南县城北部桃江、濂江和渥江三江合流的夹江口，三江洪水齐涌而来时，河水倒灌，堤段就会被冲毁。

受命负责渥江河堤建筑的张总管劳心劳力，做出了巨大的贡献，还在龙洲修建了一座庙。

张总管爱民护民的故事，一时传为美谈。龙南老百姓时时怀念当年为民筑堤的张总管，时间久了，这座庙就被老百姓称作"总管庙"。据《龙南县志》记载，现在的总管庙建于康熙二十四年（1685年），为纪念元代张总管为民筑堤而建，和南安府总管庙齐名。同治八年（1869年），县首事曾芳俊、胡桂馨劝缘重修。

总管庙坐落于古龙洲股，此地地形像一片荷叶，庙前就是渥江河，整座庙犹如一只停在荷叶与柄节点上的蜻蜓。庙门前是一片宽阔的道场，两侧种着枝繁叶茂的榕树，庙的主间稍宽，两侧有陂间，房顶斜梁四角外翘，屋顶呈双龙吐珠形，规模虽算不上宏大，却是玲珑可爱。

十八、鳅湖塘

鳅湖塘坐落在龙南镇石人村，是两口平行的塘面，如两口巨大铁锅，涨水时，塘面并列，水面总面积有三四十亩。

相传，很久以前，龙南唐姓后裔在上杨坊开办了一所学堂，招来农家子弟入学读书。学生中，有离家很远的，先生要求他们在校住宿。住宿生中有个男生贪玩，从田里弄来一些泥鳅，悄悄地把泥鳅放在一口水缸里。为了不被他人发现，他把水缸抬进自己的宿舍。从此，他每天从自己碗里偷偷挖出一大团饭喂泥鳅，宁愿自己每餐少吃，也要把缸里的泥鳅喂饱。就这样，伺候泥鳅多日后，这个学生因为吃饭少，身子渐渐消瘦，最后瘦得皮包骨头，大家见状都不明白怎么回事。而那些泥鳅因为有了好的营养，一天天地长大，其中一条泥鳅长得最大，少说也有2米多长，好几十斤重，据说那是泥鳅王。

直到有一天，那个饲养泥鳅的缸养不下泥鳅了，这个秘密才终于被大家发现。为抢救这个骨瘦如柴的学生，先生和同学当即决定，把泥鳅王对半斩杀。于是有人拿来菜刀，几个人一同使出吃奶的劲，把缸里的泥鳅王抱起来，抬至进出房子的门槛上。大家死死地揪住泥鳅王，不敢有丝毫放松。这时，有个力气大的学生，举起菜刀，使劲砍向这条泥鳅王的腰际。泥鳅王受惊了，头尾两端拼命一滚，刹那间昏天黑地，大地抖动，房屋倾倒，一场狂风暴雨倾泻下来。紧接着，整栋学堂塌陷了下去。

暴风雨过后，教室不见了，眼前所看到的，就是两口大湖，水不停地从湖底冒出来。两口大湖紧紧地扣在一起，像个"8"字形，一口较大，一口较小。据说，这"8"字中间的连接点，正好是砍泥鳅王的门槛。不知过了多久，这里又恢复了平静，野草长出来了，两口大湖繁殖了很多很多小泥鳅，唐姓的后代继续迁到这大湖旁边定居。"鳅湖塘"这个名字就这样被人们叫开了。

十九、西山观

龙南西山观曾是龙南八景之一（八景中的"西山观月""西山晚月"），自南宋绍兴十三年（1143 年）建观，几度兴废，如今只剩下刻有"西山观"字样的石碑一块，令多少人唏嘘不已！

西山观和龙南两个凌姓名人有着密切的联系。南宋绍兴年间，时任湖广武昌府总镇节度使（又称江夏总戎，正三品）的龙南凌氏开基始祖凌必升因当年虔州、吉州出现匪患，奉命与岳飞"率卒厉兵，歼厥渠魁，靖三巢，开五屯"，千里奔袭，合力剿匪。按照指令，凌必升率部到"寇贼蹂躏尤甚"的虔南龙南（时称南埜）一带，剿抚并举，恩威俱施，数月后"南埜始获安"，乃奉命就地驻扎。为减轻军费负担，朝廷又命凌必升带兵垦田种植。在此过程中，凌必升"环顾山川胜景，土田膏腴"，对龙南产生了深厚的感情，便奏请天子准其辞官，从福建老家迁居于此。天子感念凌必升打仗、垦田功勋卓著，乃下诏令其"永镇南埜，屯田万户"，定居桃川金钩（今西山观附近）。凌必升笃信道教，便捐基土 200 余亩，金银若干，召集当地能工巧匠，在居所旁建立西山观。又辟鱼塘六口，收税供养。宋绍兴十三年（1143 年）三月十五日，西山观正式启用。

二十、先农庙

先农庙，在龙南古县城的北偏东方向，距古县城约 3.5 千米，处玉岩乡（现属龙南镇）井岗村。

龙南古时候有两条主要官道通往赣州府，一条陆路走蛇子嵊崈，另一条是经下杨坊到水口庙渡口，然后乘船走龙迳。先农庙坐落在古道半途中。庙坐北朝南，走进里面，分上厅、下厅，中间是天井，显得很宽敞。

先农庙西面是桃江河，河水经千百年淤积，形成了下杨坊大片河滩地，但因缺水灌溉，只能种旱作物，人民的生活过得还是很艰难。

清康熙年间，有位浙江钱塘人，名叫郑世逢，在担任龙南县令时期，自己捐出稻谷 300 石，组织当地民众在濂江河上筑起了一座水陂，并开挖出一条引水大渠，沿途灌溉，渠水最终引入下杨坊，使杨坊垌 2000 多亩旱土变成了十里稻花香的米粮仓。人们感激郑县令的恩德，竖立起一块大石碑纪念他，后人还写了许多歌颂他的诗词。

古人在这半道中修建先农庙，很有深意。一是方便上级官员来龙南时在此歇脚，顺便观察了解当地农业生产状况。二是这里田广人多，官员每年来此庙祭祀先农，劝导大家莫误农时，勤劳耕种。

二十一、金盆山寺

《龙南县地名志》记载：金盆山位于龙南古县城北偏东方向，距县城有 16 千米路程，处玉岩乡（现属龙南镇），是龙南、全南和信丰的界山，海拔近千米，属当地周边最高的山脉。因山的腹部好像盘盂，故名金盆山。

金盆山上的佛教寺庙建于唐朝，是龙南县最早的寺庙。龙南建县始于南唐保大十一年（953 年）。

金盆山距离最近的屋场有约 10 千米山路，仅为一座寺院，在崇山峻岭中修出一条石阶路。

"江东垌的风，金盆山的钟"是当地流传的顺口溜。江东垌是古县城东面一片很宽阔的旷野，刮起大风时能把人吹倒。金盆山寺曾经有两口铜钟，铜钟之大可想而知。拂晓时，四海云雾茫茫，金盆山寺突出云海，朝霞映照，寺院钟声悠扬，回荡于天际。

金盆山下寺门楼上嵌着一块青石牌匾，上刻"金盆山寺"四个金色大字，落款处刻着"道光廿七年丁未三修"，由广东周姓四人奉捐。这匾额 20 世纪 80 年代还在，现在已不知所终了。金盆山寺没能经受住岁月风雨的摧残，现在几乎无存。

第四节　关西镇

关西镇位于龙南县城东部，距县城 20 千米。东与定南县交界，西与黄沙乡毗邻，南与汶龙镇接壤，北与里仁镇相连。地势周高中低，平均海拔306米。东有东山、南有大富山、西有三阳山、北有雪峰山。具有"六山一水二分田，一分道路与庄园"之称。

关西镇总面积80.4平方千米，人口6900多，辖翰岗、关西、关东3个行政村。关西矿产资源丰富，主要有稀土、萤石、瓷土等；水资源充沛，建有多座中型水电站。关西旅游资源丰富，拥有众多明清古建筑群，具有独特浓郁的客家风情。其中，国家重点文物保护单位——关西新围为世界客属第十九届恳亲大会指定参观点。

关西物产富饶，主种水稻，是县内主要产粮区之一，经济作物为花生、瓜果、大豆、茶叶，具有悠久的种植历史，享誉县内外。

自古以来，关西人才辈出，有清朝道光年间翰林徐思庄和清咸丰五年（1855年）翰林徐德周、徐名绂。

关西圩镇逢农历一、四、七为集市日，主要有本乡的农副产品和民间手工艺品。围屋人的小吃源远流长，深蕴中原汉唐饮食文化之遗风，又融合了本土客家的制作工艺和特色，如凤眼珍珠、捶鱼、腊皮、米粄、米馃等。

一、关西村

关西村是一座以客家传统民居为代表的古代建筑博物馆，虽然历经700余年，但至今仍保存着较完整的以徐氏为主脉的明清历史遗存、文脉史迹。

这些围屋分别为西昌围、关西新围、福和围、鹏皋围、田心围和附近的圳下围、下黄围。以关西新围为中心，其他围屋如众星拱月一般分布在其附近。一群围屋，一串故事，至今还在关西流传。

相传明清时期，关西徐氏子弟徐西昌（关西新围徐名均之父）生有六子。家里祖辈主要经营木材生意，到了徐西昌手上，坊间商贾都知道"西昌"木材的名号，生意越做越大。六子分家时，徐西昌用大秤分金。俗话说，手指有长短。徐西昌的六个儿子性格各异。老大为人慈善，他用分家得来的金银在西昌围东南方向附近建造了一座围屋——福和围，一家人过得和和美美。老二依附心理比较强，紧靠在西昌围坎下修建了一座围屋——鹏皋围，一生经营小本生意。老三名增、老五名植随父居住在西昌围，吃了一辈子老本。老六是个纨绔子弟，特别爱听戏，所有的钱财几乎都花在了听戏上，所以，最后只建了一栋普通的厅厦。唯有老四徐名均善于理财，更不失豪气，他分得家产之后，不急于买田造房，而是继续借西昌名号（木排上烙印"西昌"二字）贩运木材，把生意做大。后来徐老四赚得了大钱，便在九曲河边按照皇宫的格调建造了一座围屋，此即关西新围。

徐名均建造围屋期间，围屋西门东南方向的碉楼正好对着兄长所建福和围的大门。其时兄长已逝，长嫂虽叫家人三番五次将正在建造的碉楼推倒，但终归是妇人，最后动了恻隐之心。关西新围建好之后，福和围便开始衰败，其家人先后迁往广东、海南等地。

据说，关西田心围、圳下围，是徐西昌旁系宗亲所建，下黄围则是其亲友受其影响筹资建造。

二、西昌围

西昌围位于关西村，始建于明末清初，是关西新围主人徐名均的祖居地，是其祖辈、父辈及其兄弟们逐渐建起来的一座不规则形围屋。传说围屋建在徐家一蛤蟆形地块上，因此，围屋的形状也如同一只蛤蟆。

西昌围是赣南围屋中不规则形围屋的代表。围屋东临关西九曲河，北朝下燕河，寓意二水夹金。整座围屋主要由立孝公堂、六大伙厅，以及名增（老三）、名均（老四）、名植（老五）三房后裔的住房和一幢观音厅等主体建筑组成。各厅互不相连，因山就势，自成一体。

关西新围始建于清嘉庆三年（1798年），于道光七年（1827年）完工，历时29年。为此，当地人为了有别于其他围屋，把徐名均所建的围屋叫作新围，把徐西昌所建的围屋称作老围。

当地还有一种说法：西昌围是关西新围的祖屋，也是整个关西村现存最早的民居。西昌围保存了明代建筑的结构特点，窗扇、门页、门柱、天花上的彩绘雕刻十分精美，堪称精品。故有老围之称。

西昌围是关西围屋群中的围屋之一，2008年12月被列为县级文物保护单位，2012年被列入《中国世界文化遗产预备名单》。

新围与老围（刘念海　摄）

三、关西新围

龙南县共有 370 多座客家围屋，但是建筑规模最大、防御功能最全、最为宏伟壮观的莫过于关西新围。关西新围坐落在关西村中部，距关西镇政府 1000 米，是关西名绅徐名均所建。

徐名均，字韵彬，号渠园，增贡生，候选布政司理问，诰授奉旨大夫，为关西徐姓第十四世孙，生于乾隆十九年（1754 年），殁于道光八年（1828 年）。因在兄弟中排行第四，绰号"徐老四"。他一生精明勤奋，不畏艰险，厚道简朴，扶危济困，乐善好施，诚实守信，艰苦创业，成为赣商的杰出代表。他创建的关西新围，堪称完美的"土豪宫殿"。

四、翰林村

关西镇是一个文化底蕴比较厚重的小镇，自古以来，关西人才辈出。关西镇关东村的上九和下九村民小组清朝时曾经出过三个翰林，他们是道光年间翰林徐思庄和咸丰五年（1855 年）翰林徐德周、徐名绥。因此这个小村庄被人们誉为"翰林村"。

古村位于关西镇小盆地之间的一个山脚下，村前原来有一条南北流向、九曲十八弯的关西河，河流经厅厦门前折向北流去。相传村里的丫鬟、小媳妇每天都要到河里洗衣洗菜，经常可以看见放排的师傅光着膀子、喊着过江号子从门口经过，粗鲁的汉子们见了在河边洗衣服的妇女不免要故意扯开嗓子对着她们吼，作为翰林的家人认为这样有些不雅观。在学子进士及第若干年之后，村里有人提议将河道改道，从圩镇经过。

翰林徐思庄，曾历任户部福建司主事、功臣馆提调、国史馆纂修，后官至安徽、山东按察使，是清代书法家之一。徐德周，曾任御史。在外为官多年，徐思庄、徐德周经常相约回乡看望家人。据传关西翰岗村路旁原有一凉亭，就是他们回乡歇脚谈经论道之处，后人便把此处叫翰岗。由于翰林回乡队伍庞大，声势浩大，时间久了，人们便把今天的上九和下九称为翰林村。

五、上九围、下九围

坐落在青山绿水、田野肥沃间的上九围、下九围，是徐姓族群聚集之地，以屋后的山为依靠，上头的叫上九，下头的叫下九。下九围多次集资修缮，保存较好，围屋以祠堂为中轴线，前后三进，两边的厢房采光、通风、排水良好，祠堂门口所立的圣旨碑和棋杆石昭示着围屋当年人文的鼎盛和辉煌。近几年，围屋门前的门坪经过建设改造，建成了一个高标准的门球场，平日里，许多老人相聚在一起，悠闲自乐，玩起了城里人的健身运动。上九围虽年久失修，但巍然耸立的两座炮楼仍向世人诉说着当年的辉煌和沧桑。

如今，上九围、下九围的人们依旧发扬着祖宗重视教育、崇尚礼仪的风尚，大家亲帮亲，邻帮邻，和谐相处，接连有子弟考取了大学，古老的围屋延续着永远的精神。

六、翰岗老屋下

关西镇翰岗村邹坑老屋下，现存的民居大都是 20 世纪 80 年代后建造的，老宅只剩下一栋下厅厦。上了一点年纪的人都知道，这个村庄先前叫河背，后来为什么叫老屋呢？相传，徐氏小户人家门前有一口池塘，与上屋塘头村门前的大池塘紧挨在一起。两口池塘水质非常好，加上当地水草肥美，年产草鱼、鲢鱼、鳙鱼足以供家庭开销。于是，他们每年秋季之后便会到附近的圩镇去卖鱼。有一年冬天，徐家兄弟在池塘里拾得几担田螺，挑到关西圩镇去卖。这兄弟俩学过棍术，力气也大，路上突发奇想，想到临县定南去看看。于是，兄弟俩一阵疯走，竟然把田螺挑到定南城去了。

兄弟俩来到定南县城，把两担田螺往大街上一放，等着人家前来问价。过了不久，来了一个五大三粗的人，后面还跟着几个跟班。这人上来问了几句，听得对方口音是龙南人，便不停地砍价。后来再有人上来问价，那五大三粗的人便脚踩笋筐大声吆喝："这两担田螺我买了！"眼看饭点已过，这田螺还没卖出去，兄弟俩情急之下决定教训一下这家伙，于是便推了一下他。没想到那家伙不禁推，一下子便倒在地上。一个平日横惯了的人遭人打了，身边的跟班随即跟着大打出手，并大声喊道："龙南人打人了！"顿时，街上的定南人蜂拥而至，砖块、石头、条凳、瓜果像长了翅膀一样飞向这异乡的兄弟俩。只见这兄弟俩手操扁担，不慌不忙地把那些飞来之物统统拨开，还放倒几个人，随后担心惹祸便逃之夭夭。

过了几天，关西圩镇来了几个定南老人，一路打听关西哪里有会棍术的人。终于有一天他们来到邹坑的地界，路上找到一个老太太询问，老太太告诉他们：对面老屋下有几家徐姓人家，好几个后生都会棍术，其中一个叫啥妹子的人还会点穴，七八个人都无法近身。这些人一听，男人会棍术，女人会点穴，那还了得。于是，他们赶紧打道回府。

徐氏兄弟在定南这一打，名声在外传开了，周围的村庄都知道了邹坑有个老屋下。从此，河背这个地名再没人叫了，大家都叫老屋下。

七、斜塔

20世纪90年代以前，人们习惯于写信传递信息，邮政部门曾发行一种印有关西斜塔图案的信封。至此，人们开始关注起关西斜塔。

在关西范围内，年过半百且粗通文墨的人都听说过一副关于关西古塔的对联。上联：塔尖似笔，倒写青天一张纸；下联：明月如镜，照澈人间万里晴。由此可以想象，在晴朗的夜晚，一轮明月早早地出来了，那月，那塔，那山，构成一幅朦胧的山水画，恰是"人在画中走，动静皆有诗"。

时光荏苒，如今的关西斜塔仍如沧桑巨人一般屹立西山，成为一道亮丽的风景。随着关西经济的发展，旅游事业如火如荼，客家围屋成了国家重点文物，斜塔也将被开发成一日游的一处风景点。日后，西山斜塔将会和西昌围、关西新围一样深深地烙印在人们的心中。

八、邹坑

关西镇翰岗村有个村庄叫邹坑，原来是一个村，现在与程口、旱江、大举合并为翰岗村。

邹坑现有五姓人氏，大抵是黄、徐、李、蔡、吴。据说，此地以前叫邱邹坑，顾名思义，村里以邱姓和邹姓人氏为主，其他姓氏均为小户人家，但如今的邹坑却找不到一个姓邹或姓邱的人家。

相传在清朝中期以前，关西镇邹坑是一个山清水秀的村庄。村子住着两大姓氏：一姓邹氏，另一姓邱氏。邹氏家族住在村子下端的新屋和新屋对面的山坳下，邱氏人家住在村子上端社背岗上、围上、秀伏坑。

黄、徐、蔡、李、吴五姓的祖上大概就是那个时候从龙南的杨村、里仁、汶龙等地陆续搬到关西镇邹坑，并先后兴旺起来的。传说当地有名的徐氏豆腐匠，祖上在邱家豆腐店偷学了卤水点豆腐的技术，传至今日，依旧令乡民赞叹不已。

九、程口、程岭及营场

程口、程岭之名与关西整个地形、地貌有关。关西是一个狭长的小盆地，从县城进入关西只有两条道：一条从邹坑翻山越岭，走羊肠小道，过下燕抵达关西圩镇；另一条即现在的龙关公路，沿河进入关西，到达濂江与关西河交汇的地方，必须蹚过湍急的江水才能入口。河对面青山耸立，关西河在群山夹峙间顺势流出，汇入濂江。

从营场关西河入口，青山如黛，笔架山至青云山数百座峰岭连绵不绝，峰峰相连，一直至定南交界的分水岭。关西河入口峰岭如刀削，悬崖峭壁，恰似一道天然屏障，挡住了进出关西的路，人们要穿过一段狭长的河谷才能进入关西，当地人称这段峡谷为老鼠迳，称营场关西河入口为青山口，称关西河沿线连绵的青山为青岭。因为"青"的方言同"程"相似，后来人们便习惯写作"程口、程岭"。

后来，人们沿关西河开辟了一条小路，可以更便捷地进入关西。

史载，当年王守仁大军兵分九路，第一路大军从冷水迳进发，但没有关于冷水迳的明确记载，只有关西的一些老人还将老鼠迳说成冷水迳。

十、上燕、下燕

上燕、下燕分别是关东村与关西村的两个村庄，都是徐氏聚族而居的村落，其名称的来历则与徐姓先祖徐有翁在关西开基创业有关。

关西徐氏族谱记载，关西徐氏的始祖云彬公，有兄弟两人，其兄云兴公。云彬公曾在南宋朝中为官，因官场险恶，受人排挤，被迫背井离乡，弃官南逃。传说，云彬公之子徐有翁迫于生计，曾做过货郎，在走村串户中偶遇当地有名的堪舆师赖布衣。传说有一次赖布衣和外出卖货的徐有翁在山道上相遇，两人从相识到相知，一路交谈，相互照顾，成了知己。临别时徐有翁请赖布衣指点一处适宜发家的居处，赖布衣见徐有翁天庭饱满，神采奕奕，对挑着货担的徐有翁说了这样的箴语：蚊蚧石前憩，天然成位置。雄鸡高唱时，便是发祥地。金蟾腹金燕，飞上下燕居。布衣富贵箴，千秋征盛世。

到了明朝永乐年间，关西徐氏分为三大房，分别为上燕杨屋、下燕莲塘、上九、下九等地，徐氏后人称之为锡候公房官多，友瑾公房人多，西玉公房财多。这虽然是传说，但关西徐氏确实是从那群燕子落脚的上燕、下燕开始繁衍的。如今那块状如金蟾的乌石仍然趴在下燕，当地人称之为"蚊蚧石"。

十一、谋人迳

在关西镇关西村与翰岗村之间，有一条山道途经邹坑。在千年古枫大树附近有一座大山，当地人称之为铁山寨。山下有一条小路，其中一段被人称为"谋人迳"。该路段半途有一块巨石，相传此处曾发生数起杀人越货事件，所以，当地一些上了年纪的人至今听到这个地名或从这个地方经过都心有余悸。

清末，关西邹坑村邱氏、邹氏两大家族人丁兴旺。村里的人们经常三五成群去赶集，途经铁山寨山下的小道前往关西圩镇购物，或者出售农副产品。时间久了，总有个别人会落单，这些落单的人给土匪制造了杀人越货的机会。事件发生之后，一时间整个村庄都人心惶惶。

官府接到乡民的报案后，派出官吏到现场勘察，他们发现案发现场地处山里的一块大石块附近。这里四通八达，土匪作案之后可以逃到山里躲藏。办案的官差发现周围的山并不算高，但是林子茂密，在不远处有一座大山高耸入云，比整个村庄周围的山都高出许多。由此，官差推测那些土匪可能上了那座高山，于是，带兵上山去查看，发现山顶上真的有土匪居住的房子和他们用过的物品，看看四周的痕迹，推测土匪离开此地时间不会很久。依据土匪用过的被席，估计人数也就三五个。为此，官差在此设伏，但几天过去他们并未将凶手缉拿归案。

据说，后来这块巨石附近又发生了几起杀人越货事件，官府数次派兵围剿都无功而返。一名办案老道的官差看出了其中的奥妙——铁山寨山势陡峭，站在山上俯瞰，各条山路情况一目了然。临了，他叮嘱当地保长告知村民经过此地要结伴而行。此后，人们把铁山寨脚下的这段山路称作"谋人迳"。

第五节　程龙镇

程龙镇位于龙南县西南，距县城 15 千米，东接渡江镇、西接全南县、南邻东江乡和临塘乡、北接安基山林场，大广高速、龙小公路、桃江河水穿境而过。程龙镇辖五一、八一九、龙秀、杨梅、盘石、程龙 6 个行政村，80 个村小组。

程龙镇古称程龙圩，原圩址位于桃江庙角潭南岸，5 条山脉向潭边延伸，形似五龙入潭，相传因此为沉龙之地而得名，后口音谐传为"程龙"至今。

程龙镇自然资源丰富，辖区内有杨梅千年古树群、牛迹潭、龙秀温泉、五梅山庵、三合古庙、宝盖石、和尚石、喜鹊崖、穿石瀑布、雄鹰展翅峰等 20 多处独具特色的自然风光，自然景区面积 18 平方千米。一河两岸，丹霞风光，苍松翠竹，奇石古树，鸟语花香，碧波荡漾，四季葱绿，犹如人间仙境。

一、杨梅村

程龙镇杨梅村河湾，距县城约 20 千米，与赣江二级支流桃江相邻，据当地人口口相传，该村因山岗长满杨梅树而得名。

据史料记载，杨梅建村始于明正统七年（1442 年），由卢姓最早迁入开基立业，至今已有 500 多年。据《卢氏族谱》记载：卢俊昭，字显庵（1412—1473 年），程龙杨梅卢姓开基祖。卢俊昭于明正统戊戌年间因见程龙杨梅前有天马拱顾，后有秀峰叠耸，左有行人通衢，右有江水长流，凡田亩山冈可以乐业，遂于此定居，堂号"范阳堂"。据卢氏后人相传，卢俊昭自幼随父卢正龙自福建永定迁居全南小慕，后又迁居龙南象塘牛陂肚。幼年时流离失所的苦难，促使卢俊昭立志为族人寻找一块理想的居住地，苦寻数年，遍踏青山，最终在杨梅择地开基。

明正统七年（1442年），卢俊昭举家自龙南象塘牛陂肚迁居杨梅，在千年古树群下，开基建造宗祠。其后又有林、廖、钟、李四姓陆续迁居于此，人丁逐渐兴旺，从此，五姓民众共同建设杨梅村，在此安身立命，共兴共荣，与杨梅结下几百年的不解之缘。

二、千年古树群

程龙镇杨梅村的一株株古树历经风雨沧桑，依然挺立于青山绿水之间，至今千年不倒，郁郁葱葱，生机盎然。

古树群里大部分是苦槠树，这种树木的寿命非常长，叶子四季常绿。苦槠树的花期一般在初夏，开出的花是淡黄色的，结出的坚果为褐色的，上有细细的茸毛。值得一提的是，苦槠树的果实颗粒大，果仁如花生米，可做"槠糕"，清热解毒，是极好的天然绿色食品。

除了苦槠树，古树群里还有红枫、黄檀、红球、凿角、桂花等名贵树种，这些古树的直径都达2米以上。驻足在一株硕大无比的国家二级保护树种——枫香树前，触摸着它斑驳的树皮，仰望它直耸云天的姿态，令人感怀不已。

杨梅人把这些古树敬若神灵。古树林在农耕社会，不仅起着巩固水土、阻挡风沙、涵养水源、调节气候等方面的作用，还对人的居住环境的改善和保护起到了积极作用。杨梅建村记载的那66棵古树，至今一棵未少，不能不说是杨梅人民保护家园中显现的聪明与睿智。

三、牛迹潭

牛迹潭地处程龙镇程龙村，系桃江、林洞、安基山三条河流交汇处，与安基山营林林场渡口紧邻，故又称渡口。牛迹潭地势险要，二山飞峙，岩壁高耸嶙峋，形成一个水流湍急的隘口，桃江河逶迤流淌，一泻千里，日夜奔腾，把隘口冲刷成一个天然深水潭。牛迹潭因潭大水深，幽不见底，外形似牛蹄迹印而得名。

1969 年，牛迹潭兴建水利工程，拦河筑坝，建造电站，拦洪削峰，人工调节蓄水能力。堤坝的修建抬升了水位，堤坝之上，成了碧波荡漾的人工湖泊，一湖两岸苍松掩映、翠竹婆娑，奇峰倒影、异石叠韵、三春闻鸟语、四季有花香，不是仙境却胜似仙境。

四、罗盘石

罗盘石，地处程龙镇耀前村，与桃江河比邻。江边有一石墩，高出江面十余米，形成一块巨型平地，形似罗盘，罗盘石因此而得名。

据《林氏族谱》记载：明天顺年间（1457—1464 年），林志通因兵燹从福建莆田英田村徙居罗盘石，依山傍水筑围而居，成为程龙罗盘石林氏开基祖，立堂号"西河堂"，至今已 560 余年。据林氏后人相传，开基祖林志通，秉承"立德、行善、大爱"的传统美德，把"妈祖信俗"从莆田奉请到龙南，每年春秋两季都会举办"春秋大祭"活动，传承至今。

龙南林氏宗亲在每年农历三月二十三"老姑奶"诞辰日、农历九月初九升仙日，都会举行隆重的祭祀朝拜仪式，民间称"朝老姑奶"。相传，妈祖信俗起源于宋朝雍熙四年（987 年）。自宋高宗以来，历经宋、元、明、清历代帝王的褒封达 36 次之多。妈祖信俗起源于闽，盛行于闽、粤、浙、港、台等东南沿海地区，以及东南亚沿海国家、地区和华侨、华人足迹遍及的欧美国家，全世界有 5000 多座妈祖庙。

第六节　渡江镇

渡江镇位于龙南县的西南部，距县城 4 千米，东接县城，西接程龙镇和全南县，南邻东江乡、临塘乡，北界桃江乡，大广高速、龙小公路、桃江河水穿境而过，区域面积 77.8 平方千米，是龙南第三大镇。下辖果龙、岭下、莲塘、象塘、竹梓、新埠、新大 7 个行政村。建材产业发达，辖区内有机制砖厂、采砂场、石灰厂等 20 余家建材企业，是县最大的建材企业生产基地。

原渡江圩建在大埠岗，古称"大埠圩"，桃江河流自东北侧流入隔江而望。限于当地河床宽阔，而农业经济相对落后，当地人无能力建造桥梁，每日往返进出都得乘船才得以过河，故而得名"渡江"。后因当地乡绅肖中二，因故与他人发生纠纷，将圩址迁至浒江坝，后因被大水冲毁，又迁至肖氏宗祠建圩。民众虽不再乘船渡江，但"渡江"一名未曾改过，沿用至今。

一、象塘村

象塘村，地处桃江西岸。在古时候，当地人把桃江从程龙大坝至渡江莲塘一段水域称为象水，而象塘村又处于象水的中段，多水塘，因而得名。象塘因临河，属河流冲积平原，土地平整、肥沃，以盛产稻米、鱼虾而闻名。在长期的农业生产过程中，当地人发现河滩沙洲尤其适合种植板栗树，故象塘的板栗也是独树一帜。在象塘，独树一帜的不只是稻米、鱼虾、板栗，还有名垂青史的象塘钟氏家族。

据龙南象塘《钟氏族谱》记载，宋乾德五年（967年），唐中书令、越国公钟绍京四十一世后裔钟亮长子钟琦（939—994年）从兴国竹坝迁龙南象塘开基，为龙南象塘钟氏一世开基始祖，人称象塘房，开创了龙南象塘钟氏家族的新篇章。

二、荷恩堂

渡江镇象塘村有一座有名的古建筑，叫荷恩堂，始建于明正德六年（1511年）七月，至今已有500多年的历史了。整座祠堂四栋，左右两侧为主墙体，高15米有余。青砖从墙脚到顶，墙体坚固。飞檐上有32对栩栩如生的青龙、凤凰、孔雀、白鹤、天鹅等装饰物，似腾空欲飞，可谓巧夺天工。荷恩堂正大门两根方形石柱上有一副对仗的楹联："荷宠承庥仗祖宗在天之福，恩明谊美卜孙子奕世其昌。"四进石柱高5米，其阴刻一联为："象水本源清四派分流喜我公开其先路，宠图家学旧一经垂训愿同族绍厥前徽。"仿佛昭示着一种神秘的色彩。

三、草鞋潭

草鞋潭，地处渡江镇新化村。桃江河在村旁拐了个弯，冲刷出一个深不见底的大深潭，外形与草鞋一般无二，因而得名。

草鞋潭现有蔡、钟两姓，蔡姓开基祖蔡邦，约清乾隆二十年（1755年），自新大迁居于此，至今已有200多年。钟姓开基祖钟水相，约清朝道光十七年（1837年）间，自程龙水阁上迁居于此，至今已有180多年。

四、渡江水围

安基山峯营来了位烧炭的中年男子，男子没家没室，一心一意烧得好木炭，每个圩日便挑一担到渡江大埠圩售卖。久了，熟识了圩上一蔡姓男子，人称蔡公，两人非常投缘，结为同庚。烧炭男子逢圩日，必定到蔡家吃饭歇脚，蔡公热情款待，对其胜似同胞兄弟。

后来，烧炭男子隔了两个圩日都没来蔡公家，蔡公感觉不妙，猜想定是出事了，赶紧带了米粮进山探望。果然不出所料，烧炭男子躺床上已好几天了，高烧不退。蔡公煮了米粥，喂他喝下，宽慰一番后，不顾将近天黑，连夜下山找医生。无奈医生年迈不便进山，蔡公心中焦急，捡了几服药，来不及休息又赶进山中，熬药照料病人。

几服药下去以后，没有效果，烧炭男子的病情越来越重了。蔡公也发愁了，坐在灶前叹长气、抽闷烟，当他把烟嘴在灶砖上磕烟灰时，听到奇怪的金属响声。随手拿起身边的柴刀去锯，发现竟然是块金砖。

蔡公赶紧将这喜讯告诉已经奄奄一息的烧炭男子，激励他要打起精神，把病养好，以后不用再烧炭了，找个好地方盖房子，娶老婆，成家立业，生生世世有享不完的福。

烧炭男子憔悴的脸上终于露出一丝笑意，他断断续续地说道：我是个没福的人，遇上老庚，待我胜过亲人，恩情重过父母，我没法报答了……你发现财宝，是老天有眼，对你善报，我，我，我高兴……头一歪，倒在蔡公的怀里，溘然长逝。蔡公大哭不止。

蔡公选了好地，择了日子把烧炭男子安葬好，按时祭祀。每想到烧炭男子一生可怜，便泪水难禁。

几年以后，蔡公请高人设计了一座豪华围屋，寻找好福地，不惜重金，按图纸精心施工十几年，一座雄伟的围屋耸立在了桃江河畔的宽广大坝上，称为渡江新围。

围屋前面非常宽广，大空坪上两棵苍翠古柏，拱卫着围门，远观围屋雄浑大气。围内前坪和两边宽阔敞亮，四周有碉楼；四边楼房三层结构。前面大面积回笼格装饰，典雅古朴。中间厅厦门前石柱精致，门牌匾书"水围"大字。围屋靠近河边，地势低，常有洪水漫浸。当洪水来袭时，只要将各门闸放下，尽管外面大水汪洋，围内却能安然无恙。水围独特的防洪功能，堪称客家围屋之最，确实令人惊奇。

第七节　里仁镇

里仁镇地处龙南县的北面，北连东坑，与信丰县相邻；南连县城，与龙南镇相接；西面龙关公路直通关西镇，距县城 6 千米。全镇共辖 6 个行政村，1 个社区，73 个村民小组，是县内工业强镇及农业大镇。

里仁镇毗邻县城，已被列入龙南城市建设规划，是龙南建设赣南中等城市的重要组成区域。地势广阔平坦，田土肥沃，是县内农业大镇；旅游资源丰富，著名景点有栗园八卦围、渔子潭酒堡、正桂民俗村。

一、栗园围

龙南栗园围位于龙南县里仁镇，是典型的八卦围。栗园围始建于明弘治十四年（1501 年），明正德十三年（1518 年）重新规划兴建。重新规划的栗园围是客家围屋中罕见的八卦形围屋，围内房屋的排列走向均按八卦图布局演变的八门金锁阵法建造，结构奇特。

八卦围的建造者叫李清，他的后代称其为清公，生于明成化十三年（1477 年），其父为自号北国隐士的大纪公。李清自幼饱读诗书，暇好骑射，尤喜研习

水中围屋（曾文峰　摄）

兵法布阵。明正德二年（1507年），李清考中进士，官至南京吏部文选司郎中。相传，明正德十二年（1517年），李清曾随王守仁到南赣平定三浰，因其深谙兵法，布下八卦阵大败叛军，为平叛立下大功，得到朝廷的赏赐。后来，李清听从王守仁的建议，按照八卦阵的布局规划设计，于明正德十三年（1518年）重新建造了栗园围。

整座围屋有东、南、西、北四座围门，每座围门上方均镌刻有王守仁亲书"栗园围"三个大字。从西门进入栗园围，大门两侧的一副楹联书曰："想先世材期栋隆笺之榛栗，看今朝礼徽帛束贲于邱园。"据说这也是王守仁所题写的。

纪缙祖祠是围屋里最为大气的宗祠。它是以李清父亲大纪公和叔公大缙公之名讳组合命名的。宗祠全部用青砖砌筑而成，占地587平方米。祠堂分上、中、下三栋。大门是用条石做成的，厅内石柱挺立，房顶瓦面两侧建有封火墙，整个祠堂飞檐翘角，雕梁画栋，气势磅礴，宽阔豁朗。门前文武状元桩林立，显示李氏家庭曾经显赫的地位。

二、围中围梨树下

在龙南栗园围屋里，还有一座围中围，这座围屋叫梨树下。大凡到过栗园围的游客，看见这围屋名称都会百思不得其解。

栗园围的"三厅"（枞梃厅、新灶下厅、梨树下厅）是因为围屋人丁兴旺，分房后建造的。梨树下厅的建造却有一个传奇的故事。

相传有一年夏天，围屋里的人得了一种肺热病——许多人日夜咳嗽不停，时间一久，病情渐渐蔓延到整个围屋，而且这种病久治不愈。如此一来，急坏了围屋里的长辈。有一天，一位路过讨水喝的老太太走进了栗园围。她衣衫褴褛，面黄肌瘦，整个人跟叫花子没什么两样。老太太在围屋一家人家里讨了一碗水喝，围屋人家见老太太饥饿疲惫，盛了满满一碗白米饭给她充饥。其间，老太太听见屋里传来几声咳嗽，于是便和这家人交谈起来。当老太太得知围屋有许多人得了肺热病的时候，她伸出五指轻轻一捏，当即指着西门附近的一片梨树林，叫这家人摘梨配梨树根熬汤喝，言罢飘然而去。这家人听了后如抓住了救命稻草一样，马上到梨树林里摘来梨子，刨来梨树根，熬汤给家里的病人

栗园围（王琼　摄）

服用。说来也很奇怪，几天以后，这家人的病日渐好转，一周之后便可以下地干活了。

梨子配梨树根治好了肺热病的消息像长了翅膀一样传遍了围屋的每个角落。顿时，整个围屋人蜂拥而出。整片梨树林的梨子被人们摘光了，梨树下到处都是刨过的坑。后来村里的病人全好了，可是梨树却因被人挖了根全死了。为了纪念那片梨树，人们就在这片地上建起了一座围屋，取名叫"梨树下"。

三、渔子潭酒井

在里仁镇新里村的酒堡，有一口古井，人称"酒井"。现在那井里的水依然清澈甘甜，但已没有酒味。据当地老人讲，它原来打上来的是水酒，这是为什么呢？事情还得从头说起。

在渔子潭有一户人家，主人姓李名遇德，清道光年间在渔子潭岸上修了一座围屋，围屋修好之后，院子内并没有水井，人们每天一早要到渔子潭河滩里取水。

有一天，李家来了一个老和尚，衣衫褴褛，面黄肌瘦，看上去病恹恹的，手里拿着一个化斋的碗，靠在围屋大门上呼呼大睡。李遇德出门办事，见一和尚靠着大门，顿时心生怜悯，他招呼家人将老和尚扶进屋里。只见老和尚刚坐下便睁开眼睛，伸手指着李家墙壁下的几个坛子。李遇德忽然明白："原来您是想喝水酒啊？"好客的李遇德连忙给他倒了满满一大碗水酒，叫他坐下慢慢喝。老和尚一连喝了三碗，连声说："好酒，好酒！"酒过三巡，老和尚转身到大门口打起坐来。

第二天，李遇德照例吩咐家人用水酒招待老和尚。他叮嘱家人："水酒要温热一点，不得怠慢老和尚。"只见老和尚凑近酒碗，用力吸了几口酒气，等水酒稍稍冷却，端起碗一饮而尽。老和尚一连向他们要了三大碗水酒喝。喝完水酒，又去打坐念经。接下来的几天，老和尚每天都是如此，李家子孙有些不耐烦了，只是碍于李遇德的面子不敢吭声。

第九天，李遇德外出办事，晌午未回。李家子孙见老和尚一连喝了几坛酒，再也忍不住胸中怒火，要把老和尚赶走。老和尚见了这架势，不紧不慢地说："喝你们几坛水酒有什么了不起。"言罢把碗一扔，扔到院子左边的墙下，说道："从这里挖下去，下面有取之不尽的酒。"李家子孙听了老和尚的话，便拿起锄头挖起来。刚挖几锄头，在场的人便闻到了一股酒香。挖到一米深的时候，一股浓浓的酒味从地下飘出来，李家子孙惊呆了。

酒井砌好以后，老和尚叫人拿来笔墨，写下小诗一首：日出佳酿整十担，不可多得不可贪。若能守得本分缘，酒井抵得金银山。写罢掷笔飘然而去。

自此以后，李家子孙恪守家训，衣食无忧。附近的百姓和过往的客商络绎不绝地到围屋买酒。有的客商还和李家协议，把李家水酒销往外地。遗憾的是几年以后，李家的一位刘氏孙媳贪图两位客商的一块金元宝，从酒井里多打了一桶酒，当她打上来一看，发现井里的酒全变成了水。

四、铜锣湾围

铜锣湾，地处里仁镇冯湾村，因其地形似一面铜锣而得名。据铜锣湾后人相传，铜锣湾开基祖由冯湾岗小溪钟氏家族分房迁居于此，建造围屋，故今人又称铜锣湾围。

相传，铜锣湾开基祖三林公，与邻村柑树头下吴屋围吴姓之女成家后，因人口密集，便择居在铜锣湾附近，以农耕为业，育子十一人。因收入微薄，无力修建具有防御能力的围屋。多年后山贼聚众为匪，呼啸乡里，骚扰乡民，掠夺财物。三林公困于财力无力防范，只好每逢山贼来扰，就把妻儿送到小溪钟氏家族或妻子娘家暂避。某日，三林公得知山贼在邻乡打劫，可能也会来冯湾，故先把妻儿送到了柑树头下妻子娘家躲避，自己留下看守房屋。半夜时分，伸手不见五指，山贼果然前来打劫，三林公情不得已弃守房屋，骑上驮马，向柑树头下吴屋围狂奔保命而去。到了围门口，大声呼喊开门，守围人怕山贼使诈不敢开门，三林公心急如焚，生怕山贼追上，又高声喊："我是三林公，快开门来！"守围人回应："管你三林公不三林公，天师爷来了都不开门！"三林公见进围无望，只得落荒而逃，跑到附近山林里躲过风头才敢回家，此事促使三林公决心建造自己的围屋。

建围在客家人眼里是件非常重大的事，是百年基业、百年大计，关系着家族的兴旺发达。三林公请到与自己相识多年的靠得住的堪舆师来择屋址，堪舆师把周遭看了个遍，看到三林公择居不远的地方，有一块土地极像一面大铜锣，建议三林公在铜锣上择址建围，日后家族必定发达。围屋落成后，取名铜锣湾围。此后，三林公子孙安居乐业，人丁兴旺，人才辈出。

五、鸳鸯厅围

进里仁公路约 300 米，右边有条岔路，沿岔路往前 1.5 千米，一番景致映入眼中：一棵大榕树突立在中央，树根盘绕，高出地面有一米多，树冠伸展开来，浓荫好几亩地。树根堆上有许多小孩在玩耍，一些老人坐在树下闲聊，大家都怡然自乐，给人一种宁静、祥和的感觉。

榕树旁的村庄背靠着翠绿青山，山势连绵到顶部，圆尖凸起，像一顶笠麻，当地人称之为笠麻寨。

山寨脚下，有座远近闻名的鸳鸯厅围。从围门进入，草坪上立着一尊金色塑像，人物英武伟岸。塑像前面的草地上，摆放着一块石碑，碑刻介绍：李大纶（1461—1515 年），字义官，与其弟是鸳鸯厅的始建者。明朝正德年间，广东南雄匪患严重，已是七品宣义郎教官的李大纶，奉命同本县知县领兵进剿。匪寇人多势众，李大纶率众勇猛战斗，但敌众我寡，撤退中李大纶骑战马，县令坐小轿，匪兵追得紧，李大纶将衣服和战马换给县令先撤，自己乔装成县令坐小轿，被匪寇追上遇害。朝廷为褒奖他的忠义壮举，追授他为六品忠武校尉，赐封"忠义堂"，并撰文纪念。

大纶祖祠历经 500 多年岁月，基本保持了原貌，只是原来挂在中厅的"忠义堂"鎏金牌匾被毁，令人痛惜。

六、出米寨

如果从 105 国道进入里仁公路，在临近栗园围的地方再朝前望，可以看到渥江河的对岸有座小山，小山的右侧尽头，耸立着一块大岩石，非常吸引人，当地人称之为"担杆爪"。

大岩石下有一个大洞穴，里面被淤积物填平，洞不太深，往左向上缩小，很陡直，人不能上去。洞中有烧香留下的灰迹，据说那石洞古时候是个出米洞。

传说有一年，里仁四月发大水，七月又遭大旱，全年的收获只有往年的三成。扣了官府的捐税，交了地主的田租，第二年刚开春，百姓就没有粮食吃了，大家饿得半死，再也没气力下田干活了。

这山脚下屋场里，有个人半夜做梦，梦见一个穿白衣服，白眉、白须的老人。老人告诉他：岭边大岩石下有个洞，洞中有米。说完后，老人就飘然不见了。

第二天一早，这个人就去岩石边寻找，果然看到大石下一个碗口大的洞穴，盛满了白米，他赶忙掏了一袋回家。

此事一传十，十传百，很快附近的百姓就都知道了。他们或挑箩担，或提袋子，都来这里掏米。这里的米总是掏不尽，但没有一个人贪心，总是掏够了几天的口粮就回家，吃完后再来。这一年的春天，大家把春耕生产搞得格外好。

有个姓朱的恶霸地主，见这里出白米，就买通官府，带着打手，在出米洞的边上立了一块石碑，碑上刻着："祖传此宝地，宝地出大米。旁人若来掏，扭送官府里。"穷人见了，知道朱恶霸蛇蝎心肠，敢怒不敢言。

朱恶霸占据了出米洞以后，因嫌出米洞口太小，出米太慢，便将洞口凿大。当把洞口凿成风车口大时，洞口不出米只出谷了。恶霸想：出谷也好，只是要快要多，又吩咐人去凿洞。把洞凿成了篮子大时，洞口连谷都不出了，只出糠头。恶霸有些生气了：糠头烧灰也能肥田澎土。结果把洞口凿成了现在的样子，什么都不出了，朱恶霸只好气呼呼地放弃了。

这座小山，远看像座寨，因山下有出米洞的传说，因此叫作出米寨。

七、官分坳

官分坳在龙南古县城东面，是过去里仁乡与东坑乡分界的一个山坳。从龙南里仁的水头迳沿 105 国道往上，经过几道弯曲，就见一座大山挡在前面。从大山边上陡坡急转弯，到达崒顶的山坳，这就是官分坳。中华人民共和国成立前，东坑乡是信丰的辖地，官分坳属龙南与信丰的分界处，曾经立有石界碑，又称官碑坳。

第八节　九连山镇

　　九连山镇是龙南县最年轻的乡镇，成立于 2016 年 6 月 1 日，位于龙南县西部，离县城 65 千米。东与本县杨村镇接壤，西南与广东省连平县交界，北与全南县相邻，东北与本县风景名胜南武当山相连，辖墩头、润洞、古坑等 3 个行政村。

　　九连山镇的前身是成立于 1957 年 12 月的江西省九连山林牧农综合垦殖场，隶属于江西省农林垦殖厅，县团级单位；20 世纪 80 年代初，下放到原赣州行署管理；1985 年 8 月，更名为赣州地区国营九连山营林林场，为县团级事业单位；2001 年 3 月，下放至龙南县属地管理，更名为龙南县九连山营林林场，为龙南县下属的乡镇行政机构。

一、五洞船形围

　　五洞在黄牛石山脚下，是通往广东的隘口。这里山场广阔，土质肥沃，很早以前就有客家人居住。他们就地取材，利用特殊地形，建造了一个高大坚固的船形围屋。所谓船形，就是长方形的围子中，四周边栋的屋较高，围中内栋的屋较矮，并用隔墙分成两部分，状如渡船的船舱。

二、润洞学士桥

　　古时润洞含九连山田心、上围两洞，属龙南太平堡范围。上围为上洞，田心为下洞（中华人民共和国成立后设润洞分场）。两洞各有一条小河交汇于油恩咀处，据说那时河岸陡峭，河水咆哮，其下 20 余丈河中间有块巨石，形似鸡心，叫鸡心石，兀立河中央，任凭洪水冲击，仍安然不倒。明末清初，上、下洞村民商议在鸡心石建座石拱桥，以利出行。上洞、下洞的领头人都希望桥的选址距鸡心石往己方偏倚一些。于是上洞人为此暗暗买通选址人，结果如意定位。桥建成后，上洞、下洞人的出行都不再为涨洪水而受阻了，但遇特大洪水，整座桥拱空隙全被灌满水，无法泄洪，只得拐向下洞汹涌而去，而上洞则安然无恙。下洞人愤愤不平，责问选址人是不是搞了鬼，选址人拍胸脯发誓："若有偏心，有去有归！"见他发下如此毒誓，下洞人只好作罢。

据说此桥完工举行剪彩仪式时，一只麂子突然跑向桥中央，大伙惊呼：麂子，麂子！有一小孩说：麂子走了！"麂"与"举"同音，麂子走了岂不是举子走了！一乡绅赶忙说道：一桥横架像官帽，此桥就叫学士桥好不好？众人喝彩。因此，上、下洞人决议，定此桥名为学士桥，还特意请来石匠，雕了块"学士桥功德碑"竖于桥头。

沧海桑田，日月轮换。据说润洞学士桥建好后，上、下洞只在清末出过一名秀才，之后再没听说此地出过什么显赫的达官贵人了，但该桥在建筑学上却创造了 350 多年仍完好如初的奇迹。1958 年九连山开发时，古坑垦殖场总部至大丘田公路仍用此桥而不用另建，来往载重车辆经过无数，此桥仍纹丝不动，坚固异常。

三、花露村

花露是因蜂蜜而得名，还是蜂蜜因出自花露而贵，现在已经无法考证了。事实是，凡是出自花露的蜂蜜，每公斤就要比其他地方贵一二十元钱，而且常常供不应求，很难买到。其中一个重要原因是，花露的蜜源均来自天然、无污染的九连山国家级自然保护区。

随着当地经济的发展，人们决定为村子改名。改名的任务落到了李君头上，这下难坏了李君，苦思冥想了好几天都没有想出一个合适的地名来。一天早晨，李君独自在小溪旁行走，远远地看见一群小孩子在后山嬉戏打闹，似乎是在捉迷藏，又似乎是在对着小树窃窃私语。待李君上前一看，小孩们正用铁芒萁杆对着山茶花花朵吸取花蜜。李君突然想到了用"花露"代替饭罗的村名。就这样，"花露"正式取代"饭罗"，成为新的村名，沿用至今。

四、虎游山

虎游山，地处南岭山地东部龙南县辖区，距县城 60 多千米，与广东省的连平县接壤，是九连山国家级自然保护区周边的一个社区，处于九连山镇政府的所在地——古坑村。

虎游山这个地名有何来历？据说，虎游山原本叫水口岭，后因这里发生了一件奇事，才改为现在的名字。

当初客家先民刚迁来的时候，这里是一座荒无人烟、未曾开发的原始大山。那时候，水口岭的树木棵棵都有簸箕那么粗，野生动物自由出没其间，人与动物和睦相处。村民的住房散落在山岭上，经常有鲁莽胆大的山鹿、穿山甲登门拜访。每每遇到这种情况，村民都会把它们抱到山上安全的地方放生。

有一年10月的一天晚上，整个山村一片寂静，静得有点让人喘不过气来。子夜时分，一阵阵哀鸣声笼罩着山村，有位老祖母便起床想探个究竟。她点上松油灯，刚想开门，忽然感觉到大门一侧的狗洞有动静，便蹲下身来，拿着松油灯查看。这一看让胆大的老祖母也吓了一跳，原来是老虎的一只前肢从狗洞里伸进来了，只见它整个脚掌又红又肿，再仔细一看，原来虎掌中插着一枚硬刺。老祖母找来一把锥子，给这只老虎拔除了硬刺，敷上消炎的草药后，老虎连吼了三声离去了。

不曾想，从此以后，每逢端午、中秋、春节三大节日的前夕，老祖母的家门口就会放着一只完整的野猪或山鹿什么的，这是一年中老祖母最快乐的日子，她叫来村上的年轻人，把野猪、山鹿刨干净，分给每家每户，并兴奋地告诉村里人说：这是我朋友"大猫"送给全村人的礼物。老祖母去世的那天晚上，全村人都听到了水口岭上老虎的哀号。据说，那只老虎在老祖母坟前一连哀哭了三个晚上。为此，村里人不知是为了缅怀这位老祖母，还是为了怀念老虎的"情义"，就将水口岭改名为虎游山了。

五、古坑村

古坑村位于九连山林场总部，即现在九连山镇政府所在地。

"古坑"这一名称出自一个故事：传说很久以前，一位教书先生背着行囊，手持拐杖从润洞前往杨村，进入游溪坑。一路走啊走，就在他走到饥渴难耐之时，终于走出了险峻的峭壁，又走了3里地，眼前豁然开朗，看见对岸有一片梯田。梯田的旁边有一个小山坑，几十户人家散居在山坑的两旁。教书先生正想打听这个村子叫什么时，见一中年男子扛着一根松木从背夫岭上走下来，便隔溪冲着对岸男子大声问道："喂！老哥，这个村叫什么名字呀……"由于相距较远，教书先生的声音被河水的哗哗声淹没了，中年男子根本没有听见，只顾走自己的路。教书先生连续叫了几遍他都没有一点反应，教书先生以为该男子耳聋，便自言自语地说："此乃聋古坑矣。"以讹传讹，之后此地就慢慢被人们叫成"聋古坑"了。

因大多数客家人居住的村庄都有修族谱的习惯，所以村里修族谱时，一位较有文墨的老者说："聋古坑"这个"聋"字不好听也不大好写，我看把它改为"龙古坑"吧！众人赞成。自此，"龙古坑"这一地名沿用了两代人。后来，该村有一个人去几十里外的定南走亲戚，回来后说亲戚家的村名也叫龙古坑，而且那村子比较穷，还有少数人得了麻风病。大家便商议改名为"古坑"，此地名一直沿用至今。

六、扶梨坑

扶梨坑，地处龙南县九连山镇墩头村，四面环山，中间一条狭长的长坑。据当地人说，"扶梨坑"这一地名的来历，与扶梨坑开基祖刘宗桂的传说有关。

相传，刘宗桂是福建瓦行街人，自幼跟随家人以贩运各种商品货物为生，长年累月地行走在南赣各地，积累了一定的家业。有一次，刘宗桂贩运一批货物到赣州府，因赶行程错过了车马店，走进了荒无人烟的深山老林。迫于天已将黑，刘宗桂考虑到夜晚在深山老林里行走，不但货物安全得不到保障，而且人身安全也得不到保障，便选择在一棵大野梨树下临时安营扎寨，将就一晚。

一夜无事，第二日天刚蒙蒙亮，刘宗桂急于赶路，一边催促伙夫生火煮饭，一边催促脚夫捆绑货物准备赶路，他自己也急急忙忙收拾好担子。早饭后，顾不得多休息，刘宗桂一手扶着身边的大梨树，躬身将货物担起，还未迈步，绳子就断了。刘宗桂接上绳子，重新收拾货物，结果一担绳子又断了，他起初以为货物太重，就减了一些，再次起肩，结果绳子又断了。刘宗桂百思不得其解，昨天这担货物还好好的，怎么今朝就出事了？此后，刘宗桂也没把此事放在心上。

多年之后，刘宗桂再次途经扶梨坑野梨树下时，想起断绳往事，顿感好生奇怪。刘宗桂行走江湖多年，阅历丰富，经验告诉他，有些事可遇不可求，他便私下仔细打量起扶梨坑的地理环境来，并暗记于心。约明朝万历年间，刘宗桂举家从福建迁居扶梨坑开基立业，取名"扶梨坑"，发展至今已 400 余年。此后，又有袁、邓二姓迁居于此。

七、墩厚与墩头

"墩厚"一词，多指为人的态度。然而，在九连山却有用"墩厚"来做地名的。乍一听感觉新奇，但却有故事。

墩厚原属于全南县管辖，位于赣粤两省交界处，与龙南接壤，处于大吉山山脚下，是一处民风淳朴、勤劳、善良的纯客家乡村。这里的村民除栽种水稻外，平日里还上山捡些香菇、木耳、灵芝，挖些冬笋，晒些小竹笋干，拿到全南或广东连平县城换回油盐，世世代代都过着祥和、安定、无忧的世外桃源生活。

然而，随着大吉山钨矿的开发，一些胆大的人涌入大吉山，在大吉山山腰结庐而居，抢挖偷采钨砂，打破了墩厚宁静的田园生活。随着时间的推移，大量外来人口的涌入也带来了诸多治安问题，赌博、打架、斗殴等事件时有发生。新中国成立前夕，在大吉山、墩厚外围逐渐形成几股势力较大的土匪，不但抢劫钨矿，还时常扰民。

有一天晚上，有股土匪偷袭了乡政府，拿走"全南县墩厚乡人民政府"的公章一枚，惊动了县政府和地区行署，为避免与丢失的公章上名称相同，被土匪浑水摸鱼，上级决定将"墩厚乡人民政府"更名为"墩头乡人民政府"，从此，"墩头"这一地名沿用至今。后在区划县界时，墩头乡被划入龙南县管辖，因其人口数量少，改为行政村。九连山垦殖场成立后，归由垦殖场管理，2003年，墩头村的山林划入自然保护区管理至今。

无论是墩厚还是墩头，当地的村民都秉承客家人"勤劳、善良、友爱"的传统，和睦乡亲，勤俭持家，为改变贫穷落后的面貌而辛勤地劳作着。

八、朝阳山

朝阳山，居九连山内的名山之冠，在当地素有"东武当，西朝阳"之美称。

然而，如今朝阳山的名气却远逊于武当山，其美景"养在深闺"无人知，鲜有人见其真面目，更不要提相知相识了。

这里原叫田心丹霞山，是湘粤赣三省土匪的一个老巢。后因宋元时期客家人迁入，盘踞于此的土匪自生自灭，退出田心丹霞山。明朝时，一云游高僧相中田心丹霞山这块宝地，招集弟子，兴建庙宇。一天早上，高僧带领弟子晨练，一缕缕金色阳光照耀着宝殿，金碧辉煌。高僧见此心中一阵惊喜，何不把田心丹霞山改名为朝阳山呢。从此，"朝阳山"一名沿用至今。

如此集休闲、探险和历史传说为一身的美景，竟仍然沉睡于深山，不为世人所知、所识、所享。如若一日，有名人骚客推介，慧眼之人赏识，朝阳山便能真正向着太阳，沐浴着阳光，焕发出勃勃生机，造福世人。

九、梅花落地

地名一般为两三个字，极少见四字地名，但在九连山就有一个颇有诗意的地名：梅花落地。

现在的梅花落地，地处九连山大丘田辖区，与全南县和广东连平交界，大丘田河由南向北缓缓流过，将梅花落地一分为二，东边为河滩地，西边为山民的居住生活区。

据考证，此处的原居民为彭姓，彭氏三兄弟从外地流浪至此，见此处地肥水美，鸟语花香，前方视野开阔，后有靠山，是一块安居乐业的宝地，随即停下来结庐而居，开荒垦地，繁衍后代，生生不息。果不其然，定居后的彭氏三兄弟家族和睦，勤劳持家，人财两旺，事事顺心。

十、鸡啼石

九连山主峰黄牛石山顶海拔 1430 米，因山上一块巨石形似黄牛，"头枕江西，身卧广东"而得名。鸡啼石在黄牛石东北方向，海拔 1149 米，两峰之间有山脊相连，与"九河洞哨所"直线距离约 5 千米，行程要两小时，以天水为界，南为广东省连平县留洞，西邻九连山润洞，往北至杨村黄坑村。鸡啼石因山顶有块巨石形似雄鸡啼鸣而得名。

第九节　汶龙镇

汶龙镇位于龙南县东南部，圩镇距县城 25 千米，距定南县城 15 千米，东邻定南县历市镇，南接岿美山镇，西连东江乡、临塘乡，北靠关西镇。国土面积 83 平方千米，其中耕地面积 9860 亩，下辖江夏、里陂、上庄、石莲、新墟、罗坝 6 个行政村和 1 个社区。赣粤高速、京九铁路、三南大道、龙定线贯穿全境。主要有煤炭、稀土、钨矿等矿产资源，瓜菜、脐橙、黑李等农产品以及纸制品。

汶龙，地处岿美山主峰登高嶂下，主峰登高嶂，海拔 1062 米，为九连山山脉南端余脉。岿美山以出产钨砂而闻名，高大屹立，岿巍俊美。汶溪河发源于岿美山北麓，流经黄花坳、浦萝合、石莲，浩浩荡荡，蜿蜒弯曲，有如长龙，故以汶溪如龙，名为汶龙。

一、邓公围

在汶龙圩的西北方向，有条坑叫邓公坑，坑水经长年累月的冲刷淤积，在下游形成了一块山间空地。清朝光绪年间，有人在这里建起了两座围屋，人称邓公围。邓公围是因靠近邓公坑而得名的。

邓公围的主人姓蔡，名叫蔡盛新，是清咸丰年间国子监学生，在家排行第八，被乡亲们尊称为"老八先生"。

老八先生在分家时，分得了一笔数目不小的财产，但先生认为自己有官府的封赠，因此，只为自己留下了一匹马和很少的财富，而将大部分钱财用来帮助困难的邻里乡亲，还大力兴办了公益事业。老八先生的高尚品行，成为当地人教育后代的楷模，至今还为人们称颂。

二、富贵塘

富贵塘，地处汶龙镇罗坝村杉树坳，四面环山，肚大口小，形似葫芦，中间有一口澎湖塘。澎湖塘原名"澎湖田"，因人称蔡老八的先人在此开基筑围，认为该澎湖田不仅面积大，而且水深淤厚，深不探底，形田实塘，不仅有蓄水滋养之能，还有吐故纳新之功，合聚得钱财、纳得富贵之理，因此取名"富贵塘"。

三、上庄

汶龙镇上庄村，东与定南县老城镇接壤，西与石莲村交界，北与江夏村为邻。据《曾氏家谱》载，"汶龙上庄之有曾氏也，自有士鸾公之祖长新公由长宁而徙龙南、到稳牌、继居黎坑而来相宅焉……其奉士鸾公为上庄之祖也，笃近脉也……"

上庄香火龙行游的习俗，至今已 400 余年。上庄曾氏香火龙与该县其他乡镇的香火龙在形制上有较大的区别：一是香筋粗大结实，小指般粗细，长达 50 厘米；二是龙身独立，互不相连，由一节一节龙身组成，每节龙身长 40 厘米；三是节数多，共有 299 节，每节龙身插 25 支香，每节一人，共需 299 人；四是龙头巨大，直径达 40 厘米，稻草实心扎制，龙头呈扇形，插满香，重达百余斤，6 人才能行动；五是龙尾重，龙尾同样由稻草实心扎制，4 人才能行动；六是龙头、龙身、龙尾需下水浸泡浸湿。如此方能组成一条绵延千余米的火龙，其壮观程度为龙南香火龙之首。

上庄曾氏后人一直保持着香火龙闹元宵的传统，因历史原因，也曾一度中断。时隔 30 年后，2017 年元宵夜，香火龙闹元宵的民俗活动，在众多乡贤的资助下再度举办。

第十节　武当镇

武当镇位于龙南县南部，距县城约 40 千米，东邻定南县三亨镇，南接广东省和平县涠源乡，西连杨村镇，北靠南亨乡，总面积 110.11 平方千米，乡政府驻地新街居委会，是以南武当山命名的乡镇。

闻名遐迩的南武当山在镇西南侧，据《龙南县志》记载："武当山如玉笋，壁立万仞，左右九十九石峰，排如直戟。"这些石峰，清一色的赭褐色岩石，表面光滑圆润，四季变化无穷，春到百花争艳，四处飘香；夏至上下茂密，山风回环；秋入枫林翠尽，山山如炬；冬来红装素裹，分外妖娆。该山奇峰突兀，千姿百态，险峻无比，美不胜收。

南武当山所在地——龙南县武当镇，是一个交通发达、旅游旺盛、经济繁荣的"明星乡镇"。

一、南武当山

在赣粤边境的九龙公路（今国道线）旁，耸立着一座座怪石嶙峋、延绵数十里的丹霞地貌石山，这就是闻名遐迩的龙南南武当山（又名小武当山）。此山处赣粤边境九连山断层带的边沿，大约在 2 亿年前受地壳频繁裂变撞击，造就了其群岩险峻、层峦叠嶂的旖旎地貌。

自明崇祯十三年（1640 年）赖思康、赖思赵兄弟俩在本山创建武当庵以来，赣粤两省慕名到此的游人如织，题诗赞咏者不绝。每当游人游攀山顶，览赏这仙境般的风光时，总是赞叹上苍对龙南的偏心和馈赠。

二、田心围

田心围，地处龙南县武当镇大坝村，因围屋建在田中间而得名。据载，田心围为大坝岗上开基祖圭公（字平三）之后叶廷艳等人所建。圭公之孙仕能生子叶聪，叶聪生秀兹、秀茂两子。

相传，叶秀兹、叶秀茂两兄弟先后成婚，叶秀兹早已儿孙满堂，而叶秀茂年过半百却膝下无丁，每每看到兄弟叶秀兹那边儿孙绕膝，饱享天伦之乐，都不免唏嘘。此事被其妻胡氏看在眼里，也急在心上。胡氏是个知书识礼之人，想想贴身丫头人品不错，平日里虽是主仆关系，私下却相处得非常和睦，且丫头为人处世也有理有节，是周到的有心人，与其进个外人，不如纳一个知根知底的身边人更放心。胡氏便放低姿态，做主把丫头谢氏收房为妾。谢氏来年年初二便产下一男丁，叶秀茂中年得子，自然高兴万分，欣喜之下，把大坝圩上的爆竹店都买空了，大鸣大放，大操大办，置办流水宴席，宴请亲朋好友。此后谢氏又先后生了五个孩子，即廷乔、廷艳、廷修、廷相、廷贡，至此叶秀茂

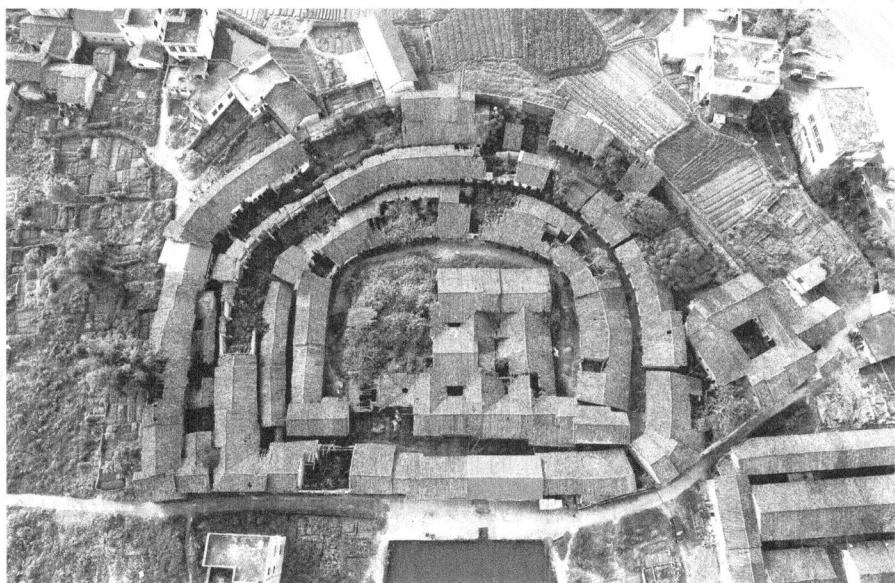

田心围（廖彩墀　摄）

儿孙满堂。

据当地人说，田心添丁炮正缘于此典故。凡家族成员添了男丁，来年年初二自发到宗祠燃放爆竹，以示感谢先祖庇佑，此习俗代代相传，至今已约定俗成，成了惯例。

三、岗上围屋群落

岗上，位于武当镇大坝村，因居武当山脚下的山岗而得名。据武当大坝《叶氏族谱》记载，伸公长孙圭公，大约于明代崇祯年间，由和平县大楼牌迁武当大坝岗上，成为龙南武当岗上叶氏家族开基一世祖，开基建造了岗上第一座围屋，后人称为平三围，其后300多年来，圭公后代在岗上建造了仕能公围、正林公围、正奈围、上马石围、永安围、上新屋围、下新屋围、岗下围、德辉围、富盛围、新屋围、上店围、珠院围、新厅围、油槽下围、石坎头围等20余座围屋，形成了一个一座紧挨一座的非常独特的客家围屋群落。

这个围屋群落最大的建筑特色就是依势而筑，地处山岗上，在农耕社会，要建造如此规模的大型建筑群绝对不是件容易的事情。在困难面前，客家人的聪明智慧就突显出来了。

岗上围屋群落是龙南客家围屋的缩影，是客家围屋建筑的博物馆，不论在建造结构上还是在建筑风格上，都各具特色，自成一体。走进岗上围屋群，仿若时光倒流，置身桃花源，令人流连忘返。

第十一节　杨村镇

杨村镇位于龙南县西南部，距县城约50千米，东与武当镇接壤，南与广东省连平县相邻，西与九连山镇毗邻，北与夹湖乡相连。以自然资源与旅游资源尤为丰富而远近闻名，是龙南边远乡镇，也是龙南县南部中心镇。

杨村镇人文气息浓厚，民风淳朴，人才辈出，物产富庶。自明朝正统五年（1440年），杨氏之祖杨春秀从广东省龙川瑶溪石圳迁入龙南太平堡杨村开居后，繁衍至今历时 700 多年，写下了一部部披荆斩棘、顽强拼搏、可歌可泣的历史遗篇。

一、燕翼围

在杨村镇杨村圩边上，有一幢古老而高大的客家围屋——燕翼围，距今已有 320 多年历史，为杨村人赖福之所建。燕翼围比关西新围早建 150 余年，据考证，关西新围的主人徐名均的姐姐就嫁到杨村富人赖福之家。

明末清初，粤赣边境的杨村时有战火，烽烟滚滚，家道殷实的赖福之此时只有外出躲避，深受平房难御侵之苦。为抵御土匪、强盗的掠劫，赖福之便萌生了建筑围屋防御的念头。他邀请丰城名师、工匠于清顺治七年（1650 年）动土始建，历经三代、耗时 27 年，于康熙十六年（1677 年）才完工。

燕翼围高达 14.5 米，墙厚 5 尺，用了 1910 立方米的麻条石砌成，建筑面积 3741 平方米，近看如千仞陡壁，远看如一座古堡雕楼，气势恢宏而耀眼，在那时的太平堡乃至整个龙南都是一座鹤立鸡群的建筑。至今它仍是整个赣南近千座围屋的高度之冠。围屋四周墙上布满火枪眼（射击孔），东、南、西、北四座炮阁交相呼应，可形成无射击死角的火力网。进入围内须经过唯一的围门，围门设有外铁门、中闸门和内木门三道保险，只要围屋门一关，外人休想进来。

二、乌石围

明代杨村人赖元宿开基在此建造围屋，将此围屋取名为乌石围。乌石围始建于明万历三十八年（1610 年），开基祖赖元宿，字景星，其父赖绍先奋志立身，于万历初，在赣粤通道之横岗隘任司隘官，主理盐道商务关卡放行及御贼之事，收入不薄。赖景星在父亲的训导下，"志行高超"，利用祖遗杉山，放排行商，积聚了丰厚家财，万历三十八年（1610 年）开基建围。

乌石围是龙南古时以农养林、以林促农、农林结合的小农经济典范之一。赖家治理祖传的杉山，世代经营，到了第十二代孙，已发展为"同峰""汉丰""永丰"三个木排大商号，他们的木排从东水河经太平江流入县城集结，又经桃江抵赣州，集为大排，顺赣江而下，远销九江、南京等地。至民国初，赖

乌石围（廖彩新　摄）

家已富甲一方。

乌石围是赣南现存围屋最集中的村落，也是赣南第一座比较有年份考究的明代民居。2001年2月4日，中央电视台《东方时空》栏目组以"客家人的围屋"为题，对乌石围进行了长达一个多小时的现场直播，从此，古老而神秘的乌石围便声名鹊起。

三、古榕围

古榕围位于杨村镇的蔡屋村，因为村里有株300余年的大榕树，所以，人们习惯把这座新建围屋称为古榕围（当地人叫新屋仔）。围屋始建于清朝康熙年间，古朴而坚固，建筑规模宏大，院落整齐。整个围屋呈长方形，南北长，东西短；大门朝东，有南、西两道侧门；四角建有四座三层石砌炮楼。住房倚四道外墙而建，二层楼房。围内有一门三进大祠堂一幢，可摆放八仙桌30余桌。计有房屋300余间，110多户。

历经300多年沧桑的蔡屋古榕围，由开基时的几十人增至600多人，而且人才辈出：清末，蔡国周有7个儿子，出了2个武秀才，2个文秀才。20世纪60~70年代，古榕围以教书先生众多而闻名县内，说明古榕围"尊师重教，耕读齐家"的祖训薪火相传。

四、太平桥

在龙南杨村镇圩镇北面1千米的太平江上，有座造型奇特的两孔三墩、双层重叠组合的石拱桥，它紧联岚岭嶂和水口岭，至今已有500余年历史了。它就是龙南县重点保护文物之一的"太平桥"。

太平桥设计大胆，造型奇特。该桥全长约50米，桥面宽4米，高17米。桥分上下两层，下层为三墩两孔，上层还有一孔，跨于下层两孔之间，三孔叠成一个"品"字形。这种三孔互相牵制的构造，使得太平桥虽位于峻岭之间，却经久耐用。

太平桥的桥面为砖木构筑的四通凉亭，上方中央由横梁支撑，琉璃瓦铺盖，天花板上雕刻着精美的图案，亭顶端四周分别镶嵌着形如龙头、状如凤尾的"三耙飞檐"。廊桥拱肩落于下层两拱之上，成塔形耸立，显得雄伟壮观。在青山绿水之间，太平桥显得庄重古朴，神采飞扬，它承载着乡人的喜悦和名人的踌躇满志，仿佛有一股浩然之气在山峰间回荡。

五、太平堡龙舟赛

龙南杨村每年端午节都要举行独具特色的龙舟赛，这一习俗起源于明朝弘治年间。

杨村镇，古称太平堡，居住着好几万客家人。这里一年一度的龙舟赛很有特色，因比赛不是在江河里，而是在面积约 15 亩的池塘里举行。历经 500 多年的传承，形成了龙船会、决赛、游船、送游船鸭等一整套独特的传统龙舟民俗文化，成为赣粤两省三县八乡端午节期间最受欢迎的传统民间活动。杨村龙舟赛历史悠久、规模大、范围广、持续时间长，而且仪式隆重，场面热烈、壮观。龙南县已着手申报世界非物质文化遗产。

六、太平江

在巍巍九连山麓，坐落着一个历史悠久、环境清幽、人文底蕴深厚、极富客家风情的古镇，它就是被誉为赣粤边际第一镇的杨村镇。这里有一条哺育杨村客家儿女生生不息的母亲河——太平江。

太平江分别有发源于九连山的润洞、武当的白沙、黄坑的鸡啼石和茶园村的沉下几条分支。白沙溪流汇入东水河和黄坑河在杨村圩交汇于太平江；九连山润洞与茶园斜陂水支流在蕉陂交汇，经枧头、坪湖直下车田，于杨村圩汇入太平江"水口"，汹涌穿过"太平桥"，流入夹湖，再汇入桃江浩瀚东去。

七、笔架山

杨村太平堡的人都知道，在杨村镇园布村有一座高山，东接青河小溪，南为群山至仙人台，西为大坑村和新田村，北连杨太村月光坳下，总面积约 2.5 平方千米，主峰 710.8 米，植被属松杂林。此山山势东西走向，因三峰连成一线，中间两个山坳，形似笔架，名叫笔架山。

太平堡可谓英才辈出、人杰地灵。

据《太平志》记载，南宋嘉定元年（1208 年）起，太平堡就出了九品以上武官 130 多名（其中六品以上 35 名），州府儒学、登仕郎、教谕课士、儒学正堂等文官 66 名，举人 4 名，进士 27 名。

八、仙人石

杨村镇蕉陂片 20 世纪 70 年代以前有个生产大队叫仙人大队，后成立新大队，不过杨村人都把此地叫仙人石，扩村并镇以后因与坪湖村邻近，所以现归坪湖村管辖。

传说很久以前，正值数九寒冬，有一对以撑排为生的夫妻仍到龙溪河去放木排，十分辛劳。傍晚时分，当夫妻俩停泊河边正准备就寝时，遇到一个老妇人带着两个衣衫褴褛的孙子来向他们讨米。夫妻俩见他们实在可怜，就把仅有的一斗米送给了老妇人。老妇人千恩万谢地带着孙子离去后，第二天夫妻俩就断粮了。

以往过往船排偶有熟人，即使不熟，同江行船的人借个三五日口粮也非难事，因此，夫妻俩只盼上游下游有船排往来，可以接济，这样便可无事。可那段时间偏偏天寒地冻，一连数日雨雪不断，没有过往船只经过，于是，丈夫便天天爬上矮山去眺望有无过往船只。有一天，妻子见丈夫久不下山，就上矮山去找，结果发现丈夫已被大雪冻僵，饿死在山上。妻子一急，加之久未进食也瘫倒在丈夫身边，双双罹难。

后来，夫妻俩化作石头立在矮山山坳，石头面目慈善，像在慷慨施舍，令人动容。人们为了纪念这一对舍己为人的好心肠的夫妇，就把他们泊船的地方称作"斗米滩"，把这块石头称为"仙人石"，矮山以南的村庄就叫"仙人村"。

九、岚岭嶂

岚岭，俗称岚（杨）岭嶂。地处杨村镇杨村圩以北 2.5 千米处，东邻夹湖松华山，西为太平江，南为杨村各村的田园村寨，北为夹湖峇畬村。整个岚岭面积约 2 平方千米，山势由西北走向东南，主峰海拔 764 米。因顶峰较平，若你身处杨村西南远眺岚岭嶂，它就像一扇深绿色的巨大的八字形擎天巨嶂，巍然挺立，气势恢宏磅礴，所以，当地客家人又习惯称此山为北嶂。

十、黄塘

黄塘，位于杨村镇坪湖村，太平江西南岸，东连车田，南邻谢岗，西接枧头，北靠迳背，包括高围仔、新屋、园墩、下龙 4 个屋场。老人们说，黄塘原名叫望堂，明朝以后，"黄塘"才作为一个地名出现。

望堂屋场边确有一口大水塘，多数时间水呈混黄色，特别是下雨天，泥沙冲进水塘，浑黄更甚，因此，望堂便叫成黄塘，一直沿用至今。

其实黄塘的出名与王守仁有关，明朝正德十三年（1518 年）春，都察院左佥都御史、南赣巡抚王守仁率兵进驻龙南，驻扎在黄塘，写下了数首赞美杨村太平江的《黄塘八景诗》，被广为传诵。因而，黄塘之名便为世人所熟知了。

十一、愚公洞

愚公洞是杨村公社组织干部群众，用愚公挖山不止的精神开凿的引水隧道，计总投劳力 2405 万次，历时数年，硬是从山脚下人工开凿出一条长 500 余米、高 2.5 米、宽 2 米的隧道，引入小溪河河水，建造了一个总装机容量 360 千瓦的小型水电站，蓄水可灌溉农田面积 3000 多亩，造福了杨村人民。为了弘扬这种蚂蚁啃骨头的开拓精神，杨村公社把该电站命名为"愚公洞电站"。

第十二节　东江乡

东江乡位于龙南县城南部，乡政府与倒稳圩隔江相望，东面玉壶寨背靠渥江河，距龙南古县城 7 千米。渥江河是东江乡主干河流，因渥江河流经龙南古县城东面，故名东江。东江乡也由此命名。

倒稳圩是东江乡的圩场，位于 105 国道叉往定南公路的路口处。传说这里的人的祖先在迁徙途中，首次看中此地，但想好上加好，可惜再也找不到超越此地的了，只好倒回来定居创业，后来生活过得平稳安定，故名"倒稳"。

龙南是全国重稀土之乡，东江乡是龙南稀土的重要出产地之一。乡内还有膨润土矿、煤矿、铁矿、瓷土等，矿产资源十分丰富。

上皇山寺庙历史久远，古县志有清朝进士廖运芳的诗篇记载。

一、倒稳圩

从龙南老县城经 105 国道上行，约 7 千米路程，左边有一条岔道通定南，岔道往前 200 米左右靠近渥江河的地方，很久以前，就在这里形成了街圩，称为倒稳圩。

倒稳圩一直都很热闹，开往定南的汽车经过这里，需要非常小心、缓慢地通过，因为集市的买卖是在马路两边进行的。这圩上有供销社、邮电所、储蓄所、税务所、铁匠铺、理发店等，店铺多，功能齐全。

二、上皇山

上皇山位于龙南县东江乡晓坑村。相传在很久以前，有两位神仙经常在人间做好事，好奇的人们从临近的渡江一路跟踪，只见他们来到上皇山的一个天然岩洞边就不见了，洞边留有两把雨伞，一把写着"谭"字，一把写着"沈"字，因此人们把这两位神仙称为谭沈仙师，这个岩洞也就被称为仙灵岩。

岩洞旁边有一个小小的石窟，石窟里有满满的水，水清澈甘甜，据说，只要人不出声，水就会源源不断地流出来，取之不尽，而人一出声水就停了，就像是有神仙的灵性。

第十三节　夹湖乡

夹湖乡地处龙南县西南部，距县城 40 千米。东接临塘、武当，南与杨村镇接壤，西与全南县金龙镇毗邻，北与程龙镇相连。

夹湖乡环境优美，四季分明，全乡绿化率达95%以上，是个不折不扣的绿色乡村。这里雨量充沛，土地肥沃，十分适宜蚕桑、脐橙、花卉苗木、油茶、毛竹及速生丰产林和无公害蔬菜的种植与生长。

从杨村直下，流经夹湖全境的太平江，水资源十分丰富，中华人民共和国成立后，全乡兴建了多座小型水力发电站，总装机容量达4635千瓦。

夹湖乡地下矿藏有钨、铁、锡、铅、锌、石棉等，特别是花树村的热水潭，是一个环保而又前景广阔的旅游开发项目，它将为发展夹湖乡经济、开拓乡村旅游事业起到龙头作用。

一、热水潭

夹湖热水潭位于夹湖圩南头花树村前的太平江里，河底是高低不平的石岩，除河道拐弯处水深些外并无深潭，河中数百平方米的水域统叫作热水潭。通俗的说法是，凡是有温泉的地方，地下必是硫黄岩，地下硫黄岩运动产生热量，流出的泉水就成了温泉，岩表面的水受热也就变成了热水。

无论春、夏、秋、冬，夹湖热水潭的水都是热的，下去洗澡时可闻到一股淡淡的硫黄味，因硫黄对治疗疥疮等皮肤病有特殊疗效，所以，四面八方的人都会不时前往泡澡，泡完之后神清气爽，疲劳顿消，皮肤病患者也很快痊愈，这里成为人人向往的"仙泉"。

明朝都察院左佥御史、南赣巡抚王守仁在正德十三年（1518年）曾写下著名的《黄塘八景诗》，其中一首《冷泉流玉》写道："涓涓一线溜溪河，莹润清寒自不波。流到夹湖同热水，春融冬沍两温和。"第三句"流到夹湖同热水"就是指汇入夹湖的热水潭。

二、峇畲村

在杨村岚岭嶂的背面，从杨村圩沿杨夹公路下6千米往东拐小路再往南，有一个旮旯山村——峇畲（hàn tàn）村，现属夹湖乡杨岭村管辖，它还是太平堡有名的香烛之乡呢。"峇畲"地名据说是因此地两面都有座像"合"字形的山峰，一端高耸者为"岽"，一端低矮者为"畲"，故取名"岽畲"。此地名及文字极为生僻罕见，所以，本县除杨村、夹湖镇的人外，其他乡镇的人知者寥寥。

岽畲村土地肥沃，民风淳朴，山上毛竹长得特别旺盛，漫山遍野甚至门前屋背都毛竹林立，郁郁葱葱。毛竹的用途很多，除了做筐、篓、筛、篓，编竹席，削筷子，还可削成竹条，晒干后沾上土香粉就制作成了香，沾上蜡就成了烛。所以，岽畲就成了太平地域十里八村的香烛产地，家家户户都做香制烛，香烛成为当地世代不衰的传统产业。

岽畲作为一个十分偏僻的自然山村，可说龙南的大多数人没有去过，还有相当多的人不知道"岽畲"这两个字怎么念呢。

第十四节　临塘乡

临塘乡位于龙南县城南 15 千米处，东邻汶龙镇，南接南亨乡，西接程龙镇、夹湖乡，105 国道穿境而过。辖 6 个行政村，乡政府驻地临塘圩位于 105 国道边。

临塘乡经济以农业、林业为主，水稻为传统种植品种；资源丰富，有矿泉水、温泉等资源和煤、磷、铜、钨、稀土、瓷土等矿产品。

一、尖刀嘴与母猪型

临塘乡位于龙南县中部，距县城 17 千米。它东临汶龙镇，南接南亨乡，北毗东江乡，105 国道穿境而过。这里地势陡峭、层峦叠嶂。其中塘口村的山形最为显著。

说起临塘乡的逸闻趣事，自然要说到临塘乡塘口村古怪神奇的母猪型与尖刀嘴。听到这样的名字，人们一定都会觉得很奇怪。其实，这两个名字代表的是两座山！

这座山为什么叫作"母猪型"呢？因为这座山的右边是条河，前面是田地，而山峰又成弧形，显得圆润，像猪的背脊，它前面又有一座小的弧形山，刚好又像猪头。从整体来看，这座山就像猪在吃食，所以被叫作"母猪型"。

二、黄竹陂

临塘乡黄竹陂，因村落建在渥江河临江段水坝的下游，一河两岸遍植黄竹护堤，故当地人各取黄竹和水坝之名（古人称水坝为陂），将村落命名为"黄竹陂"。

据龙南临塘《谢氏族谱》载，明正统五年（1440年），谢汉聪自粤东镇平赴赣，后立基于安远罗星坪。其次子谢文斌、长孙谢茂兰一同迁徙至龙南黄竹陂开基立业，成为龙南黄竹陂谢氏宗族开基祖，距今已有570余年的历史了。据黄竹陂谢氏后人相传，黄竹陂历经500余年平安发达，与黄竹陂盘古庙不无关系。

第十五节　南亨乡

南亨乡位于龙南县城30千米外的南部，105国道贯穿全境，东与定南县岿镁山镇接壤，西与夹湖乡相邻，南通广东省连平县，北连临塘乡。全乡总面积96平方千米，其中耕地面积8500亩、山地面积10.3平方千米。下辖圭湖、西村、东村、三星、助水、石门6个行政村，一个圩镇管委会。

南亨乡是一个山多地少的乡镇，其资源丰富，其中水资源和磁铁矿、石灰石资源尤为丰富。南亨铁矿是龙南县的一个重要矿业，年产磁铁矿原矿5万吨。南亨石灰石具有质地坚韧、品质优良等特点，南亨产石灰运销广东、湖南等省份及周边邻近各县市。南亨乡以种养为龙头，以产业大户为基础，大力推进规模农业发展。青蒿种植、脐橙种植、种桑养蚕已成为南亨的三大支柱产业，辅之以运输业，乡镇企业迅猛发展。

一、永盛围

南亨的永盛围坐落在西村的"樟树头下"，先祖刘姓文周公、企周公这对孪生兄弟于咸丰四年（1854年）从金刚围迁此建造围屋，迄今已传至11代，繁衍了 700 余人。

与龙南县关西新围和燕翼围那种巨型围屋相比，永盛围属于小巧玲珑的精品围屋。它背靠群山，居高临下，村庄、田野、圩镇、学校尽收眼底，正前方水陂面的三重山，似一艘扬帆的巨轮乘风破浪，驶向远方。

永盛围面积 2000 多平方米，共 4 层，计有房屋 28 间，一、三层住人，二、四层是仓库和杂物间；围屋中间是厅堂，两边是小天井，主院较大，是办红白大事的场所和摆台请客的地方。永盛围墙的厚度超过 40 厘米，全是用石头石灰沾胶一砌到顶，非常坚固。大门西侧是小院门，有三个院门方便进出，门都是精实木质，里外三层用铁板钉封的，是可有效防箭、防盗、防枪、防火的"四防"之门。

二、朝北山

朝北山，地处龙南县南亨乡，横亘该县东南部，莽莽大山绵延不断，因面朝北方而得名朝北山。

朝北山海拔 772.2 米，在这座绿色的大山中，有一片常绿阔叶树林，像一块绿色的翡翠镶嵌其中，它就是被当地人誉为"千年红构林"古树群。据林业专家调查，古树群的主要树种是红构栲，据不完全统计，有树木 350 多棵，据测算，树龄为 300～500 年，胸径为 60～122 厘米，其中最大一棵胸径达 122 厘米。树林面积 150 亩，沿山窝分布。林中古木参天，根脉纵横，林下植被完好，溪水清澈见底，水质甘甜凛冽。置身林间，纵有万千烦恼均能化为一缕轻烟，消散于云天外。

三、禾树岭

禾树岭，地处南亨乡朝北山大山脚下。

在禾树岭脚下，有一座古围，叫禾树岭围，禾树岭围的来历与禾树村创始人刘聚兴密不可分。刘聚兴，明宣德年间赣县章上乡欧潭人，进士文林郎，赣州府龙南儒学正堂兼定南教谕。刘聚兴择地禾树岭开基立居，与一段传说不无关系。

相传，某日，刘聚兴游览至南亨乡，因多日跋山涉水，体力渐有不支，行至一地顿生倦意，便放下行囊，背靠一棵大禾树小憩，一边与书童说着话，眼皮儿却渐渐合拢。恍惚间，见山坳里走出一位老者来，头带折角头巾，身穿灰色道袍，长髯飘飘，一派道骨仙风模样。其挑着一担竹篓，前是一篓蛇，后是一篓龟，右手还牵一只斑斓猛虎。荒野间猛然相遇，把刘聚兴唬得冷汗淋漓，老者见状朗朗大笑："先生，休要惊慌！"刘聚兴道："学生来此游览，借贵地小憩片刻，可曾打扰？"老者道："不妨，不妨，只管休憩无妨，此地本归先生。"刘聚兴疑惑不解，老者随手放下肩上物什，道："此地名曰'禾树岭'，左青龙，右寿龟，后伏虎，先生不曾看见否？"刘聚兴好生惊奇，定神再细看时，老者、竹篓早不见了踪迹。

一阵山风吹来，把刘聚兴从梦境中惊醒。他定神向四周细看，果然正如老者所言，小憩之地乃一山坡，遍野禾树，酷似只猛虎伏卧于地。左边，莽莽大山下分出一道山脊，逶迤数里宛如游龙一般，盘缠拱卫禾树岭。右边，一濂溪水自南向北奔流而过，溪边突起一小山坡，像只千年神龟，最为奇特的是龟头左右各有一块乌亮的石头，似龟眼一般。

数年后，刘聚兴任职期满，解甲返乡。他对禾树岭一事始终不能忘怀，在征得长辈的同意后，在知天命之年，毅然决然率名下子孙，举家从赣县迁徙至龙南。在朝北山大禾树下开基建围，因遍岭是禾树，故取名"禾树岭"，从此打下禾树岭村刘氏 500 年的宏伟基业。

第十六节　桃江乡

桃江乡地处龙南县西北部，属城郊乡镇，东靠龙南镇，南连渡江镇、安基山林场，西北与全南县接壤，沿桃江河龙南段北段 28 千米与龙南镇划江而治。

今桃江乡，明清时属洒源堡，1949 年初分为水西乡和洒源乡，1958 年合并称"桃江公社"，1984 年改称桃江乡。现辖窑头村、水西坝村、洒口村、中源村、清源村 5 个行政村。

中华人民共和国成立初期，乡政府设立在石桥上村小组，1966 年发洪水后，乡政府所在房屋倒塌，之后兴建在石桥头村小组至今。

一、曾屋围

曾屋围位于桃江乡水西坝，始建于明代嘉靖年间，是龙南县较早的围屋之一。曾屋围坐落于水西坝桃洒公路南面，与县城一河之隔。围屋四周鱼塘连着鱼塘，东南面还有许多树林，景色宜人。

这座古老而又简朴的围屋，是明万历年间进士曾汝召的出生地。曾汝召，是明朝龙南的第三位进士，他官至三品，一辈子在皇城，其间，曾两次回过曾屋围。自从曾汝召中进士后，人们就把曾屋围称作"进士围"了。

二、龙光围

龙光围，位于桃江乡清源村下左坑。这是一座饱含客家风韵的石围，始建于清嘉庆四年（1799 年）。

桃江乡是一个山清水秀的地方，古龙南八景中桃江就占有"西河银底""龙头雪浪"两景。自古以来，桃江作为龙南的母亲河，源源不断、奔腾不息，哺育了一代又一代的客家人。沿着蜿蜒的桃洒公路在山水间穿行 10 多千米，一座围屋便奇迹般地出现在眼前。200 多年前，下左坑的客家先民谭氏家族为了防御外敌、过上平安幸福的生活而建造了这座规模宏大的围屋——龙光围。

三、将军寨

桃江乡洒口村有一座山叫将军寨，是一座普通得不能再普通的山峰。

将军寨是一座笔架山形的山岭，坐落于美丽的桃江之滨。主峰仙师岩高耸入云，险峻无比，一渠甘泉从仙师岩曲曲折折流入山下的桃江。满山的树木郁郁葱葱，从远处看状若一顶将军的头盔，这就是先人们给它取名为将军寨的最好的理由了。将军寨峰顶留有环形的壕沟，据说是古代的战壕，只是历经了岁月的沧桑，那些久远的刀光剑影已无法考证了。

四、龙头滩

"龙头滩，龙头滩，九九八十一道弯，二九一十八险滩。"龙头滩位于龙南县北部，桃江之滨。桃江，古称西河，其集渡江、濂江、渥江、洒江之流，奔腾不息，注入贡水。四江之水经龙头滩，穿越重重山谷，蜿蜒曲折地向赣江奔去。龙头滩滩险山高，风景壮丽，素有"龙南小三峡"之称，而龙南也因位于"百丈龙潭之南"而得此县名。

五、石路桥

桃江乡是与龙南县城一河之隔的乡镇，连接着两地的是一座石路桥。这座桥长约 100 米，有 9 座桥墩，结实坚固，历经风雨，仍屹立于桃江上。

据光绪《龙南县志》记载，这座桥是明代袁立煌资助建造的。那时桃江到县城是没有桥的，老百姓到县城靠的是竹筏或者渡船，交通十分不便。

袁立煌本是一个布衣百姓，传说他是挖土的时挖到了一坛金银发了意外之财。发财后的袁立煌为了解决桃江老百姓进城无桥之苦，决定捐钱建桥。袁立煌的亲家是一个财主，他见袁立煌决意建桥，便讥笑他并和他打赌：你敢出钱建桥，我就敢天天给建桥工人"送茶"（送茶是龙南地方风俗，就是请泥木匠做事，东家每天上午要备茶点）。两人还立了字据，请地方官绅做证。

石路桥开始动工兴建，袁立煌及时提供材料，老百姓有的还自发出劳力，大伙儿干得热火朝天。亲家天天送茶，虽然想反悔却无奈立了字据，只好忍痛花了大把的银子。

石路桥修好了，袁立煌的那一坛金银也耗尽了，亲家送茶也花光了所有积蓄。桃江当地人为感谢袁立煌以及他的亲家，在石路桥落成那天把他们抱举在头顶上"试桥"。

可惜的是，那座石路桥现在已经消逝在无情的岁月长河里，如今横卧在桃江上的石路桥是中华人民共和国成立后重新修建的。虽然物是人非，但袁立煌仗义疏财的故事还在流传。

六、寨上

寨上是桃江乡洒口村的一个村落，坐落于美丽的桃江河畔。

寨上之所以有此名称是因为那里有一座雄奇的将军寨，山脚下是桃江，江边周围散落着寨上、寨下、圳下几个村庄，其实所谓的寨并不是山寨，而是冠以山名，寨上的名称或许就是与将军寨的名字有关吧。

将军寨的山脚下有一条卵石小道，这条小道经桃江的一条支流——洒源河连接古老的县城，陆路运输只有靠挑夫经卵石小道溯江而上。卵石小道延续到寨上村前的洒源河边，河里整齐地排列着一排搭石，古代的先民就是踩着卵石小道，蹚过洒源河，走出大山的。

如今，寨上的村子门口还保留着一座砖木结构的门楼，人们习惯叫寨上门口，这一古建筑至今仍基本保存完好。

七、塘卪仔

这"卪"字太生疏了，就连字典上也难查找，其实这是地方用字，音同"督"，是底部的意思。

塘卪仔位于桃江乡，从锁口进龙迳走七八里路程，有一巨大花岗岩石凸出路面，岩石上面常年有水渗下，覆盖大石表面，在阳光的照耀下，金黄闪亮，故称桐油石壁。石壁上有一凹陷，像一只大足印，人称仙人迹，传说是仙人挑着一担石头要去堵塞石峡山缺口，路过这里时留下的。

八、水西坝关帝庙

从龙南县城出发，往北过石路桥，便是桃江乡水西坝，一条桃江蜿蜒而下，静静地流淌着。关帝庙就坐落在美丽的桃江河畔，它始建于明朝万历壬辰年间（1592年）。这是龙南县城区域仅存的一座古典文物景观，饱含着浓郁的客家人文色彩，虽然历经了数百年的风雨与沧桑，至今仍保存完好。

关帝庙供奉着三国名将、汉寿亭侯、被后人称为"武圣"的关羽的神像。"桃园三结义""温酒斩华雄""千里走单骑"，关公的传说家喻户晓。千百年来，由于异族入侵，战乱频繁，客家先民远离故土、背井离乡、颠沛流离，历经漫长的迁徙之路。他们一路南下，一路跋涉，到了赣南这片热土安身立命，在美丽的桃江之滨繁衍生息。在漫漫的迁徙路上，关公赤胆忠心、义气浩存的风范在客家先民的心头烙下了深深的印记。

第十七节　安基山林场

安基山是龙南西北部群山，1957 年建立垦殖场，现名为国营龙南县安基山营林林场。林场总场设在下洞，距县城约 30 千米，下辖望居、峯营两个分场和林中村一个行政村。

安基山东邻桃江乡、渡江镇，南与程龙镇相连，西与全南县毗邻。总面积约 62 平方千米，东西宽约 12 千米，南北长约 12.2 千米。

安基山历来为兵家要地，里面的地名含有浓厚的军事色彩，如上中坪、中坪、下中坪，是由过去上中营、中营、下中营演化而来的。峯营位于总场东偏北 5.5 千米处，是夹在上营与下营中间的兵营的意思。望居山原名黄旗山，位于总场东南 3 千米处。

过去千百年间，安基山是逃难人的藏身之地，也是强人出没的地方，原名哀溪山，中华人民共和国成立后改名为安居山、安基山。

第十八节　黄沙管委会

黄沙管委会位于龙南县东南部，距县城 10 千米。东邻关西镇，西靠东江乡，南临汶龙镇，北接里仁镇，驻地黄沙村李屋。因辖区均系黄土山，土色灿若洒金，又多沙质土，故名黄沙。

黄沙管委会辖区总面积 49.62 平方千米，其中耕地 3793.28 亩，山地 5 万亩。辖黄沙、畲族、新华、新岭 4 个行政村，65 个村民小组。

黄沙管委会辖区有黄沙河、窖岭河穿境而过，矿产资源较丰富，主要有稀土、煤、石灰石、铁、瓷土等，其中稀土、煤炭储量多、品质高，现有煤矿企业2家，稀土矿山企业11家，是县重点矿区之一。

脐橙种植是黄沙的一项农业主导产业，已开发脐橙面积6600亩，其中已挂果面积3200亩，年产脐橙3000吨，为县主要脐橙产区之一。